Sri Aurobindo
ou a Aventura da Consciência

COLEÇÃO PERSPECTIVAS
dirigida por J. Guinsburg

Supervisão editorial: J. Guinsburg
Tradução: Sandra Mafra Amora
Revisão do texto de tradução: Sandra Carneiro Ribeiro
Preparação de texto: Marcio Honorio de Godoy
Revisão de prova: Daniel Guinsburg Mendes
Capa e projeto gráfico: Sergio Kon
Produção: Ricardo W. Neves, Sergio Kon, Luiz Henrique Soares e Raquel Fernandes Abranches

Sri Aurobindo
ou a Aventura da Consciência

Satprem

PERSPECTIVA

Título do original francês:
Sri Aurobindo ou l'aventure de la conscience

©Éditions Buchet/Chastel, Paris, 1970
©Buchet/Chastel, un département de Meta-Éditions, 2003

cip-Brasil. Catalogação-na-Fonte
Sindicato Nacional dos Editores de Livros, rj

---

s266s

Satprem, 1923-2007
    Sri Aurobindo ou A aventura da consciência / Satprem; [tradução: Sandra Mafra Amora]. – São Paulo : Perspectiva, 2011.
        (Perspectivas)

    Tradução de: Sri Aurobindo ou l'aventure de la conscience
    Inclui bibliografia
    isbn 978-85-273-0920-2

    1. Ghose, Aurobindo, 1872-1950. 2. Hindus - Índia. 3. Hinduísmo. 4. Filosofia hindu. i. Título. ii. Série.

11-2016.   CDD: 294.5
                  CDU: 23

12.04.11 14.04.11   025730

Direitos reservados em língua portuguesa à
EDITORA PERSPECTIVA S.A.
Av. Brigadeiro Luís Antônio, 3025
01401-000 São Paulo SP Brasil
Telefax: (11) 3885-8388
www.editoraperspectiva.com.br
2011

Sumário

Prefácio à Edição Brasileira – *Raïssa Cavalcanti*   11
Prefácio à Segunda Edição   15
Prefácio à Terceira Edição: A Lei da Terra   17

    Introdução   19
1. Um Ocidental Realizado   23
2. A Lei Eterna   29
3. Fim do Intelecto   39
4. O Silêncio Mental   45
    Construções Mentais   45
    Meditação Ativa   46
    Transição   49
    Descida da Força   50
    Um Novo Modo de Conhecimento   54
    A Mente Universal   56

5. A Consciência   63
    Os Centros de Consciência   65
    A Personalidade Frontal   69
    A Individualização da Consciência   71
    Consciência-Força, Consciência-Alegria   73

6. Pacificação do Vital   79
    Limites da Moral   79
    O Hábito de Responder   81
    As Forças Adversas   85
    O Verdadeiro Vital   88

7.	O Centro Psíquico	97
	O Nascimento Psíquico	98
	O Crescimento Psíquico	104
8.	Independência Física	113
	Independência dos Sentidos	113
	Independência das Enfermidades	117
	Independência do Corpo	121
9.	O Sono e a Morte	125
	Os Planos de Consciência	125
	Sono Experimental	129
	Sono Ativo	136
10.	O Yogue Revolucionário	143
	Problema de Ação	145
	Nirvana	149
11.	A Unidade	159
	Consciência Cósmica	160
	O Ser Central, a Pessoa Universal	166
	Conhecimento por Identidade	169
12.	A Supraconsciência	173
	O Enigma	173
	As Condições da Descoberta	178
	A Ascensão da Consciência	183
	Êxtase?	187
	Seres e Forças	189
	Os Planos da Mente	195
13.	Sob o Signo dos Deuses	213
14.	O Segredo	223
	Os Níveis Subconscientes	224
	Limites da Psicanálise	226
	A Metade Obscura da Verdade	229
	A Grande Passagem	237

15. A Consciência Supramental   245
    Visão Supramental   245
    Poder Supramental   253

16. O Homem, Ser de Transição   263
    As Obras   264
    A Mãe   270
    Apanhado sobre a Evolução   271

17. A Transformação   283
    Perspectivas do Futuro   284
    Primeira Fase – O Trabalho   291
    Agni Fundamental   297
    Segunda Fase – O Corpo   301
    Segunda Fase – O Subconsciente   311
    Terceira Fase – O Ashram   319

    Conclusão –
    O Fim que Está Sempre no Começo   331

    Cronologia   337
    Mãe   341

Referências Bibliográficas   343

Prefácio à
Edição Brasileira

Em *Sri Aurobindo ou a Aventura da Consciência*, Satprem compõe uma instigante biografia do filósofo e yogue Sri Aurobindo, que sintetiza com clareza sua complexa e extensa obra. Para o autor, a formação ocidentalizada de Aurobindo Ghose, desde muito cedo vivendo e estudando na Inglaterra, propiciou que ele realizasse a junção filosófica entre o Oriente e o Ocidente. Nesse sentido, o pensamento de Sri Aurobindo se caracteriza pela preocupação em promover a convergência de opostos: o exterior com o interior, o alto com o baixo, o material com o espiritual, a meditação com a ação.

De volta à terra natal só depois dos vinte anos de idade, ele aprende o bengali e finalmente entra em contato com a cultura hindu. Tratava-se então de um jovem preocupado com o destino político da Índia que escrevia artigos contundentes contra o domínio inglês, mas que mostrava como os hindus, com sua passividade, eram também corresponsáveis por submeterem-se à dominação estrangeira. Segundo Sri Aurobindo, a causa dos infortúnios comuns está no interior de cada um.

Sri Aurobindo acreditava que estamos no mundo para agir, porém, desde que saibamos qual é a ação correta a ser empreendida e, sobretudo, qual o método mais eficaz para atingir os objetivos almejados. Temos de distinguir ação de agitação e saber que é possível fazer muito pelo mundo mesmo numa postura de quietude e silêncio. No entanto, ele também compreendia a necessidade de diferenciar essa atitude daquela da evasão do mundo: a realização solitária que deixa o mundo entregue a seu destino causava-lhe repulsa.

A meta do yoga de Sri Aurobindo não é somente ascender, mas também descer, não é refugiar-se numa paz eterna, mas transformar a vida, a matéria e a nós mesmos. A força transformadora, que age sobre tudo, Sri Aurobindo chamava de força descendente. Essa força é guiada pela sabedoria do Espírito, desce do alto e trabalha em cada um para a liberação e aperfeiçoamento, unindo o dentro e o fora, o que está acima e o que está abaixo. Dessa forma, o agir se torna meditar e o meditar, agir. Sri Aurobindo observou que existem diversos níveis de consciência que estão acima e abaixo da gama mental, com os quais o ser humano não está em contato e que, por isso, lhe parecem inconscientes. Na realidade, o que chamamos inconsciente é outra forma de consciência. A tarefa do praticante do yoga integral de Sri Aurobindo é, segundo Satprem, estar consciente de todas as formas e em todos os níveis do seu ser, de todos os centros de consciência – que na Índia são chamados de chacras e correspondem a planos de consciência que vão do Espírito até a matéria, distribuídos em quatro zonas ao longo do corpo: o Supraconsciente; a Mente; o Vital; e o Físico e o Subconsciente. Em geral, esses centros estão fechados e se abrem com a prática ou do yoga tradicional ou do yoga integral de Sri Aurobindo, cuja vantagem é fazer com que eles se abram de cima para baixo, num processo mais integrativo, pois a abertura se dá dos centros superiores para os inferiores.

Satprem mostra, com a simplicidade característica de todo seu texto, a concepção de Sri Aurobindo sobre a consciência: uma força Universal, uma energia que está em toda parte e se individualiza no homem, no processo de desenvolvimento e da evolução da sua consciência. Segundo Sri Aurobindo:

> na medida em que progredimos e despertamos para a alma em nós e nas coisas, comprovamos que existe também uma consciência nas plantas, no metal, no átomo, na eletricidade, e em tudo o que pertence à Natureza física; [...] que de modo algum se trata de uma consciência inferior ou mais limitada que a mente; ao contrário, em muitas formas ditas "inanimadas", a consciência é mais intensa, mais rápida, mais aguda, embora menos desenvolvida na superfície[1]

A natureza física, o corpo, também é, portanto, o local de trabalho da evolução da consciência, onde a alma descobre que possui o poder

---

1 Cf. infra, p. 64.

de transformar a matéria, onde, imersa, a consciência habituou-se a depender dos órgãos dos sentidos para perceber o mundo. Quanto mais se eleva a consciência, mais a percepção se amplia para níveis cada vez mais altos. Para encontrar a alma, é necessário se afastar da superfície, retirar-se verdadeiramente, penetrar, e descer no mais profundo de nós mesmos para encontrar alguma coisa cálida, rica, plena e tranquila que é o ser psíquico, "eternamente uno com o Divino, pequena luz dessa grande Luz"[2]. As primeiras manifestações da alma são a espontaneidade, a alegria e o amor que, enquanto estados de alma, não precisam de nada para existir, eles simplesmente são. O ser psíquico geralmente está escondido por ideias, doutrinas e sentimentos que o limitam e o impedem de manifestar-se em sua verdadeira realidade.

É graças ao acúmulo de experiências passadas que o ser psíquico lentamente adquire a sua individualidade e pode tomar consciência do mundo e de sua força. Há níveis distintos de consciência entre o homem comum, no qual a alma é apenas uma possibilidade latente, e o ser desperto. A evolução não consiste em se tornar cada vez mais santo ou mais inteligente, e sim mais consciente.

O subconsciente, para Sri Aurobindo, é onde se encontram as forças mentais primárias, os impulsos agressivos e doentios que o homem deve domar e compreender para a sua evolução, "os resíduos e todas as forças que presidiram nossa ascensão, desde a Matéria ao animal e do animal ao homem, estão não somente gravados ali [...] Ninguém que não tenha passado pelo inferno pode alcançar o céu"[3].

A liberdade do homem, ressaltam Satprem e Sri Aurobindo, consiste em se elevar, por meio da evolução individual, da mente comum a planos (camadas mentais ou mundos) sempre mais altos: mente superior; iluminada; intuitiva; supermente. A única tarefa evolutiva é a de transcrever e encarnar materialmente a verdade do plano ao qual pertencemos. E a única conduta realmente essencial é a de se abrir a esses planos.

Na sua epopeia poética, *Savitri*, Sri Aurobindo descreve a percepção desses planos:

Mundos e mundos de êxtase e de cor
Milhões de lótus que acalanta uma única haste
Sobem em direção de uma elevada epifania secreta.[4]

2 Cf. infra, p. 166.
3 Cf. infra, p. 224.
4 Cf. infra, p. 195.

Assim, passo a passo, Satprem nos conduz tanto pelo percurso de vida de Sri Aurobindo como pelos seus ensinamentos, por essa filosofia e yoga que privilegiam o caráter ativo da vida e veem na ação a forma de cada um se colocar a serviço da Obra e realizar o seu próprio caminho espiritual – convém ressaltar que assim como Sri Aurobindo foi educador e ativista político, o próprio Satprem, que na Segunda Guerra Mundial lutou na Resistência Francesa, pôs em prática essa espiritualidade na ação, que ele chama de "realismo espiritual" – o que explica por que Sri Aurobindo não aceitava um yoga que exigisse o abandono do mundo: "Quero praticar o yoga para trabalhar, para agir, e não para renunciar ao mundo e nem sequer para alcançar o Nirvana"[5].

RAÏSSA CAVALCANTI

5 Cf. infra, p. 150.

Prefácio à
Segunda Edição

O Reino da aventura terminou. Mesmo se atingirmos a Sétima Galáxia, chegaremos robotizados, haveremos de nos reencontrar tal como sempre: crianças em face da morte, seres vivos que não sabem muito bem como vivem, nem o porquê, nem sequer aonde vão. Sabemos perfeitamente que, aqui na Terra, a era dos Cortezes e dos Pizarros chegou ao fim: a mesma Mecânica nos aprisiona, a ratoeira fecha-se novamente. E mais uma vez descobrimos que as adversidades, as mais sombrias, são a nossa melhor oportunidade e que a passagem obscura é apenas uma passagem que nos conduz a uma Luz maior. Encontramo-nos, então, encurralados diante do último terreno a explorar, a última aventura: nós mesmos.

E os sinais abundam, simples e evidentes. O fenômeno mais importante da década de 1960 não foi a viagem à Lua, mas sim a "viagem" das drogas, a grande migração dos *hippies* e a efervescência dos estudantes pelo mundo afora – e para onde iriam? Não há mais espaço nas praias fervilhantes, tampouco nas estradas congestionadas, não há mais espaço nos cupinzeiros crescentes de nossas cidades. É preciso desaguar em outra paragem.

Existem, porém, diversos tipos de "alhures". Os proporcionados pela droga são inseguros e estão entremeados de perigo e, sobretudo, *dependem* de um meio exterior – uma experiência deve ser vivenciada à vontade e em qualquer lugar, em pleno mercado ou na solidão de nosso quarto; do contrário, não é experiência, mas anomalia ou escravidão. As proporcionadas pela psicanálise limitam-se, até o momento, a perscrutar porões mal iluminados e, sobretudo, ignoram a alavanca da consciência que permite ir aonde se quer, como mestres e não como testemunhas impotentes ou vítimas enfermas. As da religião são mais iluminadas, mas dependem de um deus ou de um dogma e, sobretudo, nos encerram em *um* tipo de experiência, porque se pode ser ainda mais prisioneiro dos outros mundos que desse aqui. E, finalmente, o valor de uma experiência mede-se pelo seu poder de transformar a vida, caso contrário encontramo-nos diante de um sonho ilusório, de uma alucinação.

Ora, Sri Aurobindo leva-nos a realizar a dupla descoberta, urgente e necessária, se quisermos não apenas encontrar uma solução para o nosso sufocante caos, mas transformar nosso mundo. Ao seguirmos com ele, passo a passo, sua prodigiosa exploração – sua técnica dos espaços internos, se ousamos dizer –, seremos conduzidos à maior descoberta de todos os tempos, ao umbral do Grande Segredo que deve mudar a face do mundo, a saber, que *a consciência é um poder*. Ofuscados que somos pela "inevitável" condição científica em que nascemos, parece-nos que os homens somente terão esperança na proliferação cada vez maior de suas máquinas, que haverão de ter melhor visão, melhor audição, podendo calcular melhor, curar melhor e, possivelmente, viver melhor. É preciso saber que somos mais capazes que essas máquinas e que essa enorme Mecânica que nos sufoca pode desabar com a mesma rapidez com que nasceu se apenas tocarmos a alavanca do verdadeiro poder, descendo ao coração, explorador metódico, rigoroso e lúcido.

Então descobriremos, certamente, que nosso esplêndido século xx se encontrava ainda na Idade da Pedra da psicologia, e que com toda a nossa tecnologia não havíamos alcançado a verdadeira técnica de viver, nem o domínio do mundo, nem o nosso próprio e que, diante de nós, abrem-se horizontes de perfeição, de harmonia e de beleza, diante dos quais nossas grandes descobertas são esboços rudes de um aprendiz.

Satprem
Pondicherry, 27 de janeiro de 1970

Prefácio à
Terceira Edição

मा

A Lei da Terra

Um "sistema" significa uma "lei", seja qual for: econômica, financeira, política, religiosa, ou o diabo que seja! Preferencialmente, seria o diabo, porque essa "lei" quer ou gostaria de abarcar a Terra inteira, aprisionando-a em um Sistema específico. Mas a Terra... O que vem a ser isso? Isso brota, por definição; são flores, árvores, pedras, criaturas que vivem durante um tempo e morrem, também homens e civilizações que vivem e morrem e tudo recomeça. Isso brota e brota; é a lei desse solo terrestre. E em que ponto nós nos encontramos? Não certamente à altura desses séculos de Terra e desses milhões de homens. Cada homem é em si uma lei ou uma nota musical em uma imensa orquestra desafinada; gostaríamos, então, de afiná-la: por meio de quê? Da força? Da lei? E de qual lei? Mas a Terra germina através de mecanismos próprios e a despeito de tudo – ela rompe o rochedo quando não pode encontrar o próprio Sol, que a leve a germinar novamente e tocar sua sinfonia, sua beleza, sua flor de todas as eras, pré ou pós-humanas, seu dia, finalmente, sob todas as noites, aquelas que já foram ou as que virão; e quanto mais escurece, quanto mais pedregoso o terreno, mais ela desabrocha, como se os opostos a exasperassem ajudando-a a brotar melhor e mais forte.

Porém, hoje, ano de 2003, onde se encontra esse "ponto"? E qual é essa data assombrosa após tantos "começos" e tantos homens que parecem nunca ter existido?

Ora, curiosamente, ao retomar minha consciência do ano de 2003, lembrei-me de Tebas e de Luxor, onde fui há algumas décadas (ou séculos) e disse-me: "Antigamente, o Alto Egito terminava apagando-se sob as areias róseas do deserto e nos dias de hoje terminamos sobre uma crosta cinza de asfalto". E é como se ao raspar debaixo dessa camada endurecida, eu fizesse a arqueologia pelo avesso: em uma tarde rosada, estava ali em cima, sem esses maravilhosos templos, querendo saber o que havia sob essa crosta de asfalto.

Pois bem, em cima e por cima, Sistemas e mais Sistemas e leis, financeira, política, militar, marxista..., ou o diabo que seja, querendo dominar toda a Terra, querendo eliminar o outro para reinar como único Mestre do mundo.

Terminamos, pois, sob o reino da Morte.

Mas a Terra brota e brota ali embaixo, como se essa rocha da era terciária a exacerbasse e lhe desse mais determinação para romper o que estrangula e cega o seu grande dia, o seu belo sol e as grandes árvores que brotam com cânticos de pássaros e cachoeiras encaracoladas nas alturas com um sorriso desconhecido. É essa Força germinante da Terra que busca sua sede, sua meta de todas as eras, sua manhã cor-de-rosa.

E eu me pergunto, agora e paradoxalmente, se não seria mais fácil romper essa crosta terrestre com um só golpe, porque é uma única, uniforme e cruel crosta em todos os continentes, de Leste a Oeste, e porque é a Lei da Terra, a despeito de tudo aquilo que pensamos sabiamente. Uma Lei da Beleza e da Verdade.

Talvez haja uma outra Sabedoria e uma outra Origem e uma nova Terra do quaternário sob nossos escombros de antropoides atrasados que não terminaram de brotar.

Uma maneira nova de ser.

"Um outro ser sobre a Terra", dizia Sri Aurobindo.

A última Aventura.

Satprem

Introdução

> Chego a ser o que vejo em mim mesmo.
> Posso fazer tudo quanto me sugere o pensamento.
> Posso vir a ser tudo quanto o pensamento me revela.
> Assim deveria ser a fé inabalável do homem em
> Si mesmo, porque Deus nele habita[1].

Era uma vez um marajá muito mau que não tolerava alguém que lhe fosse superior. Um dia mandou chamar todos os pânditas do reino, como era costume em graves circunstâncias, e colocou-lhes esta questão: "Quem de nós dois é maior, eu ou Deus?" Os pânditas estremeceram-se. Sábios de profissão, pediram-lhe um tempo de reflexão; e, além disso, por força de velhos hábitos, permaneciam agarrados à condição de pânditas e temiam por suas cabeças. Mas eram pânditas muito corajosos que não queriam ofender a Deus; e como se lamentavam, o mais velho deles os tranquilizou dizendo-lhes: "Deixem comigo o caso, amanhã falarei com o príncipe". No dia seguinte, toda a corte estava reunida em solene *durbar* quando o velho pândita chegou humildemente, com as mãos postas e a fronte pintada com cinzas brancas; inclinando-se, pronunciou estas palavras: "oh, senhor, tu és sem dúvida o maior". O príncipe retorceu três vezes seu longo bigode cheio de arrogância – "tu és o maior Senhor, porque tu podes banir-nos de teu reino, enquanto Deus não: em verdade, tudo quanto existe é Seu reino e fora Dele não existe lugar, em parte alguma, para se ir".

Essa história da Índia, que ouvimos contar em Bengala, cidade onde nasceu Sri Aurobindo, não é estranha para aquele que dizia que tudo é Ele: os deuses, os diabos, os homens, a Terra, e não somente os céus, e cuja experiência conduz a uma reabilitação divina da matéria.

---

1 Sri Aurobindo, *Thoughts and Glimpses*, v. 16, p. 378.

Já faz meio século e a psicologia não cessou de reintegrar os demônios no homem, e bem poderia ser, como pensava André Malraux, que a tarefa do próximo meio século seja a de "reintegrar os deuses", ou melhor, como queria Sri Aurobindo, a de reintegrar o Espírito no homem e na matéria – um terreno reservado ao espiritual – e a de criar "a vida divina sobre a Terra": "Os céus do além são grandes e maravilhosos, mas ainda maiores e mais maravilhosos são os céus que existem em vós. É esse o Éden que espera o obreiro divino"[2].

Há muitas maneiras de se colocar a serviço da Obra; em realidade cada um de nós tem uma abertura particular: para um será uma peça bem elaborada, um dever cumprido; para outro, uma bela ideia, um sistema filosófico harmonioso; e haverá outros ainda para os quais será uma partitura, um rio, uma réstia de sol sobre o mar – e todas são formas de se respirar no Infinito. Mas todas elas são breves instantes e nós buscamos uma forma duradoura. Esses são minutos sujeitos a condições bastante incompreensíveis, e queríamos algo que fosse imutável, que não dependesse nem de condições nem de circunstâncias – uma janela em nós que nunca mais se fechasse.

E como essas condições são muito difíceis de serem reunidas na Terra, dizemos "Deus", "espiritualidade", "Cristo", "Buda" e toda a linhagem daqueles que fundaram as grandes religiões; e todas são formas de se alcançar a permanência. Talvez não sejamos mesmo homens religiosos, nem espiritualistas, mas simplesmente homens que creem na Terra e desconfiam dos grandes discursos; que estão cansados dos dogmas, e talvez, também, de pensar demasiadamente bem – homens, enfim, que querem o seu pequeno rio que corre em direção ao Infinito. Havia na Índia um grande santo que, durante muitos anos, antes de haver alcançado a paz, perguntava a todos aqueles que encontrava: "Você viu Deus?... Você viu Deus"? E afastava-se zangado porque sempre lhe respondiam quimeras. Ele queria ver, e não estava errado, se consideramos todas as mentiras que os homens colocam por detrás da palavra Deus, como fazem também com muitas outras. Quando tivermos visto Deus voltaremos a falar disso, ou então guardaremos silêncio. Não, não queremos contentar--nos com palavras vãs; queremos empreender a viagem com o que temos, no ponto em que nos encontramos, nossos chinelos cobertos de barro, um pequeno raio de sol em dias festivos, porque essa é,

---

2 *The Hour of God*, v. 17, p. 148.

simplesmente, a nossa fé. Além disso, vemos claramente que a Terra, tal como é, não é lá grande coisa, e gostaríamos imensamente que ela mudasse, mas chegamos também a desconfiar das panaceias universais, dos movimentos, dos partidos e das teorias. Empreendemos, pois, a marcha no quilômetro zero, quer dizer, em nós mesmos, o que não é grande coisa, mas é tudo o que temos, e é esse pedaço de mundo que tentaremos mudar antes de querer salvar o outro. E, talvez, não sejamos assim tão ingênuos, pois, quem sabe, se o fato de mudar um deles não seja o que há de mais eficaz para mudar o outro?

Que pode Sri Aurobindo fazer por nós nesse nível tão baixo?

Há um Sri Aurobindo filósofo, um poeta, que é o que essencialmente foi, e um visionário da evolução; mas nem todo mundo é filósofo, poeta e tampouco vidente. Porém, se ele nos desse um meio para que acreditássemos em nossas próprias possibilidades, não somente humanas, mas sobre-humanas e divinas, um meio não somente para que nelas pudéssemos acreditar mas para que nós mesmos as desvendássemos, passo a passo, um meio para que víssemos e para que chegássemos a ser amplos como a Terra que amamos, e como todas as terras e todos os mares que levamos dentro de nós, quem sabe seríamos felizes? Porque há um Sri Aurobindo explorador, que era também yogue*, mas ele mesmo não disse que "o yoga é a arte da descoberta consciente de si mesmo"[3]? Essa exploração da consciência é o que nós gostaríamos de empreender com ele e, se procedemos com calma, com paciência, com sinceridade, enfrentando corajosamente as dificuldades do caminho – e Deus sabe que o caminho é pedregoso – não há razão para que a janela, que nos cobrirá de sol para sempre, não se abra um dia.

Para dizer a verdade, não uma, mas inúmeras são as janelas que se abrem, sucessivamente, sobre um espaço cada vez mais vasto, sobre uma nova dimensão de nosso reino e, a cada vez, ocorre uma *mudança de consciência* tão radical quanto pode ser, por exemplo, a passagem do sono à vigília. Traçaremos aqui as principais etapas dessas mudanças de consciência, tais como Sri Aurobindo as experimentou e tais como as descreveu a seus discípulos em seu *yoga integral*, até o momento em que elas nos conduzam ao limiar de uma

---

* Em português a palavra "yoga" é grafada com "i" em vez de "y". A tradução optou por manter a grafia com "y", respeitando o sentido etimológico da palavra em sânscrito, o mesmo valendo para todos os termos derivados dela (N. da E.).
3 *The Humain Cycle*, v. 15, p. 36.

nova experiência, ainda desconhecida, que, talvez, tenha o poder de mudar a vida.

Porque Sri Aurobindo não é somente o explorador da consciência, mas o edificador de um novo mundo. E, de que serve mudar de consciência se o mundo ao redor continua sendo o mesmo? Corremos o risco de sermos como aquele rei de Andersen que caminhava desnudo pelas ruas de sua capital. Pois, após ter percorrido a última fronteira de mundos que não eram desconhecidos da sabedoria antiga, Sri Aurobindo descobriu um outro que não figurava em mapa algum, ao qual chamou de *Supramental* e que quis trazer para a Terra. E convida-nos a colaborar um pouco com ele participando de uma bela história, se é que gostamos de histórias. Porque a Supramente, disse-nos Sri Aurobindo, traz uma mudança decisiva na Evolução da consciência terrestre – e, efetivamente, é a mudança de consciência que terá o poder de transformar o mundo material e de transformá-lo para melhor de forma profunda e duradoura, assim o esperamos, como fez a Mente quando surgiu pela primeira vez na Matéria. Então veremos como o yoga integral desemboca em um *yoga supramental*, ou yoga da transformação terrestre, que tentaremos esboçar, somente esboçar, porque a história ainda está sendo construída, uma vez que é totalmente nova e difícil, e, por agora, não sabemos muito bem aonde nos conduzirá, nem sequer se triunfará. No fundo, isso depende, em parte, de todos nós.

1 Um Ocidental Realizado

Pela sua natureza humana, Sri Auborindo está próximo porque, afinal de contas, quando tivermos saudado respeitosamente a "sabedoria da Ásia" e os ascetas extravagantes que parecem zombar de nossas leis, perceberemos que alguma coisa tocou nossa curiosidade, porém em nada afetou a nossa vida, e que continuamos tendo necessidade de uma verdade prática que resista aos invernos extenuantes. Ora, Sri Aurobindo conheceu bem nossos invernos e neles passou todos os anos de sua formação, dos sete aos vinte. Ele viveu de uma mansarda à outra, à mercê de hospedeiros mais ou menos generosos, contentando-se com uma refeição por dia e não tendo sequer um casaco para jogar nas costas, mas sempre carregado de livros: os simbolistas franceses, Mallarmé, Rimbaud que lia no idioma original antes mesmo de haver lido alguma tradução do *Bhagavad-gita*. Sri Aurobindo é, para nós, ocasião de síntese única.

Nasceu em Calcutá no dia 15 de agosto de 1872, ano das *Iluminações* de Rimbaud; a física moderna já havia surgido com Max Planck; Einstein é um pouco mais novo; e Julio Verne sonda o futuro. Enquanto isso a rainha Vitória prepara-se para ser coroada imperatriz das Índias e a conquista da África sequer havia terminado; encontramo-nos na transição desses dois mundos. A história, às vezes, nos dá a impressão de que os períodos de prova e de destruição precedem o nascimento de um mundo novo, mas isso pode ser um erro, porque provavelmente a nova semente, que *já* nasceu, seja a razão pela qual as forças da subversão (ou da desobstrução) tanto se obstinam. Seja como for, a Europa encontra-se no auge de sua glória; o jogo parece desenrolar-se no Ocidente. E foi o que compreendeu o doutor

Krishnadhan Ghose, pai de Sri Aurobindo, que estudara medicina na Inglaterra, convertendo-se em um anglicista. Ele não concebia que seus filhos – tinha três, dos quais Sri Aurobindo era o caçula – fossem contaminados pelo misticismo "retrógrado e confuso" em que seu país parecia arruinar-se. Nem mesmo queria que seus filhos conhecessem as tradições ou as línguas da Índia. Sri Aurobindo foi, pois, dotado, não apenas de um nome inglês, Akroyd, como também de uma governanta inglesa, miss Pagett, e, com a idade de cinco anos, enviado a Darjeeling a uma escola de monjas irlandesas com os filhos dos administradores britânicos. Dois anos mais tarde, os três irmãos Ghose partiram para a Inglaterra. Sri Aurobindo tinha, então, sete anos. Aguardou vinte anos para aprender a língua materna, o bengali; não voltou a ver o pai que falecera pouco antes de seu retorno à Índia e mal viu a mãe que, doente, não mais o reconheceu. Estamos, pois, na presença de uma criança que cresceu longe da influência familiar, cultural e de costumes, ou seja, diante de um gênio livre. Talvez seja exatamente a liberdade a primeira lição que nos dá Sri Aurobindo.

Sri Aurobindo e seus dois irmãos foram confiados a um pastor anglicano de Manchester *com recomendações estritas de que não convivessem com indiano algum nem se expusessem à influência da cultura indiana*[1]; decididamente, esse dr. Ghose era um homem muito singular. Ordenou ainda ao pastor Drewett que não desse instrução religiosa alguma a seus filhos a fim de que eles pudessem escolher a própria religião, se quisessem, quando tivessem idade para isso. Assim, durante treze anos, abandonou-os a seu destino. Poder-se-ia acreditar que o dr. Ghose era homem sem coração, mas não era assim; não só oferecia seus cuidados, como também seu dinheiro aos pobres das aldeias bengalis (enquanto em Londres os próprios filhos mal tinham o que comer e o que vestir) e morreu de pesar quando lhe contaram equivocadamente que o filho preferido, Aurobindo, havia naufragado. Contudo, concebia que seus filhos fossem homens de caráter.

Os primeiros anos em Manchester foram de alguma importância para Sri Aurobindo, porque aprendeu o francês (o inglês era naturalmente a língua "materna") e descobriu então uma identidade com esse país; ele mesmo disse ao término de seus longos anos de Inglaterra: "eu me sentia ligado ao pensamento e à literatura europeus,

[1] *On Himself*, v. 26, p. 1

especialmente à inglesa, mas não à Inglaterra; eu não tinha laços com ela... Se há um país da Europa ao qual me sinto preso pelo intelecto e pelo coração, como se fora minha segunda pátria, sem que lá tenha vivido ao menos nesta vida, é a França, não a Inglaterra"[2]. E nesse momento, o poeta que nele havia fora despertado; já escutava "o murmúrio das coisas invisíveis"[3] de que fala um de seus mais antigos poemas, a janela interior já havia sido aberta, apesar de a religião tê-lo tocado muito superficialmente a julgar pelo relato de sua "conversão"; com efeito, a mãe do pastor Drewett havia proposto salvar a alma dos heréticos, em todo caso a do mais jovem, a quem levou um dia consigo a uma reunião de pastores "não conformistas": "após as preces" – conta Sri Aurobindo – "todas as pessoas se dispersaram, com exceção das mais devotas; era a hora das conversões. Eu me aborrecia completamente. Depois um pastor aproximou-se de mim e me fez algumas perguntas [Sri Aurobindo devia ter 10 anos]. Eu nada respondi. Então todos exclamaram: 'Ele está salvo, está salvo!', e todos se puseram a orar por mim e a dar graças a Deus"[4]. Sri Aurobindo, o vidente, não havia de ser nunca um homem religioso – nem na Índia nem no Ocidente – e teve o cuidado, muitas vezes, de salientar que a religião e a espiritualidade não eram necessariamente sinônimas: "A verdadeira teocracia" – escreveu mais tarde – "é o reino de Deus no homem, não o reino de um papa, de uma Igreja ou de uma classe sacerdotal"[5].

Tinha doze anos quando começou sua vida londrina; já conhecia a fundo o latim e o francês. O diretor do St. Paul's School onde Sri Aurobindo ingressou, mostrou-se tão surpreso com as facilidades de seu aluno, que decidiu ele mesmo dar-lhe as lições de grego. Ao final de três anos, Sri Aurobindo podia ter a liberdade de dispensar a metade dos cursos e de consagrar quase todo seu tempo à sua ocupação favorita: a leitura. Não sabemos o que escapou a esse adolescente voraz (exceto o críquete, que em verdade não o apaixonava mais que as Sunday-School), mas Shelley e o *Prometeu Libertado*, os poetas franceses, Homero, Aristófanes, e tão logo todo o pensamento europeu – porque rapidamente aprendeu alemão e italiano suficientes para ler Dante e Goethe no original – preencheram uma solidão da

[2] Idem, p. 7.
[3] Songs to Myrtilla, *Collected Poems*, v. 5, p. 1.
[4] *Life of Sri Aurobindo*, p. 6.
[5] *The Human Cycle*, v. 15, p. 166.

qual nada nos disse. Tampouco procurava criar laços, ao passo que Mono Mohan, o segundo filho, percorria Londres em companhia de seu amigo Oscar Wilde e havia de distinguir-se na poesia inglesa. Cada um dos três irmãos vivia sua própria vida. Sri Aurobindo, portanto, nada tinha de um jovem severo e menos ainda de um puritano ("os pruritanos", dizia[6]), simplesmente ele se encontrava em "outra parte" e seu mundo era pleno. Tinha inclusive uma maneira de caçoar com aparência grave, que nunca o abandonou: "o sentido do humor? É o sal da existência. Sem ele, há muito tempo que o mundo estaria completamente desequilibrado e perdido"[7] (já o está bastante). Porque há um Sri Aurobindo humorista e, talvez, esse seja mais importante que o filósofo de quem falam com seriedade as universidades do Ocidente; a filosofia para Sri Aurobindo era apenas um meio de se fazer entender a uma certa categoria de pessoas que nada pode compreender sem explicação; a filosofia era para ele um meio de expressão, como o era também a poesia, embora mais clara, mais verdadeira, enquanto o humor fazia parte da essência de seu ser; não esse humor zombeteiro do homem tido por espirituoso, mas uma espécie de alegria que não pode deixar de dançar por toda parte por onde passa. Às vezes acontece, tal qual um lampejo que nos deixa mistificados, adivinhar por trás das circunstâncias humanas mais trágicas, certamente as mais lastimosas, um riso quase malicioso, como o de uma criança que, encenando o drama, subitamente faz uma careta; porque o riso é sua vocação natural e porque, no fundo, nada, nem ninguém no mundo, pode tocar esse recanto lá dentro onde reinamos para sempre. Talvez seja esse, em verdade, o sentido do humor aurobindiano: uma recusa ao drama, mas, além disso, o sentimento de uma realeza inalienável.

Não sabemos se St. Paul's School apreciava seu humor, mas seguramente aplaudia sua assombrosa cultura; concederam-lhe uma bolsa de estudos, o que lhe permitiu cursar Cambridge; e essa ajuda, que veio no tempo certo, já que os subsídios familiares pouco a pouco haviam se esgotado, ainda não era suficiente para remediar o frio e a fome, se pensarmos que seus irmãos mais velhos dela partilhavam. O que iria fazer Sri Aurobindo naquele seminário de *gentlemen*? Tinha então dezoito anos e, sem dúvida, obedecia ao desejo de seu pai. Mas não por muito tempo. Desde seu primeiro ano no King's

---

6 *Thoughts and Aphorisms*, v. 17, p. 138.
7 *Letters on Yoga*, v. 22, p. 501.

College acumulou todos os prêmios de poesia grega e latina, mas seu coração estava distante. Joana d'Arc, Mazzini e a revolução americana o perseguem; na verdade a liberdade de seu país, a independência da Índia da qual será um dos primeiros artífices. Essa imprevista vocação política iria ocupá-lo durante cerca de vinte anos; logo ele que não sabia distinguir um indiano de um hindu! Mas rapidamente recuperará esse vazio, tanto em relação ao hinduísmo como também no que se refere ao ocidentalismo, por assim dizer, pois saberá provar com avidez e, mais que tudo, digerir um e outro; e somente aí chegará a ser verdadeiramente Sri Aurobindo quando digerir um e outro e descobrir o ponto em que esses dois mundos se encontram, em alguma coisa que não é nem um nem outro, nem sequer uma síntese, mas que poderíamos chamar, como disse a Mãe – continuadora da obra de Sri Aurobindo – de uma *terceira posição*, uma "outra coisa" da qual temos viva necessidade, nós que não somos nem materialistas limitados nem espiritualistas exclusivos.

Tornou-se então secretário da Indian Majlis, associação dos estudantes indianos em Cambridge; pronuncia discursos revolucionários, livra-se de seu nome britânico, afilia-se a uma sociedade secreta: "Lótus e Punhal", com todo respeito! (mas o romantismo poderia também conduzi-lo à força). Em suma, ele é descoberto e colocado na lista negra de Whitehall. Isso não o impede de obter licenciatura em Letras Clássicas; mais tarde, uma vez passado o exame, renuncia ao título como se obtê-lo já fosse o suficiente. Apresenta-se também ao célebre concurso do Indian Civil Service, que deveria abrir-lhe as portas do governo da Índia ao lado dos administradores britânicos; ali, em que pese ter sido recebido glamorosamente, recusa-se a se apresentar à prova de equitação – nesse dia vai passear, em vez de cavalgar em Woolwich –, sendo desclassificado. Nessa ocasião, o decano de Cambridge revolta-se e escreve em lugar de destaque:

> Que seja perdido um homem desse calibre para o governo da Índia simplesmente porque não montou um cavalo ou porque faltou ao encontro marcado, parece-me, eu o confesso, uma enorme miopia governamental, difícil de se superar. Durante esses dois últimos anos sua vida foi muito difícil e angustiante. As remessas de fundo de seu país cessaram quase por completo, e ele tem não somente que prover suas próprias necessidades, como também manter seus dois irmãos... Escrevi

várias vezes a seu pai em seu nome, sem grande sucesso. Só há pouco tempo consegui dele extrair algum dinheiro para pagar os comerciantes que, do contrário, teriam enviado seu filho à prisão.[8]

A defesa do decano foi infrutífera. O Colonial Office havia tomado a decisão: Sri Aurobindo era um sujeito perigoso. E não estavam equivocados.

Tem vinte anos quando embarca para a Índia. Seu pai acaba de morrer. Sri Aurobindo não tem posses, nem títulos. O que lhe resta de seus treze anos de Ocidente? Seríamos tentados a repetir a perfeita definição de Edouard Herriot, porque se é verdade que a cultura é tudo o que resta quando tudo é esquecido, certo é também que, o que nos fica do Ocidente quando o deixamos, não são nem seus livros, nem seus museus, nem seus espetáculos, mas uma necessidade de traduzir em ato vivo tudo o que havíamos concebido. Essa é, sem dúvida, nossa virtude ocidental. Infelizmente, possuímos inteligência em excesso para termos, verdadeiramente, alguma clarividência que possa realizar-se fora de nós mesmos, ao passo que a Índia, repleta de interiorioridade, não é bastante exigente para igualar o que vê com o que vive. Essa lição não seria inútil para Sri Aurobindo.

8 *Life of Sri Aurobindo*, p. 328.

2 A Lei Eterna

"Nosso proletariado está mergulhado na ignorância e esmagado pela miséria"[1], exclama Sri Aurobindo ao desembarcar na Índia. Não são questões metafísicas as que a ele se apresentam, mas de ação. Devemos agir, estamos no mundo para agir; falta, porém, saber qual a ação a ser empreendida e, sobretudo, qual o método mais eficaz. Esse ponto de vista prático acompanhará Sri Aurobindo desde seus primeiros passos na Índia até sua mais elevada realização yóguica. Recordamos (perdoem-nos tal digressão) uma viagem ao Himalaia e haver ali vivido dias privilegiados em companhia de um sábio, entre os pinheiros, entre as espirradeiras, diante de um horizonte glacial entre o céu e o vale. Tudo isso é ótimo, e nos dizíamos ser fácil ter pensamentos divinos, mesmo visões, a essa altitude, mas e lá embaixo, ao nível do solo, com os pés na terra? Não estávamos inteiramente enganados, embora viéssemos a saber mais tarde que é possível *fazer* muito pelo mundo, no silêncio e na imobilidade do corpo – há uma ilusão tenaz que nos faz confundir agitação e ação –, no entanto, o que restaria de nossos minutos divinos, uma vez despojados de nossa solidão e arremessados à planície? Há nisso uma miragem sobre a qual os hinduístas deveriam meditar, porque, afinal de contas, se é a evasão do mundo que nos tenta, um canto dos Alpes ou da Camarga seria suficiente ou até mesmo uma cela de muros bem caiados – a "peregrinação às fontes" pode acontecer sem os Ganges e os Brahmaputras. O que poderia a Índia oferecer a Sri Aurobindo? Que segredos possui para a ação na vida?

1 *New Lamps for Old*, v. 1, p. 44.

Se acreditarmos nos livros que falam do hinduísmo, haveria de se tratar de uma espécie de paleontologia espiritual entrecortada de polissílabos sânscritos, como se o indiano fosse um filósofo enigmático, dublê de um idólatra impenitente. Mas, se simplesmente olhamos a Índia, de dentro, sem a pretensão de retalhar parágrafos de hinduísmo (sempre falso, porque corremos o risco de ser como o viajante que, havendo percorrido Delhi em maio, encontrou a Índia tórrida mas, se tivesse ido ao sul e ao leste, nos meses de novembro e março, em todas as direções, teria visto que a Índia é fria, ardente, porosa, desértica, mediterrânea e suave; um mundo tão indecifrável como o "hinduísmo", que não existe, porque não é uma crença nem uma longitude espiritual, que se possa resumir em um só ponto, pois nele todos os pontos são possíveis) descobriremos que é um país de imensa liberdade espiritual. O chamado "hinduísmo" é uma invenção ocidental; o indiano pratica apenas "a lei eterna", *sanatana dharma*, que sabe muito bem não se tratar de exclusividade indiana, porque é também muçulmana, negra, cristã, e mesmo anabatista. O que, para o Ocidental, parece ser a parte mais importante de uma religião, ou seja, a estrutura que a *distingue* das demais religiões e que faz com que não sejamos católicos ou protestantes, exceto se pensamos como esses ou como aqueles, ou se aprovamos este ou aquele dogma, é, para o indiano, a de menor importância, que procura instintivamente superar as diferenças externas para encontrar a todos no ponto central em que tudo se comunica.

Essa amplidão de consciência é distinta da "tolerância", que é somente o inverso negativo da "intolerância"; ela é a compreensão positiva de que cada homem tem uma necessidade interior, à qual chamamos Deus ou outro nome qualquer e de que cada um de nós tem necessidade de amar o que *compreende* de Deus, em seu nível e em uma fase especial de desenvolvimento interior, e que a maneira de amar do Paulo não é igual a do João. Que todos possam amar a um deus crucificado, por exemplo, parecerá antinatural ao indiano médio, que se inclina respeitosamente diante do Cristo (com tão espontâneo respeito como diante de sua própria imagem de Deus), mas que compreenderá, contudo, que o rosto de Deus está também no sorriso de Krishna, no terror de Kali, na doçura de Saraswati, e em mil outros deuses que dançam, policromos e bigodudos, e alegres, e temíveis, iluminados, compassivos, nas torres exuberantes dos templos – "um Deus que não soubesse rir, não teria podido criar este universo humorístico", dizia Sri Aurobindo[2] –, e que tudo é Seu Rosto, tudo é Seu jogo, terrível e belo, barroco como nosso próprio mundo. Porque esse país, a Índia, tão farto de deuses, é também, e ao mesmo tempo, o país de uma fé monólita na *Unidade*: "Único, Ele preside todos os nascimentos e toda a natureza; é Ele próprio a matriz de tudo" (*Shwetashwatara Upanishad* v.5). Mas nem todos podem se lançar de súbito no Absoluto; há muitos níveis na Ascensão e, aquele que está preparado para compreender uma pequena *Lalita* com rosto infantil e ofertar-lhe seus incensos e suas flores, poderia não saber dirigir-se à Mãe eterna no silêncio de seu coração; e outro haveria ainda que rejeitaria todas essas formas para precipitar-se na contemplação Daquele que não tem nome. "Tal como os homens vêm a Mim, eu os aceito. É meu caminho o que os homens seguem por toda parte", disse a *Gita*[3] (IV.11). Existem, pois, muitas maneiras de se compreender Deus, entre três ou entre milhões de pessoas, que é preferível não dogmatizar, sob pena de tudo eliminar, de forma a admitir, por fim, um só Deus cartesiano, único e universal, por força de estreiteza. Pode ser que venhamos a confundir ainda a unidade e a uniformidade. Foi no espírito dessa tradição que Sri Aurobindo escreveu: "A perfeição do yoga integral virá quando cada homem for capaz de seguir seu próprio caminho por meio do yoga e de trabalhar no desenvolvimento de sua própria natureza em seu impulso na direção daquele que transcende a natureza. Porque a liberdade é a lei final e a última realização[4].

Um indiano nunca diz: "Credes vós em Deus?" A pergunta lhe parece tão pueril como dizer: "Credes vós em CO^2?" Ele simplesmente diz: "*façais vós mesmos a experiência*; se fizerdes isso, chegareis àquilo, e se fizerdes essa outra coisa, vós alcançareis tal resultado". Todo o engenho, toda a minudência, toda a precisão que no Ocidente desenvolvemos há um ou dois séculos no estudo dos fenômenos físicos, o indiano os colocou com igual rigor, há quatro ou cinco mil anos, no estudo dos fenômenos interiores; em se tratando de um povo "sonhador", ele nos reserva muitas surpresas. E, se formos honestos, rapidamente veremos que nossos estudos "interiores", isto é, nossa psicologia, nossa psicanálise, nosso conhecimento humano

---

2 *Thoughts and Aphorisms*, v. 17, p. 138.
3 Todos os textos sacros que citaremos neste ensaio: *Upanishads, Vedas, Gita* etc., se devem à tradução de Sri Aurobindo.
4 *The Synthesis of Yoga*, v. 20, p. 51.

ainda se encontram engatinhando pela simples razão de que o conhecimento de si mesmo é uma ascese tão metódica, tão paciente e, algumas vezes, tão fastidiosa como os longos anos de introdução à física nuclear; e veremos que se desejamos progredir nesse caminho, não basta ler livros, nem mesmo colecionar fichas clínicas e todas as neuroses de um século descentrado: *é preciso correr riscos*. Para dizer a verdade; se nos dedicássemos ao nosso interior com a mesma sinceridade, com a mesma meticulosidade e perseverança com que nos dedicamos aos nossos livros, iríamos longe e depressa. O Ocidente também nos reserva muitas surpresas. Mas, seria, no entanto, necessário desfazer-se de suas ideias preconcebidas. Colombo não traçou o mapa da América antes de haver deixado o Porto de Palos! Talvez seja bom repetir verdades infantis, porque parece que somos prisioneiros de duas falsidades: a extremamente séria dos espiritualistas que já sintetizaram a questão sobre Deus em alguns parágrafos infalíveis e aquela pouco séria dos ocultistas e dos videntes elementares que reduziram o invisível a uma espécie de pouca vergonha imaginativa. A Índia remete-nos sabiamente à experiência direta e seus métodos. Sri Aurobindo logo haveria de aplicar essa essencial lição de espiritualidade experimental.

Mas, que tipo de homem e que material humano iria ele encontrar naquela Índia que não conhecia? Quando deixarmos de lado a confusão exótica e os costumes extravagantes (para nós) que divertem e desconcertam o turista, alguma coisa estranha ficará, apesar de tudo, e se dissermos que é um povo amável, sonhador, fatalista, desapegado do mundo, teremos tocado o efeito, não a causa. Estranha é a palavra, porque espontaneamente, em sua própria substância física, sem a interferência de qualquer conceito filosófico ou de crença, o indiano finca suas raízes em outros mundos; ele não é inteiramente deste. E esses mundos nele afloram com frequência; "ao menor choque, o véu se rompe", notava Sri Aurobindo – de modo que este mundo físico, para nós tão absoluto, tão real, tão único, para ele parece apenas uma maneira de viver entre muitas outras, uma modalidade da existência total entre outras; em suma, uma pequena fronteira caótica, agitada, bastante penosa, à margem de "imensos continentes por detrás"[5]. Essa diferença substancial entre o indiano e os demais povos nunca aparece com tanta nitidez como em sua arte, tal como ocorre na arte

---

[5] Idem, p. 439.

egípcia (e, também supomos, sem conhecê-lo, na arte da América Central) porque, se deixamos nossas catedrais leves, abertas, arrojadas como um triunfo do pensamento divino dos homens, e que, se colocados abruptamente no silêncio de Abydos sobre o Nilo, na presença de Sekmeth ou, atrás do peristilo de Dakshineshwar, frente a frente com Kali, sentimos que algo aconteceu, e deixamos nos tocar atônitos por "alguma coisa", uma dimensão desconhecida, que, de modo algum, pode ser encontrada em toda nossa arte ocidental. Não há segredos em nossas catedrais! Tudo está ali, claro e limpo, aberto aos quatro ventos para quem tem olhos exteriores... e, no entanto, quantos segredos... Não se trata aqui de comparar méritos, seria tão absurdo! Mas de dizer simplesmente que nos *esquecemos* de alguma coisa. Como não nos surpreende, apesar de tudo, que, se tantas civilizações tão gloriosas e refinadas como a nossa — tenhamos a modéstia de admiti-lo — e cuja elite não era menos "inteligente" que a de nossas Sorbonnes, tiveram a visão e a experiência de hierarquias invisíveis (para nós) e de grandes ritmos psíquicos que excediam a breve pulsação de uma vida humana única, que, talvez, não seja uma aberração mental — estranha aberração que se repete em civilizações desconhecidas umas das outras — nem uma superstição de velhas damas sonhadoras. Nós rejeitamos a idade dos Mistérios, e tudo é admiravelmente cartesiano; mas falta algo. O primeiro sinal do homem novo é, provavelmente, o despertar diante da terrível falta de alguma coisa, que não lhe é oferecida nem pela sua ciência, nem pela sua Igreja, nem por seus turbulentos prazeres. Não se amputa impunemente ao homem seus segredos. Esse seria também um testemunho vivo da Índia a Sri Aurobindo, a menos que ele já o trouxesse em sua própria substância.

Portanto, se partimos do pressuposto de que a Índia, onde sobrevivem os antigos Mistérios, nos dará a solução prática que buscamos, corremos o risco de nos decepcionar. Sri Aurobindo que soube rapidamente apreciar a liberdade, a grandeza espiritual e o imenso esforço experimental que a Índia revela ao explorador, não se deixará convencer; não porque tenha algo a rejeitar; não há nada a rejeitar em lugar algum, nem no chamado hinduísmo, nem no cristianismo e nem em outra aspiração humana qualquer, pois tudo está por se expandir; e infinitamente. O que tomamos por uma verdade última, na maioria dos casos, é somente uma experiência incompleta da Verdade — e, sem dúvida, a totalidade da Experiência não existe em parte alguma no tempo e no espaço, em lugar algum, em nenhum ser por mais luminoso, porque a Verdade é infinita e está continuamente à frente. "Sempre carregamos sobre os ombros um fardo enorme", dizia um dia a Mãe em uma conversa sobre o budismo.

> Não queremos abandonar nada do passado e estamos cada vez mais curvados sob o peso de uma carga inútil. Vós tendes um guia em um trecho do caminho, mas quando houverdes passado esse trecho do caminho, deixais o caminho e o guia e ides para mais longe. É uma coisa que os homens fazem com dificuldade; quando se apoderam de alguma coisa que os ajuda, a ela se aferram e depois não querem mais se mover. Aqueles que fizeram progresso com o cristianismo não querem deixá-lo e carregam-no sobre seus ombros; aqueles que fizeram progresso com o budismo não querem deixá-lo e carregam-no sobre seus ombros, e isso entorpece a marcha retardando-os indefinidamente. Uma vez que houverdes passado a etapa, abandonai-a! Ide para mais adiante!

A lei eterna, sim, mas eternamente jovem e eternamente progressiva. Ora, a Índia, que soube tão bem compreender o eterno Iconoclasta que é Deus em sua marcha cósmica, não teve sempre forças para suportar sua própria sabedoria; *o imenso invisível* que impregna esse país deveria cobrar um duplo tributo, ao mesmo tempo terreno e espiritual. Terreno, porque esses homens saturados do além, conscientes do Grande Jogo Cósmico e das dimensões internas nas quais nossa insignificante vida de superfície reduz-se a um ponto, que floresce periodicamente para ser engolido em seguida, acabaram negligenciando o mundo – a inércia, a indiferença ao progresso, a resignação usaram, quase sempre, a máscara da sabedoria. E um tributo espiritual (esse, muito mais grave), porque nessa imensidão, enorme para nossa pequena consciência *atual*, o destino da Terra, nossa Terra, acabaria por perder-se em algum lugar dos confins das nebulosas, ou em lugar nenhum, reabsorvida em Brahman, de onde, afinal de contas, jamais saíra, a não ser em nossos sonhos; o ilusionismo, os transes, os olhos fechados do yogue, quase sempre usaram também a máscara de Deus. Seria, pois, conveniente definir com clareza a finalidade geral a que a Índia religiosa se propõe, e veremos melhor o que ela pode ou não pode por nós que buscamos uma verdade integral.

Devemos reconhecer que nos encontramos diante de uma contradição surpreendente. Eis um país que efetivamente trazia uma grande revelação: "Tudo é Brahman", diziam, tudo é o Espírito, esse mundo também é o Espírito, essa Terra, essa vida, esses homens, nada se acha fora Dele. "Tudo isso é Brahman imortal e nada mais; Brahman está diante de nós, Brahman está atrás de nós, e ao Sul e ao Norte, e abaixo e acima de nós; Ele se estende por toda parte. Tudo isso é só Brahman, todo esse magnífico universo" (*Mundaka Upanishad* 11.2.12), a dicotomia foi, pois, finalmente, sanada, ela que arrasta esse pobre mundo a Deus e ao Diabo, como se fosse necessário sempre escolher entre o Céu e a Terra, não sendo nunca salvos, apenas mutilados. E, portanto, durante *praticamente* três milhões de anos, toda a história religiosa da Índia comportou-se como se houvesse um verdadeiro Brahman, transcendente, imóvel, para sempre fora dessa desordem e um falso Brahman, ou, então (e, aqui, as escolas se dividem) um Brahman menor, de uma realidade intermediária mais ou menos discutível; ou seja, a vida, a Terra, nossa pobre Terra emporcalhada: "Abandone esse mundo de ilusão", bradava o grande Shankara[6]. "Brahman é verdadeiro, o mundo é uma mentira", disse Niralamba Upanishad: *brahma satyam jaganmithyã*. Apesar de toda a nossa boa vontade, confessamos que não compreendemos por qual deformação, ou esquecimento, o "tudo é Brahman" tornou-se "tudo, exceto o mundo, é Brahman".

Quando deixamos de lado as Escrituras, porque a mente humana é tão sagaz que pode facilmente ver ovelhas pastando em um obelisco e examinamos as disciplinas práticas da Índia, a contradição torna-se ainda mais flagrante. A psicologia indiana, em realidade, é fundada sobre uma observação muito judiciosa, a saber: tudo no Universo, desde o mineral até o homem, constitui-se de três elementos ou qualidades (*gunas*) que se encontram em todas as partes, embora possamos denominá-los de uma forma um pouco diferente segundo a ordem de realidade para a qual nos inclinamos; *tamas*, inércia, obscuridade, inconsciência; *rajas*, movimento, luta, esforço, paixão, ação; *sattva*, luz, harmonia, alegria. Em nenhuma parte, esses três elementos existem em estado puro; encontramo-nos sempre entre a inércia, a paixão e a luz; ora somos sattvo-tamásicos, bons, mas um pouco densos, conscienciosos, mas, razoavelmente inconscientes; ou

---

[6] Shankara (788-820), místico e poeta, teórico do Mayavada ou doutrina do ilusionismo que suplantou o budismo na Índia.

sattvo-rajásicos, apaixonados pelo que é superior; ou tamaso-rajásicos, apaixonados por aquilo que é inferior; e o mais frequente, uma excelente mistura dos três. No mais negro *tamas* também brilha a luz – mas o inverso é também verdadeiro, infelizmente. Em suma, nós sempre nos encontramos em equilíbrio instável; o guerreiro, o asceta e o animal partilham agradavelmente nossa morada em proporções variáveis. As diversas disciplinas indianas procuram, pois, restabelecer o equilíbrio: sair do jogo das três *gunas*, que faz com que oscilemos sem cessar da luz à obscuridade, do entusiasmo ao esgotamento e da tristeza à alegria passageira e ao sofrimento reiterado e procuram tomar uma posição acima de tudo isso, quer dizer, procuram resgatar a consciência divina (yoga), que é o lugar do perfeito equilíbrio.

Com esse objetivo, todas elas visam tirar-nos do estado de dispersão e de desperdício no qual vivemos e criar em nós uma concentração suficientemente poderosa para quebrar os limites comuns e, chegado o momento, pender para outro estado. Esse trabalho de concentração pode efetuar-se em qualquer nível de nosso ser – físico, vital, mental. Praticaremos então, dependendo do nível escolhido, este ou aquele yoga: hatha-yoga, raja-yoga, mantra-yoga e muitos outros, muitíssimos outros que demarcam a história de nosso esforço. Não vamos discutir aqui a excelência desses métodos nem os resultados intermediários bastante interessantes aos quais eles podem conduzir; preocupam-nos apenas sua meta e seu destino final. Ora, essa "posição superior" parece não ter relação alguma com a vida, primeiro porque tais disciplinas, extremamente opressivas, exigem horas e horas de trabalho diário ou uma completa solidão; e, em segundo lugar, porque o critério do êxito é um estado de transe ou êxtase yóguico, *samadhi*, equilíbrio perfeito, beatitude inefável, em que a consciência do mundo é varrida, dissipada. Brahman, o Espírito, não tem decididamente contato com nossa consciência comum de vigília; Ele está fora de tudo o que conhecemos; Ele não é deste mundo. Outros, além dos indianos, também o disseram.

De fato, todas as religiões do mundo o disseram. Que aqui se fale de "salvação" e ali de "libertação", *mukti* ou de paraíso ou de cessação da roda das reencarnações, não faz diferença, visto que, finalmente, trata-se de libertar-se disso tudo. Isso, no entanto, não foi sempre assim. Entre o final da era dos Mistérios, aqui e ali, e o aparecimento das grandes religiões, abriu-se um abismo e ocultou-se um Ensinamento, que não fazia essa tremenda distinção entre Deus e o mundo, como testemunharam as tradições e as lendas. O conflito entre a Matéria e o Espírito é uma criação moderna; os chamados materialistas são realmente filhos, legítimos ou não, dos espiritualistas, como os filhos pródigos são uma criação dos pais avaros. Entre as primeiras *Upanishads* de três ou quatro mil anos, elas mesmas herdeiras dos *Vedas*, que nesse "maravilhoso Universo" viam Deus por toda a parte, e as últimas *Upanishads*, perdeu-se um Segredo, não somente na Índia, mas também na Mesopotâmia, no Egito, na Grécia, na América Central. Esse é o Segredo que Sri Aurobindo iria descobrir precisamente porque reunia em sua própria natureza o mais puro da tradição ocidental e a profunda exigência espiritual da Ásia. "O Oriente e o Ocidente", dizia:

> têm duas maneiras de ver a vida, que são os dois lados opostos de uma única e mesma realidade. Entre a verdade pragmática que o pensamento vital da Europa Moderna, apaixonada pelo vigor da vida e pela dança de Deus na Natureza, afirma com tanta veemência e exclusivismo, e a Verdade imutável e eterna que o pensamento indiano, enamorado da calma e do equilíbrio, ama e procura com igual paixão em sua busca exclusiva, não existe esse divórcio nem essa disputa que pretende o pensamento partidário, a razão separatista, a absorvente paixão de uma vontade de realização exclusiva. A verdade una, eterna e imutável é o Espírito, e sem o Espírito a verdade pragmática do Universo não teria origem nem fundamento; o mundo seria desprovido de sentido, vazio de direção interior, sem destino, um fogo de artifício que rodopia no nada para desvanecer-se em lugar nenhum. Mas também a verdade pragmática não é um sonho do não existente, nem é uma ilusão, nem uma prolongada queda em um delírio fútil da imaginação criadora; seria melhor dizer que o Espírito é um beberrão ou um sonhador, ou o louco de sua própria alucinação gigantesca. As verdades da existência universal são de dois tipos: eternas, imutáveis, as verdades do Espírito – mas são elas que se lançam dentro do Devenir, elas que, aqui na Terra, constantemente, realizam seus poderes e suas manifestações – e a consciência que joga com elas: dissonâncias, variações, exploração das possibilidades, reversões, perversões e conversões ascendentes em um motivo harmônico sempre mais elevado; e de tudo isso, o Espírito fez

e faz sempre seu Universo. Mas é Ele mesmo que obra em si, Ele mesmo o criador e a energia da criação, a causa e o método e o resultado das operações, o mecânico e a máquina, a música e o músico, o poeta e o poema, Ele mesmo a Supramente, a mente, a vida e a matéria, a alma e a natureza[7].

Mas, para Sri Aurobindo, não bastava reconciliar no papel o Espírito e a Matéria. Que o Espírito seja ou não desse mundo, não faz grande diferença, uma vez que o conhecimento do Espírito na vida não é acompanhado de um poder sobre a vida: "A Verdade e o Conhecimento são raios inúteis, se o Conhecimento não traz o poder de mudar o mundo"[8]. O Segredo perdido não era uma verdade teórica, era um poder real do Espírito sobre a Matéria. Esse Segredo pragmático é o que Sri Aurobindo iria, pouco a pouco, reencontrar experimentalmente, lançando-se corajosamente por cima da cultura ocidental e da tradição religiosa hindu e é bem verdade que o essencial emerge quando tudo esquecemos.

7 *The Problem of Rebirth*, v. 16, p. 241-242.
8 *Savitri*, v. 29, p. 664.

3 Fim do Intelecto

Foram necessários treze anos para que Sri Aurobindo pudesse percorrer o caminho ocidental; necessitará de outros treze para fazer o caminho da Índia e chegar ao "ápice" da realização yóguica tradicional, isto é, ao começo de seu próprio trabalho.

O interessante para nós é que mesmo esse caminho tradicional, que consideramos preparação, Sri Aurobindo o percorreu liberado de toda e qualquer regra, qual franco-atirador, se ousamos dizer, ou melhor, como um explorador que pouco se preocupa com as precauções e os planos, e que, por isso mesmo, evita desvios inúteis, simplesmente porque tem a coragem de ir em frente, à frente de si mesmo. E não o fez na solidão, nem se sentou com as pernas cruzadas e nem procurou a direção de um Mestre iluminado, mas se pôs a caminho tal como qualquer um entre nós, sem nada dele conhecer e no meio das ocupações; uma ocupação tão turbulenta e agitada como pode ser a nossa – e a viveu sozinho. O primeiro segredo de Sri Aurobindo foi, sem dúvida, o de haver sempre se recusado a dividir a vida em contrapontos: ação, meditação, interior, exterior, e toda essa gama de falsas dicotomias. Desde o dia em que pensou no yoga, armazenou tudo dentro de si: o alto e o baixo, o interior e o exterior, tudo lhe servia, e prosseguiu sem olhar para trás. Sri Aurobindo não veio demonstrar-nos qualidades excepcionais em um meio excepcional, ele veio mostrar-nos o que é possível ao homem, e que o excepcional é somente uma normalidade ainda não conquistada, assim como o "sobrenatural" – dizia – "é um natural que nós ainda não alcançamos, que ainda não conhecemos, ou do qual ainda não temos a chave"[1]. No fundo, tudo neste mundo é uma questão de concentração; não há nada que não acabe por ceder à uma precisa concentração.

Quando desembarca do Apollo Bunder em Bombay é invadido por uma experiência espiritual espontânea, uma *calma imensa* dele se apodera; mas tem diante de si outros problemas concretos: comer, viver. Tem, então, vinte anos. O Maharajá de Baroda oferece-lhe o posto de professor de francês e, depois, o de professor de inglês no *College* do Estado, onde chega a ser diretor-adjunto. Também exerce a função de secretário particular do príncipe. A corte e o colégio absorvem seu tempo, mas é o destino da Índia que o preocupa. Faz inúmeras viagens a Calcutá, informa-se da situação política, escreve artigos que escandalizam, porque não se contenta em dizer que a rainha-imperatriz das Índias é "uma velha dama assim chamada só por cortesia"[2] e convida também seus compatriotas a sacudir a servidão e critica a *política mendicante* do Congresso Indiano: *nada de reformas, nada de colaboração*. Sua meta é organizar toda a energia da nação com vistas a uma ação revolucionária. Era preciso coragem considerando-se que estamos em 1892 e que a hegemonia britânica abrangia três quartos do Globo. Mas Sri Aurobindo tem uma forma particular de atacar o problema; não incrimina os ingleses, mas os próprios indianos: "nosso verdadeiro inimigo não se encontra em uma força exterior, mas em nossas fraquezas revoltantes, em nossa covardia, em nosso sentimentalismo míope"[3]. Já aqui deparamo-nos com uma nota dominante do caráter de Sri Aurobindo que, tanto na luta política como na espiritual e em qualquer circunstância, convida-nos a buscar em nós mesmos, e não fora ou em outro lugar, as causas de nossos infortúnios e dos males do mundo: "as circunstâncias externas são justamente o fruto daquilo que somos", dirá mais tarde aquela que viria compartilhar sua obra. Sri Aurobindo logo reconheceu que os artigos de imprensa não bastavam para despertar seu país; entrega-se então à ação secreta que o conduzirá ao umbral da forca. Durante treze anos, Sri Aurobindo brinca com fogo.

Contudo, não era um jovem agitado nem exaltado. "Seu riso era simples como o de uma criança, tão límpido e tão doce", escrevia seu professor de bengali que viveu dois anos com ele (Sri Aurobindo,

[1] *Thoughts and Aphorisms*, v. 17, p. 88.
[2] *New Lamps for Old*, v. 1, p. 8
[3] Idem, p. 12.

naturalmente, pôs-se a estudar sua língua materna) e, com ingenuidade comovedora, seu professor acrescenta:

> Antes de conhecer Aurobindo, eu o imaginava uma silhueta robusta vestida à moda europeia da cabeça aos pés, impecável, com olhar severo por trás de seus óculos, com um terrível sotaque (de Cambridge, evidentemente) e caráter extremamente difícil... Quem diria que aquele jovem de tez bronzeada, de olhos suaves e sonhadores, com cabelos longos e sedosos, divididos ao meio e caindo sobre a nuca, vestido com um simples *dhoti* de Ahmedabad de tela grossa e uma jaqueta indiana justa, calçado com chinelas à moda antiga com as pontas viradas, o rosto ligeiramente marcado pela varíola, não seria outro que não *Monsieur* Aurobindo Ghose, um poço de conhecimento de francês, de latim e de grego?

Além do mais, Sri Aurobindo não havia desistido dos livros. Mantendo-se ainda em seu impulso ocidental, devora caixas de livros encomendados em Bombay e Calcutá: "Aurobindo sentava-se em sua mesa de trabalho", conta seu professor de bengali, "e lia à luz de uma lâmpada a óleo até a uma hora da manhã, sem se preocupar com as intoleráveis picadas de mosquitos. Eu o via permanecer sentado, na mesma posição, com os olhos fixos no livro durante horas a fio, como um yogue mergulhado na contemplação Divina, ausente de tudo o que se passava à sua volta. Nada interromperia essa concentração, nem mesmo se a casa pegasse fogo". Os romances ingleses, russos, alemães e franceses desfilavam dessa maneira, como também, cada vez mais, os textos sacros da Índia, as *Upanishads*, a *Gita*, o *Ramayana*, sem que nunca tivesse colocado os pés em um templo, a não ser por curiosidade. "Um dia, ao retornar do colégio", conta um de seus companheiros,

> Sri Aurobindo sentou-se e pegando um livro ao acaso começou a ler, enquanto Z... e alguns amigos entregavam-se a uma barulhenta partida de xadrez. Ao término da primeira meia hora, deixou o livro e bebeu uma xícara de chá. Muitas vezes nós já o havíamos visto fazer o mesmo e aguardávamos impacientemente a ocasião de verificar se ele lia seus livros do princípio ao fim ou se somente percorria algumas páginas, aqui e ali. O teste começou em seguida. Z... abriu o livro ao

acaso, leu uma linha em voz alta e pediu a Sri Aurobindo que recitasse a sequência. Sri Aurobindo concentrou-se um momento e repetiu toda a página sem o menor erro. Se fora capaz de ler uma centena de páginas em meia hora, como se admirar com o fato de que lesse uma caixa de livros em um tempo incrivelmente ínfimo!

Mas Sri Aurobindo não se limitava às traduções de textos sacros, dedicava-se também ao estudo do sânscrito, que aprendeu sozinho; particularidade bem característica dele, porque bastava que algo se apresentasse difícil ou impossível para que recusasse a ajuda de outrem – gramático, pândita ou clérigo – e fizesse ele próprio a experiência diretamente. É preciso acreditar que o método era eficaz, porque não somente aprendeu o sânscrito, como descobriu, alguns anos mais tarde, o sentido perdido dos *Vedas*[4].

Um dia chegou, no entanto, em que Sri Aurobindo sentiu o fastio dessa ginástica intelectual. Sem dúvida havia percebido que o homem pode continuar, indefinidamente, a acumular conhecimentos, lendo sem cessar, aprendendo idiomas, e ainda ler todos os livros e aprender todas as línguas do mundo sem conseguir com isso avançar nem mesmo um milímetro. A mente não busca verdadeiramente o conhecimento, embora o faça em aparência – ela busca remoer. Sua necessidade de conhecimento é, antes de tudo, uma necessidade de ter o que remoer. E se, por ventura, a máquina parasse porque o conhecimento fora encontrado, a mente se rebelaria rapidamente e encontraria novo material para alimentar o processo de ruminação, para ter o prazer de continuar remoendo, remoendo. Essa a sua função. Em nós, não é a mente que procura conhecer e progredir, mas algo que se encontra por detrás e que dela se serve: "O período decisivo de meu desenvolvimento intelectual" – confidenciou Sri Aurobindo a um discípulo – "ocorreu quando pude ver claramente que aquilo que o intelecto dizia podia ser, ao mesmo tempo, exato e inexato, e que o que o intelecto justificava era verdadeiro, mas o contrário também. Mentalmente, eu não admitia nunca uma verdade sem admitir simultaneamente o seu oposto... Resultado: o prestígio do intelecto desaparecera"[5].

---

4 A época védica, anterior a das *Upanishads* da qual é herdeira, situa-se antes do quarto milênio a. C.
5 *Evening Talks*, p. 307.

Sri Aurobindo chega a uma encruzilhada; os templos não o interessam e os livros não têm conteúdo. Um amigo lhe aconselha o yoga, mas Sri Aurobindo recusa: "Um yoga que exija que eu abandone o mundo não foi feito para mim"[6]; e ainda acrescenta: "a realização solitária que deixa o mundo entregue a seu destino é uma coisa quase repugnante"[7]. Certo dia, porém, testemunhou Sri Aurobindo uma cena curiosa, embora banal na Índia; mas a banalidade é sempre o melhor pretexto para o desencadeamento de operações internas; seu irmão Barin achava-se enfermo, atacado por uma febre maligna (Barin nascera após a chegada de Sri Aurobindo à Inglaterra; foi ele que serviu de emissário secreto para a organização da resistência indiana em Bengala), quando passa por ali um desses monges errantes seminus, com o corpo coberto de cinzas, a quem se dá o nome de *naga-sannyasin*. Sem dúvida, ia de porta em porta mendigar seu alimento, como era costume, quando viu Barin enrolado em suas cobertas, tremendo de febre. Sem dizer uma só palavra, pediu um copo d'água, traçou sobre ele um sinal, salmodiou um mantra, e o deu ao enfermo para beber. Passados cinco minutos, Barin estava curado, e o monge desaparecido. Sri Aurobindo já ouvira falar dos poderes estranhos desses ascetas, mas, dessa vez, pôde vê-los com seus próprios olhos. Descobre então que o yoga pode servir para algo mais que apenas a evasão do mundo. Ora, Sri Aurobindo necessita de *poder* para libertar a Índia:

> Habitava em mim um agnóstico, um ateu, um cético; não estava sequer seguro de que existisse um Deus... Somente sentia que alguma poderosa verdade devia existir em alguma parte desse yoga. Portanto, quando me entreguei ao yoga e decidi praticá-lo para ver se minha ideia era justa, eu o fiz com esse espírito, dirigindo-Lhe esta prece: "Se Tu existes, Tu conheces meu coração. Tu sabes que não peço a liberação (mukti), nada peço daquilo que pedem os demais. Peço somente a força necessária para erguer esta nação, peço somente poder viver e trabalhar para esse povo que amo[8].

Assim, Sri Aurobindo pôs-se a caminho.

6 Idem, p. 405.
7 *On Himself*, v. 26, p. 12.
8 *Uttarpara Speech*, v. 2, p. 7.

4 O Silêncio Mental

Construções Mentais

O silêncio mental é a primeira etapa do yoga de Sri Aurobindo; essa é a tarefa fundamental que fornece a chave de muitas realizações. Podemos perguntar: por que o silêncio mental? É evidente que se quisermos descobrir em nós mesmos um mundo novo, deveremos, primeiramente, abandonar o velho, e tudo dependerá da determinação com a qual ultrapassaremos esse ponto. Algumas vezes, basta uma centelha; algo em nós exclama: "Chega deste massacre!" Decidimos, de uma vez por todas, e avançamos sem olhar para trás. Outros dizem sim-não e oscilam indefinidamente entre esses dois mundos. Confessemos com toda clareza: não se trata aqui de extirparmos um bem penosamente adquirido em nome de uma suposta Sabedoria-Paz-Serenidade (aqui também não nos deixemos iludir por belas palavras), pois não buscamos a santidade, mas a juventude – a juventude eterna de um ser que cresce – nem buscamos ser menos, mas melhor ser e, sobretudo, de modo mais vasto: *não lhes ocorreu pensar que, se buscassem algo frio, sombrio e triste, os sábios não seriam sábios, mas asnos!*[1] Exclamava com humor Sri Aurobindo.

Em verdade, muitas descobertas são feitas quando o sistema emperra e a primeira delas é que, se o poder de pensar é um dom maravilhoso, maior ainda *é o poder de não pensar*[2]; que o explorador

---
1 *Life, Literature and Yoga*, p. 86.
2 *The Synthesis of Yoga*, v. 20, p. 302.

trate de consegui-lo durante cinco minutos apenas e verá o que lhe ocorre! Perceberá que vive dentro de um alarido dissimulado, em um turbilhão exaustivo, mas nunca exaurido, onde há lugar somente para seus pensamentos, seus sentimentos, seus impulsos, suas reações; ele, sempre ele, enorme gnomo que tudo invade, tudo encobre, que somente ouve e vê a si mesmo, que conhece somente a si mesmo, (e mal) com seus temas perpétuos, mais ou menos alternados, que podem criar a ilusão de novidade. *Em certo sentido somos nada mais do que uma complexa massa de hábitos mentais, nervosos e físicos, unidos mutuamente por algumas ideias diretrizes, por desejos e associações; somos o amálgama de inúmeras e minúsculas forças que se repetem, com algumas vibrações relevantes*[3]. Pode-se dizer que aos dezoito anos já nos encontramos definidos, que nossas vibrações mais relevantes já se estabeleceram e que em torno delas virão agregar-se indefinidamente, em camadas cada vez mais densas, polidas e refinadas, os sedimentos de uma mesma e sempiterna coisa com mil facetas, que chamamos cultura ou "nós mesmos"; em suma, estamos fechados em uma *construção*, que pode ser de chumbo e sem uma única fresta, ou esguia como um minarete, mas sempre fechados, repetitivos, sussurrantes, homens em pele de granito ou em estátua de cristal. O primeiro trabalho do yoga é respirar com liberdade e, naturalmente, quebrar essa *tela mental*, que deixa filtrar um só tipo de vibração, para conhecer a infinidade multicor delas, ou seja, o mundo e, enfim, o ser tal como é, e um outro "nós mesmos" que vale muito mais do que normalmente se pensa.

Meditação Ativa

Quando nos sentamos com os olhos fechados para aquietar a mente, imediatamente nos vemos submersos em uma torrente de pensamentos que surgem de todas as partes como ratos enlouquecidos, até mesmo agressivos. Não existem muitos métodos para superar esse tumulto a não ser o de tentar e tentar com paciência e obstinação. E, sobretudo, não cometer o erro de lutar mentalmente contra a mente: é preciso *deslocar o centro*. Cada um de nós tem acima da

---

[3] Idem, p. 65-66.

mente ou em um lugar mais profundo uma a*spiração*, a mesma que nos colocou no caminho, uma necessidade de nosso ser, como uma senha que tem valor somente para nós mesmos; se nos *aferramos a ela*, mais fácil é o trabalho, porque de uma atitude negativa passamos à positiva e, quanto mais repetimos nossa senha, maior poder ela adquire. Podemos nos servir também de uma imagem, a de um mar imenso, por exemplo, sem uma única ondulação, sobre o qual nos deixamos flutuar, nadando de costas e identificando-nos com essa tranquila imensidão; ao mesmo tempo apreendemos não apenas o silêncio, mas também a ampliação da consciência. Em realidade, cada um deve encontrar seu próprio método, e quanto menor a tensão que nele se coloca, mais rapidamente conseguirá seu propósito:

> Pode-se começar por um processo qualquer que normalmente exigiria um imenso esforço, e logo ser apanhado por uma rápida intervenção ou uma manifestação do silêncio, com efeitos absolutamente desproporcionais aos meios empregados inicialmente. Começa-se com um método, mas o trabalho é retomado pela Graça do alto, por Isso mesmo a que se aspira, ou por uma invasão súbita da infinitude do Espírito. Foi desta forma que eu mesmo encontrei o silêncio absoluto da mente, inimaginável para mim antes de haver tido a experiência concreta[4].

Tocamos aqui em um ponto muito importante porque somos levados a pensar que essas experiências yóguicas são muito bonitas e muito interessantes, mas que, afinal de contas, estão longe de nossa condição humana; como poderíamos nós, tal como somos, chegar até elas? O erro consiste em julgar com nosso eu atual as possibilidades que pertencem ao outro eu. Ora, *automaticamente*, o yoga desperta, pelo simples fato de se pôr a caminho, toda uma gama de faculdades latentes e de forças invisíveis que superam consideravelmente as possibilidades de nosso ser exterior e podem fazer por nós aquilo que normalmente somos incapazes de fazer: "o que se necessita é clarear a passagem entre a mente exterior e o ser interior... Porque a consciência yóguica e seus poderes já se encontram em vós"[5], e a

4 *On Himself*, v. 26, p. 85.
5 Idem, p. 90-91.

melhor maneira de "clarear" é fazer silêncio. Nós não sabemos quem somos e, menos ainda, do que somos capazes ou não.

Porém, os exercícios de meditação não são a verdadeira solução do problema (embora sejam necessários ao impulso inicial) porque chegaremos, certamente, a um silêncio relativo, mas, assim que colocamos os pés fora de nossa habitação ou de nosso retiro, retornamos ao mesmo círculo vicioso, e na eterna separação entre o dentro e o fora, a vida interior e a mundana. Precisamos de uma vida completa; precisamos viver a cada instante a verdade de nosso ser, diariamente e não apenas em feriados ou na solidão e, por isso, as meditações beatas ou as praticadas em isolamento não são a solução:

> em reclusão espiritual, corremos o risco de embrutecer-nos e, depois, encontraremos dificuldade de projetarmos exteriormente com sucesso, a fim de aplicar à vida o que adquirimos da Natureza Superior. E quando quisermos acrescentar esse reino exterior às nossas conquistas interiores, nós nos encontraremos demasiadamente acostumados a uma atividade puramente subjetiva, e não teremos sucesso algum no plano material. Encontraremos uma imensa dificuldade para transformar a vida exterior e o corpo. Ou perceberemos que nossas ações não correspondem à Luz Interior e continuam percorrendo velhos caminhos habituais repletos de erros, submetendo-se a velhas e imperfeitas influências; um abismo doloroso ainda separará a Verdade que reside em nós do mecanismo ignorante de nossa natureza externa... Como se vivêssemos em um outro mundo, mais vasto e mais sutil, porém sem influência divina, talvez mesmo sem nenhum tipo de influência sobre a existência material e terrestre[6].

A única solução está, portanto, em praticar o silêncio mental ali onde *aparentemente* é mais difícil: na rua, no metrô, no trabalho, em toda a parte. Em vez de descermos, quatro vezes ao dia, o bulevar Saint Michel sob estresse, a correr, podemos fazer esse percurso conscientemente como um homem que busca a Verdade. Em vez de vivermos de qualquer modo, dispersos em um turbilhão de pensamentos que, a par de não terem interesse algum, são exaustivos como uma ladainha, reunimos os fios esparsos da consciência e trabalhamos – trabalhamos

---

6 *The Synthesis of Yoga*, v. 20, p. 86.

conosco mesmo – a cada instante, e a vida começa a revestir-se de um interesse inusitado, porque as menores circunstâncias vêm a ser oportunidade de uma vitória; finalmente caminhamos *orientados* para algum lugar ao invés de irmos a lugar nenhum.

Porque o yoga não é uma maneira de fazer, mas de ser.

Transição

Vamos, pois, em busca de um outro mundo, mas convém dizer que, entre aquele que deixamos para trás e aquele que ainda não está presente, existe uma *no man's land* (terra de ninguém) bastante penosa. É um período de provas mais ou menos longo, dependendo de nossa determinação; mas, bem o sabemos que, em todas as épocas, desde a iniciação asiática, egípcia ou órfica até a busca do Santo Graal, a história de nossa ascensão sempre foi acompanhada de provas. Antigamente, eram de índole romântica e não havia mérito algum em fechar-se em um sarcófago ao som dos pífanos ou celebrar os próprios ritos fúnebres em torno de uma fogueira; hoje, conhecemos sarcófagos públicos e vidas que são uma forma de enterro. É bem melhor, portanto, fazer um esforço para sair disso. Além do mais, quando se olha realmente para isso, não temos muita coisa a perder.

A prova principal dessa transição é o vazio interior. Após vivermos em estado febril de perturbação mental, encontramo-nos de repente convalescente, com sensação flutuante, com estranhas ressonâncias na cabeça, como se esse mundo fosse espantosamente ruidoso, fatigante e com uma sensibilidade sobre-aguda dando-nos a impressão de esbarrarmos por todas as partes com homens opacos e agressivos, com objetos grosseiros, com acontecimentos brutais; o mundo parece completamente absurdo. Esse é o sinal evidente de um começo de interiorização. Portanto, se por meio da meditação tentamos descer conscientemente ao interior, assim mesmo encontraremos o vazio, uma espécie de poço escuro ou de neutralidade amorfa; e se insistimos em descer, podemos cair bruscamente no sono por dois, dez segundos, dois minutos ou mais; embora não seja um sono comum; passamos para uma outra consciência, mas ainda não há *união* entre as duas e dela saímos aparentemente menos preparados do que quando nela entramos. Essa situação transitória poderia nos conduzir facilmente a uma espécie de niilismo absurdo: nada fora, nada dentro. Nem de um lado nem de outro. Depois da implosão de nossas construções mentais externas, devemos ter muito cuidado para não nos fecharmos novamente em uma falsa profundidade sob uma outra construção, absurda, ilusória ou cética, de rebeldia mesmo. É preciso ir além. Quando se toma o caminho do yoga é preciso *ir até o fim*, custe o que custar, porque se nos desviamos, corremos o risco de nunca mais voltar a encontrá-lo. Nisso reside verdadeiramente a prova. O explorador deve simplesmente compreender que começa a nascer para uma outra coisa e que seus novos olhos, seus novos sentidos, como os de um recém-nascido, ainda não estão formados. Isso não se traduz em diminuição de consciência, mas em passagem para uma nova consciência: "é preciso que a taça do ser esteja vazia e limpa para encher-se novamente do licor divino"[7]. O único recurso que temos nessas circunstâncias é o de aferrarmo-nos à nossa aspiração e fazê-la crescer, crescer, precisamente por meio dessa terrível carência de tudo, como um fogo ao qual lançamos todas as nossas velhas coisas, nossa velha vida, nossas velhas ideias, nossos sentimentos; temos simplesmente a Fé inabalável de que, por detrás desse passo, há uma porta que se abre. E nossa Fé não é absurda; não é a cegueira do carvoeiro, mas um pré-conhecimento, algo em nós que sabe antes de nós mesmos, que vê além de nós mesmos e que, sob forma de necessidade, de busca, de Fé inexplicável, lança sua visão à *superfície*. A Fé, disse Sri Aurobindo, "é uma intuição que não somente espera a experiência para ser justificada, mas que a ela conduz"[8].

Descida da Força

E, pouco a pouco, o vazio amplia-se. Fazemos então uma série de observações e vivemos experiências de importância considerável que seria falso apresentar como uma sequência lógica, porque, a partir do momento em que deixamos o velho mundo, percebemos que tudo é possível, principalmente que não há dois casos semelhantes; daí o erro de todos os dogmas de ordem espiritual. Da experiência só podemos traçar linhas gerais.

[7] *Letters on Yoga*, v. 23, p. 917.
[8] Idem, v. 22, p. 166.

Primeiramente, quando a paz mental, na falta do silêncio absoluto, está relativamente estabelecida, e a nossa aspiração ou nossa necessidade cresceu, e se tornou permanente, pungente, como um vazio que levamos conosco, observamos um primeiro fenômeno que terá consequências incalculáveis sobre todo o resto de nosso yoga. Sentimos em torno da cabeça e, mais especialmente na nuca, uma pressão inusitada, uma sensação de falsa dor de cabeça. A princípio, não podemos suportá-la por *muito* tempo, e sacudimos a cabeça, desconcentramo-nos, "pensamos em outra coisa". Pouco a pouco, essa pressão toma forma mais distinta e sentimos uma verdadeira corrente *que desce*, uma corrente de força, que não se assemelha a uma corrente elétrica desagradável, mas antes a uma massa fluida. Percebemos então que a "pressão" ou a falsa dor de cabeça do início era causada simplesmente por nossa resistência à descida dessa Força, e que a única coisa a fazer é não obstruir a passagem, isto é, não bloquear a corrente na cabeça, mas deixá-la descer a todos os níveis de nosso ser, de cima abaixo. No princípio, essa corrente é esporádica, irregular, e é preciso um pequeno esforço consciente para recobrá-la quando ela se esvanece; depois ela se torna contínua, natural, automática, dando a sensação muito agradável de uma energia fresca, como uma outra respiração, mais vasta que a dos pulmões, que nos envolve, nos banha, nos alivia e, ao mesmo tempo, nos enche de solidez. O efeito físico é exatamente igual àquele que se sente quando se caminha ao vento. Em realidade, não percebemos verdadeiramente seu efeito (porque ele se instala gradualmente, em pequenas doses) a não ser quando, por uma ou outra razão, distração, erro, excesso, perdemos o contato com a corrente; então nos encontramos, de repente, vazios, comprimidos, como se repentinamente nos faltasse oxigênio, com a sensação muito desagradável de um endurecimento físico; somos então como uma velha maçã despojada de seu suco e de seu sol, e perguntamo-nos como conseguimos viver até agora. Essa é a primeira transmutação de nossas energias. Em vez de extrairmos a energia da fonte comum, da vida universal, abaixo e ao redor, nós a extraímos do Alto. E essa é uma energia bem mais clara, mais sólida, sem lacuna e, principalmente, mais viva. Na vida cotidiana, em meio a nosso trabalho e a nossas múltiplas ocupações, a corrente dessa força faz-se, em princípio, muito diluída, mas, assim que nos detemos um instante e nos concentramos, ela nos invade de forma compacta. Tudo se imobiliza. Somos um cântaro repleto; a sensação da "corrente" desaparece como se, da cabeça aos pés, o corpo inteiro estivesse carregado de uma massa de energia compacta e cristalina ao mesmo tempo ("um bloco de paz sólida e fresca", disse Sri Aurobindo[9]); e se nossa visão interior começa a abrir-se, perceberemos que tudo é de um matiz azulado; somos como uma água-marinha, vastos e vastos. Tranquilos, sem uma só onda. E esse frescor é indescritível. Em verdade, encontramo-nos submersos na Fonte. Porque essa "força descendente" é a mesma Força do Espírito – *Shakti*. A força espiritual não é uma palavra. Finalmente, não será mais necessário fechar os olhos e retirar-se da superfície para senti-la; em todo o momento estará presente, independentemente do que fazemos, do que comemos ou do que lemos ou falamos; e veremos que ela adquire maior intensidade na medida em que o organismo a ela se habitua; em realidade, é uma massa de energia formidável limitada somente pela estreiteza de nossa receptividade ou de nossa capacidade.

Os discípulos de Pondicherry ao falarem de sua experiência a respeito dessa Força descendente dizem: "É a Força de Sri Aurobindo e da Mãe"; com isso não querem dizer que essa *Shakti* seja propriedade pessoal de Sri Aurobindo e da Mãe; sem o querer, eles assim exprimem o fato de que essa Força não tem equivalência em nenhum outro yoga conhecido. Aqui, experimentalmente, tocamos na diferença fundamental que existe entre o yoga integral de Sri Aurobindo (*purna yoga*) e os demais yogas. Quando praticamos outros métodos de yoga, que não o de Sri Aurobindo, percebemos, com efeito, e na prática, uma diferença essencial; no final de um certo tempo, temos a experiência de uma *Força ascendente* (chamada *kundalini* na Índia) que desperta muito bruscamente em nosso ser, na base da coluna vertebral, e eleva-se de nível em nível até alcançar o ápice do crânio, onde parece abrir-se em um tipo de pulsação luminosa, radiante, acompanhada de uma sensação de imensidão (e frequentemente com perda de consciência, chamada êxtase), como se desembocássemos eternamente em Outra Parte. Todos os procedimentos yóguicos, que poderíamos chamar termogeradores (*asana* do hatha-yoga, concentrações do *raja-yoga*, exercícios respiratórios ou *pranayama*, etc.) visam o despertar dessa Força ascendente.

Tais procedimentos não acontecem sem perigos e sem perturbações profundas, para os quais são indispensáveis a presença e a

---

[9] Idem, v. 24, p. 1197.

proteção de um Mestre iluminado. Mais adiante retornaremos a esse ponto. Essa diferença de sentido da corrente ascendente ou descendente obedece a uma diferença de orientação que é preciso esclarecer muito bem.

Os yogas tradicionais e, assim o supomos, também as disciplinas religiosas ocidentais, visam essencialmente à liberação da consciência: todo o ser pende para o alto em uma aspiração ascendente; ele busca romper as aparências e emergir lá em cima, na paz ou no êxtase. Daí o despertar dessa Força ascendente. Como vimos, a meta de Sri Aurobindo não é somente subir, mas também descer, não é somente refugiar-se em uma Paz eterna, mas transformar a Vida e a Matéria, e, em primeiro lugar, essa pequena vida e essa pequena parte da matéria que somos nós. Daí o despertar, ou melhor, a resposta dessa *Força descendente*. Nossa experiência da corrente descendente é a experiência da Força transformadora. É Ela que fará o yoga por nós, automaticamente (contanto que a deixemos atuar); é Ela que substituirá nossas energias rapidamente esgotadas e nossos desastrados esforços; é Ela que começará por onde terminam os demais yogas, iluminando primeiramente o ápice de nosso ser, descendo, em seguida, de nível em nível, suavemente, pacificamente, irresistivelmente (devemos observar que Ela nunca é violenta; seu poder é estranhamente dosado, como se Ela fosse guiada diretamente pela Sabedoria do Espírito), e é Ela que universalizará todo nosso ser, de cima abaixo. Essa é a experiência de base do yoga integral.

> Quando a Paz está estabelecida, a Força Superior ou Divina, do Alto, pode descer e trabalhar em nós. Normalmente essa Força desce primeiro à cabeça e libera os centros mentais e, depois, o centro do coração... Em seguida, a região do umbigo e dos centros vitais... Depois a região do sacro e mais embaixo... Ela trabalha, ao mesmo tempo, no aperfeiçoamento e na liberação de nosso ser; ela recupera nossa natureza inteira, parte por parte, e a restabelece, rejeitando o que deve ser rejeitado, sublimando o que deve ser sublimado, criando o que deve ser criado. Ela integra, harmoniza, estabelece um ritmo novo em nossa natureza[10].

---

10 Idem, p. 1166-1167.

Um Novo Modo de Conhecimento

Pelo silêncio mental se produz um outro fenômeno muito importante, porém mais difícil de se distinguir porque, às vezes, ele se estende por vários anos e, no início, os sinais são imperceptíveis; é o que poderíamos chamar de aparecimento de um novo modo de conhecimento e, portanto, de um novo modo de ação. Podemos compreender que é possível alcançar o silêncio mental quando caminhamos entre a multidão, quando comemos, quando fazemos nossa toalete ou quando repousamos, mas como é possível alcançá-lo quando estamos trabalhando em nosso escritório, por exemplo, ou quando discutimos com amigos? Somos realmente obrigados a refletir, a nos lembrar, a buscar, deixando intervir todas as formas de mecanismos mentais. A experiência ensina-nos, portanto, que essa necessidade não é inevitável, mas apenas o resultado de uma longa evolução no decurso da qual nos habituamos a depender da mente para conhecer e para atuar, um hábito apenas que podemos mudar. No fundo, o yoga não é tanto uma maneira de aprender, mas uma maneira de desaprender uma série de hábitos considerados imperativos e que herdamos de nossa evolução animal.

Se o explorador entrega-se ao silêncio mental no trabalho, por exemplo, ele passará por várias etapas. No início, será capaz somente de lembrar-se, de vez em quando, de sua aspiração, e de interromper por alguns instantes sua atividade para colocar-se de novo na verdadeira sintonia e, logo em seguida, tudo será novamente absorvido na rotina. Mas à medida que vai adquirindo o hábito de esforçar-se fora, na rua, em sua casa e por toda parte, o dinamismo desse esforço tenderá a perpetuar-se e a solicitá-lo inesperadamente em meio de suas outras atividades – e ele se recordará desse esforço cada vez com mais frequência. Depois essa lembrança mudará pouco a pouco de caráter; em vez de uma interrupção voluntária para reconectar o verdadeiro ritmo, o explorador sentirá alguma coisa que *vive* no fundo de si mesmo, em um lugar remoto de seu ser, como uma pequena vibração surda; bastar-lhe-á recuar um pouco em sua consciência para que reapareça, em qualquer momento, em um segundo, a vibração do silêncio. Descobrirá então que está aqui, sempre aqui, como uma profundidade azulada por detrás, e que pode, à vontade, refrescar-se nela, relaxar-se nela, mesmo em meio ao tumulto e aos dissabores, e que leva consigo um retiro inviolável e pacífico.

Em breve, essa vibração oculta tornar-se-á cada vez mais perceptível e contínua, e o explorador sentirá uma *separação* operar-se em seu ser: uma profundidade silenciosa que vibra, que vibra por detrás; e uma superfície, muito tênue, onde se desenrolam as atividades, os pensamentos, os gestos, as palavras. Ele terá descoberto em si o *Testemunho*, e cada vez menos haverá de se deixar manipular pelo jogo exterior que, sem cessar, qual um polvo, tenta nos envolver com seus tentáculos; essa é uma descoberta tão velha como o Rig-Veda: "Dois pássaros com asas esplêndidas, amigos e companheiros, estão pousados em uma mesma árvore, um come o fruto adocicado e o outro o olha e não o come" (1. 164. 20). Nessa etapa, será cada vez mais fácil ao aspirante intervir, voluntariamente no início, a fim de substituir os velhos hábitos superficiais de reflexão mental, de memória, de cálculo, de previsão, pelo hábito de recorrer silenciosamente a essa profundidade que vibra. Praticamente, esse será um longo período de transição com retrocessos e progressos (aliás, a impressão não é tanto de recuo ou de avanço, mas de algo que se oculta e se desvela alternadamente), onde os dois tipos de funcionamento confrontar-se-ão e os velhos mecanismos mentais tenderão constantemente a interferir e a recobrar seus antigos direitos; em suma, convencer-nos de que deles não podemos prescindir; eles se beneficiarão principalmente de uma espécie de preguiça que nos faz pensar que é mais cômodo agir "como de costume". Esse trabalho de desligamento será poderosamente assistido, de uma parte, pela experiência da Força descendente que, automaticamente, incansavelmente, porá ordem na casa e exercerá uma pressão silenciosa sobre os mecanismos rebeldes, como se cada investida do pensamento fosse agarrada, solidificada ali mesmo; e, de outra parte, pela acumulação de milhares de pequenas experiências, cada vez mais perceptíveis, que nos farão compreender e ver com clareza que podemos perfeitamente prescindir da mente, e que, em verdade, encontramo-nos muito melhor.

Pouco a pouco, com efeito, perceberemos que não é necessário refletir, que alguma coisa por detrás, ou acima, realiza todo o trabalho, com uma precisão e uma infalibilidade cada vez maior na medida em que adquirimos o hábito de recorrermos a ela; perceberemos que não é necessário querer lembrar-se, mas que no momento desejado surge a indicação exata; perceberemos que não é necessário organizar sua ação, mas uma força secreta a coloca em movimento sem que nós o queiramos ou sem que nela pensemos, e nos leva a fazer exatamente o que é preciso ser feito, com uma sabedoria e uma previsão que nossa mente, sempre míope, é realmente incapaz de alcançar. E veremos que quanto mais obedecermos a essas inesperadas intimações, essas sugestões-relâmpagos, mais elas se tornarão frequentes, claras, imperiosas, habituais, semelhantes ao que seria um funcionamento intuitivo, com a diferença fundamental de que nossas intuições, quase sempre, são confundidas, deformadas pela mente, que, por outro lado, é muito hábil em imitá-las, fazendo com que tomemos seus caprichos por revelações, ao passo que, nesse caso, a transmissão será clara, silenciosa, correta, pela simples razão de que a mente estará emudecida. Todos nós passamos pela experiência desses problemas "misteriosamente" resolvidos durante o sono, quer dizer, precisamente quando a fábrica de pensamentos silencia. Sem dúvida que haverá muitos erros e tropeços antes que o novo funcionamento se estabeleça com certa segurança, mas o aspirante deve estar pronto para equivocar-se com frequência; de fato, ele se dará conta de que o erro vem sempre de uma intrusão mental; cada vez que a mente intervém, ela tudo confunde, tudo fraciona, tudo retarda. Depois, em um belo dia, à força de erros e de reiteradas experiências, teremos compreendido para sempre e visto com nossos próprios olhos que a *mente não é um instrumento de conhecimento, mas somente um organizador do conhecimento*, como constata Mãe, e que o conhecimento vem de fora, de "outra região"[11]. No silêncio mental surgem as palavras, as expressões, os atos e tudo vem, automaticamente, com uma exatidão e uma rapidez surpreendentes. É realmente uma outra maneira de viver, muito leve. Porque, em verdade, "não há nada de quanto faz a mente que não se possa fazer, e fazer-se bem melhor, na imobilidade mental e em uma tranquilidade sem pensamentos"[12].

A Mente Universal

Até o momento, analisamos os progressos do explorador em termos internos, mas tais progressos ocorrem igualmente no plano externo; por outro lado, a linha divisória interior-exterior cada vez mais se reduz, limitando-se a uma convenção artificial estabelecida por uma

---

11 Adiante falaremos dessa "outra região" ao estudar a supraconsciência.
12 *The Hour of God*, v. 17, p. 11.

mente adolescente, fechada em si mesma, e que somente vê a si própria. O explorador sentirá que essa linha divisória perderá lentamente sua rigidez e experimentará uma espécie de mudança na substância de seu ser, como se ele se tornasse mais leve, mais transparente, mais poroso, se assim nos atrevêssemos a dizer. Essa diferença substancial revelar-se-á, em princípio, por sintomas desagradáveis, porque o homem comum geralmente é protegido por uma couraça espessa, enquanto que o explorador não terá mais essa proteção: receberá pensamentos, vontade e desejos das pessoas em seu verdadeiro aspecto e em sua total nudez, como o são em realidade: verdadeiros atentados. E, notemos realmente, que todo "mau pensamento" ou "má vontade" não são os únicos que compartilham dessa virulência; não há nada mais agressivo do que "boa vontade", "bons sentimentos", "altruísmo"; de um lado ou de outro, é o ego que se nutre, pela doçura ou pela força. Somos civilizados somente na superfície; por debaixo de nós permanece o canibal. Será, pois, muito necessário que o explorador esteja de posse dessa Força da qual falamos; com Ela, poderá passar em qualquer lugar e, por outro lado, graças à sabedoria cósmica, a transparência não virá se não for acompanhada da proteção correspondente. Armado de "sua" Força e do silêncio mental, o aspirante verá gradualmente que por fora ele é permeável, que recebe – recebe de todas as partes –, e que as distâncias são barreiras irreais – ninguém está distante, ninguém partiu! Tudo está unido, tudo existe ao mesmo tempo – e que a dez mil quilômetros ele pode receber claramente as preocupações de um amigo, a raiva de alguém ou o sofrimento de um irmão. Bastará, no silêncio, que o explorador se conecte com um lugar ou com uma pessoa para ter uma percepção mais ou menos exata da situação – mais ou menos exata conforme sua capacidade de silêncio, porque aqui também a mente confunde tudo, porque a mente deseja, porque ela teme, porque ela quer, e nada lhe chega que não seja imediatamente distorcido por esse desejo, esse medo, essa vontade (existem também outros elementos de confusão, dos quais trataremos mais tarde). Parece, pois, que com o silêncio mental se produz uma expansão da consciência, e esta pode dirigir-se à vontade para qualquer ponto da realidade universal, a fim de ali conhecer o que necessita conhecer.

Nessa transparência silenciosa, faremos outra descoberta, capital por suas implicações. Perceberemos que não somente os pensamentos das outras pessoas nos chegam do exterior, mas que nossos próprios pensamentos também nos chegam por essa mesma via: *de fora*. Quando atingirmos a transparência, poderemos sentir, no silêncio imóvel da mente, pequenos redemoinhos que vêm golpear nossa atmosfera ou leves vibrações que chamam nossa atenção, e se nos inclinamos um pouco para "ver o que são", ou seja, se aceitamos que um deles entre em nós, haveremos de nos encontrar repentinamente pensando em algo: o que captamos da periferia de nosso ser era um pensamento em estado puro, ou melhor, uma vibração *mental*, antes que tivesse tempo de penetrar em nós, à revelia, e de retornar à superfície, revestida de uma forma pessoal que nos fará dizer triunfalmente: "É *meu* pensamento". Um bom leitor do pensamento pode assim ler o que se passa na mente de uma pessoa da qual nem mesmo conhece o idioma, porque não são "pensamentos" o que capta, mas vibrações às quais ele confere a forma mental correspondente. Mas o contrário é que realmente seria surpreendente, porque se fôssemos capazes de criar, por nós mesmos, uma única coisa, mesmo que fosse um só pensamento, seríamos os criadores do mundo! "Onde está em vós o eu que pode fabricar tudo isso?", perguntava a Mãe. O que ocorre é que o mecanismo é imperceptível ao homem comum, primeiro porque ele vive em um constante alvoroço e, depois, porque o mecanismo de apropriação das vibrações é quase instantâneo, automático. Definitivamente, por sua educação, seu meio, o homem habituou-se a selecionar na Mente universal um certo tipo muito reduzido de vibração, com a qual tem afinidade e, até o final de sua vida, ele captará a mesma frequência, e reproduzirá o mesmo modo vibratório, com palavras mais ou menos sonoras e com aspectos mais ou menos novos – ele gira e gira dentro da jaula; somente a extensão mais ou menos cambiante de nosso vocabulário pode nos dar a ilusão de que progredimos. Certamente, mudamos de ideia, mas mudar de ideia não é progredir, não é elevar-se a um modo vibratório mais elevado ou mais veloz, mas sim dar uma pirueta a mais dentro do mesmo lugar. Por isso Sri Aurobindo falava da *mudança de consciência*.

Uma vez que tenha visto seus pensamentos lhe chegando de fora e que tenha repetido a experiência centenas de vezes, o explorador deterá a chave do verdadeiro domínio mental, porque se é difícil desembaraçar-nos de um pensamento que acreditamos nosso, quando já bem instalado dentro de nós, é fácil rejeitá-los quando os vemos chegar de fora. E, uma vez mestres do silêncio, necessariamente seremos mestres do mundo mental porque, em vez de estarmos aferrados, sempiternamente, à mesma frequência de onda, poderemos percorrer todas as suas gamas e escolher ou rejeitar o que nos apraz. Mas, deixemos que Sri Aurobindo nos descreva a experiência tal como ele mesmo a teve pela primeira vez com um outro yogue chamado Bhaskar Lélé, que passou três dias em sua companhia:

> Todos os seres mentais desenvolvidos, pelo menos os que ultrapassam a média, devem, de uma forma ou de outra, em alguns momentos de sua existência e com certa finalidade, separar as duas partes de sua mente: a parte ativa, que é uma fábrica de pensamento, e a parte reservada, mestra, e ao mesmo tempo Testemunha e Vontade, que observa, julga, rejeita, elimina ou aceita os pensamentos, ordenando as correções e as mudanças necessárias; esse é o Mestre da morada mental, capaz de independência. Mas o yogue ainda vai mais além; ele não somente é o Mestre da mente, mas, mesmo estando absorvido nela, ele sai dela, por assim dizer, e mantém-se acima ou inteiramente por detrás, livre. Para ele, a imagem da fábrica de pensamentos não é mais válida porque ele vê que esses pensamentos vêm de fora, da Mente Universal ou da Natureza Universal, algumas vezes formados e distintos, outras vezes sem forma, e depois recebem uma forma em algum lugar dentro de nós. O trabalho principal de nossa mente consiste em responder, aceitar ou recusar essas ondas de pensamento (da mesma forma que as ondas vitais e as ondas de energia física sutil), ou de dar a essa substância mental uma forma mental pessoal (ou aos movimentos vitais) vindos da Natureza-Força limítrofe. Tenho uma grande dívida para com Lélé por haver-me mostrado esse mecanismo: "Assente-se em meditação", disse-me, "mas não pense, olhe somente sua mente; você verá entrar dentro dela os pensamentos. Antes que eles possam entrar, rejeite-os, e continue assim até que sua mente seja capaz de completo silêncio". Eu, até então, nunca havia escutado dizer que os pensamentos pudessem chegar visivelmente de fora da mente, mas não pus em dúvida essa verdade ou essa possibilidade; simplesmente sentei-me e fiz o que Lélé havia me dito. Em um instante minha mente tornou-se silenciosa como o ar sem movimento no cimo de uma alta montanha; em seguida

vi chegar de fora, de modo inteiramente concreto, um ou dois pensamentos. Rechacei-os antes que pudessem entrar e que fossem incutidos em meu cérebro. Em três dias estava livre. A partir desse momento, o ser mental em mim converteu-se em uma Inteligência livre, uma Mente universal. Já não é mais um ser limitado ao círculo estreito dos pensamentos pessoais, como um operário em uma fábrica de pensamentos, mas um receptor de conhecimento recebendo das centenas de reino do ser, livre para escolher o que quisesse nesse vasto império de visão e nesse vasto império do pensamento[13].

Tendo saído de uma pequena construção mental, na qual se acreditava tranquilo e iluminado, o explorador olha atrás de si e se pergunta como pôde viver em semelhante prisão. Sente-se, sobretudo, surpreso ao constatar que viveu cercado de impossibilidades, durante anos e anos, e que os homens vivem por detrás de barreiras: "Não se pode fazer isto, não se pode fazer aquilo, isto é contrário a esta ou aquela lei; é ilógico... não é natural... é impossível..." E ele descobre que tudo é possível, e que a verdadeira dificuldade consiste em acreditar que é difícil. Após ter vivido vinte, trinta anos dentro de sua concha mental, uma espécie de caracol pensante, ele começa a respirar com plenitude.

E percebe que a eterna antinomia interior-exterior está resolvida e que também ela fazia parte de nossas cristalizações mentais. Em verdade o que vem de "fora" se acha em qualquer parte, dentro! Estamos em todas as partes! O erro consiste em acreditar que se pudéssemos reunir admiráveis condições de paz, de beleza, de retiro campestre, tudo seria muito mais fácil; porque haverá *sempre alguma* coisa para nos perturbar em toda a parte, e mais vale decidirmos romper nossas construções e abraçar toda essa outra região, "de fora"; então, onde quer que estejamos, estaremos em nossa própria casa. O mesmo se dá com a antinomia ação-meditação; o explorador fez em si o silêncio, e sua ação é uma meditação (pressentirá inclusive que a meditação pode ser uma ação); quer esteja fazendo sua toalete pessoal ou dirigindo seus negócios, a Força passa, passa dentro dele, mas está para sempre conectado em outra parte. E, enfim, verá que sua ação torna-se mais clarividente, mais eficaz, mais poderosa, sem, no entanto, perturbar a sua paz:

---

13 *On Hinself*, v. 26, p. 83-84.

A substância mental está tranquila, tão tranquila que nada pode perturbá-la. Se os pensamentos ou as atividades vêm... eles atravessam a mente como um bando de pássaros atravessa o céu no ar imóvel. Os pensamentos e as atividades passam; eles nada alteram e não deixam rastros. Mesmo quando milhares de imagens ou acontecimentos os mais violentos atravessam nossa mente, essa imobilidade tranquila deverá permanecer como se a própria textura mental fosse feita de uma substância de paz eterna e indestrutível. Quando a mente alcança essa tranquilidade, ela pode começar a agir e, até mesmo, pode agir intensa e poderosamente, porém sempre conservando essa imobilidade fundamental, nada colocando em movimento por iniciativa própria, mas recebendo do Alto e dando ao que recebeu uma forma mental sem nela nada acrescentar proposital, tranquila e imparcialmente, mas com alegria da Verdade e do Poder e com a Luz de sua passagem[14].

Será necessário lembrar que Sri Aurobindo dirigia, nessa época, um movimento revolucionário e preparava a guerrilha na Índia?

---

14 *Letters on Yoga*, v. 23, p. 637-638.

5 A Consciência

Um discípulo de Sri Aurobindo tendo que tomar uma importante decisão escreveu-lhe pedindo conselho. Ora, qual não foi seu assombro, quando Sri Aurobindo respondeu dizendo-lhe que tomasse sua decisão "no mais elevado nível de sua consciência". Tratava-se de um discípulo ocidental que se perguntava o que poderia significar aquela resposta; se esse "ápice da consciência" seria uma maneira de pensar intensamente ou uma espécie de entusiasmo quando o cérebro está bem aquecido. Porque essa é a única forma de consciência que conhecemos no Ocidente, ou seja, para nós ocidentais, a consciência é sempre um fenômeno mental: "penso, logo existo". Esse é nosso ponto de vista: colocamo-nos no centro do mundo e concedemos o benefício da consciência a quem compartilha nossa maneira de ser e de sentir. Não faz muito tempo, nós nos assombrávamos com o fato de que alguém pudesse ser persa. No entanto, se queremos compreender e descobrir o que é a consciência, e se queremos governá-la, é preciso superar esse estreito ponto de vista. Sri Aurobindo, assim que atingiu um certo grau de silêncio mental, pôde fazer as seguintes observações:

> A consciência mental é apenas uma gama humana e ela não esgota todas as gamas possíveis de consciência, assim como a vista humana não esgota todas as gradações de cor, nem o ouvido todas as gradações do som, porque existe um grande número de coisas acima e abaixo, que são ao homem invisíveis e inaudíveis. Da mesma forma, existem gamas de consciência que se encontram acima e abaixo da gama humana, com as

quais o ser humano normal não está em contato e que, por isso mesmo, lhe parece "inconsciente"; gamas supramentais ou super-mentais e gamas sub-mentais...[1] Em realidade, o que chamamos "inconsciência" é simplesmente uma outra consciência. Não estamos mais "inconscientes" quando dormindo ou quando abatidos ou sob o efeito de drogas, ou "mortos", ou em qualquer outro estado, do que quando nos encontramos mergulhados em um pensamento interior e nos esquecemos de nosso eu físico e de tudo o que nos rodeia. Para quem quer que tenha avançado, mesmo pouco, no caminho do yoga, essa é uma proposição elementar.

E Sri Aurobindo acrescenta:

> na medida em que progredimos e despertamos para a alma em nós e nas coisas, comprovamos que existe também uma consciência nas plantas, no metal, no átomo, na eletricidade, e em tudo o que pertence à Natureza física; descobrimos inclusive que de modo algum se trata de uma consciência inferior ou mais limitada que a mente; ao contrário, em muitas formas ditas "inanimadas", a consciência é mais intensa, mais rápida, mais aguda, embora menos desenvolvida na superfície[2].

A tarefa do yogue aprendiz será, portanto, a de estar consciente de todas as maneiras, em todos os níveis de seu ser e em todos os estágios da existência universal, e não só mentalmente; sua tarefa será a de estar consciente de si mesmo, dos outros e das coisas, em vigília e no sono; e finalmente a de aprender a ser consciente dentro daquilo a que os homens chamam "morte", porque a mesma consciência que teremos em vida será a que teremos na morte.

Não somos, contudo, obrigados a acreditar em Sri Aurobindo, sob palavra; ele nos encoraja profundamente a ver por nós mesmos. É preciso, pois, desvencilharmo-nos dessa coisa que une em nós nossas diversas maneiras de ser: adormecidos, despertos ou "mortos", e que nos permite entrar em contato com as outras formas de consciência.

---

1 *Letters on Yoga*, v. 22, p. 234.
2 *The Synthesis of Yoga*, v. 20, p. 370-371.

Os Centros de Consciência

Se prosseguirmos com nosso método experimental baseado no silêncio mental, seremos levados a fazer várias descobertas que, pouco a pouco, haverão de nos colocar a caminho. Primeiramente, veremos decantar-se lentamente a confusão geral na qual vivemos; e, cada vez mais claramente, haverão de se distinguir diversos estágios em nosso ser, como se fôssemos feitos por um certo número de fragmentos, tendo cada um deles uma personalidade própria e um *centro* bem distinto e, com algo ainda mais notável: uma vida particular independente do resto. Essa polifonia, se assim podemos chamá-la porque se trata mesmo de uma cacofonia, é geralmente mascarada pela voz da mente, dentro de nós, que tudo recobre e tudo incorpora. Não há um único movimento de nosso ser, em qualquer nível que seja, não há uma só emoção, desejo algum, nenhum pestanejar, que não seja instantaneamente abocanhado pela mente e recoberto por uma capa pensante; isso quer dizer que nós *mentalizamos* tudo. Essa é a grande utilidade que tem a mente no decorrer de nossa evolução: ajuda-nos a trazer para nossa superfície consciente todos os movimentos de nosso ser que, de outra forma, permaneceriam em estado de magma informe, subconsciente ou supraconsciente. Ela também nos ajuda a estabelecer uma aparência de ordem em toda essa anarquia e, bem ou mal, coordena todos esses pequenos feudos sob sua soberania. Mas, ao mesmo tempo, oculta-nos sua voz e seu funcionamento verdadeiros, passando da soberania à tirania, em um único passo. Os mecanismos supermentais estão totalmente obstruídos ou o pouco que a mente consegue filtrar das vozes supraconscientes é imediatamente deturpado, diluído e obscurecido; os mecanismos submentais atrofiam-se e perdemos os sentidos espontâneos que foram muito úteis em um estágio anterior de nossa evolução e que ainda poderiam ser; outras minorias organizam-se em uma rebelião e há outras que acumulam surdamente pequenos poderes à espera da primeira ocasião para desmascarar-nos. Mas o explorador que conseguiu calar sua mente começará a distinguir todos esses estados em sua realidade nua, sem seu revestimento mental, e sentirá, em diversos níveis de seu ser, espécies de pontos de concentração, como elos de força, dotados cada um deles de uma qualidade vibratória específica ou de uma frequência especial; mas todos nós tivemos, ao menos uma vez em nossas vidas, a experiência de vibrações diversas que parecem irradiar-se em diferentes níveis de nosso ser; a experiência de uma grande vibração reveladora, por exemplo, quando um véu parece rasgar-se de repente, descortinando-nos toda uma face da verdade, sem palavras, sem que saibamos exatamente em que consiste a revelação; simplesmente é algo que vibra e que faz o mundo inexplicavelmente mais amplo, mais leve, mais claro; ou tivemos a experiência de vibrações mais densas: vibrações de cólera ou de medo, vibrações de desejo, vibrações de simpatia; e bem sabemos que tudo isso palpita em níveis diferentes, em diferente intensidade. Há, pois, em nós, toda uma gama de nódulos vibratórios ou de *centros de consciência*, cada qual especializado em um tipo de vibração, que podemos distinguir e apreender diretamente conforme o grau de nosso silêncio e a acuidade de nossa percepção. E a mente é apenas *um* desses centros, *um* tipo de vibração, somente *uma* das formas de consciência, embora queira atribuir-se o primeiro lugar.

Não nos deteremos na descrição desses centros tais como fala a tradição – melhor seria identificá-los em nós mesmos do que deles falar – nem nos deteremos em sua localização; o explorador os sentirá por si mesmo, sem dificuldade, desde que tenha clareza. Digamos simplesmente que tais centros (chamados *chacras* na Índia) não se situam em nosso corpo físico, mas em outra dimensão, embora, em alguns momentos, sua concentração possa fazer-se tão intensa que se tem a sensação aguda de uma localização física. De fato, alguns entre eles correspondem aos diferentes plexos nervosos que conhecemos – não todos. *Grosso modo*, podemos distinguir sete centros distribuídos em quatro zonas: 1. *O Supraconsciente*, com um centro situado um pouco acima do ápice da cabeça[3], que governa nossa mente pensante e que nos coloca em comunicação com as regiões mentais mais elevadas: iluminadas, intuitivas e supermentais etc.; 2. A *Mente*, com dois centros: um situado entre as sobrancelhas, que governa a vontade e o dinamismo de todas as nossas atividades mentais quando queremos atuar através do pensamento; esse é também o centro da visão sutil ou o "terceiro olho" do qual falam algumas tradições; e o outro, que se situa na altura da garganta, governa todas as formas da expressão

---

[3] Esse centro, chamado "lótus de mil pétalas" para simbolizar a riqueza luminosa que se percebe quando ele se abre, haveria de se situar, segundo a tradição indiana, na parte superior do crânio. Segundo Sri Aurobindo e a experiência de muitos outros o que se percebe no alto da cabeça não é o próprio centro, mas o reflexo luminoso de uma fonte solar que se encontra acima da cabeça.

mental; 3. *O Vital*, com três centros: um, na altura do coração, que governa nosso ser emotivo (amor, ódio etc.); o segundo, na altura do umbigo, que governa nossos movimentos de domínio, de posse, de conquista, governa nossas ambições etc.; e um terceiro centro, o vital inferior, situado entre o umbigo e o sexo, na altura do plexo mesentérico, que comanda as vibrações as mais baixas: ciúme, inveja, desejo, cobiça, cólera; 4. *O Físico* e o *Subconsciente*, com um centro na base da coluna vertebral, que rege nosso ser físico e o sexo; esse centro também nos abre, mais embaixo, as regiões subconscientes.

Geralmente, no homem "normal", esses centros estão adormecidos ou fechados, ou somente deixam filtrar uma pequenina corrente necessária à sua tênue existência; o homem normal realmente está aprisionado em si mesmo e somente se comunica indiretamente com o mundo exterior em um círculo muito restrito; em realidade, ele não vê os outros nem as coisas, somente vê a si mesmo nos outros e nas coisas e em toda parte; não sai disso. Com o yoga, esses centros abrem-se. E podem abrir-se de duas maneiras: de baixo para cima ou de cima para baixo, conforme se pratica os métodos yóguicos e espirituais tradicionais ou o yoga de Sri Aurobindo. À força de concentrações e de exercícios poderemos chegar, um dia, conforme dissemos, a sentir uma Força Ascendente que desperta na base da coluna vertebral e sobe, de nível em nível, até o ápice do crânio, com um movimento ondulante igual ao de uma serpente; em cada nível, essa Força perfura (muito violentamente) o centro correspondente, o qual se abre e, ao mesmo tempo, nos abre a todas as vibrações ou energias universais que correspondem à frequência desse centro particular. Com o yoga de Sri Aurobindo a Força Descendente abre bem lentamente, suavemente, esses mesmos centros, de alto a baixo. Com frequência, os centros inferiores somente se abrem completamente muito tempo depois. Esse processo tem suas vantagens se compreendermos que cada centro corresponde a um modo de consciência ou de energia *universal*; se repentinamente abrimos os centros inferiores, vitais e subconscientes, corremos o risco de sermos inundados, não mais por nossas pequenas histórias pessoais, mas por torrentes de lama universal; ficamos automaticamente mergulhados na Confusão e na Lama do mundo. A isso se deve, por outro lado, o fato de que os yogas tradicionais exigem absolutamente a presença de um Mestre

Os Centros de Consciência Segundo a Tradição Tântrica na Índia

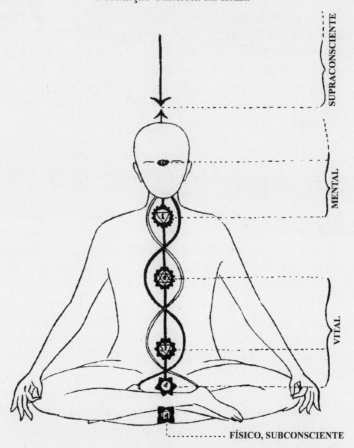

O canal central e os dois canais que se entrecruzam, de um lado a outro, correspondem ao canal medular e, provavelmente, ao sistema simpático; eles representam as vias de circulação da Força ascendente (Kundalini) quando desperta no centro inferior e se eleva de centro em centro, "como uma serpente", para eclodir no ápice, na Supraconsciência (tal seria também, ao que parece, o significado da Uraeus ou cobra egípcia, que se encontra erguida sobre o disco solar, a coroa dos faraós; do Quetzalcoatl – ou serpente alada – mexicano; e, talvez, igualmente das Nagas, as víboras que cobrem a cabeça do Buda etc.).

As características destes centros apenas interessam aos videntes; voltaremos mais tarde a alguns detalhes que podem interessar a todos. Encontraremos um estudo detalhado dessa questão na notável obra de Sir John Woodroffe (Arthur Avalon), *The Serpent Power*, Madras: Ganesh & Go, 1992.

Protetor. Com a Força Descendente, esse risco é evitado e nós apenas afrontamos os centros inferiores depois de haver solidamente estabelecido nosso ser na Luz Superior, Supraconsciente.

Por conseguinte, uma vez em posse de seus centros, o explorador começa a conhecer os seres, as coisas, o mundo e a si mesmo em sua realidade, tais como são, porque não são sinais exteriores o que capta, nem palavras duvidosas, nem gestos, nem toda essa mímica aprisionada, nem o semblante cerrado das coisas, mas a vibração pura que se encontra em cada nível, em cada coisa, em cada ser, e que nada pode disfarçar.

Nossa primeira descoberta será nós mesmos. Se seguirmos um processo análogo àquele que descrevemos para o silêncio mental e se permanecermos perfeitamente transparentes, perceberemos que não somente as vibrações mentais proveem do exterior, antes de entrar em nossos centros, mas que *tudo* vem de fora: vibrações de desejo, vibrações de alegria, vibrações de vontade etc. E que nosso ser é como um aparelho receptor de cima a baixo: "verdadeiramente, nós não pensamos, nós não desejamos, nós não agimos, mas o pensamento chega a nós, a vontade chega a nós, o impulso e a ação chegam a nós"[4]. Se dissermos: "penso, logo existo", ou "sinto, logo existo", ou "quero, logo existo", seremos como a criança ao imaginar que um locutor ou uma orquestra se encontra oculto dentro da caixa de música e que o rádio é um órgão pensante. Porque todos esses "eus" não são nosso ser, não são "nossos", e sua música é universal.

A Personalidade Frontal

Poderíamos protestar porque, afinal de contas, ainda assim, são *nossos* sentimentos, *nossos* sofrimentos, *nossos* desejos, *nossa* sensibilidade, resumindo, somos nós. E não uma máquina telegráfica qualquer! E é verdade que, em certo sentido, somos nós; no sentido de que adquirimos o hábito de responder a certas vibrações mais que a outras; de sermos comovidos, atormentados por algumas coisas mais que por outras, e que esse conjunto de hábitos acabou, aparentemente, cristalizando-se em uma personalidade a que chamamos

[4] Idem, p. 203.

"nós mesmos"[5]. Mas se olhamos mais de perto, não podemos sequer dizer que somos "nós" que adquirimos todos esses hábitos. Foram o nosso meio, a nossa educação, o nosso atavismo e as nossas tradições que escolheram por nós e que, a cada instante, escolhem o que queremos, o que desejamos, o que amamos ou não amamos. E tudo se passa como se a vida prescindisse de nós. Em que momento um verdadeiro "eu" emerge em tudo isso? "A Natureza Universal" – disse Sri Aurobindo – "em nós deposita alguns hábitos de movimento, de personalidade, de caráter; certas faculdades, certas disposições, certas tendências... E a isto chamamos 'nós mesmos'". E também não podemos dizer que esse "nós mesmos" tenha estabilidade verdadeira: "somente a recorrência regular e constante das mesmas vibrações e das mesmas formações é que nos dá uma aparência de estabilidade"[6], porque são sempre as mesmas frequências que captamos, ou melhor, somos captados por elas, conforme as leis de nosso meio e de nossa educação, sempre as mesmas vibrações mentais, vitais e outras que se repetem através de nossos centros e das quais nós nos apropriamos automática, inconsciente e indefinidamente; mas, em realidade, tudo está em estado de *fluxo constante* e tudo nos vem de uma mente mais vasta que a nossa, universal; de um vital mais vasto que o nosso, universal; ou de regiões mais baixas ainda, subconscientes, ou mais altas, supraconscientes. Assim essa pequena *personalidade frontal*[7] é envolvida, submersa, sustentada, transpassada e movida por toda uma hierarquia de "mundos" como havia visto a antiga sabedoria. "Sem esforço os mundos se movem um em outro", disse o *Rig-Veda* (II. 24.5) – ou, como disse Sri Aurobindo, por uma gradação de *planos de consciência* que se escalonam sem interrupção do Espírito Puro até a Matéria e que estão em relação direta com cada um de nossos centros. "Mas, nós somente somos conscientes de algumas borbulhas na superfície[8].

O que resta de nós no meio de tudo isso? Pouca coisa, para dizer a verdade, ou tudo, dependendo do nível em que conectamos nossa consciência.

---

5 *Letters on Yoga*, v. 22, p. 203.
6 Idem, ibidem.
7 *The Synthesis of Yoga*, v. 20, p. 170.
8 *Correspondence with Sri Aurobindo*, I, p. 460.

A Individualização da Consciência

Começamos assim a entrever o que é a consciência e a sentir que ela está por toda a parte no Universo, em todos os níveis, aos quais correspondem nossos próprios centros, no entanto não encontramos "nossa" consciência. Certamente porque não se trata de uma coisa que se "encontre" já pronta, mas que se atiça como o fogo. Em certos momentos privilegiados de nossa existência, todos sentimos como que um calor em nosso ser, uma espécie de *impulso* interior ou uma espécie de força viva, inexprimível em palavras, que não tem mesmo razão de estar ali, porque surge do nada, sem causa, nua qual uma *necessidade* ou qual uma chama.

Nossa infância inteira testemunha esse puro entusiasmo, essa nostalgia inexplicável. Mas, rapidamente, saímos dessa adolescência e a mente apodera-se dessa força, como se apodera de tudo, e a recobre com pomposas palavras idealistas, colocando-a em um trabalho, em uma profissão, em uma Igreja; ou dela se apodera o vital, disfarçando-a com sentimentos mais ou menos nobres, quando não a coloca em alguma aventura ou dela se serve para dominar, para vencer, para possuir. Algumas vezes, essa força afunda-se mais abaixo. E, algumas vezes, tudo fica submerso, restando somente uma pequena sombra sob um fardo. Mas o explorador que silenciou sua mente, e que não corre mais o risco de ser pego pela armadilha das ideias, que tranquilizou seu corpo vital e não é mais levado, a qualquer momento, pela grande dispersão dos sentimentos e dos desejos, redescobre, nessa "clareza" de seu ser, um novo estado de juventude, um novo *desabrochar* em plena liberdade. À medida que sua concentração cresce, por obra de suas "meditações ativas", por sua aspiração, sua necessidade, ele sentirá que esse impulso de dentro põe-se a *viver*. "Esse impulso amplia-se e faz surgir isso que vive", disse o *Rig-Veda*, "despertando alguém que estava morto" (I. 113.8), e toma uma consistência cada vez mais precisa, uma potência cada vez mais densa e, sobretudo, uma *independência*, como se fosse ao mesmo tempo uma força e um ser dentro de seu ser. E notará, inicialmente, em suas meditações passivas (quer dizer, em sua casa, tranquilo, com os olhos fechados), que essa força dentro de si possui movimentos, possui uma massa, intensidades variáveis, e que ela sobe e desce dentro dele, como se não estivesse estabelecida; dir-se-ia o deslocamento de uma substância viva; esses movimentos interiores podem inclusive adquirir uma potência suficientemente forte para encurvar o corpo quando essa força desce ou para endireitá-lo e puxá-lo para trás quando ela sobe. Em nossas meditações ativas, quer dizer, na vida exterior comum, essa força interna está mais diluída e dá a sensação de uma pequena vibração surda que se encontra em último plano, como já havíamos notado; além disso, sentiremos que não se trata somente de uma força impessoal, mas de uma presença, um *ser* no fundo de nós mesmos, como se ali tivéssemos um sustento, alguma coisa que nos dá solidez, algo como uma armadura, e um olhar pacífico sobre o mundo. Com essa pequena coisa dentro, que vibra, somos invulneráveis, e jamais sozinhos. Ela está aqui, em toda a parte, sempre aqui. É calorosa, está próxima, é vigorosa. E, curiosamente, quando a descobrimos, encontramos a *mesma coisa* por toda parte, em todos os seres, em todas as coisas; podemos entrar em comunicação direta, como se tudo fosse verdadeiramente igual e sem muros. Então, tocaremos algo em nós que não é o joguete das forças universais, não o "eu penso, logo existo", tão consumido e seco, mas a realidade fundamental de nosso ser, nós, verdadeiramente nós, o centro verdadeiro, calor e ser, consciência e força[9].

Na medida em que esse impulso ou essa força interior vai recobrando uma individualidade distinta, na medida em que realmente cresce como cresce uma criança, o explorador perceberá que esse impulso ou essa força não se move por acaso como inicialmente havia parecido, mas que se reúne em diversos pontos de seu ser segundo as atividades do momento e que, de fato, é ela que está por trás de cada um dos centros de consciência: atrás dos centros mentais quando se pensa, quer, ou se expressa; atrás dos centros vitais quando se sente, sofre ou deseja; ou mais abaixo, ou mais acima; e que é ela realmente quem toma conhecimento. Todos os centros, inclusive a mente, são apenas aberturas aos diferentes níveis da realidade universal ou instrumentos de transcrição e de expressão dessa força. É ela o *viajante dos mundos*[10], a exploradora dos planos de consciência; ela quem religa nossas diversas maneiras de ser, do estado de vigília ao sono e à morte, quando a pequena mente exterior não está mais ali para informar-nos ou para dirigir-nos; ela quem sobe e desce por toda a escala da existência universal e com tudo se comunica. Em outros

---

[9] Mais adiante falaremos desse centro que Sri Aurobindo chama de centro psíquico ou ser psíquico, e que outros chamam de alma.
[10] *Savitri*, v. 28, p. 93.

termos, teremos descoberto a *consciência*; teremos liberado o que, no homem comum, está constantemente disperso, confuso, emaranhado em suas mil atividades pensantes e sensíveis. Em vez de situar-nos sempinternamente em algum lugar entre o abdômen e a fronte, poderemos deslocar nossa consciência para regiões mais profundas ou mais elevadas, inacessíveis à mente e aos órgãos dos sentidos; porque a consciência não é uma maneira de pensar ou de sentir (em todo caso, não é isso exclusivamente), mas um poder de entrar em contato com os diversos níveis da existência, visíveis ou invisíveis. Quanto maior for o desenvolvimento de nossa consciência, maior será seu raio de ação, ampliando-se o número de níveis que ela é capaz de alcançar. E nós veremos que essa consciência é independente de tudo aquilo que pensamos, que sentimos e de tudo aquilo que queremos com nossa pequena personalidade frontal; que ela é independente da mente, do corpo vital e mesmo do corpo físico, porque, em certos estados particulares dos quais falaremos mais adiante, ela sai do corpo físico para mover-se em outras realidades e realizar experiências. Nosso corpo, nosso pensamento, nossos desejos são somente uma fina película de nossa existência total.

Consciência-Força, Consciência-Alegria

Ao descobrirmos a consciência, descobrimos que ela é uma força. O fato importante, na verdade, é que começamos por perceber uma corrente ou uma força interior antes de perceber que se trata de uma consciência. Esta é uma força; *consciência-força* disse Sri Aurobindo, porque, na verdade, os dois termos são inseparáveis e passíveis de conversão um em outro. A antiga sabedoria da Índia conhecia bem esse fato e nunca falava de consciência, – *Chit* –, sem nela acrescentar o termo *Agni*, calor, chama, energia, *Chit-Agni* (algumas vezes, emprega também a palavra *Tapas*, que é sinônimo de *Agni*: *Chit-Tapas*). O vocábulo sânscrito que designa as diversas disciplinas espirituais ou yóguicas é *tapasya*, ou seja, o que produz calor ou energia ou, mais exatamente, consciência-calor ou consciência-energia. E esse *Agni* ou *Chit-Agni* é o mesmo em toda parte. Falamos de Força descendente ou de Força ascendente, ou de força interior, ou dizemos força mental, força vital, força material, mas não há mil e uma forças –

há somente uma Força no mundo, uma só corrente, única, que passa em nós e em todas as coisas, e que, segundo o nível em que opera, reveste-se de uma substância ou de outra. Nossa corrente elétrica pode iluminar um tabernáculo ou uma casa miserável, uma sala de estudos ou um refeitório, e nem por isso deixa de ser a mesma corrente, embora ilumine objetos diferentes. Do mesmo modo, essa Força, ou esse Calor – *Agni* – não deixa de ser o mesmo quando anima e ilumina nosso retiro interior, a fábrica de nossa mente, nosso teatro vital ou nosso antro material; de nível em nível, ela se reveste de uma luz mais ou menos intensa e de vibrações mais ou menos pesadas – supraconscientes, mentais, vitais, materiais – mas é ela que tudo religa, que tudo anima; ela, a substância fundamental do universo: *Consciência-Força, Chit-Agni*.

Se é verdade que a Consciência é uma força, também é verdade, inversamente, que a força é uma consciência e que "todas as forças são conscientes"[11]. A Força Universal é uma Consciência Universal. Isso é o que descobre o explorador. Quando entrar em contato com essa corrente de consciência-força nele próprio, poderá conectar-se com qualquer nível da realidade universal, em qualquer ponto, e perceber, compreender a consciência que ali existe, ou, inclusive, atuar sobre ela, porque é a mesma corrente de consciência em tudo com modalidades vibratórias diferentes, tanto nas plantas como nas reflexões da mente humana, no supraconsciente luminoso como no instinto dos animais, no metal ou em nossas profundas meditações. Se o pedaço de madeira fosse inconsciente, o yogue não teria o poder de deslocá-lo por meio de sua concentração, porque não haveria nenhum ponto de contato entre eles. Se um só ponto do universo fosse totalmente inconsciente, o universo inteiro seria totalmente inconsciente, porque no Universo não *pode* haver duas coisas. Einstein ensinou-nos, e essa é verdadeiramente a maior descoberta, que Matéria e Energia podem converter-se uma na outra: $E = mc^2$; a Matéria é a Energia condensada. Resta-nos descobrir, na prática, que essa Energia ou essa Força é uma Consciência, e que a Matéria também é uma forma de consciência como a Mente é uma forma de consciência, assim como o Vital e o Supraconsciente são formas diferentes de consciência. Quando tivermos encontrado esse Segredo, a consciência na força, teremos o verdadeiro domínio das energias materiais – um domínio

---

11 *Letters on Yoga*, v. 23, p. 1086.

direto. Mas estamos somente redescobrindo antiquíssimas verdades; há quatro mil anos, as *Upanishads* já sabiam que a Matéria é Energia condensada, ou, melhor, Consciência-Energia Condensada: "Pela energia de sua consciência [*Tapas*], Brahman condensou-se; disso nasceu a Matéria, e da Matéria a Vida, a Mente e os Mundos" (*Mundaka Upanishad* I. 1.8).

Tudo aqui embaixo é Consciência, porque tudo é o Ser ou o Espírito. Tudo é *Chit*, porque tudo é *Sat*, *Sat-Chit*, em diversos níveis de Sua própria manifestação. A história de nossa evolução terrestre, finalmente, é a história de uma lenta conversão da Força em Consciência ou, mais exatamente, uma lenta lembrança à memória de si, dessa Consciência consumida em sua Força. Nos primeiros estágios da evolução, a consciência do átomo, por exemplo, está absorvida em seu redemoinho, assim como a consciência do artesão está absorvida na peça que talha, esquecida do resto do mundo, como a planta está absorvida em sua função clorofílica, como nossa própria consciência está absorvida em um livro ou em um desejo, esquecida de todos os outros níveis de sua própria realidade. Todo o progresso evolutivo, finalmente, mede-se pela capacidade de liberação ou de desprendimento do elemento consciência fora de seu elemento força; é o que havíamos chamado de individualização da consciência. No estágio espiritual ou yóguico de nossa evolução, a consciência está totalmente desprendida, desembaraçada de seus turbilhões mentais, vitais e físicos; e, dona de si mesma, é capaz de percorrer toda a gama das vibrações de consciência, desde o átomo até o Espírito; a Força converteu-se totalmente em Consciência, ela recordou-se totalmente de si mesma. E, lembrar-se de si, é lembrar-se de tudo, porque é o Espírito em nós que se lembra do Espírito em todas as partes.

Simultaneamente, à medida que a Força recupera sua Consciência, recupera o domínio de sua força e de todas as forças, porque ser consciente é poder. O átomo que gira ou o homem que segue a ronda biológica e que sofre em sua fábrica mental, não é mestre de sua força mental, de sua força vital ou de sua força atômica; ele gira, incessantemente, enquanto que na fase consciente somos livres e mestres; então, verificamos de forma palpável que a Consciência é uma força, uma *substância* que podemos manipular como outros manipulam óxidos ou campos elétricos: "Se nós começamos a perceber a consciência interior", disse Sri Aurobindo, "podemos fazer com ela todos os tipos de coisas: enviá-la ao exterior sob forma de corrente de força, traçar um círculo ou um muro de consciência à nossa volta, dirigir uma idéia para que penetre no cérebro de alguém que se encontre na América etc."[12]. E ainda explicava:

> que essa força possa produzir resultados tangíveis tanto no interior como no exterior, esse é o sentido mesmo da consciência yóguica... Se não tivéssemos feito milhares de experiências provando que o Poder interno pode modificar a mente, desenvolver sua capacidade, acrescentando-lhe outras, descobrir novos estratos de consciência, dominar os movimentos do vital, mudar o caráter, influenciar os homens e as coisas, exercer autoridade sobre o funcionamento e o estado do corpo, modificar os acontecimentos... não falaríamos dele como o fazemos. Além disso, não é somente por seus resultados, mas também por seus próprios movimentos que a Força é tangível e concreta. Quando falo de "sentir a Força ou o Poder", não quero dizer simplesmente ter dela um vago sentimento, mas senti-la concretamente e, por conseguinte, ser capaz de dirigi-la, manipulá-la, de controlar seus movimentos, de ser consciente de sua massa e de sua intensidade, bem como de todas as outras forças que podem a ela se opor[13].

Em uma fase posterior veremos que a Consciência pode agir sobre a Matéria e transformá-la. Essa última conversão da Matéria em Consciência e, talvez, um dia, da Consciência em Matéria, é o objeto do *yoga supramental* do qual falaremos mais adiante. Mas há muitos graus de desenvolvimento da consciência-força, desde o explorador ou aspirante que desperta para o impulso interno, até o yogue; e mesmo entre esses graus há numerosos escalões – aqui começa a verdadeira hierarquia.

Existe uma última equivalência. Não somente a consciência é força, não somente a consciência é ser, mas a consciência é também alegria, *Ananda, Consciência-Alegria, Chit-Ananda*. Ser Consciente é a alegria. Quando liberamos a Consciência das mil vibrações mentais, vitais e físicas que a absorvem, descobrimos a alegria. Todo o *ser* encontra-se como que preenchido por uma massa de força viva ("como um pilar bem estabelecido", disse o *Rig-Veda* v. 45.2), cristalina, sem

---

12 *Correspondence with Sri Aurobindo*, II, p. 1063.
13 *Sri Aurobindo Came to Me*, p. 206.

movimento, sem objeto – consciência pura, força pura, alegria pura, porque é a mesma coisa – uma alegria *sólida*, uma substância de alegria, vasta, pacífica, que parece não ter nem princípio nem fim, nem causa, e que também parece estar por toda parte, em todas as coisas e nos seres; que parece ser seu fundamento secreto e sua secreta necessidade de expandir; ninguém quer abandonar a vida, porque essa *alegria* está aqui, em todas as partes. Não necessita de nada para ser, *ela é*, irrevogavelmente, uma rocha através de todos os tempos, de todos os lugares, como um sorriso por detrás e em tudo. Todo o Enigma do Universo ali está. Não há outro. Um sorriso imperceptível, um nada que é tudo. E tudo é alegria, porque tudo é Espírito, que é *Alegria*, *Sat-Chit-Ananda*, Existência-Consciência-Alegria, tríade eterna que é o Universo e que somos nós, segredo que devemos descobrir e viver através de nossa longa viagem evolutiva: "Todos esses seres nasceram dessa *alegria*; pela *alegria* eles existem e crescem; à *alegria* eles retornarão" (*Taittiriya Upanishad* III. 6).

6   Pacificação do Vital

Limites da Moral

Existe no ser humano uma região que é, às vezes, causa de grandes dificuldades e, ao mesmo tempo, de grande poder. É fonte de dificuldades porque confunde todas as comunicações que vêm de fora ou do alto, opondo-se freneticamente a nossos esforços para alcançar o silêncio mental; ilude a consciência no âmbito de suas pequenas ocupações e de suas preocupações, e a impede de mover-se livremente para outras regiões. É uma fonte de poder porque é o afloramento em nós da grande força vital. Referimo-nos à região que se estende entre o coração e o sexo, e que Sri Aurobindo chama *vital*.

É o lugar onde acontecem todas as misturas; ali, o prazer está inextricavelmente ligado ao sofrimento, a dor à alegria, o mal ao bem e a farsa à verdade. As diversas disciplinas espirituais do mundo encontraram no corpo vital tantos aborrecimentos que preferiram riscar essa região perigosa e deixaram subsistir apenas as emoções chamadas religiosas, convidando o neófito a rejeitar todo o resto. E, nesse ponto, parece, todos concordam: a natureza humana é imutável. Mas essa *cirurgia moral*[1], como disse Sri Aurobindo, apresenta duplo inconveniente; por um lado, não purifica verdadeiramente, porque, por mais refinadas que sejam as emoções superiores, elas são tão misturadas quanto as inferiores pela simples razão de que são sentimentais e, portanto, parciais; e, por outro lado, essa cirurgia

---

1 *The Life Divine*, v. 18, p. 48.

moral nada rejeita realmente; ela somente reprime. O vital é uma força em si mesmo, totalmente independente de nossos argumentos racionais ou morais e, se quisermos tiranizá-lo, ou brutalizá-lo por meio de uma ascese ou de uma disciplina radical, correremos o risco de vê-lo rebelar-se à menor fissura, e saberá vingar-se com o tempo; ou, se nossa vontade for suficientemente forte para impor nossa lei mental e moral, é provável que triunfemos, mas esgotando em nós a força de vida, porque o vital, insatisfeito, demite-se e nós *certamente* despertaremos purificados do mal e a um só tempo do bem da vida: sem cor e sem sabor. Além disso, a moral somente funciona dentro dos limites do funcionamento mental; ela não tem acesso às regiões subconscientes nem supraconscientes, nem acesso à morte nem ao sono (que, apesar de tudo, ocupa um de cada três dias de nossa existência, tanto que, dos sessenta anos de vida, temos direito a quarenta anos de vida moral desperta e vinte anos de imoralidade; curiosa aritmética). Dito de outra maneira, a moral não excede os limites da pequena personalidade frontal. Não é, portanto, uma disciplina moral e radical que deveremos impor ao nosso ser; mas uma disciplina espiritual e integral que respeitará cada parte de nossa natureza, porém liberando-a de sua confusão; porque, em verdade, o mal absoluto não existe em parte alguma; há apenas confusão.

Além do mais, o explorador não pensa em termos de bem e de mal (admitindo-se que ainda "pense"), mas em termos de exatidão e inexatidão. Quando o marinheiro quer determinar a condição do mar, ele não se serve de seu amor pelo mar, mas de um sextante, e cuida para que seu espelho esteja limpo. E, se nosso espelho não está claro, nada veremos da realidade das coisas e dos seres, porque encontraremos sempre por toda a parte a imagem de nossos próprios desejos, de nossos temores, encontraremos em tudo o eco de nosso próprio alarido, e não somente nesse mundo, mas em todos os mundos, na vigília, no sono e na morte. Para *ver* é necessário, evidentemente, abandonar o centro do palco. O explorador fará, portanto, uma distinção entre as coisas que perturbam sua visão e as que a clareiam; e isso será o essencial de sua "moral".

O Hábito de Responder

A primeira coisa que o explorador distinguirá em sua exploração vital é uma fração da mente cuja única função parece ser a de dar forma (e justificativa) a nossos impulsos, a nossos sentimentos, a nossos desejos; isso é o que Sri Aurobindo chama de *mente vital*. Já vimos a necessidade do silêncio mental; estenderemos nossa disciplina a essa camada inferior da mente. Consequentemente, veremos claro; sem os adornos mentais, as diversas vibrações de nosso ser hão de se revelar sob sua verdadeira luz e em seu verdadeiro nível. E, sobretudo, as veremos chegando até nós. Nessa zona de silêncio que descreveremos doravante, os menores deslocamentos de substância (mental, vital ou de outra natureza) agirão sobre nós como sinais; saberemos imediatamente que alguma coisa tocou nossa atmosfera. Então, tomaremos conhecimento, espontaneamente, de uma quantidade de vibrações que as pessoas emanam de forma constante e involuntariamente, e saberemos de que se trata ou diante de quem nos encontramos (o polimento exterior geralmente não tem nada a ver com essa pequena realidade que vibra). Nossas relações com o mundo exterior tornar-se-ão claras e saberemos o porquê de nossas simpatias e de nossas antipatias, de nossos temores, e de nossas indisposições; e, poderemos ordenar, retificar nossas reações, aceitar as vibrações que nos ajudam, afastar as que nos ofuscam, neutralizar as que querem nos aniquilar. Porque perceberemos um fenômeno muito interessante: nosso silêncio interior tem poder. Se, em vez de responder à vibração que nos chega permanecermos em imobilidade interior absoluta, veremos que ela *dissolve* a vibração; é como se existisse em torno de nós um campo neutralizante, onde todos os golpes são retidos, anulados. Tomemos a cólera, a título de exemplo: se em vez de nos colocarmos interiormente a vibrar em uníssono com aquele que fala encolerizado, soubermos permanecer imóveis internamente, veremos a cólera do outro se dissolver, pouco a pouco, como uma fumaça. A Mãe observava que essa imobilidade interior, ou esse poder de não responder, pode até deter o braço assassino ou o bote de uma serpente. Não se trata aqui de revestir-se de uma máscara de indiferença quando há agitação interior; não se trapaceia com as vibrações (o animal sabe disso muito bem); não se trata de um suposto "domínio de si", que se traduz em domínio aparente, mas do verdadeiro domínio interior. E esse silêncio pode anular qualquer vibração, pela simples razão de que toda vibração, qualquer que seja a sua natureza, é *contagiosa* (as mais sublimes bem como as mais abjetas; é assim que o Mestre pode transmitir experiências espirituais ou poder a um discípulo) e, depende de nós, deixar-nos contagiar ou não; se sentirmos medo, o contágio já foi aceito e, via de consequência, o golpe do homem colérico ou o bote da serpente; (podemos igualmente aceitar o golpe por amor; a história de Sri Ramakrishna é significativa: vendo um carroceiro maltratar um boi, lançou um grito de dor repentino, e encontrou-se flagelado, sangrando, com as marcas da correia em suas costas). O mesmo ocorre com os sofrimentos físicos; podemos nos deixar contagiar por uma vibração dolorosa ou podemos nos proteger e, eventualmente, conforme o grau de nosso domínio, anular o sofrimento, quer dizer, desconectar a consciência do ponto enfermo. O silêncio é sempre a chave do domínio, em todos os níveis, porque, no silêncio, distinguimos as vibrações e, distingui-las, é poder apreendê-las. Há um grande número de aplicações práticas e, sobretudo, inúmeras oportunidades de progresso. A vida exterior comum (comum apenas para quem vive ordinariamente) vem a ser um imenso campo de experiência e de manipulação das vibrações; por isso Sri Aurobindo sempre quis que seu yoga participasse dessa vida externa comum. Na solidão é muito fácil viver com a ilusão do perfeito domínio de si mesmo.

Contudo, esse poder do *silêncio* ou da *imobilidade interior* tem aplicações muito mais importantes; queremos falar de nossa própria vida psicológica. O vital, como sabemos, é a causa de muitas misérias e perturbações, como também fonte de uma força extraordinária; trata-se, pois, – como na lenda indiana do cisne que separava a água do leite – de extrair a força de vida sem suas complicações e sem que nos separemos da vida. É preciso dizer que as verdadeiras complicações não estão na vida, mas em nós mesmos, e que todas as circunstâncias externas são a imagem exata daquilo que somos. Ora, a maior dificuldade do vital é que ele se identifica falsamente com tudo o que parece dele emanar e diz: "meu" sofrimento, "minha" depressão, "meu" temperamento, "meu" desejo, e se identifica com todos os tipos de pequenos eus que não são ele. Quando somos persuadidos de que todas essas histórias são a nossa história, evidentemente não há nada a fazer, a não ser suportar toda essa pequena família até que termine sua crise. Mas, se somos capazes de fazer silêncio dentro de nós mesmos, veremos claramente que nada disso nos pertence: tudo vem de fora, já o dissemos. Apegamo-nos sempre às mesmas frequências de onda, e nos deixamos abater por todos os contágios. Por exemplo, estamos em companhia desta ou daquela pessoa e estamos completamente silenciosos e imóveis internamente (o que não nos impede de falar e atuar normalmente); repentinamente, nessa transparência, sentimos que algo nos puxa ou procura nos invadir, como uma pressão ou uma vibração circundante (que pode ser traduzida por um mal-estar indefinível); cinco minutos depois de captarmos essa vibração, já estaremos lutando contra uma depressão ou, então, teremos este ou aquele desejo ou nos encontraremos febril; resumindo: fomos contaminados. E, algumas vezes, não são nem vibrações, mas verdadeiras ondas que desabam sobre nós. Também, para isso, não é preciso estar acompanhado; pode-se estar sozinho no Himalaia e receber igualmente as vibrações do mundo. Onde está, ali dentro, "nossa" inquietude, "nosso" desejo, senão no hábito de nos apegarmos indefinidamente aos mesmos impulsos? Mas o explorador que cultivou o *silêncio* não se deixa mais levar por essa *falsa identificação*[2]; acabou por descobrir em torno de si mesmo o que Sri Aurobindo chama de *circumconsciente*[3], esse campo neutralizante ao derredor que pode ser muito luminoso, forte e sólido, ou que pode escurecer-se, corromper-se, como também se desagregar completamente, dependendo de nosso estado interior. É uma espécie de atmosfera individual ou de *invólucro protetor* (bastante sensível para nos revelar, por exemplo, a aproximação de uma pessoa, ou para fazer com que evitemos um acidente no momento exato em que vai atingir-nos), e é nessa região então que poderemos sentir e captar as vibrações psicológicas *antes* que elas nos invadam. Geralmente, habituaram-se a nos penetrar, como se fora em sua própria casa, por afinidade, e de tal modo que nós nem sequer as sentimos chegar; o mecanismo de apropriação e de identificação é instantâneo; contudo, nossa cultura do silêncio criou em nós uma transparência suficiente para que possamos vê-las chegar, podendo, assim, detê-las ao passar e rejeitá-las. Algumas vezes, quando as rejeitamos, continuam girando ao redor do *circumconsciente*[4] à espera da menor ocasião para entrar; poderemos sentir claramente a cólera, o desejo, a depressão *rondar* em torno de nós; mas à força da não intervenção, essas vibrações

---

2 *The Synthesis of Yoga*, v. 20, p. 321.
3 *Letters on Yoga*, v. 22, p. 314; *The Life Divine*, v. 19, p. 960.
4 A menos que penetrem no subconsciente. Falaremos sobre isso mais tarde, quando estudarmos essa região.

perderão sua força e haverão de nos deixar tranquilos. Encontramo-nos desprendidos. E, um dia, ficaremos surpresos ao ver que algumas vibrações, que pareciam irresistíveis, já não nos tocam mais; elas se nos apresentam desprovidas de poder e passam por nós como se fora um filme; poderemos mesmo ver antecipadamente e com curiosidade a pequena malícia que, uma vez mais, tentará repetir sua manobra. Ou perceberemos ainda que alguns estados psicológicos surgem em uma determinada hora ou se repetem de acordo com alguns movimentos cíclicos (isto é o que Sri Aurobindo e a Mãe chamam de *formações*, ou seja, amálgamas de vibrações que, por suas repetições habituais, acabam por adquirir tipos de personalidade independente) e veremos que essas formações, uma vez que a elas aderimos, somente cessarão quando forem totalmente desfeitas como *um disco de gramofone*[5]. Cabe a nós decidir se queremos "caminhar" ou não. Há mil experiências possíveis; é um mundo de observações. Mas nossa descoberta essencial será a de que em tudo isso existe muito pouco de "nós", exceto o *hábito de responder*[6]. Enquanto nos identificamos, falsamente, com as vibrações vitais, por ignorância, é impossível mudar o que quer que seja de nossa natureza, a não ser por amputação; mas, a partir do momento em que conhecemos o mecanismo, tudo pode mudar, porque poderemos não responder, poderemos dissolver pelo poder do silêncio as vibrações perturbadoras e, se nos agradar, conectar-nos a outra coisa. A natureza humana pode ser mudada a despeito de todos os adágios. Não há nada em nossa consciência ou em nossa natureza que seja inelutavelmente estabelecido; tudo não passa de um jogo de forças ou de vibrações que, por sua recorrência, dão-nos a ilusão de uma necessidade "natural". E isso porque o yoga de Sri Aurobindo considera "a possibilidade de uma mudança total das regras que geralmente governam as reações da consciência"[7].

Ao descobrirmos o mecanismo, encontraremos o verdadeiro método do domínio vital, que não é cirúrgico, mas pacificador; não se reduz a dificuldade vital lutando vitalmente contra ela – o que apenas faz esgotar nossas energias sem esgotar sua existência universal –, mas neutralizando-a pela paz silenciosa: "se tu consegues estabelecer a paz", escrevia Sri Aurobindo a um discípulo, "será fácil depurar o vital. Se, ao contrário, tu te colocas simplesmente a limpá-lo conti-

---

5 *Letters on Yoga*, v. 24, p. 1354.
6 Idem, p. 1398.
7 *The Life Divine*, v. 19, p. 989.

nuamente, sem fazer outra coisa, tu avançarás muito lentamente, porque o vital contamina-se sem cessar, e é necessário limpá-lo cem vezes. A paz é, em si, alguma coisa límpida e, se tu a estabeleces dentro de ti, esta será uma forma positiva de alcançar a meta. Somente buscar o lodo e limpá-lo é um caminho negativo"[8].

As Forças Adversas

Outra dificuldade existe porque as vibrações que vêm das pessoas ou do vital universal não são as únicas a perturbar o explorador (aliás, não é possível distinguí-las umas das outras, porque os indivíduos são apenas *postos de revezamento*[9] do vital universal, ou da mente universal, e as vibrações passam de um a outro indefinidamente, em um circuito fechado). Mas há um tipo de vibração de qualidade particular, que se distingue pela sua rapidez e pela sua violência. O explorador a sentirá literalmente fundir-se sobre si, como uma massa; em poucos instantes será "um outro homem", esquecendo-se de tudo aquilo que constituía sua razão de ser, seus esforços, seu objetivo, como se tudo tivesse sido repentinamente varrido ou se tornasse desprovido de sentido ou houvesse se decomposto. Isso é o que Sri Aurobindo e a Mãe chamam de *as forças adversas*. Essas forças, cujo único objetivo, aparentemente, é o de desencorajar o explorador ou de desviá-lo do caminho que havia escolhido, são muito conscientes. O primeiro sintoma de sua presença é bastante visível: oculta-se a alegria, oculta-se a consciência e tudo é envolvido por uma atmosfera de drama. E quando há sofrimento, podemos estar seguros de que o inimigo encontra-se presente. O drama é seu ambiente predileto e é onde elas podem ocasionar os maiores estragos, porque contracenam com um velho companheiro em nós, que não consegue deixar de amar o drama, enquanto grita até esganiçar-se. Geralmente, o primeiro de seus esforços é o de levar-nos a tomar decisões repentinas, extremas, irrevogáveis, que colocarão a máxima distância possível entre nós e o caminho escolhido; é uma vibração cada vez mais cerrada e aguda querendo realizar-se *imediatamente*; ou melhor, essas forças desmontarão, com uma habilidade memorável, todo o mecanismo de

---

[8] *Letters on Yoga*, v. 23, p. 654.
[9] *The Synthesis of Yoga*, v. 20, p. 322.

nossa busca para demonstrar-nos que forjamos ilusões e que nunca chegaremos a lugar algum; ou, com frequência, criarão um estado depressivo servindo-se de um outro parceiro bem conhecido, que Sri Aurobindo chama de "o homem da dor: um sujeito que se cobre de uma sétupla capa de tragédia e de tristeza, e que não veria sua existência justificada se não pudesse ser tremendamente miserável"[10]. Todas essas vibrações de desordem que chamamos "nossas" tristezas ou "nossas" contrariedades têm como resultado imediato enfraquecer ou decompor nosso campo neutralizante e protetor, porta aberta para as forças adversas. Elas dispõem de múltiplas maneiras de atacar-nos, trata-se realmente de um ataque, e quanto maior for nossa determinação, mais elas se enfurecem. Pensarão, talvez, que exageramos; mas seria necessário nunca haver feito progresso algum para duvidar disso; enquanto se caminha com o rebanho, a vida é relativamente fácil, com seus bons e maus momentos, sem grandes ascensões, mas tampouco sem muita queda; mas quando se quer fugir disso, mil forças levantam-se bastante interessadas em que procedamos "como todo mundo"; descobrimos então até que ponto o aprisionamento é bem organizado. Descobrimos também que somos capazes de descer tão baixo quanto somos capazes de subir às alturas, e que, em verdade, nossas descidas são diretamente proporcionais à nossa capacidade de elevação; muitas carapaças aparecem aos nossos olhos. Com um pouco de honestidade veremos, muito bem, que somos capazes de tudo e que, em suma, "nossa virtude é uma impureza pretensiosa"[11], como disse Sri Aurobindo. É preciso jamais ter abandonado a personalidade frontal para alimentar alguma ilusão a esse respeito.

A história espiritual do mundo reservou a essas forças adversas todos os tipos de nomes demoníacos e "negros", como se elas existissem unicamente para atormentar o explorador e para causar aborrecimentos gratuitos a pessoas honestas. A realidade é um pouco diferente, porque, onde está o diabo, senão em Deus? E se o diabo não está em Deus, não resta grande coisa de Deus, porque esse mundo é muito malvado, e muitos outros também, de modo que muito pouco restaria de puro, salvo, talvez, um mero ponto matemático, sem dimensão, que não se alastra. Mas a experiência mostra-nos que essas forças perturbadoras têm seu lugar na economia universal, e que somente são perturbadoras no âmbito de nossa pequena consciência

---

[10] *Correspondence with Sri Aurobindo*, I, p. 263.
[11] *The Synthesis of Yoga*, v. 20, p. 53.

momentânea e o são, inclusive, com determinado objetivo. Primeiramente, elas nos atacam sempre na ausência de nossa armadura; se fôssemos sólidos e unidos, elas não poderiam abalar-nos um segundo sequer. Em seguida, se, em vez de lamentarmos e de acusarmos o diabo ou a maldade do mundo, olhássemos para nós mesmos, perceberíamos que cada um desses ataques veio mostrar uma de nossas inúmeras trapaças de homens honestos ou, como diz a Mãe, levantar um pouco "os pequenos véus com que nos vendamos". E esses véus, pequenos ou espessos, não se encontram somente sobre nossas feridas, mas em todas as partes no mundo, sobre suas pequenas insuficiências e suas enormes suficiências; e, se as forças perturbadoras, algumas vezes, mostram-se um pouco violentas, não é por acaso ou por maldade gratuita, mas para que vejamos claro e para nos forçar uma perfeição diante da qual esmorecemos; porque logo que nos apoderamos de um raminho da verdade ou de uma fração de ideal, temos a enfadonha tendência de encerrá-los à chave, em três voltas, em uma construção hermética e indestrutível e de não mais querer nos movermos. Em outras palavras, essas forças pouco graciosas são somente instrumentos de progresso, tanto para o indivíduo como para o mundo. "O que te derruba é exatamente o que te faz levantar" disse Koularnava Tantra em sua sabedoria. Protestamos contra as "catástrofes", aparentemente vãs e aleatórias que se abatem sobre nosso coração ou sobre nossa carne e acusamos o "Inimigo", mas,

> não seria a própria alma (não a mente exterior, mas o Espírito interno) que aceitou e escolheu essas provas para desenvolver-se e para passar rapidamente pela experiência necessária, talhando o caminho – durchhauen – com risco mesmo de prejudicar gravemente sua vida exterior e seu corpo? Para a alma em pleno crescimento, para o Espírito dentro de nós, as dificuldades, os obstáculos, os ataques não seriam meios de crescimento, de intensificação de sua força, de ampliação de sua experiência, de treinamento para a vitória espiritual?[12]

Clamamos contra o mal, mas se ele ali não estivesse assediando-nos e desafiando-nos, há muito já teríamos nos apoderado da Verdade eterna para dela fazer uma pequena tolice bem apurada e fundamen-

---

[12] *Letters on Yoga*, v. 22, p. 449-450.

tada. A verdade move-se, tem pernas, e os príncipes das trevas estão ali perto, vigilantes, um pouco brutalmente, para que ela não adormeça. "A negação de Deus é tão útil para nós como a sua afirmação"[13], disse Sri Aurobindo. "O Adversário só desaparecerá", disse a Mãe, "quando não for mais necessário ao mundo. E nós sabemos muito bem que ele é necessário, como a pedra de toque para o ouro, para ver se somos verdadeiros".

Porque, afinal de contas, talvez Deus não seja um mero ponto matemático situado fora desse mundo; talvez Ele seja todo esse mundo e toda essa sordidez que trabalha e sofre para tornar-se perfeita e para recordar-se de Si mesma aqui na Terra.

O método utilizado em face das forças adversas é o mesmo para as demais vibrações: silêncio, imobilidade interior que deixa passar a onda. Nós não conseguiremos, certamente, dissolver seus ataques logo de início, mas, cada vez mais, eles parecerão desenrolar-se na superfície de nosso ser; poderemos ser sacudidos, transtornados e, no entanto, bem no fundo, sentiremos em nós a presença do "Testemunho", que não é tocado – que nunca é tocado – que não sofre. Caímos e levantamos e, a cada queda, tornamo-nos mais fortes. O único pecado seria perder a coragem. Praticamente, o explorador do yoga integral estará muito mais exposto que os outros (Sri Aurobindo dizia sempre que seu yoga é uma *batalha*[14]), porque quer *englobar tudo em sua consciência*, sem nada eliminar, e porque não existe somente uma passagem a transpor em direção à beatitude das alturas, nem existe somente um guardião do tesouro a conquistar; muitas são as escolhas, à direita, à esquerda, abaixo e em todos os níveis de nosso ser, e há mais que um tesouro a descobrir.

O Verdadeiro Vital

Há, portanto, uma passagem a transpor se queremos encontrar a verdadeira força de vida por detrás da vida turbulenta do homem frontal. Segundo as disciplinas espirituais tradicionais, essa passagem é acompanhada de todos os tipos de mortificação e renúncia que em realidade exaltam, sobretudo, a boa opinião que o asceta tem de si

---

13 *Thoughts and Aphorisms*, v. 17, p. 146.
14 *The Synthesis of Yoga*, v. 20, p. 71.

mesmo, porém, nós temos outra meta em vista; não procuramos abandonar a vida, mas expandi-la; não procuramos renunciar ao oxigênio em prol do hidrogênio ou vice-versa; procuramos estudar a composição da consciência e ver em que condições ela poderá nos oferecer água límpida e um melhor funcionamento. O yoga é "uma suprema arte de viver", disse Sri Aurobindo[15]. "A atitude do asceta que diz: 'Eu não quero nada', e a atitude do homem do mundo que diz: 'Eu quero essa coisa', são uma só", observou a Mãe. "Um pode ser tão apegado à sua renúncia como o outro à sua posse". Em realidade, enquanto tivermos necessidade de renunciar ao que quer que seja, não estaremos prontos, pois ainda estaremos atolados na dualidade. Ora, sem disciplina especial, podemos fazer um certo número de observações. Primeiramente basta dizer ao vital: "renuncie a isto, abandone aquilo", para que ele seja imediatamente tomado por uma fome endêmica; ou, se ele aceita renunciar, é só porque sabe que será recompensado de outra maneira e, sendo assim, prefere uma renúncia de vulto a uma desprezível, porque é ele que atua em todos os casos, negativa ou positivamente; para ele, os dois lados são igualmente nutritivos, tanto um como o outro. Se desmascararmos esse simples ponto, haveremos de nos apoderar de todo o funcionamento do vital, de cima até embaixo, ou seja, de sua total indiferença às nossas pieguices humanas; o sofrimento o interessa tanto quanto a alegria, a privação tanto quanto a abundância, o ódio tanto quanto o amor, a tortura tanto quanto o êxtase; em todas as oportunidades ele se enriquece. Porque é uma Força, e é a mesma Força no sofrimento e no prazer. Assim se revela cruamente a ambivalência absoluta de todos os sentimentos, sem exceção, que constituem a "delicadeza" de nossa personalidade frontal. Todos os nossos sentimentos são o oposto de outros; em qualquer momento eles podem se transmudar em seu opositor; o filantropo decepcionado (ou melhor, o vital decepcionado no filantropo) torna-se pessimista, o apóstolo zeloso retira-se para o deserto, o descrente irredutível torna-se sectário, e o puro escandaliza-se com tudo quanto não ousa fazer. E apreendemos assim um outro entrave do vital de superfície: "é um charlatão incorrigível"[16], e encena em todas as situações (nem mesmo sabemos se a morte de nossa mãe escapa à sua satisfação). Cada vez que lançamos um grito de reprovação ou de dor (não importa que grito), há um mico

15 *Letters on Yoga*, v. 22, p. 125.
16 *The Synthesis of Yoga*, v. 20, p. 217.

que em nós graceja. Sabemos de tudo isso muito bem e, no entanto, continuamos sendo eternos sentimentais. E, para coroar seu talento, ele se sobressai na discórdia; é a encarnação da discórdia – toma a força de seus sentimentos pela força da verdade, e reduz "o ápice ao pico de um vulcão fumoso no fundo do abismo"[17].

Outra observação, que deriva da primeira, se nos impõe rapidamente: é a completa impotência do vital em ajudar aos demais, ou, simplesmente, em comunicar-se com os demais a não ser quando há conjunção de egoísmo. Não há uma só vibração vital emitida por nós, ou melhor, retransmitida por nós, que em outra pessoa não possa transformar-se imediatamente em seu oposto; basta desejar o bem a alguém para que automaticamente o mal correspondente desperte, ou a resistência correspondente, ou a vontade contrária como se fossem abocanhados ao mesmo tempo; o mecanismo parece tão espontâneo e inevitável quanto uma operação química. Mas, em realidade, o vital não procura ajudar; ele procura sempre e de qualquer modo apoderar-se de tudo. Todos os nossos sentimentos estão voltados para nós mesmos. O simples fato, por exemplo, de sofrermos diante da traição de um amigo – não importa que tipo de sofrimento – é um sinal revelador de nosso ego, porque se, verdadeiramente, amássemos todos os seres, não por nós, mas por eles mesmos, nós os amaríamos de todas as maneiras, embora os tendo como inimigos; em todos os casos sua existência nos alegraria. Em verdade, nossa dor e nosso sofrimento são sempre sinais de mistura e, portanto, são sempre enganosos. Somente a alegria é verdadeira. Porque só é verdadeiro o *Eu* em nós que abraça toda a existência e todos os possíveis opostos da existência. Sofremos porque colocamos as coisas fora de nós. Quando tudo se encontra dentro, tudo é alegria, porque não há mais lacunas em parte alguma.

E, no entanto, protestaremos em nome de nossos sentimentos, dizendo: "Mas e o Coração?" Assim, com bastante ênfase! Justamente, há lugar de maiores misturas que em nosso coração? Além do mais, o coração rapidamente sufoca-se, e essa será nossa terceira observação. Nossa capacidade de alegria é mínima, nossa capacidade de sofrimento é mínima, ficamos logo debilitados pelas piores calamidades; quanta água não rolou por sob nossos imensos pesares? Podemos conter muito pouco dessa grande Força de Vida – "não

---

17 *Correspondence with Sri Aurobindo*, v. I, p. 97.

suportamos a carga", disse a Mãe; basta um só sopro a mais para que gritemos de alegria ou de dor, para que choremos, para que dancemos, ou desfaleçamos. Porque é sempre a mesma Força ambígua que corre e logo transborda. A Força de Vida não sofre; não se turba, não se exalta, ela não é perversa, nem é boa – ela é, e flui imensa e pacífica. Todos os sinais contrários com os quais ela nos reveste são somente vestígios de nossa evolução passada, porque éramos pequenos, muito pequenos e isolados, e porque era necessário realmente preservar-nos dessa grandiosidade viva, muito intensa para nossa insignificância e distinguir as vibrações "úteis" das "nocivas", umas ostentando-se com um coeficiente positivo de prazer, de simpatia ou de bondade, e outras com um coeficiente negativo de sofrimento, de repulsão ou de maldade; mas o sofrimento é apenas intensidade excessiva da mesma força e o prazer muito intenso transmuta-se em seu "oposto" doloroso: "São convenções de nossos sentidos" –, disse Sri Aurobindo[18]. "Basta deslocar um pouco o ponteiro da consciência" – disse a Mãe. "Para uma consciência cósmica, em seu estado de conhecimento completo e de experiência completa, todos os contatos são percebidos como uma alegria, Ananda"[19]. Somente a estreiteza de consciência, só a pequenez de consciência é a causa de todo o nosso sofrimento moral e mesmo físico, e causa de nossa impotência e dessa sempiterna tragicomédia da existência. Mas o remédio não está em enfraquecer esse vital, como queriam os moralistas, mas sim em ampliá-lo; não em renunciá-lo, mas em aceitá-lo ainda mais, cada vez mais, e expandir sua consciência. Porque esse é o sentido mesmo da Evolução. Em suma, a única coisa à qual é preciso renunciar é à nossa ignorância e à nossa pequenez. Quando nos apegamos freneticamente à nossa pequena personalidade frontal, às suas comédias, à sua viscosidade sentimental, e a suas dores santificadas, não somos verdadeiramente "humanos", mas os retardados do Pleistoceno, "defendendo nosso direito ao sofrimento e à dor"[20].

O explorador não será mais vítima do jogo equivocado que se desenrola em seu vital de superfície, mas manterá, ainda por muito tempo, o hábito de responder a milhares de pequenas vibrações biológico-sentimentais que rondam à sua volta. Essa é também uma passagem bastante longa como aquela em que se deixa a mente

18 *On Himself*, v. 26, p. 355.
19 *Letters on Yoga*, v. 24, p. 1579-1580.
20 Idem, v. 22, p. 84.

repetitiva e enfadonha pelo silêncio mental, e essa transição é sempre acompanhada de períodos de intenso cansaço, porque o organismo perde o hábito de renovar suas energias na fonte superficial comum (que logo parece grosseira e pesada quando o outro tipo de energia é experimentado), sem ter ainda a capacidade de permanecer continuamente conectado com a verdadeira fonte, de onde surgem algumas "brechas"; mas, nesse caso, o explorador será ajudado pela *Força descendente* que contribuirá poderosamente para estabelecer um novo ritmo dentro de si; ele, inclusive, observará, com assombro sempre renovado, que se der somente um pequenino passo para a frente, a Ajuda do Alto dará dez em sua direção, como se estivesse sendo esperado. Acreditar que se trata de um trabalho negativo, seria completamente errôneo; certamente, o vital se compraz em dizer que ele faz grandes esforços para lutar contra si mesmo, e essa é uma forma hábil de preservar-se, tanto de um lado como de outro; mas, em realidade, o explorador não obedece a uma exigência austera e negativa; segue um impulso positivo de seu ser, porque ele realmente cresce, e os padrões de ontem ou os prazeres de outrora lhe parecem tão insossos como a dieta de um recém nascido; já não se encontra à vontade ali dentro; tem algo melhor a fazer e a viver. Por isso é muito difícil explicar o caminho a quem nunca tentou percorrê-lo; esse se agarraria apenas a seu ponto de vista atual, ou melhor, à impossibilidade em formular seu ponto de vista. No entanto, se soubéssemos que cada impossibilidade de ponto de vista é um progresso, e que a vida muda quando se passa da fase da verdade fechada à fase da verdade aberta – uma verdade como a própria vida, enorme para deixar-se agarrar pela armadilha do ponto de vista, porque abarca a todos e vê a utilidade de cada coisa em cada fase de seu desenvolvimento infinito; uma verdade tão grande que pode negar-se a si mesma e passar infinitamente a uma verdade mais sublime.

Atrás desse vital infantil e inquieto que rapidamente se esgota, descobrimos um outro vital calmo e poderoso; é o que Sri Aurobindo chama de *vital verdadeiro* – um vital que contém a essência mesma da Força de Vida sem todas as suas excrescências sentimentais e dolorosas. Entramos em um estado de concentração tranquila e espontânea, como o mar sob o jogo das ondas. E essa imobilidade fundamental não é uma atonia nervosa, assim como o silêncio mental não é um entorpecimento cerebral; é uma base de ação. É uma potência concentrada que pode colocar em movimento todos os atos, suportar todos os choques, mesmo os mais violentos e os mais prolongados, sem perder sua quietude. Todos os tipos de capacidade nova podem emergir nessa imobilidade vital, dependendo do grau de nosso desenvolvimento, mas é, antes de tudo, uma inesgotável fonte de energia. Quando sentimos cansaço, é sinal evidente de que caímos outra vez na agitação superficial. A capacidade de trabalho ou mesmo de esforço físico é duplicada; o alimento e o sono deixam de ser a fonte única e absorvente da renovação da energia (o sono, como veremos, muda de natureza e o alimento pode ser reduzido a um mínimo salutar, sem as prostrações e as enfermidades que habitualmente ele acarreta). Outros poderes, considerados miraculosos, e que são, na verdade, *milagres com método*, também podem manifestar-se; não nos cabe, contudo, aqui falar deles; o melhor é fazer a experiência por si mesmo. Simplesmente dizemos que se alguém é capaz de dominar uma só vibração vital em si mesmo, consequentemente é capaz de dominá-la em qualquer lugar do mundo onde quer que a encontre. Nessa imobilidade, um outro sinal irá estabelecer-se de forma permanente: ausência de sofrimento, seguida de uma espécie de alegria inabalável. Quando o homem comum recebe um choque, físico ou moral, sua reação imediata é a de fechar-se em si mesmo; contrai-se, entra em ebulição e multiplica a dor. O explorador que, ao contrário, estabeleceu alguma imobilidade dentro de si verá que ela dissolve os choques porque é *ampla*; ele já não é mais um pequeno indivíduo contraído em si mesmo com uma cólica estomacal, mas é dono de uma consciência que excede os limites de seu corpo; o *vital apaziguado e a mente silenciosa* universalizam-se espontaneamente:

> com a experiência do yoga, a consciência expande-se em todas as direções, acima, abaixo, ao redor e em cada direção até o infinito. Quando a consciência do yogue libera-se, ela não vive mais no corpo, mas nessa altura, nessa profundidade, nessa extensão infinita. Sua base é um vazio infinito ou um silêncio infinito, mas nesse vazio ou nesse silêncio tudo pode se manifestar: a Paz, a Liberdade, o Poder, a Luz, o Conhecimento, a Alegria – ANANDA[21].

---

21 Idem, v. 23, p. 1075.

A partir do momento em que há sofrimento, de qualquer natureza que seja, é sinal imediato de estreiteza do ser e de perda de consciência.

Existe um corolário muito importante dessa amplitude do ser que nos fará compreender a necessidade absoluta da imobilidade vital, não somente para clareza da comunicação, para a pujança de nossa ação ou de nossa alegria de viver, como também para nossa segurança, simplesmente. Enquanto permanecemos nesse homenzinho frontal, as vibrações são pequenas, os choques são pequenos e pequenas são nossas alegrias: somos protegidos justamente por nossa própria pequenez. Mas quando desembocamos no Vital Universal, encontramos essas mesmas vibrações, aliás, essas forças, em uma escala gigantesca, universal, porque são elas que dirigem o mundo assim como nos dirigem, e se não tivermos aprendido *a perfeita igualdade ou imobilidade interior*, seremos varridos. E isso é verdade não somente em relação ao Vital Universal, como também em relação a todos os planos de consciência, porque podemos e devemos (ao menos o explorador integral) realizar a consciência cósmica em todos os níveis da supraconsciência, da mente, do vital e mesmo do corpo; ora, o explorador quando se eleva à Supraconsciência, compreende que a intensidade do Espírito pode também ser fulminante (em realidade, é sempre a mesma Força, divina, a mesma Consciência-Força, em cima ou embaixo, na Matéria, na Vida, na Mente, ou mais acima, e quanto mais Ela desce, mais Ela é ofuscada, deformada, fragmentada pelos meios que Ela atravessa), e se o explorador, saindo de sua pesada densidade, deseja elevar-se muito rapidamente e forçar as etapas sem ter o cuidado de estabelecer uma base inabalável e clara, pode correr o risco de explodir como uma caldeira. A clareza vital não é, portanto, questão de moral, mas técnica, por assim dizer, ou até orgânica. Praticamente, a grande Solicitude está sempre ali para impedir-nos de fazer experiências prematuras, e é bem provável que sejamos limitados e pequenos exatamente o tempo que precisamos ser limitados e pequenos.

Finalmente, quando conquistarmos a imortalidade vital, perceberemos que podemos começar a ajudar os outros com alguma eficiência. Porque ajudar aos demais não é uma questão de sentimento ou de caridade, mas de poder; uma questão de visão, uma questão de alegria. Sob essa tranquilidade, teremos não apenas a alegria que irradia, como também a visão que dissipa as sombras; espontaneamente perceberemos todas as vibrações, e poder distingui-las é poder manipulá-las, apaziguá-las, apartá-las ou mesmo transformá-las. "A tranquilidade", disse a Mãe, "é um estado muito positivo; há uma paz positiva que não é o contrário do conflito. É uma paz ativa, contagiosa e poderosa, que domina, que acalma, que tudo ordena e organiza".

Daremos apenas um exemplo dessa "paz contagiosa", embora tenhamos que antecipar um pouco da vida de Sri Aurobindo. Foi em Pondicherry, há alguns anos, durante a estação em que as chuvas tropicais, e às vezes os ciclones, precipitam-se repentinamente causando destruição. Trancamos então portas e janelas com enormes ripas de bambu. Um ciclone havia desabado furiosamente naquela noite acompanhado de chuvas torrenciais. A Mãe prontamente havia corrido até o quarto de Sri Aurobindo para ajudá-lo a fechar suas janelas. Encontrou-o sentado em sua mesa de trabalho como de costume, (Sri Aurobindo passava doze horas a escrever, de seis horas da tarde até às seis horas da manhã, durante anos, depois caminhava de um lado para outro durante oito horas, "para o yoga"); as janelas estavam totalmente abertas, e nenhuma gota de chuva havia ali entrado. A paz que reinava naquele quarto, conta a Mãe, era tão concreta, tão compacta, que o ciclone *não podia* entrar...

7   O Centro Psíquico

Nós não somos a mente, porque todos os nossos pensamentos vêm de uma Mente mais vasta que a nossa, universal; nós não somos o vital, nem nossos sentimentos nem nossos atos, porque todos os nossos impulsos vêm de um Vital mais extenso que o nosso, universal; nem mesmo somos nosso corpo físico, porque seus componentes vêm de uma Matéria e obedecem a leis maiores que as nossas, universais. O que é, pois, em nós, essa coisa, que não é nosso meio, nossa família, nossas tradições, nosso matrimônio, nossa profissão, nem é o jogo da Natureza Universal ou das circunstâncias, e que faz com que cada um de nós seja "Eu", mesmo se todo o resto desaba? E, sobretudo, ela é eu quando todo o resto desaba, porque é a hora de *nossa* verdade.

No transcorrer de nosso reconhecimento, observamos que existem diversos centros ou níveis de consciência e vimos que, por trás deles, havia uma "consciência-força" que se movia e religava nossos diversos estados de ser (um dos primeiros resultados do silêncio mental e da pacificação vital foi precisamente o de separar essa consciência-força das atividades mentais e das vitais nas quais estava habitualmente aprisionada) e sentimos que essa corrente de força, ou de consciência, era a realidade fundamental de nosso ser por detrás de todos os nossos estados. Mas essa consciência-força é a consciência de *alguém*. Quem é pois consciente em nós? Qual é o Centro? Quem é o Mestre? Ou somos simplesmente marionetes de algum Ser Universal que seria nosso verdadeiro centro, visto que todas essas atividades mentais, vitais e físicas são de fato atividades universais? A verdade é dúplice e, em hipótese alguma, somos marionetes, salvo quando nos obstinamos em considerar a personalidade frontal como nosso verdadeiro ser, porque ela sim é marionete. Nós temos um centro individual que Sri Aurobindo chama de *ser psíquico*, e um centro cósmico ou *ser central*. Etapa após etapa, devemos encontrar tanto um quanto outro e chegar a ser o Mestre de todos os nossos estados. No momento, iremos apenas em busca de nosso centro individual, o ser psíquico, que outros chamam de Alma.

E assim defrontamo-nos, a um só tempo, com a coisa mais simples e a mais complexa do mundo. É a mais simples porque uma criança a compreende, ou melhor, a *vive*, espontaneamente – a criança é rei; a criança ri e vive em seu ser psíquico[1]. E a mais difícil porque essa espontaneidade é rapidamente ocultada por todos os tipos de ideia e de sentimento. Então começamos a falar de "alma", ou seja, já não compreendemos mais nada. Todos os sofrimentos da adolescência têm origem justamente na história de um lento aprisionamento psíquico (diz-se "crise de crescimento", mas, talvez, seja crise de sufocamento; a maturidade é alcançada quando esse sufocamento passa a ser estado natural) e todas as dificuldades do aspirante são a história inversa de uma lenta extirpação de misturas mentais e vitais. Entretanto, como veremos, não se trata somente de uma viagem em sentido contrário, primeiro porque nunca se retorna ao ponto de partida, e depois porque a criança psíquica que encontramos no final da viagem (um final que é sempre um começo) não é um capricho momentâneo, mas uma realeza *consciente*. Isso porque o psíquico é um ser, um ser que cresce – é o milagre de uma infância eterna em um reino cada vez mais vasto. Está "dentro como uma criança que vai nascer", diz o Rig-Veda (IX. 83. 3).

O Nascimento Psíquico

As primeiras manifestações do ser psíquico são a alegria e o amor. Uma alegria que pode ser prodigiosamente intensa e poderosa, mas sem exaltação – tranquila, profunda como o mar – e sem meta. A alegria psíquica não precisa de nada para existir, ela simplesmente é; nem mesmo no isolamento de uma prisão pode deixar de ser, porque é um

---

[1] Há exceções e graus quase visíveis a olho nu.

estado, não um sentimento, como o rio que corre venturoso por onde passa, sobre a lama ou sobre o rochedo, na planície ou na montanha. O amor que não é o oposto do ódio e não precisa de nada para ser, simplesmente *é*; queima tranquilo em tudo que encontra, em tudo o que vê, em tudo o que toca, porque não pode deixar de amar e porque esse é seu estado; para ele, nada é nem baixo, nem alto, nem puro, nem impuro; sua chama não pode ser ofuscada, nem sua alegria. Outros sinais ainda o revelam: é ágil e nada lhe pesa, como se o mundo fosse seu jogo; é invulnerável e nada o atinge, como se estivesse sempre a salvo de tragédias, ao abrigo de todos os acidentes; ele é o mago, ele vê; é tranquilo, tranquilo, como um pequeno sopro no fundo do ser; vasto como o mar por séculos e séculos. Porque ele é eterno. É livre e nada pode surpreendê-lo; nem a vida, nem os homens, nem as ideias, nem as doutrinas, nem os países – ele está além, sempre além, e, no entanto, incomensuravelmente no coração de todas as coisas, como se fosse um com tudo. Porque Ele é Deus em nós.

Para o olho que vê, assim se apresenta o psíquico: "quando olhamos alguém que é consciente de sua alma e que vive em sua alma", disse a Mãe:

> temos a impressão de descer, de entrar profundamente, profundamente na pessoa, longe, longe, muito longe e dentro, enquanto que, geralmente, quando olhamos os olhos das pessoas (há olhos impenetráveis, fechados como uma porta; mas, enfim, há olhos que são abertos e que permitem ser por nós transpostos); então encontramos muito próximo, por detrás, algo que vibra, que, algumas vezes, brilha, que cintila. E nesse momento, se nós nos enganamos, dizemos: "Oh! ele tem uma alma viva" – não é isso, é seu vital. Para encontrar a Alma é preciso afastar-se da superfície, retirar-se verdadeiramente e penetrar, penetrar mais e mais e descer, descer por um buraco muito profundo, silencioso e imóvel; nesse momento, ali, encontramos alguma coisa cálida, tranquila, rica de conteúdo, tão imóvel e tão plena, assim como uma brandura – isso é a alma. E se insistimos, conscientes de nós mesmos, ocorre um tipo de plenitude que nos dá a sensação de completude e que contém profundezas insondáveis. Sentimos que, se ali entrarmos, muitos segredos serão revelados, qual um reflexo de alguma coisa eterna em águas muito tranquilas. E os limites do tempo

não mais existem. Invade-nos uma sensação de haver sempre existido e de existir por toda a Eternidade.

Mas esses são apenas sinais, uma tradução exterior de alguma coisa que existe em si mesma e da qual gostaríamos de ter uma experiência direta. Como abrir as portas do ser psíquico, posto que ele se encontra tão bem escondido? Em primeiro lugar, está camuflado por nossas ideias, por nossos sentimentos, que o plagiam e o imitam sem compaixão; temos tantas ideias sobre o que é superior e inferior, puro e impuro, divino e antidivino; tantas pequenas travas sentimentais sobre o que é amável e não amável, que esse pobre ser psíquico não tem muitas oportunidades de se mostrar porque o lugar já foi ocupado por todo esse entulho; basta querer dar as caras para que seja imediatamente abocanhado pelo vital que dele faz suas brilhantes exaltações, suas emoções "divinas" e palpitantes, seus amores monopolizantes, sua generosidade vantajosa e sua estética exagerada; ele é enjaulado pela mente, que dele faz seu ideal exclusivista, sua filantropia infalível, sua moral reprimida, e Igrejas, inúmeras que o encerram em dogmas e artigos de fé. Onde está o ser psíquico em tudo isso? Está aqui, no entanto, divino, paciente, esforçando-se para romper todas as crostas, servindo-se de tudo, em verdade, de tudo quanto lhe ofertamos ou a ele impomos – "ele se vira com o que tem", no jargão popular. E esse é precisamente o maior obstáculo; quando o ser psíquico deixa por um segundo que seja o esconderijo, espalha tamanha glória em tudo que toca, que confundimos sua luminosa verdade com as circunstâncias da revelação. Aquele que um dia sentiu a revelação de seu ser psíquico, escutando Beethoven, dirá que a música, e somente a música, é verdadeira e divina aqui na Terra; um outro que descobriu sua alma na imensidão do mar fará dele uma religião digna de vulto; e um terceiro dirá: meu profeta, minha capela, meu evangelho. E cada qual edifica sua construção em torno do núcleo de sua experiência. Mas o ser psíquico é livre, maravilhosamente livre de tudo! Ele não tem necessidade de *nada* para ser, ele é a própria essência da Liberdade e serve-se de todas as nossas músicas, insignificantes ou grandiosas, serve-se de nossas Escrituras, sublimes ou não, apenas para romper essa carapaça humana, por onde poderá sair; ele atribui seu poder e seu amor, sua alegria, sua luz, sua Verdade franca e irresistível, a todas nossas ideias, a todos nossos sentimentos, a todas nossas doutrinas, porque é a única oportunidade que lhe oferecemos de ver a luz do dia, o único meio de que dispõe para exprimir-se, mas, ao mesmo tempo, essas emoções, essas ideias, essas doutrinas roubam-lhe todo seu aprumo; elas o monopolizam e o envolvem, extraindo desse elemento de pura Verdade suas certezas indiscutíveis, sua profundeza exclusiva, sua universalidade em mão única, e "a própria força do elemento verdade aumenta a força do elemento erro"[2]. Finalmente, o isolamento psíquico é tão completo, a mistura tão perfeita, que confundimos tudo e não podemos mais extirpar a deformação sem destruir a própria formação da verdade; e assim caminha o mundo, sobrecarregado de meias verdades que pesam mais que a mentira. A verdadeira dificuldade, talvez, não seja, de modo algum, libertar-se do mal, porque conhecemos muito bem a sua fisionomia – e o mal não resiste a um mínimo de sinceridade –, mas libertar-se de um bem que é somente o oposto do mal e que fechou para sempre suas portas para uma só parcela da verdade.

Se se quer ter a experiência direta do ser psíquico, em sua pureza cristalina, tão maravilhosamente fresca, tal como existe, irresistivelmente fora de todas as nossas ciladas para alcançá-lo, fora de tudo quanto se pensa, de tudo quanto se sente e de tudo que se diz, é preciso que haja em nós uma transparência – Beethoven, o mar, a capela eram apenas instrumentos dessa transparência – porque é sempre assim: desde que somos transparentes, a Verdade emerge espontaneamente; a visão, a alegria, tudo, tudo, está ali sem que tenhamos necessidade de fazer algo, porque a Verdade é a coisa mais natural que existe no mundo; é o resto que confunde tudo, a mente e o corpo vital, com suas vibrações desordenadas e suas hábeis complicações. Todas as disciplinas espirituais dignas desse nome, todas as *tapasyas* deveriam finalmente dirigir-se somente para esse ponto totalmente natural no qual não temos mais necessidade de esforço – o esforço é ainda uma perturbação, uma densidade do ser. O explorador não tratará, pois, de entrar na confusão da mente moral, nem de fazer a impossível triagem do bem e do mal para resgatar o psíquico, porque, no final das contas, a utilidade do bem e do mal está intimamente ligada à nocividade mútua de ambos. "Meu amante tirou-me o vestido de pecado e eu o deixei cair com alegria; depois me tirou meu vestido de virtude, mas eu, alarmada e cheia de vergonha, queria impedi-lo. Foi somente quando o arrancou de mim à força que vi o quanto minha

[2] *Essays on the Gita*, v. 13, p. 135.

alma tinha sido ocultada"[3]. Simplesmente, o explorador esforçar-se-á para decantar tudo no silêncio, porque o silêncio é puro em si mesmo, é uma água lustral. "Não tentais lavar uma a uma as manchas do vestido", dizia uma antiquíssima tradição da Caldeia, "trocai-o de vez". Isso é o que Sri Aurobindo chama de *mudança de consciência*. De fato, nessa transparência, os velhos hábitos se dissolverão tranquilamente e sentiremos uma outra posição da consciência, que não é intelectual, mas um centro de gravidade. Na altura do coração, porém mais profundo que o centro vital do coração (que justamente recobre o psíquico e o copia), sentiremos uma zona de concentração mais intensa que as outras, seu ponto de convergência – esse é o *centro psíquico*. Já havíamos sentido uma corrente de consciência-força formar-se em nós, individualizar-se, circular em nosso corpo e se tornar cada vez mais intensa na medida em que se liberava de suas atividades mentais e vitais e, ao mesmo tempo, alguma coisa arde no centro, como fogo – *Agni. Esse é o verdadeiro Eu em nós.* Dissemos que "temos necessidade" de conhecer, "necessidade de amar", mas quem é que em nós tem realmente necessidade de algo? Não o pequeno ego, seguramente, tão satisfeito de si mesmo, nem o sujeito mental que rodopia em círculos, nem o sujeito vital que sempre procura apossar-se de tudo, mas por detrás há esse fogo, que nunca cessa; é ele que sente necessidade, porque se recorda de outra realidade. Diz-se "presença", mas não passa de uma ausência pungente, como um vazio vivo que trazemos dentro de nós e que aquece, que queima, que cresce cada vez mais, e que acaba por tornar-se real, somente real, em um mundo onde nós nos perguntamos se os homens vivem ou fazem de conta que vivem. Esse é o *Eu de fogo,* o único Eu verdadeiro no mundo, a única coisa que não se desmorona: "Um ser consciente vive no centro do Eu, que governa o passado e o futuro, e é como um fogo sem fumaça... Esse fogo deve ser desembaraçado com a paciência de seu próprio corpo", disse a *Upanishad* (IV.12.13; VI.17). É ele a "criança fechada na caverna secreta" da qual fala o *Rig-Veda* (v. 2. 1), "o filho do céu pelo corpo da Terra" (III. 25.1), "ele que está desperto naqueles que dormem" (*Katha Upanishad,* v. 8). "Ele está ali, no meio da morada" (*Rig-Veda* I. 70.2), "Ele é como a vida e como o sopro de nossa existência, é como nossa criança eterna" (I.66.1), ele é "o Rei iluminado que estava oculto para nós", (I.23.14). É o Centro,

---

[3] *Thoughts and Aphorisms,* v. 17, p. 138.

o Mestre, o lugar onde tudo se comunica: "Um espaço ensolarado onde tudo é conhecido para sempre"[4]

Ao sentirmos esse Sol dentro de nós, essa chama, essa vida viva – há tantas vidas mortas – ainda que seja por um segundo em uma existência, tudo será transformado; essa é uma lembrança diante da qual todas as demais se esvanecem. É *a* Lembrança. E se somos fiéis a este *Agni* que queima, ele crescerá cada vez mais como um ser vivo em nossa carne, como uma necessidade insaciável. E, cada vez mais, estará concentrado, guardado e pungente dentro de nós, como alguma coisa que não chega a desabrochar: "uma sensação terrível de que há algo que nos impede de ver e de caminhar; tentamos passar através dele e nos deparamos com uma muralha. E esbarramos e esbarramos continuamente, e não conseguimos transpor esse muro", diz a Mãe:

> Depois, à força da necessidade, à força de querer e de não mais poder com esse aprisionamento, a tensão psíquica, um dia, alcançará seu ponto de inversão e teremos a experiência: a pressão torna-se tão grande e a intensidade da pergunta tão forte, que alguma coisa oscila na consciência. E em vez de estarmos fora e de procurarmos ver dentro, já estamos dentro; e a partir do momento em que estamos dentro, tudo muda, absolutamente, completamente. Tudo aquilo que a nós parecia verdadeiro, natural, normal, real, tangível, tudo isso imediatamente parece-nos grotesco, esquisito, irreal e absurdo. Mas tocamos em algo que é supremamente verdadeiro e eternamente belo; e isso, nós nunca mais perdemos.

"Oh Fogo, oh *Agni*, quando nasces realmente para nós, tu te convertes no Supremo crescimento, na Suprema expansão de nosso ser; toda glória e toda beleza estão em tua cor cobiçável, em tua visão perfeita. Oh Extensão, tu és a plenitude que nos leva ao fim do caminho, tu és uma multidão de riquezas difundidas por toda a parte" (*Rig-Veda* II.1.12). Essa é a verdadeira vida que se abre, como se nunca tivéssemos visto o dia: "coloquem o prisma de um lado", diz a Mãe, "e verão que a luz é branca; vire-o, e a luz decompor-se-á. Pois é bem isso o que ocorre: vocês restabelecem o branco. Na consciência comum o que ocorre é a decomposição e vocês restabelecem

---

[4] *Savitri*, v. 28, p. 74.

o branco". E a Mãe ainda explicou assim a experiência: "é como estar sentado diante de uma porta fechada, parecida com uma pesada porta de bronze, e ali permanecemos com a vontade de que essa porta se abra para passarmos para o outro lado. Então, toda a concentração, toda a aspiração reúne-se em um feixe e força a porta, vai empurrando, empurrando cada vez mais, com uma energia crescente até que, de repente, a porta cede. E entramos como que projetados na luz".

Nesse momento nascemos de verdade.

O Crescimento Psíquico

Quando se abre a porta do ser psíquico, a experiência mais imediata e mais irresistível de todas é a de que sempre existimos e para sempre existiremos. Emergimos em uma outra dimensão onde vemos que somos velhos como o mundo, e eternamente jovens, e que essa vida é *uma* experiência, *um* elo numa sucessão constante de experiências que se estendem por detrás de nós e que se perdem no futuro. Tudo se expande nas dimensões da Terra; que homens temos sido? Que culpa não trouxemos conosco? Todos os valores estão invertidos; qual dessas fraquezas e dessas grandezas não somos nós? Onde está o estrangeiro, onde está o traidor, o inimigo? Oh compreensão divina, compaixão absoluta! E tudo se areja, como se passássemos de uma vida das cavernas a uma vida nos planaltos; tudo se une e se reúne como se o velho enigma se rasgasse com um sopro de luz – a morte não mais existe, somente o ignorante pode morrer. Como poderia morrer aquele que é consciente? "Que eu viva ou que eu morra, existo para sempre!"[5] "Velho e usado, ele torna-se ainda mais jovem, sempre jovem", diz o *Rig-Veda* (II.4.5.), "Isso não nasce nem morre", diz a *Gita*; "e tendo sido sempre, será eternamente. Isso é não nascido, é velho e sempiterno; não se destrói com a destruição do corpo. Assim como um homem rejeita suas vestimentas usadas e veste-se com novas, assim também o ser encarnado despoja-se de seu corpo e une-se a outros que são novos. Certa é a morte daquele que nasce, certo é o nascimento para aquele que morre" (II.18, 20, 22, 27).

---

5 *Thoughts and Aphorisms*, v. 17, p. 124.

Isso que geralmente chamamos de reencarnação não é especificidade do ensino de Sri Aurobindo; todas as antigas ciências, desde o Extremo Oriente até o Egito, e até os neoplatônicos[6], falaram dela; mas Sri Aurobindo lhe dá um novo sentido. A partir do momento em que deixamos a pequena visão momentânea de uma vida única interrompida pela morte, duas atitudes são possíveis: ou bem podemos pensar, como os espiritualistas exclusivos, que todas as vidas são uma cadeia dolorosa e fútil da qual é conveniente liberar-se o mais cedo possível para repousar em Deus, em Brahman ou em qualquer Nirvana, ou então podemos acreditar como Sri Aurobindo – uma crença que repousa em uma experiência – que o conjunto de todas essas vidas representa um crescimento de consciência que culmina em uma realização *terrestre*; em outras palavras, que existe evolução, uma evolução da consciência atrás da evolução das espécies, e essa evolução espiritual deve levar a uma realização individual e coletiva sobre a Terra. Podemos perguntar-nos por que os espiritualistas tradicionais, não obstante sábios esclarecidos, não perceberam essa realização terrestre? Esse fato deve-se, em primeiro lugar, à sua relativa modernidade, porque o Veda (cujo Segredo foi descoberto por Sri Aurobindo) e, talvez, outras antigas tradições ainda mal decifradas, certificam o contrário; parece, igualmente, que a espiritualidade de nossa época histórica foi marcada por um obscurecimento da consciência paralelamente a seu desenvolvimento mental. Em segundo lugar, seria surpreendente que os espiritualistas pudessem chegar a conclusões diferentes daquelas postas por suas premissas; fundamentados na ideia de que o mundo terrestre é uma ilusão ou um reino intermediário mais ou menos entregue à carne e ao diabo, eles somente poderiam chegar, ali, onde suas premissas os conduziam: e é natural que tenham buscado fora do mundo a libertação ou a salvação. Em vez de explorar pacientemente todos os recursos humanos, mentais, vitais, físicos e psíquicos, para libertá-los de seus resíduos e expandi--los, em uma palavra, para diviná-los como fizeram os sábios védicos e, certamente, os sábios de todos os antigos Mistérios – sem falar de Sri Aurobindo –, esses espiritualistas modernos rejeitaram tudo e quiseram "saltar diretamente da mente pura ao Espírito puro"[7], e então, naturalmente, não podiam ver o que se recusavam a ver. Os

---

6 É curioso notar que também os Pais da Igreja e o Concílio de Alexandria se perguntavam se deviam admitir a reencarnação.
7 *The Synthesis of Yoga*, v. 20, p. 353.

materialistas caíram na mesma armadilha às avessas; exploraram uma pequena parcela da realidade física e rejeitaram todo o resto; partindo do princípio de que somente a matéria é real e todo o resto é uma alucinação, somente podiam chegar no ponto para o qual suas premissas os conduziam. Mas, se procedemos, bem simplesmente, sem preconceitos, como o fez Sri Aurobindo, e armados de uma verdade aberta e de uma inteira confiança na possibilidade total do homem, talvez possamos ter a chance de chegar ao conhecimento integral e, portanto, a uma vida integral.

Considerada do ponto de vista de uma evolução da consciência, a reencarnação deixa de ser a ronda inútil, vista por alguns, ou a extravagância da imaginação que outros dela o fizeram. Dotado de uma clareza bem ocidental, Sri Aurobindo liberta-nos do "romance folhetim espiritual", como diz a Mãe, no qual muitos conhecimentos sérios foram degenerados desde o final da era dos Mistérios, e convida-nos a viver uma experiência, não clarividente, mas evidente simplesmente. Não se trata de "acreditar" na reencarnação, mas de realizar a experiência e, antes de tudo, saber em que condições ela é possível. Eis uma questão prática que interessa ao nosso desenvolvimento integral através do tempo. Ora, não é a pequena personalidade frontal que se reencarna, com o risco de decepcionar aqueles que se veem imortais na pessoa de João da Silva, em calções gauleses, em culotes de cetim, e, por fim, com calças sintéticas, o que seria, aliás, enfadonho. O sentido da reencarnação é a um só tempo mais profundo e mais amplo. Toda a fachada desintegra-se na hora da morte; o conjunto das vibrações mentais que formavam um amálgama em torno de nós, por sua habitual repetição, e que formam nosso ego mental, ou corpo mental, desintegra-se e volta à Mente Universal; o mesmo ocorre com as vibrações vitais que formam nosso ego vital, ou o corpo vital que, na hora de nossa morte, desintegra-se no Vital Universal, assim como o corpo físico se desintegra de seus componentes naturais na Matéria Universal. Somente permanece o Ser psíquico, visto que é eterno, como já foi aqui falado; nossa experiência da reencarnação dependerá, portanto, da descoberta do Centro e do Mestre psíquico, que leva suas lembranças de uma vida a outra, e do grau de desenvolvimento de nosso psíquico. E, se nosso psíquico permaneceu escondido uma vida inteira sob nossas atividades mentais, vitais e físicas, ele não tem recordações a carregar consigo e sempre retorna buscando precisamente emergir na superfície de nosso ser e tornar-se abertamente consciente. É evidente que, para recordar-se, é preciso primeiro deixar de ser amnésico. Por conseguinte, quase não se pode falar de reencarnação sob um certo estágio do desenvolvimento, porque, de que serve dizer que o psíquico reencarna-se se ele não é consciente? Essa tomada de consciência é o sentido mesmo da Evolução.

Durante vidas e vidas, o psíquico cresce silenciosamente por detrás da personalidade frontal, cresce por meio das múltiplas sensações de nosso corpo, dos incontáveis golpes de nossos sentimentos, dos inúmeros pensamentos que ruminamos, ele cresce por meio de nossos momentos de aspiração e de nossas quedas, de nossos sofrimentos e de nossas alegrias, de nosso bem e de nosso mal: essas são suas antenas com as quais apalpa o mundo; e quando esse amálgama exterior se dissolve, leva somente a *essência* de todas as experiências, certas tendências gerais, as mais reveladoras, que são o primeiro embrião da *personalidade psíquica* por detrás da personalidade frontal[8]; o Ser psíquico leva consigo algumas consequências da vida passada, porque todos os nossos atos são dotados de um dinamismo, que tende a perpetuar-se (o que na Índia se chama *carma*); certas impressões que, em uma outra vida, haverão de ser traduzidas por predisposições especiais, por dificuldades particulares, por gostos inatos, por obsessões inexplicáveis, por atrações irresistíveis, e, algumas vezes, por certas circunstâncias que se repetirão, quase que mecanicamente, para colocar-nos frente a frente com um mesmo problema. Cada vida representa, pois, um tipo de experiência (acreditamos realizar muitas experiências), mas elas se repetem e é pelo acúmulo de inúmeros tipos de experiência que, lentamente, o ser psíquico adquire uma individualidade cada vez mais forte, cada vez mais consciente e cada vez mais vasta, como se ele apenas começasse a existir verdadeiramente quando percorresse toda uma gama de experiências humanas. E quanto mais ele crescer, mais a consciência-força se individualizará em nós, mais a tensão psíquica crescerá, brotará até o dia em que, não mais crisálida, alçará voo em plena luz do dia. Somente então poderá

---

8 A personalidade psíquica ou a verdadeira personalidade exprime o destino único de cada ser (talvez devêssemos dizer ângulo único), por detrás de seu revestimento cultural, social e religioso. Assim, um indivíduo poderá ser, sucessivamente, navegador, músico, revolucionário, cristão, muçulmano ou ateu, mas, a cada vez, ele expressará, por exemplo, um mesmo ângulo de amor ou de poder dominador, de alegria ou de pureza que dará um colorido especial a tudo o que ele empreende e, a cada vez, esse ângulo irá se definindo, se apurando e se ampliando.

tomar diretamente consciência do mundo ao redor; será o mestre da natureza em vez de ser seu prisioneiro adormecido; a consciência será a mestra de sua força em vez de estar submersa na força. O yoga é, exatamente, o ponto de nosso desenvolvimento a partir do qual passamos dos intermináveis meandros da evolução natural a uma evolução consciente e dirigida: "esse é um processo de evolução concentrada"[9].

Há, portanto, vários níveis a serem galgados, desde o homem comum em que o psíquico é apenas uma possibilidade latente, até o ser desperto. Sem a reencarnação mal poderíamos explicar a imensa diferença de nível entre as almas, entre a de um proxeneta, por exemplo, e a de um Dante ou de um São Francisco de Assis, ou simplesmente, a de um homem que busca e a de um "filisteu econômico", como diz Sri Aurobindo, salvo se pensamos que o desenvolvimento espiritual é uma questão de educação, de meio e de hereditariedade, o que não é, absolutamente, o caso; ou, deveríamos acreditar que somente os filhos de boa família têm uma alma e que os três quartos da humanidade inconsciente estão destinados à condenação eterna? "A natureza mesmo de nossa humanidade", diz Sri Aurobindo, "supõe que as almas foram constituídas por um passado diferente e que terão um futuro (terrestre) em consequência desse passado"[10]. E se, apesar de tudo, quisermos pensar que o homem dispõe somente de uma vida, esbarraremos no absurdo: "Platão e o hotentote, o filho privilegiado dos santos ou dos rishis[11], e o criminoso empedernido que nasceu e que viveu, ao longo da vida, na corrupção fétida de uma grande cidade moderna, haveriam igualmente, pelos atos ou pelas crenças dessa única vida irregular, de criar todo seu futuro eterno? Há nisso um paradoxo que ofende ao mesmo tempo a alma e a razão, o sentido moral e a intuição espiritual"[12]. Mas, mesmo entre os seres despertos, há também enormes diferenças de nível; há almas, consciências-forças recém-nascidas, e outras que já têm uma individualidade bem formada; almas que estão no primeiro florescimento radiante de sua descoberta, mas que, fora de sua alegria transbordante, não sabem grande coisa e não têm nem sequer recordações precisas de seu passado, nem mesmo consciência de seu mundo

---

9 *On Himself*, v. 26, p. 147.
10 *The Problem of Rebirth*, v. 16, p. 111.
11 Sábios da época védica, ao mesmo tempo videntes e poetas, que compuseram os *Védas*.
12 *The Problem of Rebirth*, v. 16, p. 110.

interior; e outras, raras, que parecem plenas de uma consciência tão vasta como a Terra. Pode-se ser um yogue luminoso ou um santo na alma e ter uma mente rude, um vital reprimido, um corpo físico que é menosprezado e tratado como um asno, com um supraconsciente completamente virgem. É possível que a "salvação" seja realizada, mas não a plenitude de uma vida integral.

À descoberta psíquica deve, pois, suceder o que, de forma figurada, chamamos de "a colonização psíquica", ou, mais sobriamente, de *integração psíquica*. A psicologia contemporânea também fala de integração, mas nós nos perguntamos em torno de que ela quer a integração? Para integrar, é preciso um centro. Integrar em torno dos sobressaltos do ego mental ou do vital? Melhor seria atracar o barco na cauda de uma enguia. Lentamente e com paciência, após haver descoberto o reino interior, o reino do ser psíquico, será necessário colonizar e unir a ele o reino exterior; se quisermos uma realização terrestre, será preciso que todas as nossas atividades mentais, vitais e, mesmo, como veremos, toda a nossa natureza física se integrem em torno desse novo centro. Somente nessa condição elas sobreviverão: somente as atividades que se integraram ao "ser psíquico" participam da imortalidade psíquica. Tudo o que se passa fora do psíquico, se passa, em verdade, fora de nós e, não tem mais duração que o corpo físico. Há vidas nas quais ninguém está presente. É preciso que o ser psíquico esteja presente em nossas atividades externas a fim de que possa lembrar-se das coisas externas, do contrário é como um rei cego. Então, e somente então, poderemos começar a falar de reencarnação e de recordações das vidas passadas; recordações que não serão necessariamente grandes feitos mais ou menos espalhafatosos e gloriosos (quantos napoleões, quantos césares, se fôssemos dar crédito aos folhetinistas da reencarnação!), mas lembranças dos "estados de espírito"[13], porque, para o psíquico, nada é glorioso ou inglorioso, nada é alto, nem baixo, e a conquista do Everest não é mais importante que a descida cotidiana de metrô se feita conscientemente. Existir no ser psíquico é a glória em si.

Esses "estados de espírito" poderão conservar a impressão das circunstâncias físicas que os acompanharam; poderemos lembrar-nos de um contexto, de um lugar, de um vestuário que usávamos na época, de um detalhe banal que, por assim dizer, foi tocado pela eternidade

---

13 *The Synthesis of Yoga*, v. 20, p. 294.

ao mesmo tempo em que foi tocado pela revelação interior; todos nós, em realidade, conhecemos, mesmo nessa vida, esses instantes de pura transparência ou de desabrochamento súbito, e, vinte ou quarenta anos mais tarde, reencontramos esse mesmo instante intacto através da mais leve coloração do céu, por uma simples pedra sobre o caminho ou pelo absurdo cotidiano que passava, como se ali estivessem para a eternidade – e não é "como se fizesse de conta", mas tudo está realmente ali por toda a eternidade; esses são os únicos momentos nos quais vivemos, nos quais um verdadeiro "eu" emergiu dentro de nós entre todos os milhares de horas de inexistência. Mesmo em circunstâncias trágicas, o psíquico pode emergir quando todo o ser se reúne repentinamente em uma grande intensidade pungente, e alguma coisa se rompe; nesse momento, sentimos como se fosse uma presença por detrás que nos obriga a realizar coisas que, normalmente, seríamos incapazes de fazer. Essa é a outra face do ser psíquico, não apenas de alegria ou de doçura, mas de um poder tranquilo, como se estivesse para sempre acima de todas as tragédias possíveis, qual mestre invulnerável. Também nesse caso, os detalhes da cena podem imprimir-se de modo indelével. Na próxima vida, não são tanto os detalhes que poderão ressurgir, mas a essência da cena; reencontraremos certas conjunturas de circunstâncias, certas situações sem solução que nos impressionarão repentinamente por sua aparência de "peça já encenada", e que são como que envolvidas por um alo de fatalidade: o que não superamos no passado, retorna, a cada vez com aspectos ligeiramente diferentes, mas no fundo sempre a mesma questão, até que a tenhamos enfrentado e desatado o antigo nó. Tal é a lei do progresso interior.

Geralmente a lembrança exata das circunstâncias físicas não tende a perpetuar-se, porque no fundo elas têm pouca importância, apesar do que possa pensar a nossa pequena consciência de superfície. Há mesmo um mecanismo espontâneo que apaga a multidão inútil das lembranças anteriores, assim como dissolve a presente. Se com um só olhar penetrante olhamos para trás, sem refletir, o que realmente permanece de nossa vida atual? Uma massa bastante cinzenta na qual subsistem duas ou três imagens; todo o resto se desvanece. O mesmo ocorre com a alma e suas vidas passadas. Há uma imensa seleção. E esse mecanismo de esquecimento é bastante sábio, porque se prematuramente lembrássemos de nossas vidas passadas, correríamos o risco de nos vermos constantemente paralisados; já em nossa vida presente há muitas lembranças inúteis que se opõem como uma barreira a nosso progresso, porque nos condensam em uma mesma atitude interior, em uma mesma crispação, uma mesma recusa, uma mesma revolta, uma mesma inclinação. Para crescermos temos necessidade de tudo esquecer. E em nossa consciência exterior, irremediavelmente infantil, se recordássemos, por exemplo, de termos sido em outra vida um virtuoso banqueiro e nessa vida nos encontrássemos subitamente na pele de um vagabundo necessitado, nada mais dela compreenderíamos! Ainda somos muito jovens para compreendermos que nossa alma precisa aprender o oposto da virtude, ou melhor, que ela consentiu romper o abscesso que sua virtude ocultava. A evolução não consiste em nos tornarmos cada vez mais santos ou mais inteligentes, porém cada vez mais conscientes. Muitas eras serão necessárias antes de podermos suportar com proveito a verdade das vidas passadas.

Tudo depende, portanto, do grau de nosso desenvolvimento e da medida com que nosso ser psíquico participou de nossa vida exterior; quanto mais "colonizamos" o exterior, maior será o número de lembranças a trazer conosco. Infelizmente, e na maioria dos casos, nós nos contentamos com uma "vida interior", e fora, vivemos habitualmente de qualquer jeito. Isso é o oposto do yoga integral. Mas, se desde o início, em vez de rejeitarmos todas as atividades mundanas para mergulharmos em uma conquista única da alma, abraçamos tudo nessa nossa busca, em todos os níveis de nosso ser, durante toda a vida, chegaremos a uma vida integral e integrada na qual estaremos tanto fora quanto dentro; enquanto que se tudo excluímos para alcançar os objetivos chamados "espirituais", é muito difícil voltarmos atrás, descermos dessa altura instável para liberar a mente e universalizá-la, para desreprimir o vital e universalizá-lo, para limpar o subconsciente e trabalhar enfim na miséria física a fim de divinizá-la; estamos muito comodamente instalados lá em cima para remover toda essa turba e, para dizer a verdade, isso já não é mais possível. Em realidade, isso nem mais cogitamos, pois, como conceber a ideia de empreender esse enorme trabalho se, antecipadamente, consideramos que a mente é perecível, que o corpo vital é perecível, tal qual o corpo físico, e que o único objetivo da vida é alcançar a salvação e dela sair?

A realização psíquica ou a descoberta da alma não constitui pois uma finalidade para o explorador; é apenas o pequeno começo de uma outra viagem que se realizará na consciência e não na ignorância, em uma consciência cada vez mais vasta, porque à medida que o ser psíquico cresce, associando-se às nossas atividades mundanas, mais suas lembranças mentais, vitais e físicas se tornam mais claras, mais precisas e contínuas de uma vida a outra – então começamos a compreender o que é a imortalidade –, e seus nascimentos também se tornam mais ajustados, desejados, eficazes. Somos livres e para sempre despertos. A morte já não é mais essa máscara dissimulada que nos faz lembrar que não nos encontramos a nós mesmos, mas uma passagem tranquila de um a outro modo de experiência; apreendemos para sempre o fio da consciência e passamos daqui prá lá como de um país a outro e mais uma vez ainda na velha Terra, até o dia, quem sabe, como anuncia Sri Aurobindo, em que teremos crescido o suficiente, não somente para assegurar a continuidade de nossa existência mental e vital, mas também para insuflar bastante consciência em nosso corpo a fim de que ele também participe da imortalidade psíquica. Porque tudo é e sempre será uma questão de consciência, para a nossa vida mental, vital e física, como para o nosso sono e para a nossa morte e nossa imortalidade. A consciência é o meio, é a chave, é o fim.

8   Independência Física

Depois da Mente e do Vital, o corpo físico, terceiro instrumento do Espírito em nós, desempenha um papel particular no yoga de Sri Aurobindo porque, sem ele, não há *vida Divina* possível sobre a Terra. Agora abordaremos apenas alguns pontos de experiência, pontos preparatórios, que Sri Aurobindo descobriu no início de seu yoga; o yoga do corpo necessita, realmente, de um desenvolvimento de consciência muito mais importante que aquele considerado até o momento; quanto mais se desce na Matéria, maior o domínio dos elevados poderes de consciência, porque a resistência também é maior. A matéria é campo de grande dificuldade espiritual, mas também *campo da vitória*. O yoga do corpo ultrapassa, portanto, os limites do poder vital ou mental adquiridos e depende de um *yoga supramental* que será aqui abordado oportunamente.

Independência dos Sentidos

A Matéria constitui o ponto de partida de nossa evolução; encerrada dentro dela, a consciência evoluiu pouco a pouco; por conseguinte, quanto mais a consciência se manifesta mais deverá recuperar sua soberania e afirmar sua independência. Esse é o primeiro passo, porém assinalamos não ser o último. Ora, para subsistirmos, vivemos em uma quase total sujeição às necessidades do corpo e de seus órgãos para perceber o mundo – temos muito orgulho e, com razão, de nossa máquina, mas basta uma dor de cabeça para que tudo se confunda e, se não temos à disposição todo o complexo arsenal constituído pelos modernos meios de comunicação – telefones, televisões etc., seríamos incapazes de saber o que se passa ao lado e incapazes de ver além do final da nossa rua. Somos seres supercivilizados, mas, fisicamente, não superamos o estágio selvagem. É possível que todo esse maquinário, em última análise, não seja símbolo de poder, mas de uma terrível impotência. A culpa cabe tanto aos materialistas que não acreditaram no poder do Espírito Interior, como aos espiritualistas que não acreditaram na verdade da Matéria. Essa impotência não é, portanto, irremediável; ela apoia-se, sobretudo, no fato de que nós mesmos nos acreditamos impotentes; encontramo-nos um pouco na posição daquele que, tendo herdado de seus antepassados um par de muletas, não confia mais em suas pernas. Em suma, precisamos ter confiança em nossas próprias pernas. Precisamos, enfim, acreditar em nossa própria consciência, que tem não somente pernas, mas milhares de olhos, de braços e de asas.

Pela própria história de nossa Evolução, a consciência, submersa na matéria, habituou-se a depender de um certo número de órgãos externos para perceber o mundo; e, porque vimos surgir as antenas antes de seu mestre, deduzimos daí, ingenuamente, que foram elas que o criaram e, a partir daí, concluímos que sem antenas não há mestre e não pode haver percepção do mundo. Mas isso é mera ilusão. A dependência dos sentidos é *apenas um hábito*, milenar certamente, mas não tão invencível como o sílex talhado pelo homem do período paleolítico: "para a mente é possível tomar conhecimento dos objetos dos sentidos de forma direta, sem a ajuda dos órgãos sensoriais – e isso seria para ela totalmente natural se pudéssemos persuadi-la a liberar-se de seu consentimento ao domínio da matéria"[1]. Podemos ver, sentir, de um continente a outro, como se não existissem distâncias, porque as distâncias somente entravam o corpo e seus órgãos, mas não a consciência que, quando aprendeu a expandir-se, pode estar, em segundos, em qualquer parte onde queira. Existe um outro espaço, imperceptível, onde tudo se reúne em um ponto luz. Talvez estejamos esperando por alguma "receita" de clarividência e de ubiquidade, no entanto as receitas ainda são artifícios de segundo grau, razão pela qual, aliás, nós as amamos. Certamente, o hatha-yoga tem sua eficácia, assim como todos os métodos mais ou menos yóguicos que consistem em olhar fixamente uma vela acesa (*tratak*), em elaborar dietas

---

[1] *The Life Divine*, v. 18, p. 63.

infalíveis, em fazer exercícios respiratórios, em sufocar-se cientificamente (*pranayama*). Tudo serve, tudo pode servir. Mas tais métodos têm a desvantagem de serem muito longos e de alcance limitado; além disso, esses métodos são sempre inseguros e algumas vezes perigosos quando manejados por indivíduos insuficientemente preparados ou insuficientemente purificados – não basta querer o poder, é preciso que a máquina não se rompa quando recebe o poder; não basta "ver", é preciso estar preparado para compreender o que se vê. Na prática, nossa tarefa será bastante reduzida se compreendemos que é *a consciência* que se serve de todos os métodos e atua através deles, e que, se vamos diretamente à consciência, tomaremos posse da alavanca principal com a vantagem de que a consciência não se engana. Ainda que, como método, lhe déssemos um pedaço de pau, a consciência acabaria por fazer dele uma varinha de condão, mas não por causa do toco de pau ou do método empregado. Ainda que a encerrássemos no fundo de uma caverna, ela encontraria meios de ver o que há fora; tal é, aliás, toda a história da Evolução da Consciência na Matéria.

Para o explorador integral, o trabalho sobre o corpo veio unir-se naturalmente a seu trabalho sobre a mente e sobre o vital; por comodidade descrevemos os diversos níveis do ser, um depois do outro, quando, na realidade, caminham lado a lado e cada vitória, cada descoberta, em qualquer plano, tem repercussão sobre os demais. Quando trabalhamos para obter o silêncio mental, observamos, uma a uma, as diversas camadas mentais que fomos reduzindo ao silêncio: uma *mente pensante* que constitui nosso raciocínio normal; uma *mente vital* que justifica nossos desejos, nossos sentimentos, nossos impulsos; e existe também uma *mente física* que nos criará muitas dificuldades, mas cuja conquista é tão importante para o domínio físico quanto a conquista da mente pensante e da mente vital o é para o domínio vital e mental. Decididamente, parece que essa mente é o bode expiatório do yoga integral, pois a perseguimos por toda parte; dizemos, em uma digressão, que a mente nos proporcionou uma ajuda muito preciosa no decurso de nossa evolução e que continua sendo para muitos homens um agente indispensável; mas todas as nossas ajudas, quaisquer que sejam, por mais sublimes e divinas, um dia se transformam em obstáculo, porque elas somente são válidas para um passo, e são muitos os passos e muitas as verdades a conquistar.

Se aceitássemos essa simples proposição, em sua integralidade, sem nos esquecermos de incluí-la ao ideal ao qual atualmente estamos ligados, iríamos muito rapidamente pelo caminho da evolução. Essa mente física é a coisa mais estúpida que há; é o vestígio em nós da primeira aparição da Mente na Matéria; uma mente microscópica, teimosa, medrosa, limitada e conservadora (tal era sua utilidade evolutiva), que nos faz verificar, mil vezes, se realmente fechamos uma porta, que sabemos, pertinentemente, ter fechado; que se apavora ao menor arranhão e que se vê entregue às mais horríveis doenças desde que alguma coisa caminhe mal; que é de uma desconfiança imperturbável para com tudo o que é novo e constrói montanhas de dificuldades quando é preciso mudar um pouquinho a sua rotina; ela repete e repete dentro de nós como uma velha rabugenta. Todos nós, vez ou outra, com ela travamos conhecimento, o que nos deixa suficientemente envergonhados de forma a não lhe dar confiança; porém ela aparece, embaixo, a resmungar sozinha; é preciso toda a agitação de nossos serviços caseiros habituais para não ouvi-la. Quando conseguimos calar a mente pensante e a mente vital, percebemos que essa mente física continua ali e é terrivelmente pegajosa. Não podemos nem mesmo raciocinar em sua presença, pois é muito estúpida. No entanto, terá que ceder, porque se a mente pensante é um empecilho à ampliação de nossa consciência mental, e a mente vital um obstáculo à universalização de nossa consciência vital, a mente física, por sua vez, opõe sólida resistência à expansão de nossa consciência física, que é a base de todo o domínio físico. E, a mente física não apenas resiste, mas interfere em todas as comunicações e atrai todos os infortúnios; há um fenômeno cuja enorme importância não saberíamos destacar o suficiente: basta pensar em algo ou em alguém para que *instantaneamente* entremos em comunicação (frequentemente inconsciente) com todas as vibrações que representam essa coisa ou essa pessoa e com todas as consequências dessas vibrações. Ora, a mente física, precisamente por seus temores de gnomo, coloca-nos constantemente em relação com possibilidades as mais desastrosas. Ela imagina sempre o pior. Essa mania tem uma importância relativa na vida comum, em que as atividades da mente física se perdem no vozeio, pelo qual nos achamos protegidos, precisamente, por nossa falta de receptividade; mas quando houvermos trabalhado sistematicamente para nos tornarmos transparentes e para aumentarmos nossa receptividade, as interferências da mente física se converterão em obstáculo sério e até mesmo perigoso.

Essa transparência mental, vital e física é a chave de uma dupla independência. Independência das sensações, porque a consciência-força, liberta de sua infinita dispersão nos diversos níveis do ser e reunida qual lio manobrável, pode, à vontade, ser desconectada de qualquer ponto: do frio, da fome, da dor etc. Independência dos sentidos, porque, liberta de sua absorção imediata em nossas atividades mentais, vitais e físicas, essa mesma consciência-força pode exceder o limite de seu corpo e, por uma espécie de projeção interior, contatar, à distância, as coisas, os seres e os acontecimentos. Geralmente, é preciso estar em estado de sono ou de hipnose para perceber um pouco além no espaço ou no tempo, e libertar-se das sensações imediatas; mas esses meios primitivos e embaraçosos tornam-se naturalmente inúteis se o explorador conseguiu calar o turbilhão mental e é mestre de sua consciência. A consciência é o "único órgão"[2]. É ela que sente, que vê, que ouve. O sono ou a hipnose são simplesmente meios rudimentares para se retirar a cortina da mente de superfície. E isso é normal! Se nos encontramos cheios do alarido de nossos desejos e de nossos temores, o que podemos ver, verdadeiramente, a não ser a imagem infinitamente repetida de nossos desejos e de nossos temores?

Assim como a mente pacificada e o vital apaziguado se universalizam, também o físico clarificado se universaliza, espontaneamente. Só somos prisioneiros de nós mesmos; o mundo aguarda, generoso, às nossas portas, se apenas consentimos em tirar a tela de nossas pequenas construções. A essa capacidade de expansão da consciência deve unir-se, naturalmente, uma capacidade de concentração, de modo que a consciência ampliada possa fixar-se, imóvel e silenciosa, sobre o objeto considerado e *chegar a ser* esse mesmo objeto. Contudo, concentração ou ampliação são corolários naturais do silêncio interior. No silêncio interior, a consciência vê.

Independência das Enfermidades

Quando somos liberados da tensão da mente pensante e de sua inquietação, quando somos liberados da tirania da mente vital e de sua perturbação, de sua exigência insaciável, da densidade e dos temores da mente física, começamos a compreender o que é o corpo sem todas essas sobrecargas exaustivas e descobrimos o instrumento maravi-

---

2 *The Synthesis of Yoga*, v. 21, p. 833.

lhoso que é: dócil, resistente, pleno de inesgotável boa vontade. É o instrumento que menos conhecemos e que mais maltratamos. No esclarecimento geral de nosso ser, observamos, primeiro, que nosso corpo nunca adoece, ele se deteriora simplesmente; talvez esse desgaste não seja irremediável como veremos com o yoga supramental. Não é o corpo que adoece, é a consciência que se ausenta; com efeito, à medida que avançamos no caminho do yoga, percebemos que, cada vez que caímos doentes ou cada vez que ocorre um "acidente" exterior, é *sempre* o resultado de uma inconsciência, de uma má atitude ou de uma desordem psicológica. O estudo é tão interessante que, tão logo colocamos nossos pés no caminho do yoga, há imediatamente alguma coisa em nós que permanece *alerta* e que, a cada instante, faz-nos ver, faz-nos apalpar nossos erros e a causa de tudo quanto nos acontece, como se verdadeiramente "algo ou alguém" tomasse a sério nossa busca; nada é esquecido na sombra e, cada vez mais descobrimos, alguma vez com assombro, uma correlação rigorosa entre nosso estado interior e as circunstâncias exteriores (doenças ou "acidentes", por exemplo), como se o sentido da vida não mais se desenrolasse de fora para dentro, mas de dentro para fora, um aperfeiçoando o outro, até mesmo em circunstâncias externas as mais banais; efetivamente, nada mais é banal e a vida cotidiana parece uma rede saturada de sinais que aguardam pelo nosso reconhecimento. Tudo se mantém; o mundo é um milagre. Cometemos um erro primário quando imaginamos que a vida espiritual consiste em ter visões, em ver aparições e em contemplar fenômenos "sobrenaturais". O Divino está mais próximo de nós do que pensamos; o "milagre" é menos espalhafatoso e mais profundo que toda essa estamparia de museu.

Quando deciframos um único desses pequenos sinais que por nós cruzam ou descobrimos uma única vez o imperceptível elo que une as coisas, estamos mais perto do grande Milagre do que se houvéssemos tocado o berço celeste. Isso porque o milagre é saber que o Divino é também natural. Mas não prestamos atenção nisso.

O explorador, portanto, tomará consciência dessa inversão da corrente da vida, de dentro para fora (e, a propósito, o Mestre psíquico saiu de seu cativeiro), descobrirá esses sinais cotidianos e verá que a atitude interior tem o poder de modelar as circunstâncias exteriores nos dois sentidos: no bom e no mau; quando nos encontramos em estado de harmonia e nossa ação corresponde à verdade profunda de nosso ser, parece que nada pode resistir a isso; até mesmo as "impossibilidades" se dissolvem, como se uma outra lei se sobrepusesse à lei "natural" (em realidade, é o verdadeiro natural que emerge das complicações mentais e vitais), e se começa a experimentar uma liberdade real; mas, quando há desordem interior, mental ou vital, percebemos que ela *atrai* irresistivelmente circunstâncias exteriores dolorosas, atrai a intrusão de doenças ou os acidentes. A razão disso é muito simples: quando nos encontramos em estado de desequilíbrio interior, emitimos um certo tipo de vibração que, automaticamente, atrai e contata todas as outras vibrações do mesmo tipo, em todos os níveis de nosso ser; uma confusão geral turva as circunstâncias externas fazendo com que tudo caminhe às avessas. Esse desagradável estado interno não só cria confusão, como também enfraquece o invólucro protetor, o *circumconsciente*, do qual havíamos falado; isto é, em vez de estarmos protegidos por uma certa intensidade vibratória, estamos abertos e nos tornamos vulneráveis; basta haver uma vibração dissonante para que se abram *brechas* em nosso invólucro protetor, ou melhor, para que ele se decomponha, dando passagem a qualquer coisa. Observemos também que esse desagradável estado interior é contagioso: há companhias que sempre atraem acidentes ou dissabores. Quando tivermos passado dez vezes, cem vezes, pela mesma experiência, desde um simples resfriado, uma queda banal, até um acidente grave, dependendo de nosso estado interior, compreenderemos muito bem que nem nosso corpo nem o pretendido "acaso" influenciaram tudo isso, e que, também, o remédio não está em nenhuma droga externa, mas no restabelecimento da verdadeira atitude, na ordem interior; em uma palavra: na consciência. Se o explorador é consciente, pode passar no meio de qualquer epidemia ou beber toda a água imunda do Ganges, se isso lhe apraz, sem que nada possa atingi-lo, porque quem atingiria o Mestre desperto? Isolamos bactérias e vírus, mas não percebemos que esses são apenas agentes, e que a enfermidade não é o vírus, mas a força que dele se serve; se formos transparentes, nenhum vírus poderá atingir-nos, porque nossa força interior é maior que essa outra força, ou melhor, porque nosso ser vibra com uma intensidade demasiadamente elevada para essa baixa intensidade. Somente o semelhante pode penetrar o semelhante. E é por isso que se pode eliminar o câncer, por exemplo, depois de terem sido eliminadas as outras doenças medievais; porém com isso não teremos eliminado as *forças* da enfermidade que se servirão de outra coisa, de outro agente, de outro vírus, uma vez identificado o seu intermediário atual. Nossa medicina somente toca na superfície das coisas, não chega à fonte. Há assim apenas uma enfermidade: a inconsciência. Em um estágio mais avançado, quando houvermos estabelecido suficientemente o silêncio interior e, quando formos capazes de perceber as vibrações mentais e vitais entrando em nosso *circumconsciente*, poderemos também perceber as vibrações da doença e expulsá-las antes que penetrem em nós: "Caso podeis chegar a ser conscientes de vosso circumconsciente", escrevia Sri Aurobindo a um discípulo, "podereis captar os pensamentos, as paixões, as sugestões da doença ou as forças da doença e impedi-las de entrar em vosso ser"[3].

Ainda precisamos identificar duas outras categorias de enfermidade que não dependem diretamente de nossos erros: as que decorrem de uma resistência subconsciente (falaremos disso mais adiante quando tratarmos da purificação do subconsciente), e as que poderíamos chamar de "doenças yóguicas", que proveem de um desajuste entre o desenvolvimento dos níveis superiores de nossa consciência e o desenvolvimento de nossa consciência física. Pode ocorrer também que nossa consciência mental ou vital, por exemplo, alargue-se consideravelmente e receba nova intensidade, enquanto que nossa consciência física permanece no velho movimento vibratório não podendo suportar esse acúmulo de intensidade. Disso resulta uma ruptura de equilíbrio que pode causar certas doenças, não por intrusão de um agente exterior, micróbio ou vírus, mas pela ruptura das relações normais entre os elementos internos: alergias, desordens coloidais do sangue etc. ou desordens nervosas e mentais. Tocamos aqui em um problema de receptividade da matéria às forças superiores de consciência, um dos maiores problemas do yoga supramental. Em todo o caso, essa é uma das razões pelas quais Sri Aurobindo e a Mãe tanto insistem no desenvolvimento de nossa base física; sem ela podemos alcançar o êxtase e até mesmo voar diretamente ao Absoluto, mas não podemos fazer com que a intensidade e a grandeza do Espírito desçam em nosso reino "inferior", mental, vital e material para nele criar uma vida divina.

---

[3] *Letters on Yoga*, v. 22, p. 314.

Independência do Corpo

Quando a Consciência descobriu a inesgotável reserva da grande Força de Vida ela pôde, pois, ser independente dos órgãos dos sentidos, independente das enfermidades, independente, em grande parte, da alimentação e do sono; e ela pôde ser independente até mesmo do corpo. Quando a corrente de consciência-força em nós individualizou-se suficientemente, percebemos que não somente podemos separá-la dos sentidos e dos objetos dos sentidos, como também podemos separá-la do corpo. Inicialmente em nossas meditações, porque elas são o primeiro campo de treinamento antes de adquirirmos o domínio natural, observamos que a consciência-força torna-se particularmente homogênea, compacta e, após ter-se liberado da mente e do vital, ela se retira lentamente de todos os murmúrios do corpo físico que se torna perfeitamente imóvel como um bloco transparente, ou como algo que não mais ocupa lugar, que não mais pesa, que parece quase inexistente; a respiração torna-se cada vez mais imperceptível, os batimentos cardíacos cada vez mais suaves; depois, subitamente, ocorre um desprendimento brusco e nós nos encontramos em "outra região", fora do corpo. Isso é o que em linguagem técnica se chama "exteriorizar-se".

Há vários tipos "de região", como há vários planos de consciência e se pode sair daqui ou dali dependendo do nível no qual fixamos nossa consciência (já conhecemos a Mente universal e o Vital universal) mas, a outra parte, a mais imediata, que contorna nosso mundo físico e que com ele se assemelha, embora com maior intensidade, é o que Sri Aurobindo chamou de *físico sutil*. Esse conhecimento é tão velho como o mundo e não é assinalado especialmente no yoga de Sri Aurobindo; faz parte simplesmente de nosso desenvolvimento integral e nos prepara para o dia em que deixarmos nosso corpo por um período mais longo, ao qual os homens, por ignorância, chamam de "morte". Para maior esclarecimento, aqui relataremos, entre muitos outros casos, a experiência do físico sutil tal como nos relatou um jovem do Ashram de Pondicherry, quando, pela primeira vez, saiu de seu corpo:

> Eu estava deitado em minha espreguiçadeira, em concentração, quando, de repente, encontrei-me em casa de meu amigo Z... que, junto com vários amigos, tocava música. Eu via tudo com muita clareza, com muito maior clareza que na realidade

física; deslocava-me rapidamente e sem obstáculos. Fiquei ali por um bom tempo a olhar; tentei atrair a atenção das pessoas que lá estavam, mas elas não estavam conscientes. Em seguida, repentinamente, alguma coisa, como um instinto, puxou-me: "É preciso ir embora". Tinha uma sensação de dor na garganta. Lembro-me de que, para sair daquele quarto que estava fechado exceto por uma pequena abertura no alto, minha forma havia como que evaporado (porque eu ainda possuía uma forma, mas não era como a da matéria, porém mais luminosa e menos opaca) e eu saí qual fumaça por uma janela aberta. Em seguida, encontrei-me novamente em meu quarto, perto de meu corpo; vi que estava com a cabeça de través, rígida contra a almofada e respirava com dificuldade; queria entrar em meu corpo, impossível! Então senti medo. Entrava pelas pernas e quando chegava à altura dos joelhos era como se eu deslizasse de novo para fora; e assim, duas, três vezes; a consciência subia, depois deslizava novamente para fora, como uma mola. Dizia-me: "Se ao menos pudesse derrubar esse tamborete (havia um pequeno tamborete sob meus pés), faria barulho e eu despertaria!" Mas não havia nada a fazer. E eu respirava cada vez com maior dificuldade. Sentia um medo terrível. De repente lembrei-me da Mãe e a chamei: "Mãe! Mãe!" e encontrei-me de novo em meu corpo, desperto e com torcicolo[4].

Assim, após vários ciclos de afastamentos e de despertamentos e de inúmeros choques que a obrigavam a lembrar-se e a apossar-se de

---

[4] Podemos fazer três observações: em primeiro lugar, notemos que era por uma cômica inexperiência que esse jovem tentava entrar em seu corpo "pelas pernas"! Não é de se estranhar que tivesse problemas. Geralmente se sai e se entra pelo centro do coração. Pode-se também sair pelo alto da cabeça, mas não é recomendável fazê-lo. Quando os yogues querem abandonar seu corpo definitivamente (o que na Índia recebe o nome de *itcha-mrityu* ou morte voluntária), eles saem pelo alto da cabeça. Observemos depois que, quando alguém se exterioriza, o corpo resfria-se, a circulação reduz-se ao mínimo; esse resfriamento pode ir até a catalepsia completa, com todos os sinais exteriores da morte, dependendo do "afastamento" da consciência em relação ao nível físico. Essa é uma ocasião para se verificar concretamente que, se a consciência se retira, a força também se retira, porque são uma só. Quando desfalecemos, a consciência também se retira porque somos incapazes de suportar certas forças; e, uma vez que não aprendemos a estabelecer uma ponte consciente entre os diversos estados de nosso ser, nosso retiro involuntário implica em uma lacuna. Notemos, enfim, que só o fato de recordar-se de seu Mestre, quer dizer, nesse caso, da Mãe, foi suficiente para restaurar a ordem alterada pelo medo e para que o discípulo fizesse o movimento correto para entrar de novo em seu corpo: pensando na Mãe, conectou-se instantaneamente com a verdadeira vibração que logo restabeleceu a ordem. Esse é, grosseiramente, um dos mecanismos de proteção ou de ajuda do Mestre ao discípulo.

si e a fechar-se em si para crescer ao abrigo, a consciência, convertida em uma individualidade formada, rompe a casca e afirma sua independência. Essa independência, escreve Sri Aurobindo:

> acaba por tornar-se de tal forma normal para todo o ser, que passaremos a sentir este corpo como algo exterior e deslocável como o vestuário que levamos conosco ou como um instrumento que, por casualidade, temos nas mãos. É possível mesmo que acabemos por sentir que o corpo seja inexistente, em certo sentido, ou que somente tem existência como forma de expressão parcial de nossa força vital e de nossa mentalidade. Estas experiências são o sinal de que a mente alcança uma posição correta em relação ao corpo e que muda seu falso ponto de vista, de uma mente obcecada e presa pelas sensações físicas, para o ponto de vista da real verdade das coisas[5].

Porque o verdadeiro ponto de vista é sempre o do Mestre, o ser psíquico, o Espírito em nós; cada vez que nos deparamos com uma impossibilidade, com uma limitação, com uma barreira, podemos estar seguros de que essa será nossa vitória de amanhã, porque, se não sentíssemos o obstáculo, não o superaríamos e fomos criados para vencer tudo e para viver todos os nossos sonhos porque é o Espírito que sonha em nós. E, certamente, o primeiro desses sonhos, em um mundo onde as proibições se fecham cada vez mais sobre nós, como uma jaula de ferro, é o de navegar com amplidão, independente do corpo e de suas fronteiras. Então, não precisaremos mais de passaporte, seremos apátridas, senhores de todas as pátrias, sem chancela, conheceremos uma vida extensa e uma liberdade deleitável: "Ó Vastidão!..." diz o *Rig-Veda*.

---

[5] *The Synthesis of Yoga*, v. 20, p. 329-330.

9   O Sono e a Morte

Os Planos de Consciência

Nem todo o mundo é capaz de sair de seu corpo conscientemente, nem de expandir conscientemente a sua mente ou o seu corpo vital, mas muitos o fazem inconscientemente enquanto dormem, isto é, no momento exato em que os pequenos tipos de "eu" da personalidade frontal são menos embaraçosos e menos estritamente absorvidos em suas preocupações superficiais. Esses diversos tipos de "eu" exprimem uma fração da realidade, que se vê a olho nu, mas por detrás se estendem imensas regiões, das quais já falamos, uma Mente Universal, um Vital Universal, um Físico sutil por trás desta película física; trata-se pois de recuperar a integridade de nossa realidade universal. Há três métodos ou três estágios para fazê-lo; o primeiro, que está à disposição de todo mundo, é o sono; o segundo, mais raro, repousa na exteriorização consciente ou nas meditações profundas, e o terceiro, que representa um nível já avançado do desenvolvimento no qual tudo é simples: pode-se prescindir do sono e das meditações e ver de qualquer maneira com os olhos bem abertos mesmo em meio a outras atividades, como se todos os níveis da existência universal estivessem presentes aos nossos olhos e acessíveis mediante simples deslocamentos de consciência, algo assim como quando se ajusta o olhar de um objeto próximo a outro mais distante. O sono é, portanto, um primeiro instrumento de trabalho; ele pode tornar-se consciente e cada vez mais consciente, até o momento em que sejamos suficientemente desenvolvidos para estarmos sempre conscientes, aqui ou ali, e, tanto o sono como a morte, não serão mais um retorno ao estado vegetativo ou uma dispersão em nossos componentes naturais, mas simplesmente uma passagem de um nível a outro de consciência. Porque, em verdade, a linha de separação que traçamos entre o sono e a vigília, entre a vida e a morte, responde, talvez, a uma observação das aparências exteriores, mas ela não tem realidade essencial, assim como as fronteiras históricas não têm significado para a geografia física, ou a fachada colorida e imutável de um objeto não tem significado para a física nuclear. De fato, não há separação, *salvo para nossa inconsciência*, e os dois mundos (ou melhor, esse e os outros, inumeráveis) coexistem constantemente entremeados, e só uma certa maneira de perceber *a mesma coisa* é o que nos faz dizer em um caso "eu vivo" e em outro "eu durmo" ou "estou morto" (se é que somos bastante conscientes para percebermos isso), assim como é possível ter diferentes experiências com um mesmo objeto conforme o olhamos, no âmbito das partículas, ao nível atômico, molecular ou exterior – a "outra região" encontra-se aqui em todo lugar. Atribuímos um valor único e exclusivo aos diversos símbolos que formam nossa vida física externa, porque eles se encontram imediatamente sob nossos olhos, mas não são nem mais nem menos válidos que aqueles que constituem nossa vida extrafísica; a realidade atômica de um objeto não o anula e nem está desvinculada de sua realidade exterior e vice-versa. E não somente os demais símbolos são tão válidos quanto os nossos símbolos físicos, como não podemos compreender verdadeiramente nossos próprios símbolos se não compreendemos *todos* os demais. Sem o conhecimento dos outros níveis de realidade, nosso conhecimento do mundo humano comum é tão incompleto e tão falso como seria o estudo do mundo físico sem o conhecimento das moléculas, dos átomos e das partículas. Nada se compreende enquanto não se compreende tudo.

Existe assim uma gradação infinita de realidades coexistentes, simultâneas, sobre as quais o sono nos abre uma janela natural. Porque, definitivamente, se saímos da classificação superficial vida-morte-sono, para caminharmos até uma classificação essencial do universo, veremos que de cima abaixo (se é que existe acima e abaixo) esse universo é somente um *continuum* de consciência-força ou, como diz Sri Aurobindo, uma gradação de *planos de consciência* que se escalonam sem interrupção da Matéria pura ao Espírito puro – Físico sutil, Vital, Mente, Supramente (podemos empregar outros termos, se isso nos apraz, um outro vocabulário, mas o fato permanece o mesmo) – e que tudo se situa no seio desses planos: nossa vida, nosso sono e nossa morte; não se pode ir a lugar algum fora disso; e não somente tudo aí se situa como tudo aí coexiste, sem separação. Vida, morte e sono são simplesmente diferentes *posições* da consciência no seio dessa mesma gradação. Quando estamos despertos, recebemos vibrações mentais ou vitais que se traduzem por alguns símbolos, por certos modos de ver, de compreender ou de viver. Quando estamos adormecidos ou "mortos", recebemos *as mesmas* vibrações, mentais, vitais e de outra natureza, que se traduzirão por outros símbolos, por outras maneiras de ver, de compreender ou de viver *a mesma realidade*. Em todos os casos a chave da nossa existência, aqui ou em outro lugar, é sempre a nossa capacidade de consciência; se, em nossa vida, somos inconscientes, seremos inconscientes de qualquer jeito; a morte será realmente uma morte e o sono será em verdade um entorpecimento. Tomar consciência desses diversos níveis de realidade é, portanto, nossa tarefa fundamental e, quando realizarmos esse trabalho integralmente, as linhas de demarcação artificiais, que separavam nossos diversos modos de vida, desabarão, e passaremos, sem interrupção ou sem lacunas de consciência, da vida ao sono e à morte; ou, mais exatamente, já não haverá nem morte nem sono como nós os entendemos, mas maneiras diversas de perceber continuamente a Realidade total e, certamente, por fim, uma consciência integral que perceberá tudo simultaneamente. Nossa evolução não terminou. "A morte não é uma negação da vida, mas um processo da vida"[1].

Essa vida física em um corpo físico assume, por conseguinte, uma importância particular entre todos os demais modos de vida, porque é nela que podemos chegar a ser conscientes; é o *local de trabalho*, disse a Mãe, o ponto onde todos os planos se reencontram em um corpo. É o local de trabalho, porque é o ponto zero, ou quase, da evolução e é a partir do corpo, lentamente, através de inúmeras vidas, que um "eu", inicialmente indiferenciado, se individualiza ao entrar em contato com planos de consciência cada vez mais elevados e, em cada plano, com extensões de consciência cada vez mais vastas. Haverá, portanto, tantas mortes, ou tantos sonos diferentes, como há vidas diferentes, porque são a mesma coisa; tudo dependerá do nível de nosso desenvolvimento evolutivo; e existem todos os níveis possíveis, como na vida, desde a nulidade total até a consciência inteiramente

---

1 *The Life Divine*, v. 18, p. 193.

desperta e individualizada. Não se pode, portanto, estabelecer leis generalizadas para o sono e para a morte, porque todos os casos são possíveis, nesse mundo. Pode-se, quando muito, indicar algumas linhas de desenvolvimento.

Dissemos que nos constituímos de um certo número de centros de consciência que se escalonam, desde a parte superior da cabeça até embaixo, e que cada um desses centros, semelhante a um aparelho receptor correspondendo a diversas frequências, conecta-se com diversos planos de consciência de onde recebemos constantemente, na maioria dos casos sem sabê-lo, todos os tipos de vibração, física sutil, vital, mental ou mais elevada, ou mais baixa, que determinam nosso modo de pensar, de sentir e de viver, sendo a consciência individual um filtro, que seleciona algumas em detrimento de outras, dependendo do meio, da tradição, da educação etc. O princípio geral é aquele de que no momento do sono ou da morte iremos, por afinidade, a lugares ou planos com os quais já estabelecemos um vínculo. Mas nessa fase elementar, a consciência não está verdadeiramente individualizada, embora possa estar refinada e muito cultivada mentalmente; ela pensa mais ou menos o que todo o mundo pensa, sente o que todo o mundo sente e vive o que todo o mundo vive; é simplesmente um agregado temporário que só tem continuidade no corpo em torno do qual tudo está centrado. Quando esse centro corporal morre, tudo se dispersa em pequenos fragmentos vitais, mentais e outros, que irão reunir-se a seus meios respectivos, visto que não têm mais centro. E quando esse centro está adormecido, tudo se acha mais ou menos adormecido, visto que os elementos não corpóreos, vitais e mentais somente existem em função da vida corporal e para ela. Quando a consciência adormece nesse estado embrionário, cai então no subconsciente (empregamos essa palavra como o fazia Sri Aurobindo, em seu sentido etimológico, ou seja, o que é historicamente subconsciente, não no sentido que se encontra abaixo do nível de nossa consciência de despertos, mas abaixo do nível consciente da evolução, como no animal ou na planta)[2] ou, em outras palavras, a consciência retorna a seu passado evolutivo, que poderá lhe enviar todas as espécies de imagens caóticas fabricadas pela combinação fantasiosa de inúmeros fragmentos de lembranças e de impressões, a menos que continue de modo mais ou menos desordenado suas

---

[2] *Letters on Yoga*, v. 22, p. 354.

atividades habituais de vigília; daí a consciência deslizará para um passado mais remoto, vegetativo ou larvário, que será seu sono propriamente dito, como o das plantas ou o dos animais. Muitas etapas serão necessárias antes que o centro verdadeiro – psíquico – e sua consciência-força sejam formados e deem alguma coerência e alguma continuidade a esse amálgama volátil. A partir do momento em que o corpo deixa de ser o centro principal e se começa a ter uma vida interior independente das circunstâncias físicas e da vida física, e, sobretudo, quando se pratica um yoga, que é um processo de evolução acelerada, a vida muda realmente, como também a morte e o sono – começamos a existir. Essa é exatamente a primeira coisa que se percebe, como se as mudanças exteriores, visíveis, fossem precedidas por mutações internas de ordem mais sutil, que se traduzirão principalmente em sonhos de determinada natureza. Passamos do sono animal a um sono consciente, ou *sono experimental*, e de uma morte que desintegra a uma morte que vive. As divisórias que fragmentavam nossa vida integral pulverizam-se. Em vez de sermos projetados em completa dispersão, por falta de centro, encontramos o Mestre e agarramos o fio da consciência-força que une todos os níveis da realidade universal.

Sono Experimental

Nesse novo sono há muitos níveis dependendo do desenvolvimento de nossa consciência, desde raros vislumbres espasmódicos sobre este ou aquele plano até a visão contínua, mestra de si mesma, que pode mover-se à vontade, dos níveis superiores aos inferiores, onde melhor lhe apraz[3]. Também nesse caso tudo dependerá de nossa consciência de vigília. Normalmente, por afinidade, iremos aos planos com os quais estabelecemos um vínculo; as vibrações vitais, mentais ou outras que aceitamos, e que em nós se traduzem em ideais, em aspirações, em desejos, em fraquezas ou em generosidades, constituem esse vínculo e, ao sairmos de nosso corpo, iremos à fonte, uma fonte

---

[3] Empregamos aqui uma linguagem tridimensional que não tem sentido verdadeiro, porque não existe nem dentro nem fora, nem alto nem baixo; nossa linguagem mental é uma linguagem horizontal e fotográfica que não exprime grande coisa da realidade do mundo; mas, o que fazer?

extraordinariamente viva e surpreendente; nossas traduções mentais e vitais no mundo físico parecem pobres e quase abstratas ao lado desse original em questão. Então começaremos a tomar consciência de mundos imensos, inumeráveis, que penetram e envolvem e desaprumam nosso pequeno planeta terrestre, e que determinam seu destino e também o nosso. Evidentemente, esses mundos não podem ser descritos em algumas páginas, nem mesmo em vários volumes; seria como descrever a Terra através de uma visão sumária da Normandia. Além do mais, não pretendemos descrevê-los, mas apenas oferecer indícios que permitirão ao aspirante fazer, através de sua própria experiência, algumas constatações. A qualidade essencial para essa exploração – Sri Aurobindo muitas vezes insistiu sobre isto – é uma *clara austeridade*, ausência de desejo e o silêncio da mente, senão seremos brinquedos de todas as ilusões. Pacientemente e à força de experiências, aprenderemos primeiro a reconhecer em que plano se situa a nossa própria experiência; e saber, em seguida, o nível atribuído dentro de cada plano. Essa localização é tão importante para a investigação como distinguir, na Terra, a qualidade do ambiente em que nós nos encontramos e o país por onde viajamos. A seguir, aprenderemos a compreender o sentido de nossas experiências; essa é uma linguagem estranha, como muitas outras que devemos assimilar, sem nelas misturar nossa própria linguagem mental; realmente, uma das maiores dificuldades advém do fato de que a mente é a única linguagem terrestre que conhecemos, e suas transcrições, ao despertar, tendem inconscientemente a emaranhar ou a deformar a pureza da experiência. Na falta de um guia esclarecido que possa explicar essa confusa embrulhada, será necessário habituar-se a permanecer mentalmente tão silencioso quanto possível, quando se desperta do sono, e buscar intuitivamente o sentido dessas outras linguagens; a isso se chega rapidamente à medida que a consciência se desenvolve e que as experiências se multiplicam. No início, é como uma floresta virgem ou um mercado chinês, onde tudo parece igual; em seguida, com o passar do tempo, acaba-se por se reconhecer caminhos e fisionomias, lugares, sinais e uma diversidade mais efervescente que aquela que habita a Terra.

Mas como se recordar de seu sono? Para a maioria das pessoas, as lembranças do sono não passam de um branco absoluto – falta encaixe. Em realidade, há um grande número de encaixes ou de *pontes*, como diz a Mãe; como se fôssemos feitos de uma série de países unidos uns aos outros por uma ponte. Portanto, é possível que guardemos facilmente a lembrança de algumas partes de nosso ser e de suas viagens, enquanto que outras serão abandonadas ao esquecimento por falta de elo com o resto de nossa consciência; quando passamos através desse vazio ou dessa parte mal educada da consciência, esquecemos tudo (é o que geralmente acontece com aqueles que caem em "êxtase"; voltaremos a falar disso). Em princípio, um ser suficientemente desenvolvido percorrerá toda a escala dos planos de consciência em seu sono e irá até a Luz Suprema do Espírito – *Sat-chit-Ananda* –, inconscientemente, na maioria dos casos, e esses poucos minutos serão seu verdadeiro sono, o verdadeiro repouso na expansão absoluta da Alegria e da Luz. Sri Aurobindo dizia que a verdadeira razão de ser do sono é a de aproximar-se espontaneamente da Fonte e nela revigorar-se. Desceremos dali lentamente através de todos os planos – Mental, Vital, Físico Sutil e Subconsciente – (o último é o que mais recordamos com facilidade) e cada parte de nosso ser terá, em cada um desses planos, as experiências correspondentes. No seio de cada plano há também muitas zonas, cada uma com sua ponte. A principal dificuldade é construir a primeira ponte com a consciência exterior de vigília e há somente uma forma de se chegar a isso: imobilidade total e silêncio completo ao despertar. Se nós viramos ou nos mexemos, tudo se evapora, ou melhor, tudo se cobre de pequenas ondulações sobre o grande lago do sono e não vemos mais nada; e se nos pusemos a pensar, não são mais as ondulações, mas os lamacentos redemoinhos que recobrem tudo; o pensamento não tem nada a ver com esse processo porque não é com a mente que devemos tentar recordar. É preciso permanecer debruçado sobre o grande lago sereno, como em uma contemplação sem motivo, mas muito firme, como se fosse necessário romper a densidade azul-escura à força de contemplá-la. E, de repente, se somos bastante perseverantes, veremos uma imagem flutuar aos nossos olhos, ou, talvez, apenas um vestígio, um odor como de um país longínquo carregado de emanações, muito familiar, mas inatingível. Nesse momento, é necessário acautelar-se e não se precipitar sobre o vestígio, porque assim ele logo se dissiparia, mas deixá-lo se fazer preciso, pouco a pouco, por si mesmo, tomar forma e, por fim, reencontraremos uma cena. Quando tivermos agarrado bem o fio, bastará, em princípio, puxá-lo lentamente, sem procurar, nem pensar, nem tentar compreender (a compreensão ficará para depois; se nos colocamos a interpretar durante o percurso, interromperemos a comunicação) e o fio nos conduzirá de país em país, de recordação em recordação. Algumas vezes, permaneceremos empacados durante anos sobre um mesmo ponto do percurso, como se houvesse uma lacuna de memória numa distância de 120 braças. Para esculpir o encaixe que falta, não há nada a fazer, a não ser ter paciência e vontade, querer sempre; se nos obstinamos, o caminho acabará sendo traçado como em uma floresta virgem. Mas a lembrança ao despertar não é o único método; pode-se também, à noite, antes de dormir, concentrar-se para recordar e despertar em intervalos fixos, uma ou duas vezes, para apanhar o fio em diferentes níveis. Esse método é particularmente eficaz. Todos nós sabemos que basta querer acordar em determinada hora, para que a mecânica funcione com perfeição, com segundos de diferença; isso é o que se chama "criar uma formação". Essas formações são como pequenos nódulos vibratórios emanados pela vontade, que adquirem existência própria, independente, e que realizam seu trabalho muito pontualmente[4]. Podemos criar formações mais ou menos poderosas, mais ou menos duráveis (podemos reforçá-las de vez em quando), para todas as espécies de finalidade e, especialmente, para que lembremos e despertemos em intervalos regulares. E se persistirmos durante meses e anos, se for necessário, seremos automaticamente avisados cada vez que um acontecimento importante ocorrer em um plano qualquer de nosso sono. Então nos deteremos, no próprio sono, e repetiremos, duas ou três vezes, a lembrança, a fim de realmente gravá-la, para recomeçar em seguida.

Nesse enorme campo de experiência, somente podemos sublinhar alguns pontos práticos de ordem geral, que impressionarão o explorador no início de sua investigação. É preciso, antes de tudo, distinguir bem os sonhos comuns do subconsciente das *experiências*. Essas não são sonhos, embora nós tenhamos o hábito de tudo confundir; as experiências são acontecimentos reais dos quais participamos em um plano ou em outro; elas se distinguem dos sonhos comuns por sua intensidade específica: todos os acontecimentos do mundo físico, exterior, por mais excepcionais que sejam, parecem *pálidos* ao

---

[4] Todos nós criamos formações, involuntariamente, com nossos desejos, nossos pensamentos (bons ou maus) e nós as esquecemos, mas as formações nada esquecem; elas retornam, não importa se dois ou dez anos depois, com seu trabalho feito, com a realização do desejo, do pensamento, da organização das circunstâncias quando nós não mais pensávamos nelas. Nós não reconhecemos nem mesmo o fruto de nosso pensamento e de nossos desejos. Somos assim assediados por todo tipo de pequenas entidades vivas que continuam querendo realizar-se, enquanto nós já não as queremos mais.

lado de tais acontecimentos; esses deixam uma profunda impressão e uma recordação *mais viva* que qualquer outra lembrança terrestre, como se de súbito tivéssemos tocado um modo de vida mais rico, não necessariamente mais rico pela aparência, nem pela cor, que, não obstante, pode ser de um brilho incrível (sobretudo no Vital), mas pelo conteúdo. O explorador saberá que teve uma verdadeira experiência e não um sonho quando, ao despertar, sentir essa impressão transbordante, como a de ter sido banhado por um mundo carregado de sinais, querendo dizer mais de uma coisa ao mesmo tempo (nossos acontecimentos do mundo físico dizem apenas uma coisa a cada vez, raramente dizem mais) e, diante dos quais poderia permanecer horas a fio, sem esgotar seu sentido, porque parecem carregados de ramificações invisíveis e de profundezas sobrepostas; ou quando tiver assistido ou participado de algumas cenas que parecem infinitamente mais reais que as nossas cenas físicas, sempre planas, como se esbarrassem imediatamente contra uma base dura e artificial.

Existe um outro fato notável: quanto mais nos elevamos na escala da consciência, mais a qualidade da luz muda – as diferenças de luminosidade são um indicativo *muito seguro* do lugar onde nos encontramos e mesmo do sentido das coisas – e há toda uma gama, desde os tons baços do subconsciente, cinza, marrom e negro; o colorido vibrante do Físico sutil; observemos que as cores radiantes do Vital têm sempre uma nuança artificial e exuberante, um pouco pesada (essa região é a mais enganosa), até as luzes da Mente que se transformam cada vez mais em luzes poderosas e puras à medida que subimos até a Origem; a partir da Supermente, da qual falaremos mais tarde, há uma diferença radical de visão: os objetos, os seres e as coisas que se veem, não mais parecem iluminados de fora, horizontalmente, como o sol nos ilumina, eles são luminosos *em si*; e, finalmente, não se trata de uma "exteriorização", mas de um êxtase dentro da Luz imóvel, deslumbrante e despojado de todos os rumores e incidentes sensacionais dos planos inferiores. Quando podemos entrar em contato com essa Luz, em alguns minutos repousamos tanto quanto em oito horas de sono; é assim que os yogues se privam do sono; é assim também que alguns minutos de concentração durante o dia podem repousar tanto quanto uma caminhada ao ar livre. O corpo tem uma resistência incrível; o que cansa é a agitação psicológica.

Além dos acontecimentos de ordem universal com os quais poderemos nos envolver, percebemos que o sono é uma mina de informações sobre nosso próprio estado individual. Todos os níveis de nosso ser se iluminam com uma luz exata, como se durante o estado de vigília tivéssemos vivido como surdos-mudos ou como homens de gesso e que, subitamente, tudo despertasse para uma vida mais verdadeira que a própria vida. Esses diversos níveis interiores podem apresentar-se como aposentos ou moradas cujos detalhes, por menores que sejam, são reveladores: "quando vamos à descoberta de nosso ser interior", conta a Mãe, "e à descoberta das diferentes partes que o compõem, temos frequentemente a impressão de penetrar em uma sala ou em um quarto e, segundo a cor, a atmosfera e as coisas que eles contêm, temos a percepção muito clara da parte do ser que naquele momento estamos visitando. Então podemos passar para outros cômodos cada vez mais profundos, que possuem, cada qual, características próprias". Vez outra, no lugar de quartos, encontramos seres de todos os tipos – toda uma pequena família e até mesmo um estábulo – que são a expressão das diversas forças ou vibrações que habitualmente abrigamos em nós e que constituem "nossa" natureza. E esses seres não são seres "de sonho", são seres verdadeiros que nós abrigamos: as forças são conscientes, as vibrações são conscientes – seres ou forças, consciência ou força, são faces simultâneas de uma mesma realidade. Assim veremos de forma singularmente viva o que queremos ou não queremos mais tolerar em nós.

Uma outra observação surpreenderá o explorador por sua recorrência. Ele perceberá, finalmente, que teve durante a noite a premonição exata de todos os acontecimentos *psicológicos* importantes que aconteceram durante o dia. Primeiramente, ele pensará que se trata de uma simples coincidência, ou não estabelecerá o vínculo, depois, quando o fato se repetir centenas de vezes, começará a prestar atenção e, por fim, quando estiver inteiramente desperto, poderá vê-lo chegar e tomará antecipadamente as medidas protetoras. Por exemplo, durante o dia tivemos uma crise de depressão ou um ataque violento de cólera ou um movimento de revolta, uma obsessão sexual etc., ou, para tomar um exemplo de ordem aparentemente diferente, estivemos, duas ou três vezes, a ponto de cair ao chão fraturando um membro, ou a ponto de contrair uma boa febre; percebemos que cada um desses pequenos incidentes totalmente banais correspondem exatamente a outros incidentes, geralmente simbólicos (simbólicos porque não se trata do fato exato, mas de uma transcrição mental ao despertar), dos quais tivemos a experiência na noite precedente, seja porque fomos atacados em "sonho" por um inimigo qualquer, seja porque fomos envolvidos em peripécias desastradas, ou porque vimos, algumas vezes exatamente, todos os detalhes que envolverão a cena psicológica do dia seguinte. Decididamente, poderia parecer que "alguém" estivesse completamente despertado em nós e muito preocupado em apontar-nos todos os porquês e todas as engrenagens ocultas de nossa vida psicológica e de todas as razões de nossas quedas ou de nossos progressos. Porque, inversamente, poderemos ter a premonição de todos os movimentos psicológicos felizes, que, no dia seguinte, se traduzirão por um progresso, por uma abertura de consciência, por uma leveza, por uma expansão interna e veremos que, na noite anterior, houve tal luz, tal ascensão, tal desabamento do muro ou da casa (simbólico de nossas resistências ou das construções mentais que nos comprimiam). E nos surpreenderemos ainda mais com o fato de que essas premonições, habitualmente, não se ligam aos acontecimentos considerados importantes no nosso plano físico, como a morte de um parente ou um sucesso mundano (embora isso também possa acontecer), mas elas se ligam a detalhes completamente sem importância exterior, bem triviais, mas sempre muito úteis ao nosso progresso interior. Esse será o sinal de que nossa consciência se desenvolve. Em vez de recebermos inconscientemente as vibrações mentais, vitais ou outras, que vão modelar nossa vida, sem que nada saibamos sobre elas, e que tomamos ingenuamente como nossas (dizemos: é *nossa* cólera, *nossa* depressão, *nossa* obsessão sexual ou *nossa* febre), começaremos a vê-las chegar; essa será a prova visível, sustentada por centenas de experiências, noite após noite, de que todo o jogo de nossa natureza frontal vem de fora, de uma Mente Universal, de um Vital Universal ou de regiões mais elevadas, se somos capazes de nos identificarmos ao mais elevado. E esse será o início do controle, porque uma vez visto e até mesmo previsto por nós, podemos mudar o curso das circunstâncias. A vida terrestre é, simultaneamente, o local do determinismo mais rigoroso, mais cego, e da liberdade conquistada – tudo depende de nossa consciência. Um discípulo havia escrito a Sri Aurobindo para lhe contar seus "sonhos" e esse tipo de coincidência estranha entre os incidentes noturnos e diurnos; eis o que lhe foi respondido:

> Compreenda que essas experiências não são simplesmente imaginações ou "sonhos", mas acontecimentos verdadeiros... É um

erro acreditar que vivemos apenas fisicamente, com nossa vida e nossa mente externas. Vivemos e agimos constantemente em outros planos de consciência; neles encontramos outras pessoas sobre as quais agimos e, o que ali fazemos, pensamos, sentimos, as forças que reunimos, os resultados que preparamos, têm importância e efeito incalculáveis, que desconhecemos, sobre nossa vida exterior. Nem tudo daquilo que vemos ou fazemos ali se realiza e o que se realiza toma sempre outra forma no mundo físico, ainda que, algumas vezes, a correspondência possa ser exata; mas o pouco que é filtrado constitui a própria base de nossa existência externa. Tudo o que chegamos a ser, tudo o que fazemos e suportamos na vida física é preparado por trás das cortinas, no nosso interior. É, portanto, imensamente primordial para esse yoga, que visa a transformação da vida, tornarmo-nos conscientes daquilo que ocorre nessas regiões, sermos os mestres nesses planos, capazes de sentir, de conhecer e de manipular as forças secretas que determinam nosso destino e nosso crescimento exterior e interior ou o nosso declínio[5].

Sono Ativo

Do sono animal passamos ao sono consciente ou sono experimental; depois passamos ao sono ativo que é a terceira fase. Com efeito, durante muito tempo, por mais consciente que seja, nosso sono permanece em estado passivo; somos apenas o testemunho dos acontecimentos, o espectador impotente daquilo que acontece com esta ou com aquela parte de nosso ser – porque se trata, sempre, de uma *parte* de nosso ser – sublinhemos – embora possamos ter a impressão, no momento da experiência, de que é a totalidade de nosso ser que sofre, luta, viaja etc.; assim como podemos ter a impressão, quando discutimos política ou filosofia com um amigo, de que é a totalidade de nós mesmos que discute, ao passo que se trata apenas de uma fração mental ou vital. À medida que o sono torna-se consciente, passamos da impressão à surpreendente realidade (onde está o "concreto", de que lado está o "objetivo"; nós nos perguntamos) e vemos que somos constituídos de

---

5 Idem, v. 23, p. 993-994.

uma massa heteróclita de fragmentos mentais, vitais, ou outros, que têm existência independente, com experiências independentes, cada qual em seu plano específico. À noite, quando o vínculo com o corpo não mais se apresenta, nem a tirania do mentor mental, essa independência sobressai-se de forma muito notável; as pequenas vibrações por nós aglutinadas, que constituem "nossa" natureza, dispersam-se em pequenos seres de nosso ser correndo aqui e acolá, e descobrimos todas as qualidades desconhecidas e de cuja existência não suspeitávamos. Em outras palavras, esses fragmentos não estão integrados ao verdadeiro centro, o centro psíquico, e, sendo assim, permanecemos impotentes para intervir e modificar o curso das circunstâncias. Somos passivos porque o verdadeiro "nós" é o ser psíquico e porque a maioria desses fragmentos não tem vínculo algum com ele.

A necessidade de integração aparece rapidamente se queremos ser o mestre, não somente aqui, como nos mundos distantes e em todas as situações. Quando saímos de nosso corpo e vamos, por exemplo, para certas regiões do Vital inferior (que correspondem às zonas baixas do ventre e do sexo), a parte de nosso ser que se exteriorizou nessa área, realiza ali, geralmente, experiências muito desagradáveis; essa parte de nosso ser é atacada por todo o tipo de forças vorazes e temos o que se convencionou chamar de "pesadelo", do qual fugimos precipitando-nos, o mais rápido possível, em nosso corpo, onde nos encontramos sãos e salvos. Se essa mesma parte de nosso ser consentiu integrar-se em torno do centro psíquico, ela pode sem perigo sair por essas mesmas regiões, bastante infernais, porque ela estará armada da luz psíquica – o ser psíquico é uma luz, um fragmento da grande Luz original; bastará que essa parte se lembre dessa luz (ou do Mestre, o que é a mesma coisa) no momento em que é atacada, para que todas as forças adversas se dissipem. Ao se recordar ela invoca a verdadeira vibração que tem o poder de dissolver ou de dissipar todas as vibrações de menor intensidade. Há também uma fase de transição, muito instrutiva, na qual assistimos, impotentes, a terríveis perseguições e, depois, de repente, em sua aflição, esse fragmento recorda-se da Luz (ou do Mestre) e a situação se inverte. Do mesmo modo podemos encontrar todos os tipos de pessoas nesses planos, conhecidas ou desconhecidas, próximas ou distantes, vivas ou mortas – "essas sempre vivas as quais chamamos mortas", diz Sri Aurobindo[6] – que

---

6 *Savitri*, v. 28, p. 30.

estão sobre a mesma frequência, e sermos o testemunho ou o companheiro impotente de suas desventuras (que, como sabemos, poderão ser traduzidas por acontecimentos terrestres deploráveis para os vivos – todos os golpes nesses planos são como golpes aqui; tudo o que acontece nesses planos, prepara o que se passa aqui), mas se, no momento da experiência, esse nosso fragmento que se encontra com o fragmento correspondente desse amigo, desses desconhecidos ou desses "mortos" invocar a Luz, ou seja, se estiver integrado em torno do psíquico, ele poderá modificar o curso das circunstâncias: ajudar um amigo ou um desconhecido em perigo, ajudar um desencarnado a transpor uma etapa desagradável ou a sair de um lugar perigoso, liberando-se de algumas associações mórbidas (há tantos lugares dos quais somos realmente prisioneiros). Daremos um só exemplo que voluntariamente escolhemos como negativo e o mais banal possível: X... "sonha" que está passeando com sua amiga pela margem de um lago com águas maravilhosamente claras, aparentemente, quando, de repente, uma serpente surge do fundo do lago e morde sua amiga na garganta. A senhora X tenta proteger a amiga, mas sente medo e, perseguida por sua vez pela serpente, foge para "casa" (seu corpo). No dia seguinte ela fica sabendo que a amiga está doente, completamente afônica, e ela mesma se vê perseguida durante todo o dia por uma série de pequenos acidentes obsessivos, internos e externos. Se ela estivesse ativamente consciente, centrada, nada teria ocorrido e a força adversa teria fugido; de fato, existem exemplos opostos nos quais acidentes foram "milagrosamente" evitados, porque na noite anterior tinham sido vencidos por um amigo consciencioso, quando não por si mesmo. Podemos, portanto, participar de forma útil de todos os tipos de atividade que preparam nosso amanhã no âmbito pessoal ou um amanhã mais amplo conforme nossa capacidade: "um ser consciente, não maior que o polegar de um homem, permanece ao centro de nosso eu; ele é o mestre do passado e do presente... ele é o hoje e o amanhã", disse *Katha Upanishad* (IV.12,13). É preciso que o ser tenha feito inúmeras experiências, verificando-as sempre que possível, para compreender até que ponto esses sonhos não são sonhos. Há aprisionamentos nesse plano que somente podem ser desatados quando desatarmos o aprisionamento de outros planos. A questão da ação está, portanto, ligada à questão da integração.

Essa integração é ainda mais indispensável quando não temos mais corpo, ou seja, quando estamos supostamente mortos, pois esses fragmentos não dispõem mais de recursos para se precipitarem em nosso corpo a fim de se protegerem. Se eles não estão integrados em torno do ser psíquico, sofrem muitos incômodos. Essa é, sem dúvida, a origem de nossas histórias do inferno, que somente – o muito que dizemos ainda é pouco – se referem a alguns *fragmentos* inferiores de nossa natureza. Porque os planos inferiores (principalmente o Vital inferior que corresponde à região do umbigo e do sexo, região naturalmente mais difícil de ser integrada) são povoados de forças famélicas; como dizia um jovem discípulo de Pondicherry, morto prematuramente, que em sonho veio contar a seu amigo como havia ocorrido a viagem: *Just behind your world there is no law and order* (logo atrás de vosso mundo não há lei e ordem), laconismo bem britânico para falar do inferno. E acrescentou: "Eu tinha a luz da Mãe (o Mestre) e o atravessei". Talvez seja necessário precisar, porque a experiência é típica de muitos mortos, que o encontro dos dois amigos tinha ocorrido nas regiões superiores do Vital (que corresponde ao centro do coração), entre esses belos jardins coloridos que sempre encontramos nessas regiões distantes, e que constituem um dos inúmeros e supostos "paraísos" do outro mundo – são paraísos que planam bem baixo. Geralmente, o desencarnado permanece ali durante todo o tempo que desejar, depois ele se cansa e se dirige ao local do verdadeiro repouso, na Luz original, com sua alma, aguardando o momento do retorno. Dizer que um indivíduo vai para "o inferno eterno" é um cruel absurdo; como a alma, essa Luz, poderia ser prisioneira dessas vibrações inferiores? Seria como dizer que o infravermelho é mestre do ultravioleta. O semelhante caminha com o semelhante, sempre e por todas as partes, nesse mundo ou em outros. E o que poderia ser "eterno", verdadeiramente, a não ser a alma, a não ser a alegria? "Se existisse um inferno eterno, ele apenas poderia ser local de êxtase eterno", diz Sri Aurobindo, "porque Deus é alegria, é Ananda; não há outra eternidade a não ser a eternidade de Sua beatitude"[7].

Assim, à medida que nosso ser se integra em torno do psíquico, passará do sono passivo ao sono ativo – se é que ainda podemos falar de "sono" – e passará de uma morte difícil a uma viagem interessante ou para uma outra forma de trabalho. Mas ali também existirão todos os níveis, conforme a grandeza de nossa consciência, desde a

---

[7] *Thoughts and Aphorisms*, v. 17, p. 137.

simples ação que se limita ao círculo restrito das pessoas, vivas ou mortas, que conhecemos, ou dos mundos que nos são familiares, até à ação universal de alguns grandes seres, cujo psíquico, de certo modo, colonizou grandes extensões de consciência e que, por meio de suas luzes silenciosas, protegem o mundo.

Para concluir essas breves generalidades, que são, quando muito, indicações para o explorador, podemos fazer uma última observação. Trata-se das premonições. Sobre elas, talvez, não tenha sido dito o suficiente, porque somente o fato de que realmente se possa tê-las é sinal de que os acontecimentos *já existem em algum lugar* antes de ocorrerem aqui. Eles não existem no ar. Nós, que somos tão minuciosos para com as realidades materiais, concedemos aos fenômenos do mundo imaterial o benefício gratuito de uma incoerência ou de uma indefinição que só existe em nosso próprio espírito. Ora, percebemos, pela experiência, que tudo é perfeitamente racional ou pelo menos razoável: não somente a luminosidade intensifica-se à medida que transpomos os níveis da consciência, como também o tempo se torna cada vez mais rápido, ocupa cada vez mais espaço, se podemos assim dizer, ou os acontecimentos estão cada vez mais distantes (do futuro ou do passado) e, finalmente, desembocamos nessa Luz imóvel onde tudo já *existe*. Simultaneamente, ou como corolário, observamos que, segundo o plano de consciência onde nossa visão premonitória se situa, a realização terrestre está mais ou menos próxima ou distante. Quando vemos no Físico Sutil, por exemplo, que beira nosso mundo, a transcrição terrestre é quase imediata – ocorre após algumas horas ou depois de um dia; vemos o acidente e, no dia seguinte, contraímos o acidente; e a visão é muito precisa, nos mínimos detalhes. Quanto mais nos elevamos na escala da consciência, maior é o alcance da visão e maior sua penetração universal, porém os detalhes da realização são menos visíveis, como se o fato evidenciado fosse certamente invencível (com a condição de que a nossa visão seja bastante livre de todo egoísmo), mas com uma margem de incerteza quanto às modalidades da realização – essa margem representa, em um certo sentido, as peripécias ou as deformações da verdade de cima quando ela desce de plano em plano para se realizar no âmbito da terra. Todos os tipos de conclusão interessante podem partir dessa observação, mas, principalmente, o fato de que quanto mais conscientes somos na Terra, ou seja, quanto mais capazes de nos elevarmos na escala da consciência e de nos aproximarmos da Origem, mais aproximaremos a Terra da Origem anulando os determinismos que deformam os planos intermediários. Esses podem ter não somente consequências individuais consideráveis para o domínio e a transformação de nossa própria vida, como também consequências gerais para a transformação do mundo. Discutimos muito o problema da liberdade e do determinismo, mas esse é um problema mal colocado. Não há liberdade ou determinismo; há liberdade e quantidades de determinismo. Somos submetidos – diz Sri Aurobindo – a uma série de *determinismos superpostos*, físicos, vitais, mentais e ainda mais elevados, e o determinismo de cada plano pode modificar ou anular aquele do nível imediatamente inferior. Por exemplo, no microcosmo, uma boa saúde física e uma certa longevidade podem ser modificadas pelo determinismo vital de "nossas" paixões e "nossos" desregramentos, e esse pode, por sua vez, ser modificado pelo determinismo mental de nossa vontade e de nosso ideal, que também pode ser modificado pela lei maior do psíquico e assim sucessivamente. A liberdade é passar para um plano superior. O mesmo acontece com o destino da Terra: são as mesmas forças que movem o microcosmo e o macrocosmo. E se nós, que somos eminentemente o ponto de inserção de todo esse determinismo na Matéria, somos capazes de nos elevarmos a um plano de consciência superior, contribuímos automaticamente para a modificação de todo determinismo inferior e para a acessão da Terra a uma liberdade maior; até o dia em que — nós o veremos, por intermédio dos pioneiros da evolução — possamos nos elevar a um plano *supramental,* que modificará o destino presente do mundo, assim como a Mente modificou seu destino por volta da era terciária. E, talvez, afinal de contas — se é que há um fim — a Terra toque o Determinismo Supremo, que é a Liberdade Suprema e a perfeita realização. Cada um de nós é, por nosso trabalho de consciência, um agente de resistência às fatalidades que pesam sobre o mundo e um fermento de liberdade ou de divinização da Terra. Porque a evolução da consciência tem um sentido para a Terra.

10 O Yogue Revolucionário

Essas deveriam ser as descobertas mentais, vitais, físicas e psíquicas que Sri Aurobindo teria feito sozinho, passo a passo, entre vinte e trinta anos, seguindo simplesmente o fio da Consciência. O fato notável é que seu yoga desenvolvia-se em todos os lugares em que, habitualmente, não se pratica o yoga, em meio às aulas de francês e de inglês que dava no colégio do estado de Baroda, em meio às ocupações na corte do Maharaja e, cada vez mais, no auge de suas atividades secretas e revolucionárias. As horas da noite que não eram consagradas ao estudo da língua materna e do sânscrito, ou de seu trabalho político, ele as passava a escrever poemas: "Aurobindo tinha o hábito de escrever poesia até altas horas da noite", observou seu professor de bengali, "tão tarde que ele não se levantava muito cedo... Concentrava-se um momento antes de começar e então a poesia escoava de sua pluma como uma torrente". Da poesia, Sri Aurobindo passava ao sono experimental. Em 1901, com vinte e nove anos de idade, casou-se com Mrinalini Devi, com quem queria compartilhar sua vida espiritual: "Estou em vias de experimentar todos os sinais, todos os sintomas", escreveu ele em uma carta encontrada nos arquivos da polícia britânica. "Gostaria de levar-te comigo por esse caminho". Mrinalini não o compreendeu; Sri Aurobindo permaneceu só. Em vão buscaríamos em sua vida essas histórias comoventes e miraculosas que ornamentam a vida dos grandes sábios ou dos místicos; em vão buscaríamos também os métodos yóguicos sensacionais; tudo neles é aparentemente tão comum que não se vê nada, assim como na vida. Talvez houvesse encontrado mais milagres no ordinário que no extraordinário: "Para mim, tudo é diferente, tudo é extraordinário", dizia em uma carta a Mrinalini. "Tudo é estranho, tudo é profundo para o olho que vê"[1]. Talvez seja isso o que Sri Aurobindo quer fazer-nos descobrir, por meio de sua vida, sua obra e seu yoga: as riquezas desconhecidas que se encontram sob a limitação comum: "nossas vidas são um mistério maior do que podemos imaginar"[2].

Se soubéssemos como nossos "milagres" são vazios e sem importância! Milagres que parecem uma espécie de prestidigitação para adultos; basta ter uma pontinha de conhecimento para realmente ver como eles se fabricam! Veríamos como a Verdade é muito mais simples que esse sobrenatural tecnicolor. À medida que Sri Aurobindo progredia em seu yoga, deixava para trás toda a imaginação para passar ao que ele chamava de "realismo espiritual"[3], não por desconfiar das belas imagens – logo ele, o poeta! –, mas porque via que essas imagens seriam muito mais belas se se incorporassem sobre a Terra e se o suprafísico se convertesse em nosso físico normal, de tal forma que o víssemos com os olhos bem abertos. Essa naturalização do além e o tranquilo domínio da vida alcançado por Sri Aurobindo somente eram possíveis porque ele nunca havia separado os dois mundos: "Desde minha chegada à Índia", dizia em uma carta a um discípulo:

> minha vida e meu yoga têm sido sempre, ao mesmo tempo, deste e do outro mundo, sem que um exclua o outro. Todas as preocupações humanas pertencem, eu o suponho, a este mundo; a maior parte delas entrou no campo do meu pensamento e, algumas, como a política, em minha vida; mas, ao mesmo tempo, assim que desci do Apollo Bunder, em Bombay, comecei a ter experiências espirituais e estas experiências não eram dissociadas desse mundo, ao contrário, elas tinham, sobre ele, infinitas repercussões, como, por exemplo, o sentimento do Infinito impregnando o espaço material e o sentimento do Imanente no coração dos objetos e dos corpos materiais. Além disso, acontecia que eu entrava em mundos ou planos suprafísicos, cuja influência e efeitos repercutiam-se no plano material; eu não podia, portanto, fazer uma separação categórica ou uma oposição irredutível entre esses dois extremos da

---

1 *Savitri*, v. 28, p. 64.
2 Idem, p. 169.
3 *The Human Cycle*, v. 15, p. 228.

existência e tudo quanto se encontra entre eles. Para mim tudo é o Divino e encontro o Divino por todas as partes[4].

Problema de Ação

O Realismo espiritual de Sri Aurobindo nós o descobrimos, primeiramente, em suas atividades revolucionárias. Rapidamente um programa, com quatro itens, foi elaborado: despertar na Índia a noção de independência e para isso o jornalismo e os discursos políticos bastariam; manter os espíritos em um estado de revolta permanente, e Sri Aurobindo foi, sem dúvida, um dos primeiros, no início do século xx, com outro grande herói da Índia – Tilak – a falar da total liberdade, da resistência passiva e da não cooperação (Gandhi somente entrou na cena política indiana quinze anos mais tarde); transformar o Congresso indiano e suas tímidas reivindicações em um *movimento extremista* divulgando sem ambiguidades o ideal de independência completa; e, finalmente, preparar secretamente uma insurreição armada. Com seu jovem irmão Barin, pôs-se a organizar grupos de guerrilha em Bengali sob o pretexto de criar sociedades esportivas ou culturais; enviou inclusive um emissário à Europa, às suas custas, para estudar a fabricação de bombas. Quando Sri Aurobindo dizia: "Não sou nem um moralista impotente nem um débil pacifista"[5], essas palavras tinham sentido. Ele havia estudado muito a história da França e das revoluções italiana e americana, para saber que a revolta armada pode ser justa. Nem Joana D'Arc, nem Mazzini, nem Washington foram apóstolos da "não violência". Quando o filho de Gandhi o visitou em Pondicherry, em 1920, e falou-lhe da "não violência", Sri Aurobindo respondeu-lhe com esta simples pergunta, bem atual: "Que faria você se, amanhã, as fronteiras do Norte fossem invadidas?"[6] Vinte anos mais tarde, em 1940, Sri Aurobindo e a Mãe, publicamente, tomaram posição em favor dos Aliados, enquanto Gandhi, movido por um entusiasmo fervoroso, muito louvável sem dúvida alguma, enviava uma carta aberta ao povo inglês,

---

4 *On Himself*, v. 26, p. 98.
5 Idem, p. 22.
6 Isso foi escrito em 1963, alguns meses após a invasão da China (outubro de 1962) às fronteiras do norte da Índia.

esconjurando-os a não tomar armas contra Hitler e usar somente a "força-espiritual". Poderíamos, portanto, precisar a posição espiritual de Sri Aurobindo a respeito da ação violenta.

> A guerra e a destruição [ele escreve] são um princípio universal que governa não somente nossa vida puramente material aqui na terra, como também nossa existência mental e moral. É evidente que, na prática, em sua vida intelectual, social, política e moral, o homem não pode dar um só passo para frente sem uma batalha; uma batalha entre o que existe e o que vive, e aquilo que procura existir e viver, e entre tudo quanto se encontra detrás de um como de outro. É impossível, pelo menos no estado atual da humanidade e das coisas, avançar, crescer e realizar-se e, ao mesmo tempo, observar realmente e absolutamente o princípio de não violência que nos é proposto como sendo a melhor regra de conduta e a mais elevada. Empregaremos somente a força da alma e nunca destruiremos pela guerra, nem mesmo pela violência física para defender-nos? Muito bem! Mas, esperando que a força da alma seja eficaz, as forças demoníacas no homem e nas nações dominam, demolem, massacram, incendeiam e profanam, como hoje o vemos; nesse caso, poderão fazer tudo como querem e sem impedimento; e vocês, talvez, com sua omissão terão causado a destruição de tantas vidas como os outros com sua violência... Não basta ter as mãos limpas e a alma imaculada para que a lei da batalha e da destruição desapareça do mundo; *é preciso primeiro que aquilo que está em sua base desapareça da humanidade*. A imobilidade e a inércia que recusam empregar os meios de resistência ao mal ou que são incapazes de deles se servir não abolirão essa lei, muito pelo contrário. Em verdade, a inércia causa muito mais dano que o princípio dinâmico da luta que, ao menos, cria mais do que destrói. Por conseguinte, se olhamos o problema do ponto de vista da ação individual, abster-se da luta em sua forma física mais visível e da destruição que a acompanha inevitavelmente, talvez, nos dê uma satisfação moral, mas deixa intacto o Destruidor das criaturas[7].

---

7 *Essays on the Gita*, v. 13, p. 39-40 (grifo do autor).

Toda a evolução do pensamento de Sri Aurobindo e de sua atitude prática diante da guerra, desde suas atividades secretas em Bengala até seu retiro em Pondicherry, em 1910, girou em torno de uma questão de *possibilidades:* como alcançar com maior segurança esse "Destruidor das criaturas"? "O Dissipador", como diziam os rishis védicos. E, da independência da Índia, Sri Aurobindo passou à independência do mundo. E à medida que avançava em seu yoga, ele percebia cada vez mais, com efeito, e através de experiência, que forças ocultas estão não somente na base de nossas desordens psicológicas, como também nas desordens mundiais – tudo procede, aliás, como já vimos –; e que se nossa omissão deixa incólume o Destruidor das criaturas, nossas guerras tampouco o suprimem, embora, na prática, seja necessário sujarmos as mãos. Em plena guerra de 1914, Sri Aurobindo constatou com força profética:

> a derrota da Alemanha... não basta para extirpar o espírito que se encarna na Alemanha; ela conduzirá, provavelmente, a alguma nova encarnação do mesmo espírito, em outra parte, em outra raça ou em outro império, e será então preciso, ainda uma vez mais, travar toda a batalha. Enquanto os velhos deuses permanecerem vivos, de nada mais servirá destruir ou abater o corpo que animam, porque eles sabem muito bem transmigrar. A Alemanha abateu o espírito napoleônico em 1813 e destruiu os restos de hegemonia francesa na Europa em 1870; essa mesma Alemanha veio a ser a encarnação daquilo que ela mesma havia abatido. O fenômeno pode renovar-se facilmente em uma escala muito maior[8].

Hoje sabemos que os velhos deuses sabem transmigrar.

O próprio Gandhi, vendo que todos aqueles anos de não violência conduziram a terríveis violências que marcaram a divisão da Índia em 1947, observou com tristeza pouco tempo antes de sua morte: "O sentimento de violência que secretamente temos alimentado volta-se contra nós e explodimos quando se trata de compartilhar o poder... Agora que o jugo da servidão está desperto, todas as forças do mal subiram novamente à superfície". Porque nem a não violência nem a violência alcançam a fonte do Mal. E, em plena guerra de 1940,

---

8 *The Ideal of Human Unity*, v. 15, p. 320.

enquanto Sri Aurobindo tomava partido, publicamente, em favor dos Aliados[9], porque, praticamente, era ali que devia agir, escrevia a um discípulo:

> você acredita que o que ocorre na Europa seja uma guerra entre as potências da luz e as potências das trevas, mas isto agora não é mais verdade que durante a Primeira Guerra Mundial! É uma guerra entre duas espécies de Ignorância:... O olho do yogue não somente vê os acontecimentos externos, as personagens e as causas externas, como também as poderosas forças que os precipitam na ação. Se os homens que combatem são instrumentos entre as mãos dos chefes de Estado e dos financistas, estes, por sua vez, são simples marionetes entre as garras das forças ocultas. Quando adquirimos o hábito de ver as coisas por detrás, já não mais estamos propensos a comovermo-nos com as aparências, nem sequer a esperar um remédio para as mudanças políticas e sociais ou para as mudanças institucionais[10].

Sri Aurobindo havia tomado consciência dessas "enormes forças" ocultas e da infiltração constante do suprafísico no físico; suas energias não mais giravam em torno de um problema moral, bastante superficial apesar de tudo – violência ou não violência – mas em volta de um problema de eficácia; e ele via claramente, também por experiência, que para curar o mal do mundo é preciso curar primeiro *o que está em sua base no homem*, e que não se pode curar nada externamente se não se cura primeiro dentro, porque é a mesma coisa; não se pode dominar o externo se não se domina o interno, porque é a mesma coisa; não se pode transformar a matéria exterior sem se transformar a interior, porque ainda é e sempre será a mesma coisa. Há somente uma Natureza, um só mundo, uma só matéria, e enquanto quisermos proceder às avessas, não chegaremos a lugar algum. E se o remédio nos parece difícil então não há esperança alguma nem para o homem nem para o mundo, porque todas as nossas panaceias exteriores e nossa moral de água de rosas estão, em última

---

[9] Com o risco de incorrer na reprovação de seus compatriotas (é preciso recordar que a Índia havia sofrido muito sob o domínio britânico para que se interessasse por seu destino na Europa sob ataque alemão).
[10] *On Himself*, v. 26, p. 394.

análise, destinadas ao nada e à destruição através dessas forças ocultas: "A única solução", dizia Sri Aurobindo, "está no advento de uma outra consciência que não será mais brinquedo dessas forças, porém mais poderosa do que elas e que poderá forçá-las a mudar ou a desaparecer"[11]. É na direção dessa nova consciência – Supramental – que caminhava Sri Aurobindo no âmago mesmo de sua própria ação revolucionária.

"Contudo, quando todo o resto houver fracassado, encontraremos, escondida dentro de nós, a chave da grande transformação"[12].

Nirvana

Em 1906, Sri Aurobindo deixou o estado de Baroda para mergulhar no centro da agitação política, em Calcutá. Os erros de Lord Curzon, governador de Bengala, haviam precipitado a agitação dos estudantes; esse era o momento de agir. Com um outro grande nacionalista, Bépin Pal, Sri Aurobindo lançou um periódico em língua inglesa, *Bandé Mataram* (Saudação à Mãe Índia), que deveria ser o primeiro a declarar publicamente a meta da independência total e a contribuir poderosamente para o despertar da Índia; ele fundou um *partido extremista* e estabeleceu um programa de ação nacional: boicote às mercadorias britânicas, boicote aos tribunais britânicos, boicote às escolas e às universidades britânicas; vem a ser o diretor do primeiro "Colégio Nacional" em Calcutá e tanto agitou que, menos de um ano depois, encontrava-se sob a ameaça de uma ordem de prisão. Infelizmente para os ingleses, os artigos e os discursos de Sri Aurobindo eram legalmente inatacáveis; ele não pregava o ódio racial nem atacava o governo de Sua Majestade, simplesmente declarava o direito da nação à independência. Por falta de elementos, a acusação não foi aceita; somente o tipógrafo, que não sabia uma só palavra de inglês, foi condenado a seis meses de prisão. Essa fracassada prisão tornou célebre Sri Aurobindo; daí em diante, ele se tornou o líder reconhecido do partido nacionalista e deixou os bastidores onde, não obstante, teria preferido permanecer: "Não dou a mínima importância ao ver meu nome gravado em vossos lugares detestáveis",

11 *Letters on Poetry*, v. 9, p. 326.
12 *Savitri*, v. 28, p. 256.

disse mais tarde, "nunca busquei a celebridade, nem sequer na vida política; preferia permanecer nos bastidores, impulsionar as pessoas sem que elas soubessem e que o trabalho fosse feito"[13]. Mas nós nos equivocaríamos se imaginássemos um Sri Aurobindo fanático; todos os seus contemporâneos ficavam impressionados com esse "jovem tranquilo que com uma só palavra impunha silêncio em uma manifestação política tumultuosa". Foi no meio dessa exaltação exterior, entre as reuniões políticas e o jornal a circular todas as manhãs, sob constante ameaça da polícia secreta, que, no dia 3 de dezembro de 1907, Sri Aurobindo encontrou-se com um yogue de nome Vishnu Baskar Lélé, que deveria trazer-lhe uma experiência paradoxal em sua já paradoxal existência.

Essa era a primeira vez que Sri Aurobindo encontrava-se com um yogue, ao menos voluntariamente, após treze anos na Índia! Nem é preciso dizer que ele desconfiava do ascetismo e dos espiritualistas. A primeira questão que lhe colocou, aliás, bem característica, foi a seguinte: "Quero praticar o yoga para trabalhar, para agir, e não para renunciar ao mundo e nem sequer para alcançar o Nirvana"[14]. A resposta de Lélé é estranha, mas merece que a recordemos: "para você isso não deveria ser muito difícil porque você é poeta"[15]. Os dois homens retiram-se juntos em um cômodo isolado durante três dias. A partir de então, o yoga de Sri Aurobindo seguiu uma curva imprevista que pareceu apartar-se da ação, mas apenas para conduzi-lo ao segredo da ação e da mudança do mundo. "O primeiro resultado", escreveu Sri Aurobindo, "foi uma série de experiências formidavelmente poderosas e de mudanças radicais de consciência que Lélé jamais havia tido a intenção de conceder-me... e que eram inteiramente contrárias às minhas próprias ideias; fizeram-me ver o mundo com uma intensidade prodigiosa, como um jogo cinematográfico de formas livres na universalidade impessoal do Absoluto, Brahman"[16].

> Nas imensas extenções do Eu,
> O corpo, como uma concha errante[17]

---

13 *On Himself*, v. 26, p. 375.
14 *Savitri*, v. 28, p. 82.
15 Idem, p. 279.
16 Idem, p. 79.
17 *Savitri*, v. 28, p. 82.

De repente, todo o yoga integral de Sri Aurobindo desaba, todos os seus esforços de transformação mental, vital e física, e sua fé em uma vida terrestre consumada dissolvem-se em uma enorme Ilusão – nada mais restava a não ser formas vazias.

> Fui, de repente, projetado a um estado superior, sem pensamento, puro de qualquer movimento mental ou vital; não havia ali ego nem mundo real; somente, quando "se" olhava através dos sentidos imóveis, "alguma coisa" percebia ou colocava sobre seu silêncio absoluto um mundo de formas vazias, um mundo de sombras materializadas sem substância verdadeira. Não havia nem Um, nem mesmo muitos, somente ISTO, absolutamente, sem traços, sem relações, puro, indescritível, impensável, absoluto e, no entanto, supremamente real e somente real. Não se tratava de uma realização mental nem de algo que se percebesse em alguma parte acima; não era uma abstração, mas algo positivo, a única realidade positiva (embora não fosse um mundo físico espacial) que preenchia, ocupava, ou melhor, inundava e afogava esta aparência do mundo físico, não deixando lugar algum, espaço algum para outra realidade diferente, não permitindo que nada além disso parecesse verdadeiramente real, positivo ou substancial... Essa experiência trouxe-me uma Paz indescritível, um formidável silêncio, uma infinidade de entrega e de liberdade[18].

Imediatamente, Sri Aurobindo havia entrado naquilo que os budistas chamam de Nirvana, o Brahman silencioso dos hindus, ISTO; o Tao dos chineses; o Transcendente, o Absoluto, o Impessoal dos Ocidentais. Havia alcançado a famosa "liberação" (*mukti*) que é considerada como o "ápice" da vida espiritual – que haveria além do Transcendente? E Sri Aurobindo verificava as palavras do grande místico indiano, Sri Ramakrishna: "Se vivemos em Deus o mundo desaparece; se vivemos no mundo, Deus deixa de existir"; o abismo entre a Matéria e o Espírito que ele tentara preencher, reabria-se sob seus olhos advertidos; tinham razão os espiritualistas do Ocidente e da Ásia que designavam como único destino aos esforços do homem uma vida mais além – paraíso, Nirvana ou liberação – em outra parte,

---

18 *On Himself*, v. 26, p. 101.

mas não nesse vale de lágrimas ou de ilusão. A experiência de Sri Aurobindo estava ali, irrefutável, sob seus olhos.

Ora, essa experiência, que se diz ser a última, deveria ser para Sri Aurobindo o ponto de partida para novas experiências, ainda *mais elevadas*, que *reintegrariam* em uma *total realidade*, contínua e Divina, a verdade do mundo e a verdade do além. Estamos aqui diante de uma experiência central cuja compreensão é útil para o sentido mesmo de nossa existência, porque, ou bem a Verdade Suprema não é desse mundo, como dizem todas as religiões do mundo, e perdemos nosso tempo com futilidades ou, na verdade, há outra coisa além de tudo o que se diz. E a questão ainda é mais importante porque não se trata de teoria, mas de experiência. Eis o que nos relata Sri Aurobindo:

> Noite e dia vivi nesse Nirvana antes que começasse a admitir em mim outra coisa ou a modificar-me um pouco que fosse... depois comecei a desaparecer em uma Supraconsciência maior, mais elevada... O aspecto ilusório do mundo cedia lugar a um outro aspecto onde a ilusão não era mais que um pequeno fenômeno superficial, com uma imensa Realidade Divina por trás, uma Suprema Realidade Divina superior e uma intensa Realidade Divina no coração de todas as coisas, que, a princípio, apareceram-me como formas vazias ou sombras cinematográficas. E isso não era um novo aprisionamento dos sentidos, nem diminuição ou fracasso da experiência Suprema; ao contrário, era uma elevação constante e uma ampliação constante da Verdade... O Nirvana, em minha consciência liberta, revelou-se como o começo de minha própria realização, um primeiro passo em direção da coisa completa, não como a única realização possível, nem sequer o ápice final[19].

O que é, pois, esse Transcendente que parece situar-se, não nas alturas, mas em uma altitude bastante mediana? Para empregar uma analogia vulgar, porém verdadeira, poderíamos dizer que o sono representa um estado transcendente em relação ao estado de vigília, mas que não é nem mais elevado nem mais ou menos verdadeiro que a vigília. Simplesmente, é um outro estado de consciência. Se

---

19 Idem, p. 101-102.

nos afastamos dos movimentos mentais e vitais, naturalmente tudo se dissipa; quando se está anestesiado não se sente mais nada, como diria o *Senhor de la Palice*. Naturalmente temos tendência a julgar que essa Paz imóvel e impessoal é superior a nosso alarido, mas, afinal de contas, esse alarido só tem a ver conosco. O superior ou o inferior não provêm da mudança de estado, mas da qualidade ou da elevação de nossa consciência em determinado estado. Ora, a passagem para o nirvana não se situa no ápice da escala, assim como não estão no topo da escala o sono ou a morte; *pode acontecer em qualquer nível de nossa consciência*; pode acontecer por uma concentração no mental, por uma concentração no corpo vital e inclusive por uma concentração na consciência física; o hatha-yogue debruçado sobre seu umbigo ou o Bassuto que dança em torno de seu totem podem, repentinamente, passar para esse outro lado, se tal é seu destino, à outra dimensão transcendental onde todo esse mundo se reduz a nada; e o mesmo acontece com o místico absorvido em seu coração e o yogue concentrado em sua mente. Porque, em realidade, *não nos elevamos* quando atingimos o Nirvana – abrimos uma brecha e saímos.

Sri Aurobindo não havia ultrapassado o plano mental quando teve a experiência do Nirvana: "Eu tive a experiência do nirvana e do silêncio em Brahman, muito tempo antes de ter o menor conhecimento dos planos espirituais que estão acima da cabeça"[20]. E foi precisamente após ter-se elevado a planos mais elevados, supraconscientes, que passou por experiências superiores ao Nirvana, em que os aspectos ilusório, imóvel e impessoal fundiam-se em uma Realidade nova que abraçava simultaneamente o mundo e além do mundo. Essa foi a primeira descoberta de Sri Aurobindo. "O Nirvana não é e não pode ser o fim do caminho sem nada mais a explorar... é o fim do caminho inferior através da natureza inferior e o começo da evolução superior"[21].

De um outro ponto de vista, podemos também perguntar-nos se o objetivo da Evolução é verdadeiramente dela sair, como pensam os adeptos do Nirvana e de todas as religiões que fixaram o além como meta de nossos esforços; porque se superamos as razões sentimentais que fundamentam nossa crença ou nossa descrença, olhando apenas o processo evolutivo, somos forçados a constatar que a natureza bem poderia operar essa "saída", quando nos encontrávamos em uma

---

20 *Letters on Yoga*, v. 22, p. 273.
21 Idem, p. 67.

etapa mental elementar e quando ainda vivíamos como seres instintivamente intuitivos, abertos, maleáveis. A humanidade védica ou dos Mistérios da Grécia antiga, ou mesmo a de nossa Idade Média, estava mais próxima da "saída" do que nós. E, se essa fosse em verdade a meta da natureza Evolutiva, admitindo que a evolução não acontece por acaso, mas conforme um Plano – esse tipo de homem é o que ela deveria ter encorajado; podia-se facilmente "saltar por cima do intelecto", como observou Sri Aurobindo em seu "Ciclo humano"[22], e passar desse instinto intuitivo a um espiritualismo ultraterreno. O intelecto é uma excrescência perfeitamente inútil se consideramos que a meta da evolução é dela se escapar. Ora, ao contrário, parece que a Natureza teria desencorajado essa intuição primitiva e que a teria recoberto, como que de propósito, com uma camada mental cada vez mais grosseira, cada vez mais complexa e universal e, cada vez mais inútil do ponto de vista da saída. Todos nós sabemos como a maravilhosa eflorescência intuitiva da Índia das *Upanishads* no início da história, ou a da Grécia neoplatônica, do início de nossa era, foram niveladas em proveito de uma mentalização humana menos elevada, certamente, porém mais densa e mais generalizada. Podemos somente colocar a questão, sem querer resolvê-la. Nós nos perguntamos se o sentido da Evolução é o de simplesmente erigir o edifício da mente para demoli-lo em seguida e voltar a uma fase religiosa submental, ou não mental, ou, se ao contrário, é o de desenvolver a mente até seu extremo[23], como nos conduz a Evolução, até que a mente esgote sua insignificância e seu alarido superficial para desembocar em suas regiões superiores, supraconscientes, em uma fase espiritual e supramental, onde a contradição Matéria-Espírito se dissipará como uma miragem e de onde nós não teremos mais necessidade de "sair", porque estaremos por toda a parte Dentro.

Seria incorreto, entretanto, pensar que a experiência do Nirvana é uma experiência falsa, uma mera ilusão da ilusão; em primeiro lugar, porque não há experiências falsas, há somente experiências incompletas; e, em segundo lugar, porque o Nirvana despoja-nos verdadeiramente de uma ilusão. Nossa maneira habitual de ver o mundo

---

22 *The Human Cycle*, v. 15, p. 177.
23 Se imaginamos que a ioga de Sri Aurobindo, que procura superar a Mente, devesse começar *pelo fim* da curva intelectual, isso seria impossível, como o veremos adiante, se todos os degraus intermediários não tivessem sido percorridos. Falar de "silêncio mental" a um aborígine das Ilhas Fidji ou a um camponês bretão não teria, evidentemente, sentido algum.

é mutilada, é uma espécie de ilusão de ótica muito eficaz; tão eficaz quanto o bastão quebrado na água, assim mesmo tão equivocado quanto. É preciso "limpar as portas da percepção", dizia William Blake, e o Nirvana ajuda-nos nessa limpeza, embora um pouco radicalmente, é verdade. Vemos um mundo plano, em três dimensões, com uma multidão de objetos e de seres *separados* uns dos outros, como pedaços de varas dentro d'água, mas a realidade é totalmente diferente quando se sobe a um nível mais elevado, no Supraconsciente; assim como é diferente também quando se desce uma escala mais abaixo, no nível nuclear. A única diferença entre a vara quebrada e a nossa visão corriqueira do mundo, é que, em um caso, trata-se de uma ilusão de ótica e, no outro, de uma séria ilusão. Teimamos em ver uma vara quebrada que, em realidade, não está quebrada. Que essa séria ilusão seja adaptada à nossa vida prática atual e ao nível superficial em que se desenrola nossa existência, talvez, seja uma justificativa para a ilusão, mas é também a razão pela qual somos impotentes para controlar a vida, porque ver falsamente é o mesmo que viver falsamente. O cientista que não é perturbado pela visão das aparências vê melhor e controla melhor, mas sua visão é mesmo assim incompleta e incerto o seu controle; ele não dominou a vida, nem sequer as forças físicas, somente serviu-se de alguns efeitos dessas forças, as mais imediatamente visíveis. Esse problema de visão não é somente um problema de melhoria; não se trata de ver melhor para se ter belas visões em rosa e azul, que aliás não se situam em planos muito superiores, mas para se ter um verdadeiro domínio do mundo, das circunstâncias e de nós mesmos, o que vem a ser o mesmo, porque nada está separado. Até o momento, aqueles que tiveram acesso a essa forma superior de visão (existem muitos degraus) dela somente se serviram para si mesmos, ou não souberam *encarnar* o que viam, porque todo seu esforço buscava, precisamente, sair dessa encarnação; mas essa atitude nebulosa não é inevitável. Sri Aurobindo haverá de nos mostrar; ele não preparara, em vão, toda essa base material, vital, mental e psíquica.

O Nirvana representa assim um estágio intermediário útil (mas não indispensável) nessa passagem da visão comum à outra visão; despoja-nos da ilusão completa na qual vivemos: "Como por encanto, eles veem o falso como verdadeiro", disse *Maitri Upanishad* (vii.10). Sri Aurobindo não emprega a palavra ilusão, diz somente que vivemos na *Ignorância*. O Nirvana libera-nos de nossa Ignorância, mas para cair em outro tipo de ignorância, porque a eterna dificuldade dos homens é que eles correm sempre de um extremo a outro; sempre se sentem obrigados a negar uma coisa para afirmar outra; portanto, tomamos um estágio intermediário por um final, como também tomamos como fim tantas outras importantes experiências espirituais, sendo que não existe fim, mas sim "uma elevação constante, uma ampliação constante da Verdade"[24]. Poderíamos dizer que a fase nirvânica ou religiosa, em geral, na medida em que é fixada no além, representa uma primeira fase da evolução, a fim de desviar-nos de uma certa maneira falsa de ver o mundo e que sua utilidade é essencialmente pedagógica. O homem que despertou, o homem verdadeiramente *nascido*, deve preparar-se para uma próxima fase evolutiva e passar da fase religiosa, centrada em outro mundo, à fase espiritual, centrada na Totalidade. Então nada é excluído, tudo se amplia. O explorador integral deverá, portanto, estar vigilante, porque as experiências internas, que tocam a substância íntima de nosso ser, são sempre irrefutáveis e decisivas quando acontecem; elas são resplandecentes em todos os níveis – recordemos o que dizia Vivékananda ao falar do Nirvana: "Um oceano de paz infinita, sem nenhuma onda, sem sopro", e é grande a tentação de fixar-se ali como porto definitivo. Repetiremos apenas este conselho da Mãe aos exploradores:

> Qualquer que seja a natureza, o poder e o maravilhoso de uma experiência, não se deve deixar dominar-se por ela a ponto de ela chegar a governar inteiramente vosso ser... Quando entrais de qualquer maneira em relação com uma força ou com uma consciência que ultrapasse a vossa, em vez de estar inteiramente dominado por essa consciência ou por essa força, é necessário nunca esquecer que essa é apenas uma experiência entre milhares e milhares de outras, e que, por conseguinte, essa experiência não tem caráter absoluto. Por mais bela que seja, podeis e deveis ter ainda melhores; por mais excepcional que seja, há outras que são muito mais maravilhosas; e por mais elevada que seja, podeis no futuro progredir sempre mais.

Sri Aurobindo viveu meses nesse Nirvana antes de lançar-se a outras dimensões. O estranho é que, nesse estado, pôde continuar a editar um periódico, a frequentar reuniões secretas e até a pronunciar

---

[24] *On Himself*, v. 26, p. 102.

discursos políticos. A primeira vez que se viu obrigado a falar em público, em Bombay, exprimiu assim suas dificuldades a Lelé: "Ele pedia-me que orasse, mas eu estava tão absorvido na consciência de Brahman silencioso, que não podia orar... Ele respondeu-me que isso não tinha importância; ele e alguns outros fariam as orações; eu apenas deveria ir à reunião pública e inclinar-me diante do auditório como se fosse Narayana[25]; depois aguardar, e o discurso aconteceria vindo de uma outra fonte distinta da mente"[26]. Sri Aurobindo fez o que lhe foi ordenado e o discurso fluiu como se fosse ditado. "E, desde então, todas as palavras, todos os escritos, todos os pensamentos e as atividades exteriores chegaram a mim da mesma fonte, acima da mente cerebral"[27]. Sri Aurobindo havia entrado em contato com o Supraconsciente. Aliás, esse discurso de Bombay merece ser lembrado: "Tentais realizar esta Força em vós", dizia aos militantes nacionalistas:

> e puxá-la para fora; que cada coisa que façais não seja mais vossa ação, mas a ação da Verdade em vós. Porque não sois vós, mas sim algo em vós que atua. Que podem todos esses tribunais, que podem todos os poderes do mundo contra Isso que está em vós, esse Imortal, esse Não-nascido, esse Imperecível que a espada não pode transpassar nem o fogo consumir? A prisão não pode encarcerá-Lo, nem o patíbulo exterminá-Lo. Que podeis temer se sois conscientes Dele que está em vós?[28]

Na madrugada do dia 2 de maio de 1908, a polícia britânica veio tirá-lo da cama, de pistola em punho. Sri Aurobindo tinha trinta e cinco anos. Um atentado contra um magistrado britânico em Calcutá acabara de fracassar; a bomba fora fabricada nos jardins onde Barin, seu irmão, treinava alguns "discípulos".

---

25 Um dos nomes do Supremo.
26 *Life of Sri Aurobindo*, p. 102; *On Himself*, v. 26, p. 49.
27 *On Himself*, v. 26, p. 49-50.
28 *Bande Mataram*, v. 1, p. 662-664.

11 A Unidade

Sri Aurobindo deveria passar um ano na prisão de Alipore aguardando o veredito. Não fora responsável pelo atentado fracassado; a organização da rebelião nada tivera com os atos individuais de terrorismo.

Quando fui detido e levado precipitadamente à prisão de Lal Bazar, minha fé foi, por um momento, abalada, porque não conseguia penetrar sua intenção. Estava perturbado e clamava por Ele em meu coração: "O que foi que me aconteceu? Eu acreditava ter como missão trabalhar para meu país e que, enquanto meu trabalho não tivesse terminado, eu teria Tua proteção. Por que, então, estou aqui sob semelhante acusação?" Um dia passou, depois dois. Ao terceiro dia, uma voz veio-me de dentro: "Aguarde e olhe". Então recuperei a calma e esperei. Fui transferido de Lal Bazar para a prisão de Alipore e fechado em um lugar secreto durante um mês. Ali aguardei noite e dia para ouvir a voz de Deus em mim e saber o que Ele queria que eu fizesse. Depois me lembrei que um mês antes de meu encarceramento, um chamado interior me havia ordenado abandonar toda a atividade e olhar para mim mesmo, a fim de entrar em comunhão mais estreita com Ele. Estava fragilizado e não pude aceitar o chamado. O trabalho que fazia era precioso para mim[1]; na arrogância de meu coração pensava que sem mim o trabalho seria prejudicado, ou

---

1 Para a libertação da Índia.

mesmo fracassaria e seria perdido; não queria abandoná-lo. Pareceu-me ainda ouvir Sua voz e Ele dizia-me: "Os vínculos que ainda não tinhas a força de rompê-los, eu os rompi para ti, porque não era minha intenção nem minha vontade que tu continuasses com eles. Tenho outra coisa para ti e, por isso eu te trouxe aqui, para ensinar-te o que tu não podias aprender por ti mesmo e treinar-te para meu Trabalho"[2].

Esse "trabalho" deveria ser a realização da consciência cósmica ou Unidade, e a exploração dos planos de consciência acima da mente comum, ou Supraconsciência, que iria colocar Sri Aurobindo a caminho do Grande Segredo. "O que me ocorreu durante esse período, não me sinto impelido a dizê-lo, a não ser que, dia após dia, Ele mostrou-me Suas maravilhas... Durante doze meses de prisão, dia após dia, Ele deu-me o Conhecimento"[3].

Consciência Cósmica

Sri Aurobindo havia vivido durante meses em uma espécie de sonho fantasmagórico e vazio destacando-se sobre a única Realidade estática do Transcendente; no entanto, estranhamente, foi no meio desse Vazio, como se proveniente dele, que o mundo pela segunda vez irrompeu com nova face, como se cada vez fosse necessário tudo perder para tudo reencontrar em uma unidade superior: "Dominada e subjugada, imobilizada, liberada de si mesma, a mente apodera-se desse Silêncio como se fosse o Supremo. Mas o explorador descobre em seguida que tudo está ali nesse Silêncio, contido e refeito... Então o vazio começa a ampliar-se e dele emerge ou nele se precipita a incalculável diversidade da Verdade Divina e os inúmeros níveis de um Infinito dinâmico"[4]. Tendo visto somente um Infinito estático, vimos somente um rosto de Deus, e nós o excluímos do mundo (e certamente seria melhor dizer um mundo vazio de Deus do que um mundo pleno de um Deus solene e justiceiro); mas quando o Silêncio lavou as nossas solenidades, as insignificantes e as significantes,

2 *Karmayogin*, v. 2, p. 3.
3 Idem, p. 7.
4 *The Synthesis of Yoga*, v. 20, p. 109.

deixando-nos, por um tempo, acometidos pela brancura, o mundo e Deus reencontram-se em todos os níveis e em todos os pontos como se nunca tivessem sido separados, salvo pelo excesso de materialismo ou de espiritualismo. Foi no pátio da prisão de Alipore que aconteceu essa nova mudança de consciência, durante o momento da caminhada:

> Eu olhava os muros que me isolavam dos homens, e não eram mais as altas muralhas que me aprisionavam, não, era Vasoudeva que me rodeava. Eu caminhava sob os galhos da árvore, diante de minha cela, mas não era uma árvore, eu sabia que era Vasoudeva – era Sri Krishna que eu via, ali, em pé, e que me mantinha em sua sombra. Eu olhava as grades da cela, a grade mesmo que servia de porta, e ainda via Vasoudeva. Era Narayana[5] que assumia a guarda, Narayana a sentinela. E quando eu me deitava sob os cobertores de crina que me deram à guisa de leito, senti os braços de Sri Krishna à minha volta, os braços de meu Amigo, meu Amante... Eu olhava os prisioneiros do local, os ladrões, os criminosos, os escroques, e como eu os olhava, via Vasoudeva, era Narayana que eu encontrava nessas almas obscuras e nesses corpos mal usados[6].

A experiência não deveria mais abandonar Sri Aurobindo. Durante os seis meses de duração do processo, com quase duzentos testemunhos e quatro mil ofícios, Sri Aurobindo foi encerrado todos os dias em uma jaula de ferro no centro do pretório, mas já não era uma multidão hostil nem juízes o que via:

> Quando o processo foi aberto, a mesma visão acompanhava-me. Disse-me Ele: "Quando te lançaram na prisão, tua coragem não desfaleceu e tu não chamastes por Mim e perguntastes: 'Onde está Tua proteção?' Olhe agora esses juízes, olhe o procurador do Rei". Eu olhava e não era o juiz que eu via, era Vasoudeva, era Narayana que ali estava sentado sobre o banco. Eu olhava o procurador e não era o procurador que eu via, era Sri Krishna que ali estava assentado e que me sorria: "Tendes

---

5 Vasoudeva, Sri Krishna e Narayana são nomes do Divino.
6 *Karmayogin*, v. 2, p. 4.

medo agora?" Disse-me Ele, estou em todos os homens e conduzo seus atos e suas palavras"[7].

Porque, em verdade, Deus não está fora de Seu mundo, Ele não "criou" o mundo – Ele *se tornou* o mundo, disse a *Upanishad*: "Ele se tornou o conhecimento e a ignorância, Ele se tornou a verdade e a falsidade... Ele se tornou tudo o que é" (*Taittiriya Upanishad* II.6). "Todo esse mundo é pleno de seres que são Seus membros", disse a *Swetaswatara Upanishad* (IV.10). "Para o olho que vê, tudo é o Um; para a experiência divina, tudo é um bloco do Divino"[8].

Acreditamos, sem dificuldade, que aí reside uma visão inteiramente mística do universo, sem meio de comparação com nossa realidade; a cada passo, nós nos chocamos com a feiura, com o mal; esse mundo está cheio de sofrimento, transborda de gritos sombrios; onde, pois, está nele o Divino? – o Divino, essa barbárie sempre pronta a abrir seus campos de tortura? O Divino, esse egoísmo sórdido, essa infâmia que se esconde ou que se expõe? Deus é puro de todos esses crimes, Ele é perfeito, Ele não pode ser tudo isso – *neti, neti* – Deus é tão puro que Ele não é desse mundo, não há lugar para Ele em toda essa imundície onde já nos sufocamos!

> É preciso olhar a existência de frente se nossa meta é chegar a uma verdadeira solução, qualquer que seja. E olhar a existência de frente, é olhar Deus de frente, porque um não pode ser separado do outro... Esse mundo de lutas e de sofrimentos é um mundo feroz e perigoso, um mundo destruidor e voraz onde a vida é precária, onde a alma e o corpo (do homem) se movem entre enormes perigos, onde cada passo pra frente, querendo ou não, esmaga e destrói alguma coisa, onde cada sopro de vida é também um sopro de morte. Transferir a responsabilidade de tudo o que nos parece mal ou terrível para os ombros de um Diabo semi-onipotente ou dela se livrar dizendo que o mal faz parte da Natureza, criando assim uma oposição irredutível entre a natureza do mundo e a natureza de Deus, ou transferir a responsabilidade para o homem e seus pecados como se o homem fosse responsável pela criação do mundo, ou como se ele pudesse criar seja lá o que for contra a vontade de Deus, são

[7] Idem, p. 5.
[8] *The Synthesis of Yoga*, v. 20, p. 285.

recursos desastrosos e por demais cômodos... Erigimos um Deus de Amor e de Misericórdia, um Deus do Bem, um Deus justo, reto e virtuoso conforme nossas concepções morais de justiça, de virtude e do correto pensar e, todo o resto, dizemos, não é Ele, não é Seu, mas sim obra de algum Poder diabólico que Ele deixou, por alguma razão, realizar sua vontade perversa, ou é obra de algum tenebroso Ahriman que contrabalança com nosso gracioso Ormuzd, ou, dizem mesmo, que foi o erro do homem egoísta e pecador que perverteu o que Deus havia feito tão bem na origem... É preciso olhar de frente a realidade, corajosamente, e ver que foi Deus, e ninguém senão Ele, que fez esse mundo em Seu ser e que Ele o fez tal como é. É preciso ver que a Natureza que devora seus filhos, o Tempo que se alimenta da vida das criaturas, a Morte universal e inevitável, e a violência das forças de Roudra[9] no homem e na Natureza, são também a Divindade suprema sob um de seus aspectos cósmicos. É preciso ver que Deus, o criador pródigo e caridoso, Deus que protege e salva, misericórdia poderosa, é também Deus que devora e Deus que destrói. O tormento do leito de agonia e do mal sobre o qual somos esquartejados é de Sua mão, assim como a alegria e a doçura e o prazer. Somente quando enxergamos com o olho da união completa e sentimos essa verdade até o mais secreto de nosso ser, é que somos capazes, então, de descobrir inteiramente, por detrás dessa máscara, a calma e o rosto bonito Daquele que é todo-felicidade, e de sentir na mão que coloca nossa imperfeição à prova, a mão do amigo e do construtor do Espírito no homem. As discórdias do mundo são as discórdias de Deus e é somente aceitando-as e progredindo com elas que seremos capazes de chegar à sublime concórdia de Sua suprema harmonia e ao cume, à imensidão vibrante de sua Ananda[10] transcendente e cósmica... Porque a verdade é o fundamento da verdadeira espiritualidade, e a coragem é sua Alma[11].

A ferida que parecia para sempre dividir o mundo em dois, entre Satã e o céu, como se não houvesse outra coisa a não ser o Bem e o

---

9 Uma das formas do Divino, em seu aspecto feroz e destruidor.
10 Alegria Divina.
11 *Essays on the Gita*, v. 13, p. 41-42; 367-368.

Mal, e novamente o Mal e o Bem, e nós entre os dois "como uma criança que precisa ser mimada ou castigada para aprender os caminhos virtuosos"[12], é curada. Todo dualismo é uma visão da Ignorância; em toda a parte existe apenas "Um Infinito"[13], e as "discórdias de Deus" existem para que cresça o deus em nós. Portanto, um abismo ainda permanece entre essa imperfeição, divina talvez, e a última Perfeição; não é um Divino diminuído, esse Divino cósmico? Não é outro o caminho que conduz a esse Divino sem mácula, transcendente e perfeito?

> Talvez exista uma oposição entre a vida espiritual e a vida do mundo, mas é para construir uma ponte sobre esse abismo que o explorador integral está aqui; ele está aqui para fazer dessa oposição harmonia. Talvez o mundo seja governado pela carne e pelo diabo, mas essa é uma razão a mais para que os filhos da Imortalidade venham aqui mesmo conquistar o mundo para Deus e para o Espírito. Talvez a vida seja uma insanidade, mas justamente por isso tantos milhões de almas esperam que lhes mostremos a luz da razão divina; talvez a vida seja um sonho, mas um sonho real enquanto nele vivemos e real para muitos sonhadores a quem devemos ensinar a sonhar sonhos mais nobres ou a se despertarem; e se a vida é uma mentira, então é preciso transmitir a verdade aos que estão enganados[14].

Mas nosso espírito não está em repouso; talvez aceitemos ver Deus em todo esse mal e nesse sofrimento, compreendendo que o Inimigo obscuro que nos fatiga é verdadeiramente o construtor de nossa força, o forjador secreto de nossa consciência; talvez aceitemos ser os "guerreiros da Luz" nesse mundo sombrio, como os rishis de antigamente, mas, por que, precisamente, essa obscuridade? Por que Ele, que concebemos eternamente puro e perfeito, fez esse mundo aparentemente tão pouco divino? Tinha Ele necessidade da Morte e da Mentira e do Sofrimento? Caso seja uma máscara, por que a máscara? E, se é uma ilusão, por que esse jogo cruel?... Afinal de contas, talvez seja uma bênção que o Senhor não tenha feito o mundo conforme nossa ideia de perfeição, porque temos tantas ideias sobre o

---

12 *The Life Divine*, v. 19, p. 805.
13 *Savitri*, v. 28, p. 66.
14 *The Synthesis of Yoga*, v. 20, p. 313.

que é "perfeito", sobre o que Deus deve ser e, sobretudo, sobre o que Ele não deve ser, que nada mais sobraria em nosso mundo, e de tanto aparar o que excede, restaria apenas o Nada que nem mesmo toleraria a impureza de nossa existência – ou uma caserna. "A virtude", observou a Mãe, "sempre passou seu tempo suprimindo elementos da vida, e se tivéssemos colocado juntas todas as virtudes dos diferentes países do mundo, restariam pouquíssimas coisas na existência". Porque nós somente conhecemos um tipo de perfeição, a que elimina, não a que tudo compreende; e a perfeição é uma *totalidade*. Porque vemos somente um segundo da Eternidade e esse segundo não contém tudo quanto gostaríamos de ver e ter, por isso nós nos queixamos e dizemos que esse mundo é mal feito; mas se deixamos esse segundo para entrar na Totalidade, tudo muda, e encontramos a Perfeição obrando. Esse mundo não terminou, *ele se transforma*, é uma conquista progressiva do Divino pelo Divino para o Divino, a fim de vir a ser o que não era antes, "sempre mais, eterno como nós devemos ser"[15]. Nosso mundo está em evolução e a evolução tem um sentido espiritual: "A Terra, com seus milhões de caminhos, penava em direção à divindade"[16].

O que sabemos verdadeiramente da grande viagem terrestre? Parece-nos tortuosa, cruel, impura, mas nós mal acabamos de nascer! Mal acabamos de sair da Matéria, enlameados, pequenos, doentes, como um deus em uma tumba que já não sabe, que busca, que tropeça por todas as partes; mas, que outro nascimento, que memória resgatada, que poder redescoberto nos aguardam além sobre nosso caminho? Esse mundo está a caminho, nós ainda não conhecemos toda a história.

> Procure-O sobre a Terra...
> Porque tu és Ele, oh! Rei. Só a noite
> Está em tua alma.
> Por tua própria vontade. Afaste-a e redescubra
> A totalidade serena
> Que tu és em verdade[17].

---

15 *Savitri*, v. 28, p. 260.
16 Idem, v. 29, p. 625.
17 *Collected Poems*, v. 5, p. 311.

O Ser Central, a Pessoa Universal

"Tu és Ele", tal é a verdade eterna – *Tad tvam asi,* tu és Isto. Tal é a Verdade que ensinavam os antigos Mistérios e que as religiões ulteriores esqueceram. Tendo perdido o segredo Central, caíram em dualismos aberrantes, substituindo, com obscuros mistérios, o simples e grande Mistério. "Eu e o Pai somos um", dizia o Cristo (João 10, 30), "Eu sou Ele", dizem os sábios da Índia – *so'ham* – porque essa é a verdade que *todos* os homens livres descobrem, quer sejam do Oriente ou do Ocidente, do passado ou do presente. Porque é o Fato eterno que todos nós devemos descobrir. E esse "eu" que proclama sua Identidade com Deus, não é o eu de um indivíduo privilegiado – como se houvesse ainda lugar para um pequeno eu pessoal e exclusivo nessa magnífica abertura, como se o sábio das *Upanishads,* os rishis ou o Cristo houvessem incorporado apenas para si a filiação divina – essa é a voz de todos os homens fundidos em uma única consciência cósmica e todos nós somos filhos de Deus.

Há duas maneiras de se fazer essa Descoberta, ou duas etapas. A primeira é descobrir a alma, que é o ser psíquico, eternamente uno com o Divino, pequena luz dessa grande Luz: "O Espírito que, aqui nesse mundo, vive no homem e o Espírito que vive lá longe no Sol, em verdade, são um só Espírito, e não existe outro", disse a *Upanishad* (*Taittiriya Upanishad* III. 10); "Aquele que pensa: 'Ele é diferente e eu sou diferente', esse não sabe" (*Brihadaranyaka Upanishad* I.4.10). É essa descoberta do Espírito interno que os *Vedas* de seis ou sete mil anos chamavam de "o nascimento do Filho": "Nós o vimos, sua substância de vermelho ardente – um grande deus interior foi libertado da escuridão" (*Rig-Veda* v.1.2) e, em uma linguagem deslumbrante de poder, os rishis védicos afirmavam a eterna Identidade do Filho e do Pai e a transmutação divina do homem: "Liberte teu Pai! Guarde-o a salvo em tua morada – teu Pai que se torna teu Filho e que te sustenta" (*Rig-Veda* v.3.9).

E no momento em que *nascemos,* percebemos que essa alma em nós, latente, não revelada, é a mesma em todos os seres humanos, e não somente neles como também nas coisas: "Ele é o filho das águas, o filho das florestas, o filho das coisas que não se movem e o filho daquelas que se movem. Mesmo na pedra Ele ali está" (*Rig-Veda* I.70.2). Tudo é um, porque tudo é o Um. Cristo dizia: "Este é meu corpo, este é meu sangue", tomando esses dois símbolos mais materiais, mais terra a terra, do pão e do vinho, para dizer que essa Matéria também é o corpo do Um, essa Matéria o sangue de Deus[18]. E se Ele já não estivesse na pedra, como teria Ele, em algum momento, vindo ao homem? Por meio de qual milagrosa queda do céu? Somos frutos de uma evolução, não de uma sucessão de milagres arbitrários:

> todo o passado da Terra está em nossa natureza humana... A natureza mesma do ser humano implica uma fase material e uma fase vital, que prepararam a emergência de sua mente, e um passado animal que modelou os primeiros elementos de sua humanidade complexa. E não vamos dizer que a Natureza material, por meio da evolução, desenvolveu primeiro nossa vida e nosso corpo, depois nossa mente animal, e somente depois uma alma desceu na forma assim criada... Porque isso haveria de pressupor um abismo entre a alma e o corpo, entre a alma e a vida, entre a alma e a mente, que não existe – não há corpo sem alma, não há corpo que não seja em si uma forma de alma; a Matéria, ela mesma, é uma substância e um poder do Espírito e não poderia existir de outra forma, porque nada pode existir que não seja substância e poder do Eterno...[19] Aquele que é mudo e cego e o animal são Isto, assim como a existência humana consciente e refinada, ou como a existência animal. Todo esse devir infinito é um nascimento do Espírito na forma[20].

Quando abrimos as portas do ser psíquico, uma primeira fase da consciência cósmica desvela-se. Mas o ser psíquico que cresceu, a consciência-força que se individualizou e que se torna cada vez mais compacta, fechada no interior, não se satisfaz por muito tempo com essa estreita forma individual; sentindo-se una com Isto, ela quer ser vasta como Isto, universal como Isto, e reconhecer sua Totalidade inata. "Ser e ser plenamente, tal é a meta que a Natureza persegue em nós... E ser plenamente, é ser tudo o que é"[21]. Temos necessidade da totalidade porque *somos* a Totalidade; o ideal que nos chama, a meta que dirige nossos passos, não estão realmente adiante; eles não nos

---

18 Ver Sri Aurobindo, *The Upanishads*, v. 12, p. 55-56.
19 *The Life Divine*, v. 19, p. 761.
20 *The Problem of Rebirth*, v. 16, p. 272.
21 *The Life Divine*, v. 19, p. 1023-1025.

puxam, eles nos impulsionam, estão por detrás e adiante e dentro. A evolução é o eterno desabrochar de uma flor que desde sempre foi flor. Sem essa semente no fundo, nada haveria de mover-se, porque nada teria necessidade de nada. É a necessidade do mundo. É nosso *ser central*. É ele o irmão de luz que surge, às vezes, quando tudo parece perdido, ele a memória ensolarada que nos faz girar e revirar, e que não nos deixará de modo algum repousar até que tenhamos encontrado o nosso Sol. É nosso centro cósmico, como o psíquico era o nosso centro individual. Mas esse ser central não se situa em alguma parte de um ponto; ele existe em todos os pontos; ele está inconcebivelmente no coração de todas as coisas e abraça a todas ao mesmo tempo; ele está supremamente dentro e supremamente acima, abaixo e em todas as partes. É um "ponto gigante"[22]. E quando o encontrarmos, tudo será encontrado, pois tudo nele está; a alma adulta encontra sua origem, o Filho torna-se o Pai; ou melhor, o Pai, que se tornou o filho, volta a ser Ele mesmo:

> os muros que aprisionavam nosso ser consciente foram demolidos, derrubados; todo sentimento de individualidade e de personalidade desapareceu, toda a sensação de tempo e de espaço ou de ação e toda a sensação das leis da Natureza desapareceram; não há mais ego, não há mais pessoa definida e definível, somente a consciência, somente a existência, somente a paz e a beatitude; nós nos tornamos a imortalidade, a eternidade, a infinitude. Da alma pessoal resta somente um hino de paz e de liberdade, uma beatitude que vibra em algum lugar no Eterno[23].

Nós nos acreditávamos pequenos e separados uns dos outros, um homem e um homem em meio das coisas separadas, e tínhamos necessidade dessa separação para crescer sob a máscara, do contrário permaneceríamos uma massa indiferenciada no plasma universal, um membro do rebanho sem vida própria. Por essa separação, nós nos tornamos conscientes; por essa separação, somos incompletos em consciência; e sofremos, porque nosso sofrimento é estarmos separados, separados dos demais, separados de nós mesmos, separados

---

22 *Savitri*, v. 28, p. 24.
23 *The Synthesis of Yoga*, v. 20, p. 348.

das coisas e de tudo, porque estamos fora do único ponto onde tudo se encontra.

> O único meio para que tudo se recomponha é recuperar a consciência;
> E isso é muito simples.
> Há somente uma origem.
> Essa origem é a perfeição da Verdade,
> Porque é a única coisa que realmente tem existência.
> E que ao se exteriorizar, ao se projetar, ao se dispersar,
> Criou o que vemos,
> Um amontoado de pequenos cérebros
> Muito amáveis, muito brilhantes,
> Em busca do que ainda não encontraram
> Mas que podem encontrar,
> Porque o que buscam está em seu interior.
> O remédio encontra-se no centro do mal[24].

Quando tivermos sofrido o bastante, vida após vida dessa longa evolução, e crescido o suficiente para percebermos que tudo nos chega de fora, de uma Vida mais ampla que a nossa, de uma Mente e de uma Matéria mais vastas que as nossas, universais, *chegará* a hora em que recuperaremos conscientemente tudo aquilo que fomos inconscientemente desde sempre, uma Pessoa universal. "Por que haverias de limitar-te? Sintas que tu estás com a espada que te feres como estás nos braços que te amam, no abrasamento do sol, na dança da Terra, em tudo o que aconteceu, em tudo o que és agora, e em tudo o que tu te esforças para devir. Porque tu és infinito e toda esta alegria para ti está aberta"[25].

Conhecimento por Identidade

Pensaremos que essa consciência cósmica talvez seja uma espécie de superimaginação poética e mística, uma pura subjetividade, sem alcance prático. Primeiramente, poderíamos nos perguntar o que

---

24 A Mãe em uma conversa com as crianças do Ashram.
25 *The Superman*, v. 16, p. 289.

significaria "objetivo" e "subjetivo", porque se consideramos o chamado objetivo como único critério da verdade, o mundo inteiro corre o risco de se nos escorrer por entre os dedos, como não cessam de proclamar a arte, a pintura e mesmo a ciência de há cinquenta anos, deixando-nos apenas algumas migalhas a alimentar nossas certezas. É verdade que o assado de vitelo é mais universalmente provado e, portanto, mais objetivo que a alegria dos últimos quartetos de Beethoven; contudo despojamos o mundo, não o ampliamos. Realmente essa oposição é falsa: o subjetivo é uma fase avançada ou preparatória do objetivo; quando o mundo inteiro comprovar a consciência cósmica ou, simplesmente, a alegria de Beethoven, teremos provavelmente o fenômeno objetivo de um universo menos selvagem.

Mas Sri Aurobindo não era homem que se contentava com devaneios cósmicos. A autenticidade da experiência e sua eficácia prática podem ser imediatamente verificadas por um teste muito simples: o aparecimento de um novo modo de conhecimento, por identidade. Conhece-se uma coisa porque se *é* essa coisa. A consciência pode deslocar-se para qualquer ponto de *sua* universal realidade, dirigir-se a qualquer ser, qualquer acontecimento e conhecê-lo logo em seu íntimo, como se conhece as batidas do próprio coração, porque tudo acontece dentro, nada está fora nem separado; já o dizia a *Upanishad*: "quando Isto é conhecido, tudo é conhecido" (*Shandilya Upanishad* II.2). Os primeiros sintomas dessa nova consciência são bastante tangíveis:

> começa-se a sentir que os demais também fazem parte de si mesmo ou que são repetições diversas de si mesmo, o mesmo Eu modificado pela Natureza em outros corpos. Ou, ao menos, se sente que eles vivem em um Eu universal mais vasto que possa vir a ser nossa própria realidade superior. De fato, tudo começa a mudar de natureza e de aparência; toda nossa experiência do mundo é radicalmente diferente da que tem os homens centrados em um eu pessoal. Começa-se também a conhecer as coisas com um outro tipo de experiência mais direta, que não depende nem da mente exterior nem dos sentidos. As possibilidades de erro, entretanto, não desaparecem, porque isso não é possível enquanto a mente permanecer sendo, o mínimo que seja, o instrumento transcritor do conhecimento; mas há uma nova forma, mais vasta e mais profunda, de sentir, de ver, de conhecer e de entrar em contato com as coisas;

e os confins do conhecimento podem ser recuados a um grau quase ilimitado[26].

Esse novo modo de conhecimento não é verdadeiramente diferente do nosso; em realidade, secretamente, toda experiência, todo conhecimento, de qualquer ordem que seja, desde o nível mais material até às altitudes metafísicas, é um conhecimento por identidade. Conhecemos porque *somos* o que conhecemos. "O verdadeiro conhecimento não é obtido pelo pensamento", disse Sri Aurobindo. "O que vós sois é o que chegareis a ser"[27]. Sem essa identidade secreta, sem essa total unidade subjacente, nada poderemos conhecer do mundo e dos seres; Ramakrishna gritando de dor e sangrando, ao ver as chicotadas que açoitavam um boi que estava a seu lado, ou o vidente que sabe que certo objeto se encontra escondido em tal lugar, o yogue que cura o discípulo doente a centenas de quilômetros de distância, ou Sri Aurobindo que impede o ciclone de entrar em seu quarto, são apenas ilustrações notáveis de um fenômeno natural. O natural não é a separação, a distinção, mas a unidade indivisível de todas as coisas. Se os seres e os objetos fossem diferentes de nós, separados de nós, se, essencialmente, nós não fôssemos esse ciclone e esse boi, esse tesouro escondido, esse discípulo doente, não somente não poderíamos agir sobre eles, nem senti-los, nem conhecê-los, como eles seriam simplesmente invisíveis e inexistentes para nós. Somente o semelhante pode conhecer o semelhante, só o semelhante pode agir sobre o semelhante. Somente podemos conhecer o que somos:

> nada pode ser ensinado à inteligência que já não seja secretamente dela conhecido e, em potencial, na alma que se desabrocha. Do mesmo modo, toda perfeição da qual o homem exterior é capaz é apenas a realização da eterna perfeição do Espírito que nele vive. Nós conhecemos o Divino e nós nos tornaremos o Divino porque já O somos em nossa íntima natureza. Todo ensino é uma revelação, todo devir uma eclosão. A descoberta de si é o segredo; o conhecimento de si e uma consciência sempre mais aberta são o meio e o procedimento[28].

26 *Letters on Yoga*, v. 22, p. 316.
27 *Evening Talks*, p. 149.
28 *The Synthesis of Yoga*, v. 20, p. 48.

Nós nos separamos do mundo e dos seres pelos milênios de nossa evolução, nós "egoisamos", nós endurecemos alguns átomos desse grande Corpo, e dissemos "nós-me-eu" contra todos os outros igualmente endurecidos sob a crosta egoísta; e estando separados, não podíamos ver mais nada do que éramos outrora na grande Unidade-Mãe. Então inventamos olhos, mãos, sentidos, e uma mente para novamente unir o que havíamos excluído de nosso grande Ser, e acreditamos que sem esses olhos, sem esses dedos, sem essa cabeça, nada poderíamos saber; mas essa é nossa ilusão separatista; nosso conhecimento indireto recobre e oculta nosso reconhecimento imediato sem o qual nossos olhos, nossos dedos, nossa cabeça, e mesmo nossos microscópios, nada poderiam perceber, nada compreender e nada fazer. Nossos olhos não são órgãos de visão, são órgãos de divisão; e quando o Olho da Verdade em nós se abre, essas lunetas e essas muletas não são mais necessárias. Nossa viagem evolutiva, finalmente, será uma lenta reconquista daquilo que havíamos banido, um resgate de Memória; nosso progresso não se mede pela soma de nossas invenções, que são ainda meios de reconciliar artificialmente o que havíamos afastado, mas pela soma reintegrada do mundo que reconhecemos como sendo nós mesmos.

E isso é a alegria – *Ananda* – porque ser tudo o que é, é possuir a alegria de tudo o que é. "A beatitude das miríades de miríades que são um"[29].

"Como poderia se decepcionar e de que haveria de sofrer aquele que vê a Unidade em todas as partes?" (*Isha Upanishad*, 7).

---

[29] *Savitri*, v. 28, p. 325.

12   A Supraconsciência

O Enigma

Uma tríplice mudança de consciência marca, portanto, nosso périplo sobre a Terra: a descoberta do Ser Psíquico ou Espírito Imanente, a descoberta do Nirvana ou Espírito Transcendente e a descoberta do Ser Central ou Espírito Cósmico. Esse é, provavelmente, o sentido verdadeiro da Trindade Pai, Filho e Espírito Santo de que fala a tradição cristã.

Nada temos que decidir sobre a excelência de uma ou de outra dessas experiências, a não ser que nós mesmos a verifiquemos: "a filosofia e a religião discutem a ordem de prioridade dos diferentes aspectos de Deus e, alguns yogues, rishis ou santos deram preferência a esta filosofia ou àquela religião. Nossa tarefa não é a de discutir esses aspectos, mas sim realizá-los todos e vir a ser todos; não devemos seguir uma realização que exclua outra; devemos alcançar Deus em todos os seus aspectos e além de todos eles"[1].

Tal é o sentido do yoga integral. Podemos perguntar-nos se não há nada além dessa tríplice descoberta, porque, por mais elevada que cada uma delas possa parecer à experiência, nenhuma nos dá a plenitude integral a que aspiramos, sobretudo se consideramos que também a Terra e o indivíduo devem fazer parte dessa plenitude. Em realidade, se descobrimos o ser psíquico, essa é uma grande realização, pois tomamos consciência de nossa divindade, porém ela se limita ao indivíduo; não rompe a muralha pessoal na qual nos

[1] *The Hour of God*, v. 17, p. 62.

encerramos; se descobrimos o Ser Central, atingimos uma ampla realização e o mundo transforma-se em nosso próprio ser, mas, ao mesmo tempo, perdemos a individualidade, porque seria totalmente errôneo pensar que João da Silva estaria sentado no centro de sua consciência cósmica gozando dessa visão, – pois não há mais João da Silva; e se descobrimos o Transcendente, trata-se também aí de uma elevadíssima realização, mas perdemos ao mesmo tempo o indivíduo e o mundo. Há somente *Isso* eternamente fora do jogo. Teoricamente, podemos dizer que o Pai, o Filho e o Espírito Santo são um; teoricamente, podemos dizer tudo o que queremos; mas na prática e com a experiência, cada uma dessas mudanças de consciência parece separada uma da outra por um abismo. E enquanto não encontrarmos o caminho experimental que nos permita reconciliar esse tríplice hiato entre o panteísta, o individualista e o monista, não haverá plenitude nem para o indivíduo nem para o mundo. Não nos basta encontrar nosso centro individual sem a totalidade do mundo, nem a totalidade do mundo sem a individualidade, e menos ainda encontrar a Paz Suprema se essa dissolve o mundo e o indivíduo; "Eu não quero ser o doce", exclamava o grande Ramakrishna, "quero comer o doce!" Nesse mundo agonizante e caótico onde é preciso viver, agir e enfrentar as coisas, temos necessidade de ser. Sem esse ser, nosso devir se perde na confusão. Mas, sem esse devir, o nosso ser se desvaneceria em um *Zero beatífico*[2]. E sem o indivíduo, pouco nos importa as maravilhosas realizações espirituais, já que, de nós, nada mais subsiste. Essa é a contradição que precisamos resolver, não em termos filosóficos, mas em termos de vida e de poder de ação. Até o presente, esse caminho reconciliador parece inexistente ou desconhecido; por isso todas as religiões e todas as espiritualidades colocaram o Pai Transcendente no cimo da hierarquia, fora dessa história infeliz, e nos convidam a buscar "em outra parte" a totalidade a que aspiramos. Portanto, a intuição nos diz que se nós, seres em um corpo, aspiramos à totalidade, é porque essa totalidade *está aqui*, que ela é possível em um corpo, senão não aspiraríamos a ela; o que chamamos "imaginação" não existe; não há imaginação, há somente realidade diferida ou verdades que aguardam a hora. Julio Verne, à sua maneira, dá testemunho disso. Haverá, pois, outra descoberta a fazer, uma quarta mudança de consciência que tudo transformará?

2 *The Synthesis of Yoga*, v. 20, p. 320.

Em sua prisão de ferro no meio do pretório, Sri Aurobindo havia chegado ao final do caminho; havia realizado, de modo sucessivo, o Imanente, o Transcendente e o Universal; aquele cárcere aprisionava apenas um corpo: em consciência podia estar aonde quisesse. Talvez ele se recordasse de um indivíduo Aurobindo que, desde Cambridge e dos anos do Ocidente, não havia cessado de acumular consciência nesse corpo, e eis que a Consciência Infinita estava ali, mas esse corpo permanecia apenas corpo, um entre milhares de outros, submetido à mesma lei da Natureza, que continuava sentindo fome ou sede, até mesmo adoecendo, ocasionalmente, como os demais, e avançando lentamente, de forma segura, na direção da desintegração. A consciência é vasta, luminosa e imortal, mas abaixo tudo permanece igual. E, porque via com toda a clareza e não se deixava enganar pelas máscaras postas pela moral e pela decência, enxergava também no subconsciente a hipocrisia animal sob a Consciência Infinita, e a miséria material intacta sob a bela auréola; abaixo tudo permanece, nada mudou. Talvez, ainda visse os demais, ele mesmo, atrás das grades, e visse que continuavam julgando, odiando, sofrendo. Quem estava salvo? Ninguém se salva se não se salva tudo! E, o que faz essa Consciência Infinita em favor de todo esse mundo, seu mundo? Ela vê, Ela sabe, mas o que Ela pode? Não havia se posto a caminho, um dia em Baroda, para atuar, para poder? E ele olhava por toda a parte com sua Consciência Infinita e possuía a imensa alegria do Alto – "a alegria ri desnuda sobre os picos do Absoluto!"[3] Mas que pode a alegria se o Alto não se encontra aqui embaixo por todas as partes? Abaixo tudo continua igual, tudo sofre, tudo morre. Sri Aurobindo não escutava os juízes, nem respondia às questões das quais dependia sua vida, ouvia apenas a Voz a repetir: "Eu te guio; não temas. Ocupa-te do Trabalho pelo qual eu te levei à prisão", e Sri Aurobindo em sua cela conservava os olhos fechados e buscava... Não havia uma totalidade no Alto que fosse também a totalidade daqui debaixo? O caminho terminava, pois, com essa "impotência dourada"[4]? Qual o sentido de toda essa viagem?

A Alma, que por alguma inexplicável razão havia descido à Matéria, ou melhor, havia se convertido nessa Matéria, evolui lentamente no decurso das eras; ela cresce, individualiza-se através dos sentidos, da mente, das experiências e se recorda, cada vez mais, de sua divin-

[3] *Savitri*, v. 29, p. 454.
[4] *The Synthesis of Yoga*, v. 20, p. 162.

dade perdida ou submersa, de sua consciência no meio de sua força; depois encontra a si mesma e volta enfim à Origem, transcendente e nirvânica ou cósmica, segundo seu destino e suas inclinações. Não seria toda essa história, portanto, uma longa e laboriosa passagem do Divino ao Divino por meio do obscuro purgatório da Matéria? Mas, por que esse purgatório, por que essa Matéria? Por que ela aí penetrou se é para sair novamente? Poder-se-ia dizer que as bem-aventuranças cósmicas ou nirvânicas do final recompensariam bem todo o trabalho que a elas consagramos; pode ser, mas, entretanto, a Terra sofre; nós nos exultamos de alegria ali no Alto, em nossas bem-aventuranças sublimes, mas as torturas, as doenças, a morte proliferam e se desenvolvem; nossa consciência cósmica nada representa para o destino da Terra e menos ainda nosso Nirvana. Quanto aos demais, aconselhamos fazer o mesmo, despertando-se também de seu erro; muito bem, mas questionamos uma vez mais: Por que a Terra? Simplesmente para despertar-nos do erro da Terra? Dizemos "queda", dizemos Adão e Eva ou qualquer pecado absurdo que tenha desperdiçado a criação divina. Mas Deus é tudo! A Serpente do Paraíso, se é que houve Serpente, era Deus, ou Satanás e suas Pompas e suas Obras, porque há somente Ele! Ou será Deus tão inábil a ponto de cair sem se dar conta, ou tão impotente que sofre sem que o queira, ou tão sádico que se diverte cometendo erros para logo ter a bem-aventurança de sair de Seu erro? Seria, então, a Terra somente um erro? Pois, se essa Terra não tem sentido *para a Terra*, se o sofrimento do mundo não tem sentido *para o mundo*, se é somente um campo de transição para purificar-se de alguma falta absurda, então nada, ninguém, nenhuma beatitude suprema, nenhum êxtase final, justificarão esse inútil interlúdio. Deus não teria necessidade de entrar na Matéria se fosse para dela sair; Deus não teria necessidade da Morte nem do Sofrimento, nem da Ignorância, se esse Sofrimento, essa Morte e essa Ignorância não trouxessem *consigo* seu próprio sentido; se essa Terra e esse corpo, afinal de contas, não fossem a sede de um Segredo que tudo muda, e não instrumento de purgação e de fuga.

> Eu não subo a teu dia sem fim,
> Do mesmo modo que recusei tua Noite eterna...
> Tuas servidões sobre a Terra são maiores, ó Rei,
> Que todas as gloriosas liberdades do céu...

> Demasiado distantes são teus Céus para mim, homem que sofre
> Imperfeita é a alegria que nem todos compartilham[5]

Mas se olhamos de novo esse enigma, esse centro da Alma em torno do qual gira todo o mistério, somos obrigados a ver que a Alma não precisa ser "salva", como se diz, pois é livre para sempre, pura, totalmente salva em sua luz; no momento em que se penetra em seu íntimo, com olhos bem abertos, vê-se claramente que ela é maravilhosamente Divina e delicada, intocada por todas as difamações que se lançam sobre ela. É a Terra que precisa ser salva, porque ela é pesada; é a vida que precisa ser salva, porque a vida morre. Onde, pois, está a semente dessa Libertação? Onde está o Poder que liberta? Onde está a verdadeira salvação do mundo? Os espiritualistas têm razão, quando querem que provemos a ligeireza suprema da Alma; mas os materialistas também a têm, quando cavam na Matéria querendo dela extrair maravilhas. Mas eles não têm o Segredo, ninguém tem o Segredo. As maravilhas de uns carecem de Alma e as dos outros não têm corpo.

Sim, o corpo, que em princípio parecia somente um obscuro instrumento de libertação do Espírito, talvez seja justamente, paradoxalmente, a sede de uma totalidade desconhecida do Espírito: "isso que parece ser apenas um instrumento é, em verdade, a chave de um segredo sem o qual o que é fundamental não revelaria todo seu mistério"[6]. "Ocupa-te do Trabalho", dizia a Voz, e esse Trabalho não consistia em nadar nas bem-aventuranças cósmicas, mas sim em encontrar aqui embaixo, nesse corpo e para a Terra, um caminho novo que reconciliaria, em uma única e mesma consciência, a liberdade do Transcendente, a imensidão viva do Cosmos e a alegria de uma Alma individual em uma Terra consumada e em uma vida mais verdadeira. "Porque é a verdadeira mudança de consciência", diz a Mãe, "que transformará as condições físicas do mundo e dele fará uma nova criação".

---

5 *Savitri*, v. 29, p. 686-687.
6 *The Synthesis of Yoga*, v. 20, p. 110.

As Condições da Descoberta

Se quisermos "transformar as condições físicas do mundo", quer dizer, as chamadas "leis" naturais que governam a nossa existência e a do mundo e, se quisermos realizar essa transformação pelo poder da consciência, precisamos cumprir duas condições: por um lado, trabalhar no próprio corpo individual sem evadir-se para o além, porque esse corpo é o ponto de inserção da consciência na Matéria e, por outro lado, descobrir o princípio da consciência que terá o poder de transformar a Matéria. Ora, sabemos realmente que, até hoje, nenhuma consciência ou níveis de consciência conhecidos pela humanidade tiveram o poder de realizar essa mudança; nem a consciência mental, nem a consciência vital, nem a consciência física. É verdade que, pela força da disciplina, alguns indivíduos puderam desafiar as leis naturais e triunfar sobre a fadiga, sobre o frio, sobre a fome, sobre as doenças etc.; mas, em primeiro lugar, tratava-se de mudanças individuais que, em momento algum, eram transmissíveis; além disso não eram verdadeiramente transformações da Matéria: as leis que regem o corpo continuam sendo essencialmente o que sempre foram; somente alguns efeitos específicos, com aparência sobrenatural, vieram sobrepor-se, mais ou menos momentaneamente, ao natural. Podemos citar o exemplo de outro yogue revolucionário, companheiro de Sri Aurobindo, que, um dia, foi mordido por um cão raivoso; utilizando a força de sua consciência, conseguiu imediatamente suspender a ação do vírus e viver despreocupado apesar desse incidente (observemos que se esse yogue estivesse em perfeito estado de consciência, *ele não teria sido mordido*). Tempos depois, um dia, no decorrer de uma reunião política particularmente turbulenta, ele perdeu a paciência e agrediu violentamente um dos oradores. E, em poucas horas morria em meio a terríveis dores da raiva. Como se pode ver, seu poder dependia somente da *maestria* de sua consciência e, no momento em que essa consciência fracassou, tudo voltou a ser como antes, porque as leis do corpo não haviam sido mudadas, mas apenas amordaçadas. Por conseguinte, para se alcançar a transformação tal como posto por Sri Aurobindo e pela Mãe, não se trata de obter poderes "sobrenaturais", mais ou menos momentâneos, que venham sobrepor-se ao natural, mas de mudar a própria natureza do homem e seu condicionamento físico; não se trata de maestria, mas de transformação verdadeira. Além disso, se queremos uma realização para toda a Terra é preciso que esse novo princípio de existência, que Sri Aurobindo chama Supramental, *se estabeleça* definitivamente entre nós, em alguns primeiramente e depois, por irradiação, em todos aqueles que estão abertos a ele, do mesmo modo que o princípio mental ou o princípio de vida estabeleceram-se definitiva e naturalmente sobre a Terra. Em outras palavras, trata-se de criar sobre a Terra uma supra-humanidade Divina, que não será mais submetida às leis da ignorância, do sofrimento e da decomposição.

O empreendimento pode parecer-nos grandioso ou fantástico, mas apenas se o consideramos em relação a algumas décadas; ele se insere integralmente na linha evolutiva. Se, com efeito, consideramos que todo esse devir terrestre seja um devir do Espírito na forma e que todos os nascimentos humanos sejam crescimento da Alma ou do Espírito nos homens, podemos duvidar de que o Espírito se contente para sempre com a estreiteza humana, assim como também podemos duvidar de que no término de sua viagem Ele queira simplesmente retornar à Glória e à Alegria supraterrena, de onde, afinal de contas, Ele não teria necessidade de sair; a Luz está ali, eterna, já está ali, sempre esteve ali, imutável, para Ele isso não representa uma conquista! Mas a Matéria, eis um céu a ser edificado! Quem sabe, quer Ele conhecer essa mesma Glória e essa Alegria justamente em condições aparentemente contrárias às suas, em uma vida rodeada pela Morte, pela Ignorância, pela obscuridade, e pela inumerável diversidade do mundo, em vez de uma unidade sem mácula? Consequentemente essa vida e essa Matéria teriam um sentido; não seriam um purgatório ou um trânsito ilusório em direção ao além, mas um laboratório no qual o Espírito, gradativamente e de forma cada vez mais consciente, por meio da Matéria, da planta, do animal e depois do homem, prepara com cuidado o super-homem ou Deus:

> A Alma não terminou o que tinha a fazer simplesmente porque se tornou humana; ainda lhe resta desenvolver sua humanidade e suas possibilidades superiores. Evidentemente a Alma que habita em um canibal, ou em um primitivo ignorante, ou em um bandido de Paris, ou em um gangster americano, não esgotou sua necessidade de nascimento humano, não desenvolveu todas as suas possibilidades ou o sentido total da humanidade, nem manifestou todo o sentido de *Sat-Chit-Ananda* no Homem universal; nem a Alma que reside em um europeu

cheio de vida, absorto em suas produções dinâmicas e em seus prazeres vitais, nem o camponês da Ásia arrastado pela ronda ignorante de sua vida doméstica e econômica. Racionalmente podemos até duvidar de que Platão ou Shankara constituíam a perfeição e, em consequência, o ápice do desabrochar total do Espírito no homem. Sentimo-nos inclinados a acreditar que eles marcavam o limite, visto que, pareciam, juntamente com alguns outros, ser o ponto mais alto que a mente e a Alma do homem podiam alcançar; mas isso, talvez, seja ilusão de nossas possibilidades atuais... A Alma tem um passado pré-humano e tem um futuro supra-humano[7].

Sri Aurobindo não é um teórico mas um prático da evolução. Tudo o que ele pôde dizer ou escrever sobre a Evolução decorreu de suas experiências; antecipamos algumas questões apenas para dar maior clareza às investigações tateantes realizadas na prisão de Alipore. Ora, Sri Aurobindo via claramente que essa imensidão cósmica, beatífica, não era verdadeiramente o local do trabalho, e que era necessário novamente descer humildemente ao corpo e buscar essa imensidão dentro dele. Contudo, nós nos perguntamos se a "transformação" deve se operar pelo poder da consciência e não por algum mecanismo externo; que consciência mais elevada pode haver que não a consciência cósmica? Não foi ali que se alcançou o ápice da escala e, consequentemente, a fronteira do poder? A questão é importante se queremos compreender o processo prático da descoberta e, eventualmente, fazermos, nós mesmos, a experiência. Respondemos aqui com duas observações. Primeiro não basta alcançar elevados poderes de consciência, é preciso também que *alguém* os encarne, do contrário seremos como o caçador que conquistava tesouros com a ponta de seu binóculo; onde está esse "alguém" na consciência cósmica? Não há mais ninguém... Por uma analogia haveremos de melhor clarear o fato: podemos enviar um foguete ao Sol e talvez o ponto culminante do mundo seja atingido, mas não o nível mais elevado do homem que não terá movido um mindinho nessa direção. Nosso foguete *teria saído* do campo terrestre. Do mesmo modo, o yogue concentra-se em um ponto de seu ser, reúne todas as suas energias como o cone de um foguete, faz um buraco na carapaça e emerge em

---

7 The Life Divine, v. 19, p. 761-763.

outro lugar, em outra dimensão cósmica ou nirvânica. Mas *quem* realizou a consciência cósmica? Não foi o yogue. O yogue continua tendo sede, alimentando-se e dormindo, às vezes adoecendo, como todo ser humano e, um dia, morre. Não, não é ele; é um minúsculo ponto de seu ser que realizou a consciência cósmica, ponto sobre o qual ele se concentrou com obstinação para sair de si mesmo. E, todo o resto, toda essa natureza humana e terrestre que o yogue precisamente excluiu, que reprimiu ou mortificou para concentrar-se nesse único ponto de evasão, não participa de sua consciência cósmica, a não ser por irradiação indireta. Sri Aurobindo fazia, portanto, uma primeira constatação, muito importante, a saber: que uma realização linear, em um ponto, não basta; é preciso uma *realização global*, em todos os pontos e que abarque a totalidade do indivíduo: "Se desejais transformar vossa natureza e vosso ser", diz a Mãe, "e se quereis participar da criação de um mundo novo, essa aspiração, esse ponto sutil e linear não são suficientes; é preciso tudo englobar e tudo conter em vossa consciência. Daí o yoga integral ou "yoga pleno", *purna yoga*. Quisemos desembaraçar-nos do indivíduo como de um peso incômodo impedindo-nos de borboletear comodamente nas extensões espirituais ou cósmicas, mas sem ele nada podemos fazer pela Terra, não podemos fazer com que desçam tesouros do Alto: "há algo além desse estalar puro e simples de uma ilusória concha individual no Infinito"[8]. E Sri Aurobindo nos leva a uma primeira conclusão: "é bem possível que o sufocamento do indivíduo seja o sufocamento de deus no homem"[9].

Uma segunda observação, ainda mais importante, se impõe. Para retomar a analogia do foguete: ele pode romper em qualquer ponto da atmosfera terrestre, pode ser disparado de Nova York ou do equador, e chegar igualmente ao Sol; não é necessário escalar o cimo do Everest para ali instalar a base de lançamento! Do mesmo modo, o yogue pode realizar a consciência cósmica em qualquer ponto de seu ser, em qualquer nível, em sua *mente*, em seu coração e até mesmo em seu corpo, porque o Espírito Cósmico encontra-se em todas as partes, em todos os pontos do universo e a experiência pode começar em qualquer lugar, em qualquer nível, fixando sua atenção em uma pedra ou em uma andorinha, em uma ideia, em uma prece, em um sentimento, ou nisso a que chamamos desdenhosamente de ídolo. A

[8] *Essays on the Gita*, v. 13, p. 530.
[9] *The Synthesis of Yoga*, v. 20, p. 185.

consciência cósmica não é o ponto supremo da consciência humana; para chegar a ela nós não realizamos um passo acima do indivíduo, mas um passo para fora; não é preciso elevar-se em consciência, nem é preciso ser Plotino para ver o Espírito universal; ao contrário, quanto menor for a interferência da mente, mais fácil será a experiência. Um pastor sob as estrelas ou um pescador da Galileia têm maiores chances que todos os pensadores do mundo reunidos. De que serve, pois, todo esse desenvolvimento da consciência humana se uma campesina mística pode fazer melhor? Somos obrigados a reconhecer que realmente nos desviamos do caminho, ou que as evasões místicas não contêm todo o sentido da evolução. Dito isso, se admitimos que a linha evolutiva exemplar é a dos elevados ápices da consciência terrestre, a de um Leonardo da Vinci; de um Beethoven; de um Alexandre o Grande; de um Dante, somos realmente obrigados a constatar que nenhuma dessas elevações foi capaz de transformar a vida. Nem o ápice da mente ou do coração, nem tampouco o ápice cósmico nos traz a chave do enigma nem o poder de mudar o mundo; é necessário um outro princípio de consciência. Mas um outro princípio *sem romper a continuidade* com os precedentes, porque se há ruptura da linhagem ou perda do indivíduo, ainda vamos recair nas virtuosidades cósmicas ou místicas, sem laço com a Terra. Certamente, a consciência da Unidade e a consciência Transcendente são a base indispensável de toda a realização (sem ela seria como construir uma casa sem alicerce), mas ela deve ser alcançada por meios que respeitarão a continuidade evolutiva. É preciso evolução, não revolução. Em suma, trata-se de deixar isso sem sair disso. Em vez de um foguete que vá aniquilar-se no Sol, é necessário um que se apodere do Sol da Consciência Suprema e tenha o poder de fazê-la descer novamente em todos os pontos de nossa consciência terrestre: "O conhecimento último é aquele que percebe e aceita Deus no Universo como Deus além do Universo, e o yoga integral é aquela que, tendo encontrado o Transcendente, pode voltar ao Universo e possuir o Universo, conservando, à vontade, o poder tanto de descer como de subir a grande escala da existência"[10]. Esse duplo movimento de ascensão e queda da consciência individual constitui o princípio básico da descoberta Supramental. Mas no decurso do caminho, Sri Aurobindo tocaria em uma alavanca *desconhecida* que iria transtornar tudo.

10 Idem, p. 14.

A Ascensão da Consciência

Não basta dizer em que consiste a descoberta de Sri Aurobindo. Precisamos ainda saber como ela é acessível *para nós*. Ora, é realmente difícil fornecer um esquema e afirmar: "Este é o caminho", porque o desenvolvimento espiritual é sempre adaptado à natureza de cada um e, por esse motivo, não se trata de aprender uma extravagância, mas de descobrir a si mesmo e não há duas naturezas semelhantes:

> o ideal proposto pelo nosso yoga não é o de unir toda a vida espiritual nem todas as buscas espirituais. A vida espiritual não pode formular-se em uma definição rígida nem se fechar em uma lei mental invariável; é um enorme campo de evolução, um imenso reino potencialmente mais vasto que os demais reinos inferiores, com centenas de províncias, milhares de tipos, de fases, de formas, de caminhos, de variações no ideal espiritual, e de graus no progresso espiritual[11].

Podemos, portanto, fornecer somente alguns parâmetros. Consideremo-nos felizes se cada um encontrar a indicação que iluminará seu *próprio caminho*. Seria necessário recordar-se sempre de que o verdadeiro sistema do yoga consiste em apanhar o fio de sua própria consciência, esse "fio brilhante" do qual falavam os rishis (*Rig-Veda* x. 53), agarrar-se a ele e ir até o fim.

Como a Consciência Cósmica e o Nirvana não nos trazem a chave evolutiva que procuramos, retomamos nossa busca com Sri Aurobindo, no ponto em que ele a havia deixado em Baroda, antes de suas duas grandes experiências. A ascensão à Supraconsciência será a primeira etapa. À medida que o explorador estabelece o silêncio mental, que pacifica seu vital, que se liberta de sua absorção no físico, a consciência desliga-se das mil atividades nas quais estava indiscernivelmente fundida, dispersa, e, como havíamos dito, adquire uma existência independente. É qual um ser dentro, uma Força que vibra cada vez com maior intensidade. E, quanto mais ela cresce, menos se satisfaz por encontrar-se confinada em um corpo; essa Força radiante é percebida primeiramente no sono, depois em nossas meditações e, em seguida, com os olhos bem abertos. Mas esse movimento

---

11 *Letters on Yoga*, v. 24, p. 1668.

lateral, por assim dizer, na Mente Universal, no Vital Universal e no Físico Universal, não é seu único movimento. Essa força quer subir. Esse impulso ascendente não é necessariamente fruto de uma disciplina consciente, é mais uma necessidade natural e espontânea (não devemos nunca perder de vista que nosso esforço nessa vida é a continuação de esforços de muitas outras vidas, daí a desigualdade do desenvolvimento dos indivíduos e a impossibilidade de se fixar regras). Instintivamente, podemos sentir algo em cima da cabeça, algo que nos absorve, como uma extensão, como uma luz, como um pólo, que é fonte de todos os nossos atos e de todos os nossos pensamentos, ou como uma zona de concentração na parte superior do crânio. O explorador não impôs o silêncio à sua mente simplesmente pelo prazer de permanecer imóvel como um pedaço inerte de madeira, seu silêncio não está morto, está vivo; ele está conectado com o Alto porque sente que algo vive lá no Alto. O silêncio não é um fim, é um meio, como o solfejo ao se reproduzir uma melodia e inúmeras são as melodias. Dia após dia e, à medida que sua consciência se concretiza, o explorador tem centenas de minúsculas experiências quase imperceptíveis que brotam desse Silêncio do Alto: ele não pensa em nada e repentinamente um pensamento cruza sua mente. Não é nem mesmo um pensamento, é uma centelha, e ele sabe exatamente o que deve fazer, como deve fazer, nos mínimos detalhes, como peças de um quebra-cabeças que se encaixam em um piscar de olhos e com uma certeza palpável (abaixo, a incerteza é total; sempre pode ser outra coisa); ou então um estímulo súbito vem surpreendê-lo: "vá ver fulano", obedece e, "por acaso", essa pessoa necessitava dele; ou "não faça isto", ele insiste e sofre uma queda grave; ou, sem razão aparente, se vê impelido em direção a um local e exatamente ali encontra circunstâncias que lhe são favoráveis; ou se um problema se apresenta, ele permanece imóvel, silencioso, invocando as forças do alto para que a resposta venha clara, irrefutável. Ou se fala ou escreve, por exemplo, pode sentir concretamente, no alto, um campo de onde retira o pensamento, como o fio de um casulo luminoso. Ele não se mexe; simplesmente mantém-se sob a corrente e transcreve; nada ocorre na cabeça. Mas, se sua mente interfere, pouco que seja, tudo se desvanece, ou melhor, falseia porque a mente procura copiar as inspirações (macaco inveterado), e toma falsos brilhos por iluminação. E quanto mais o explorador aprende a escutar no Alto e a seguir essas inspirações (que não são imperiosas, nem barulhentas, imperceptíveis como um suspiro, quase que não pensadas, somente sentidas, porém terrivelmente velozes), elas se tornarão mais numerosas, mais exatas e irresistíveis; e, pouco a pouco, verá que todos os seus atos, por mais insignificantes que sejam, podem ser soberanamente guiados por essa fonte silenciosa do alto. Que todos os seus pensamentos são provenientes dela, luminosos e indiscutíveis; que uma espécie de *conhecimento espontâneo nele* floresce. Ele começa então a viver pequenos e contínuos milagres.

> Se somente os homens pressentissem as alegrias infinitas, as forças perfeitas, os horizontes luminosos do conhecimento espontâneo, a serena amplidão de nosso ser, que nos aguardam sobre pistas ainda não conquistadas por nossa evolução animal, abandonariam tudo e não descansariam enquanto não conseguissem conquistar esses tesouros. Mas o caminho é estreito, as portas difíceis de serem transpostas, e o medo, a dúvida, o ceticismo estão ali como tentáculos da Natureza impedindo-nos de abandonar os atalhos comuns[12].

Uma vez que essa amplidão do Alto torna-se concreta e viva, como uma faixa de luz, o explorador sentirá necessidade de entrar em comunicação direta com ela e de nela se lançar, sem restrições, porque sentirá também, com intensidade crescente, que a vida na Terra e a mente inferior são estreitas, ilusórias, uma espécie de caricatura; terá a impressão de esbarrar-se com tudo, de estar fora do lugar mesmo em sua própria casa e, que tudo é falso, irritante, como as palavras, as ideias, os sentimentos; que nunca é isso, nunca isso; tudo acontecendo sempre em paralelo, sempre mais ou menos, sempre embaixo. Às vezes, no sono, como um sinal precursor, somos envolvidos por uma grande luz ofuscante, tão ofuscante que instintivamente cobrimos os olhos. "O Sol parece escuro nesses casos", constata a Mãe. Então será preciso desenvolver e desenvolver essa Força de dentro, essa Consciência-Força que oscila para o Alto, impulsioná-la pela necessidade que temos de outra coisa, de uma vida mais verdadeira, de um conhecimento mais verdadeiro, de uma relação mais verdadeira com o mundo e com os seres. "Nosso maior progresso é uma necessidade que se aprofunda"[13]; será preciso recusar as construções mentais que

12 *Thoughts and Aphorisms*, v. 17, p. 79.
13 *Savitri*, v. 28, p. 134.

a cada instante tentam abarcar o fio luminoso; será preciso permanecer *aberto* e ser mais vasto que as ideias. Porque não temos necessidade de ideias, mas de espaço.

> Não somente é preciso destruir a armadilha da mente e dos sentidos, como também fugir da armadilha do pensador, da armadilha do teólogo e do fundador de Igrejas, e escapar das redes da Palavra e da escravidão da Ideia. Tudo isso está em nós, pronto para aprisionar o Espírito na forma; mas devemos ir sempre além, sempre renunciar ao menor pelo maior, renunciar ao finito pelo Infinito; devemos estar sempre prontos para avançar de iluminação em iluminação, de experiência em experiência, de inspiração em inspiração... E não nos apegar a nada, nem mesmo às verdades as mais solidamente arraigadas em nós, porque elas são somente formas e expressões do Inefável e o Inefável se recusa limitar-se em qualquer forma, qualquer expressão; devemos permanecer sempre abertos à Palavra do Alto, Palavra que não se limita em seu próprio sentido e, abertos à Luz do Pensamento que traz consigo seus próprios opostos[14]

Depois, um dia, à força da necessidade, à força de ser como uma massa comprimida, as portas se abrirão: "A Consciência eleva-se", diz a Mãe, "e rompe essa dura carapaça no ápice do crânio e emergimos na Luz".
"Uma tranquilidade branca e ardente no alto"[15].
Essa experiência é o ponto de partida do yoga de Sri Aurobindo. É a emergência na Supraconsciência, é a travessia de um passado que nos ata a um futuro que vê. Em vez de estarmos abaixo e sempre sob um peso, estaremos acima e respiraremos:

> A Consciência não está mais aprisionada no corpo ou limitada por ele; ela sente que está não somente acima do corpo, mas ampliada no espaço; o corpo está abaixo desse posto elevado e envolvido pela consciência ampliada... Torna-se somente uma circunstância na amplidão do ser e sua parte instrumental... Quando esse posto elevado está definitivamente estabelecido, em verdade já não mais se desce, a não ser com uma fração

---

14 *The Synthesis of Yoga*, v. 20, p. 315-316.
15 *Savitri*, v. 28, p. 239.

da consciência que pode vir trabalhar no corpo ou nos níveis inferiores enquanto que o ser estacionado permanentemente no alto dirige toda a experiência e todo o trabalho[16].

Êxtase?

Uma vez realizado o desapego, devemos proceder lenta e sistematicamente. De fato, o primeiro movimento da consciência é o de alçar voo rumo ao Alto, como se fosse aspirada, com a sensação de uma elevação infinita, igual à de um foguete, para depois se estabilizar em uma espécie de nirvana luminoso. A beatitude que acompanha essa eclosão no "ápice" (pelo menos ao que nos parece ser "o ápice") ou essa dissolução, é tão irresistível que pareceria inteiramente impróprio voltar a descer aos níveis intermediários para explorar o que quer que seja; isso representaria um retrocesso; tem-se somente um desejo: o de permanecer tão imóvel quanto possível para não macular essa Paz inteiramente unida. Em realidade, nós nem sequer percebemos que podem existir níveis intermediários entre a saída pelo ápice do crânio e essa fusão "no mais alto"; ofuscado, um pouco como um recém-nascido que abre os olhos pela primeira vez, o explorador não mais se reconhece, e mescla tudo em uma espécie de branco, ou branco-azulado, e se perde, isto é, cai em transe ou em "êxtase", como se diz no Ocidente, ou em samadhi como se diz na Índia. E quando dele volta, o explorador não está mais evoluído que antes. "Em sua pressa de chegar... (o explorador) supõe que nada existe entre a mente pensante e o Altíssimo; fechando os olhos em seu samadhi, tenta precipitar-se ali tão rapidamente quanto possível, sem nem mesmo ver os grandes e luminosos reinos do Espírito que se estendem entre ambos. Talvez ele consiga seus fins, mas somente para adormecer no Infinito"[17].

Naturalmente, o explorador dirá que esse estado é maravilhoso, indescritível e supremo. É verdade, mas como observa a Mãe:

> pode-se dizer tudo que se queira justamente porque ninguém se recorda de nada... Sim, quando saís de vosso ser consciente

---

16 *Letters on Yoga*, v. 24, p. 1136-1137.
17 *The Synthesis of Yoga*, v. 20, p. 281.

e entrais em uma parte de vosso ser completamente inconsciente, ou melhor, em uma região na qual não tenhais nenhuma consciência correspondente, é então nesse momento que entrais em samadhi... Vós vos encontrais em um estado impessoal, quer dizer, em um estado no qual sois inconscientes e é por isso, naturalmente, que vós não recordais de nada, porque não estáveis conscientes de nada.

Sri Aurobindo dizia simplesmente que o êxtase é uma forma superior de inconsciência. Pode ser que o que chamamos de Transcendente, Absoluto, Supremo, não seja o aniquilamento extático de que sempre ouvimos falar, mas somente o limite de nossa consciência atual. Absurdo seria, talvez, dizer: "aqui acaba o mundo e ali começa o Transcendente", como se houvesse uma fenda entre os dois, porque para um pigmeu o Transcendente pode começar pelo bê-á-bá da razão e o mundo dissipar-se não muito acima do intelecto. Não há fenda alguma a não ser em nossa consciência. Talvez o progresso da evolução consista, precisamente, em explorar as zonas de consciência cada vez mais avançadas em um inesgotável Transcendente que, realmente, não se situa "no alto" ou em outra parte fora deste mundo, mas em todos os lugares da Terra, desvelando-se lentamente à nossa visão; porque se, em um dia da nossa pré-história, o Transcendente situou-se um pouco acima do protoplasma, não foi porque tivesse abandonado o mundo do protoplasma para refugiar-se além do batráquio, do chimpanzé e posteriormente do homem, em uma espécie de corrida na qual Ele se vê paulatinamente excluído, mas fomos *nós* que abandonamos a inconsciência primitiva para viver um pouco mais adiante em um Transcendente presente em todas as partes[18].

Assim, em vez de dissipar-se no alto, ou naquilo que ele considera o alto, e de crer que seu êxtase é sinal de progresso, o explorador deverá compreender que esse é o sinal de inconsciência e deve trabalhar para descobrir a existência viva que se esconde por trás de seu deslumbramento: "Trateis de desenvolver vossa individualidade interior, diz a Mãe, e podereis entrar nessas mesmas regiões em plena consciência, tendo a alegria da comunhão com regiões mais elevadas,

---

18 Nessa fase de nossa busca não é mais possível falar sobre isso. É preciso aguardar a experiência supramental para se ter a chave dessa falsa oposição.

sem por isso perder consciência, voltando com um nada no lugar da experiência"[19].

Sri Aurobindo insistia: "A realização deve acontecer e permanecer quando em estado de vigília, se é que queremos que seja uma realidade da vida... As experiências e o transe yóguicos são úteis para abrir o ser e prepará-lo, mas somente quando a realização é constante e é mantida com olhos bem abertos é que realmente a possuímos"[20]. O estado de domínio integral, não o estado de marmota espiritual, é a meta que perseguimos e esse domínio somente é possível na continuidade da consciência: quando entramos em êxtase perdemos "aquele" que poderia fazer a ponte entre os poderes do Alto e a impotência inferior.

Quando rompeu a carapaça no ápice do crânio, Sri Aurobindo pôs-se, na prisão de Alipore, a explorar metodicamente os planos de consciência que se acham acima da mente comum, assim como em Baroda havia *explorado* os planos da consciência inferior. Retomava ali onde havia abandonado a ascensão da grande escala da consciência, que se estende sem fendas e sem hiatos extáticos, a partir da Matéria até esse ponto X que deveria ser o lugar de sua descoberta. "Porque não se obtém a Verdade Suprema ou o conhecimento de si integral por meio de um salto às cegas no Absoluto, mas por meio de uma travessia paciente através da mente e ainda mais além"[21].

Seres e Forças

Todos nós, assim como somos, recebemos constantemente e, sem perceber, influências ou inspirações desses planos superiores supraconscientes, que se traduzem em nós por ideias, por ideais, por aspirações, por obras de arte; são esses planos superiores que modelam

---

19 Pensamos definir melhor o êxtase falando de "enstase". Seria preciso acreditar que somente se está "em si" com a condição de se estar fora de si? Porque o êxtase – ex-stare – consiste, por definição, em estar fora de seu corpo ou fora da percepção do mundo. Gostaríamos, para dizer as coisas de forma simples, de um em si que não esteja fora de nós. Nós somente podemos falar veridicamente de "enstase" quando as experiências supremas estiverem situadas em nosso corpo e em meio à vida cotidiana; do contrário seria abuso de linguagem, embora, à sua maneira, ele exprima perfeitamente o abismo que cavamos entre a vida e o Espírito.
20 *Letters on Yoga*, v. 23, p. 743.
21 *The Synthesis of Yoga*, v. 20, p. 281.

secretamente nossa vida e nosso futuro; assim como recebemos constantemente, e sem que saibamos, vibrações vitais ou vibrações físicas sutis que a cada instante determinam nossa vida afetiva e nossas relações com o mundo. Estamos presos em um corpo individual pessoal apenas por uma tenaz alienação visual; em realidade, somos porosos em todos os sentidos e banhados por forças universais como a anêmona no mar: "o homem tagarela intelectualmente e irrefletidamente, discute sobre os resultados superficiais que atribui a seu 'nobre eu', ignorando que esse 'nobre eu' se encontra oculto, bem distante de sua visão, por detrás do véu de seu intelecto palidamente cintilante, e detrás da bruma densa de seus sentimentos, suas emoções, suas impressões, suas sensações e impulsos"[22]. Nossa única liberdade consiste em elevar-nos, por meio da evolução individual, a planos sempre mais altos, e nossa única tarefa é a de transcrever e encarnar materialmente as verdades do plano ao qual pertencemos. Poderíamos, portanto, destacar dois pontos importantes comuns a todos esses planos de consciência, de cima abaixo, se queremos melhor compreender o mecanismo do Universo. Em primeiro lugar, esses planos não dependem de nós nem do que deles pensamos, assim como o mar não depende da anêmona; eles existem *independentemente* do homem. A psicologia contemporânea que mescla confusamente todos os níveis do ser em um chamado "inconsciente coletivo", como se tratasse de um enorme chapéu de prestidigitador, de onde se pode tirar, ao acaso, tantos arquétipos quantos se queira, a exemplo de neuroses, revela, com esse ponto de vista, uma deficiência de visão; de um lado, porque as forças desses planos não são nada inconscientes, salvo para nós; ao contrário, são muito conscientes, infinitamente mais conscientes que nós; e, por outro lado, porque essas forças não são "coletivas", no sentido de que não são o produto de uma secreção humana, assim como o mar não é o produto da anêmona; é o homem frontal que é o produto dessa Imensidão que se acha por detrás dele. "As gradações de consciência são estados universais que não dependem do modo de ver da personalidade subjetiva. Ao contrário, a maneira de ver da personalidade subjetiva é determinada pelo nível de consciência ao qual ela pertence, e no qual ela se encontra organizada dependendo de sua natureza ou de seu estágio evolutivo"[23]. Naturalmente, é humano inverter a ordem de valores e colocar-se no

---

22 *Correspondence with Sri Aurobindo*, v. 1, p. 460.
23 *Letters on Yoga*, v. 22, p. 235.

centro do mundo. Além do mais, não é uma questão de teoria, sempre contestável, mas de experiência para a qual cada um está convidado: quando nós nos exteriorizamos, isto é, quando saímos de nosso corpo e entramos conscientemente nesses planos, vemos perfeitamente que eles existem fora de nós, assim como o mundo inteiro existe fora de qualquer cidade, com forças e até com seres e lugares, que nada têm em comum com nosso mundo terrestre; civilizações inteiras deram o testemunho de sua existência com relatos, gravações, inscrições rupestres em cavernas ou em templos; civilizações que foram, talvez, menos engenhosas que a nossa, mas certamente mais sábias.

O segundo ponto importante refere-se a forças conscientes e a seres que ocupam esses planos. É preciso salientar aqui a parte de superstição, e até de má-fé, que representa nossa contribuição "coletiva", e a parte de verdade. Como sempre as duas estão estreitamente mescladas; por esse motivo, o explorador integral, mais que ninguém, deverá estar armado desta *austeridade transparente*, na qual Sri Aurobindo tanto insistia, e não confundir a suprarrazão com irracionalidade. Praticamente, quando entramos conscientemente nesses planos, no sono, em meditação ou em exteriorização voluntária, podemos ver dois tipos de coisas: correntes de forças impessoais, mais ou menos luminosas, ou seres pessoais. Mas são duas formas de ver a mesma coisa:

> a linha divisória entre o que chamamos consciência e força, impessoal e pessoal, torna-se muito estreita quando nos encontramos atrás do véu da Matéria. Se olharmos o processo do lado da força impessoal, veremos uma energia ou uma força em ação que funciona com um propósito e produz determinado resultado; se olharmos do lado do ser, veremos um ser que possui uma força consciente que ele próprio dirige e utiliza, a menos que esse ser seja, ele mesmo, o representante de uma força consciente e por ela utilizado como instrumento de determinada ação. A ciência moderna descobriu que se olhamos o movimento da energia, ela se apresenta, de um lado, como uma onda e se comporta como uma onda, e de outro, como uma massa de partículas que se comporta como uma massa de partículas, e cada lado funciona à sua maneira. Aqui se aplica, mais ou menos, o mesmo princípio[24].

24 Idem, v. 23, p. 1087.

No entanto, alguns entre os exploradores nunca verão seres, mas forças luminosas; outros verão apenas seres e nunca forças; tudo dependerá de sua atitude interior, de sua aspiração, de sua formação religiosa ou espiritual e, inclusive, de sua cultura. Aqui começa a atuar a subjetividade e com isso os riscos de se cometer erros ou de se deixar levar pela superstição. Contudo, a subjetividade não é uma desqualificação da experiência, mas simplesmente sinal de que a mesma coisa pode ser vista e transcrita de diferentes maneiras segundo nossa formação; gostaríamos realmente de saber se dois pintores viram a mesma paisagem da mesma maneira, apenas para falar de realidades "concretas". O critério da verdade, como acreditam os legistas do natural ou do sobrenatural, deveria ser o de uma imutável permanência, mas é bem possível que seja o critério de nosso entorpecimento; a multiplicidade das experiências prova somente que nós nos aproximamos de uma *verdade viva*, não de um resíduo endurecido como as verdades mentais e materiais. Além disso, essas forças conscientes – bastante conscientes – podem tomar qualquer forma, não por má-fé, mas para se tornarem acessíveis à consciência daqueles que a elas se abrem ou que as invocam. Uma santa cristã, por exemplo, que tem a visão da Virgem, ou uma santa hindu que tem a visão de Durga, veem, talvez, a mesma coisa; elas, por ventura, entraram em contato com o mesmo nível de consciência e com as mesmas forças; mas, é óbvio que Durga nada significa para uma cristã, e que se, por outro lado, essa força se manifestasse em estado puro, isto é, sob a forma de vibração luminosa impessoal, ela não seria acessível à consciência do devoto da Virgem ou do devoto de Durga, ou, em todo caso, não falaria a seus corações. A devoção também tem seus direitos; o mundo todo não é bastante desenvolvido para compreender a intensidade do amor que pode haver em uma simples luz dourada, sem forma. Mas, o mais interessante ainda é que, se um poeta, Rimbaud ou Shelley, por exemplo, se abrisse a estes *mesmos* planos de consciência, eles veriam ainda uma outra coisa, que, no entanto, é sempre a mesma; é totalmente evidente que nem Durga nem a Virgem façam parte de suas inquietações; naquele momento perceberam, certamente, uma grande vibração, ou pulsações luminosas, ondas coloridas, que neles se traduziram por uma emoção poética intensa; recordemos Rimbaud: "Ó felicidade, Ó razão, afastei do céu o azul, que é negro, e vivi centelhas de ouro da luz *natureza*". E essa emoção, talvez, seja do mesmo nível de consciência ou da mesma frequência, por assim dizê-lo, que a da mística hindu ou cristã, embora possa a transcrição poética da vibração captada se parecer com as antípodas de toda a crença religiosa. E o matemático que, de repente, numa súbita revelação que o arrebata de alegria, vê uma nova imagem do mundo, tenha, talvez, tocado o mesmo patamar de consciência, com a mesma vibração reveladora. Porque nada ocorre "no ar", tudo se *situa* em alguma parte, em algum plano, e cada plano tem sua intensidade luminosa, sua própria frequência vibratória, e por milhares de caminhos diferentes se pode tocar o mesmo plano de consciência, a mesma iluminação.

Aqueles que transcenderam ou acreditaram transcender a fase das formas religiosas, logo concluíram que todas as formas pessoais são enganosas ou de natureza inferior, e que somente as forças impessoais são verdadeiras; mas é o abuso de nossa lógica humana que gosta de reduzir tudo e todos à uniformidade. A visão de Durga não é mais falsa ou imaginária que o poema de Shelley ou que as equações de Einstein testadas dez anos mais tarde. O erro e a superstição começam quando se acredita que somente a Virgem é verdadeira no mundo, ou somente Durga ou somente a Poesia. A verdade reconciliadora seria a de *ver* que todas essas formas procedem de uma mesma Luz Divina, em níveis variáveis.

Outro erro seria acreditar que as forças chamadas impessoais são forças mecânicas melhoradas; elas têm uma intensidade, um calor, uma alegria luminosa com o aspecto de uma pessoa sem rosto; para aquele que foi invadido por uma torrente de luz dourada, por uma eclosão azul-safira, por uma irradiação de luz branca, não lhe ocorre dúvida alguma de que, com esse ouro, vem um Conhecimento espontâneo cheio de alegria; com esse azul, uma força sólida; com essa brancura, uma Presença inefável. Há forças que descem como um sorriso. Então, realmente, compreendemos que a linha divisória pessoal-impessoal, consciência-força, é uma distinção prática da lógica humana, sem relação com a realidade, e que não é necessário ver figuras para se estar na presença da Pessoa.

A única conduta, realmente essencial, é abrir-se a esses planos superiores; quando neles se penetra, cada um de nós recebe, conforme sua capacidade, suas necessidades ou sua aspiração. Todas essas disputas entre materialistas e religiosos, filósofos e poetas, pintores e músicos são infantilidades de uma humanidade debutante onde cada um luta por acomodar a todos em seu próprio estandarte. Quando se alcança a luminosa Verdade, vê-se que Ela pode tudo conter sem que coisa alguma seja abalada, e que todo mundo é seu filho; o místico recebe a alegria Daquele a quem ama, o poeta recebe a alegria poética, o matemático recebe a alegria matemática, e o pintor recebe revelações coloridas e todas são manifestações de alegria espiritual.

Portanto, a "clara austeridade" é uma proteção poderosa, porque, infelizmente, nem todo mundo tem a capacidade de elevar-se às regiões superiores onde as forças são puras; é muito mais fácil abrir-se ao nível vital, que é o mundo da grande Força de Vida, mundo dos desejos e das paixões (que os médiuns e os ocultistas conhecem muito bem), e ali, as forças inferiores, rapidamente, tomam aparência divina com cores exuberantes ou com imagens terríveis. Se o explorador é puro, ele identificará a má-fé nos dois sentidos, terrível ou maravilhoso e sua pequena luz psíquica dissolverá todas as ameaças, todas as ilusões turbulentas do melodrama vital. Mas quem pode estar sempre seguro de sua pureza? Se, por conseguinte, não perseguimos nossas formas pessoais, mas somente uma verdade, cada vez mais sublime, à qual deixamos a escolha de manifestar-se sob a forma que Ela deseja, estaremos protegidos do erro e das superstições.

Agora podemos tentar dar uma ideia dessas gradações supraconscientes, tais como as identificamos quando não sucumbimos à inconsciência extática e tais como Sri Aurobindo as experimentou; é certo que aquilo que mais se aproxima da verdade universal não são as formas sempre limitadas e ligadas a uma tradição ou a uma época — embora essas formas tenham seu lugar e sua verdade —, mas as vibrações luminosas. Repetimos: quando dizemos "vibrações", não nos referimos a alguma mecânica ondulatória sem conteúdo, mas a movimentos de luz que contenham inexprimivelmente a alegria, o amor, o conhecimento, a beleza e todas as qualidades com as quais se revestem, de modo e em graus diversos, as elevadas manifestações da consciência humana, religiosas ou não:

> Uma luz que não nasceu do sol, nem da lua, nem do fogo
> Uma luz que mora dentro e que vê dentro
> Vertendo uma íntima visibilidade[25].

---

25 *Savitri*, v. 29, p. 525.

Os Planos da Mente

Antes de alcançar o plano Supramental, que é o começo do *hemisfério superior* da existência, o explorador passará por diversas camadas mentais, ou mundos, que Sri Aurobindo nomeou, em ordem ascendente, mente superior, mente iluminada, mente intuitiva e supermente (não confundir com Supramente), respectivamente. De modo natural, podemos empregar outros termos, se quisermos, mas essas quatro zonas correspondem a fatos bem distintos de experiência identificáveis por todos aqueles que têm a capacidade para empreender conscientemente a ascensão.

Teoricamente, essas quatro zonas de consciência fazem parte da Supraconsciência; dizemos teoricamente, porque é claro que a linha supraconsciente variará de indivíduo para indivíduo; para alguns, a mente superior ou mesmo a mente iluminada não são nem um pouco supraconsciente, mas fazem parte de sua consciência normal de vigília, enquanto que, para outros, a simples razão argumentante é uma etapa ainda longínqua do desenvolvimento interior; em outras palavras, a linha supraconsciente tende a recuar-se à medida em que nossa evolução progride. Se o subconsciente constitui o passado evolutivo, a Supraconsciência é o futuro evolutivo que, pouco a pouco, converte-se em consciência normal de vigília.

Não diremos o que são em si esses planos superiores de consciência independentemente do homem; cada um deles é um mundo de existência mais vasto e mais ativo que a Terra, e nossa linguagem mental está mal adaptada para descrevê-los; seria preciso uma linguagem visionária e poética – "outra linguagem" – como dizia Rimbaud. Foi o que Sri Aurobindo descreveu em *Savitri*, sua epopeia poética, à qual remetemos o leitor.

> Mundos e mundos de êxtase e de cor
> Milhões de lótus que acalanta uma única haste
> Sobem em direção de uma elevada epifania secreta[26]

Mas, podemos dizer o que esses planos mostram ao homem e como eles mudam nossa visão do mundo, quando a eles nos elevamos. A mente comum que todos nós conhecemos vê as coisas passo a passo,

---

26 Idem, v. 28, p. 279.

sucessivamente, de modo linear; não pode dar saltos, pois do contrário criam-se lacunas em sua lógica e ela mesma não mais se reconhece, dizendo que tudo isso é "incongruente", irracional ou nebuloso. A mente não pode ver mais de uma coisa de cada vez, senão diz que isso é contraditório; não pode admitir uma verdade ou um fato no campo de sua consciência, sem rejeitar automaticamente tudo aquilo que não seja essa verdade ou esse fato; é como o obturador que só deixa filtrar uma imagem, uma única imagem de cada vez. E tudo o que não consta de sua pequena tela momentânea, pertence ao limbo do erro, da mentira e da noite. Para ela, pois, tudo funciona dentro de um sistema antinômico inexorável: branco-negro, verdade-erro, Deus-Satã, e segue como um asno pelo caminho, vendo uma moita de capim após a outra. Em suma, a mente comum recorta incansavelmente pequenos fragmentos do tempo e do espaço. E quanto mais se desce a escala da consciência, mais se acentua o recorte; supõe-se que para um escaravelho tudo o que atravessa seu caminho linear sai do futuro pela direita, corta a linha de seu presente e desaparece em seu passado pela esquerda; um transeunte que pode cruzar esse caminho e que pode encontrar-se simultaneamente à direita e à esquerda, é para ele simplesmente milagroso e irracional, a menos que tenha uma perna na verdade e outra na mentira, o que não é possível; portanto, o homem não existe, e, do ponto de vista do escaravelho, o homem é o impossível. Para nós, o obturador expandiu-se um pouco: o futuro e o passado não mais se encontram à direita e à esquerda no espaço, são o ontem e o amanhã, ganhamos tempo em relação ao escaravelho. Mas existe uma outra consciência, Supramental, que pode ampliar mais ainda o obturador, ganhar ainda mais tempo e abarcar o ontem e o amanhã; que pode ver simultaneamente o presente, o passado e o futuro, o branco e o negro, a verdade e o que se convencionou chamar de erro, o bem e o que se convencionou chamar de mal, o sim e o não, porque todos os opostos são meros recortes no tempo. Dissemos "erro", porque ainda não identificamos o bem que ele prepara ou do qual é apenas a metade esboçada; dissemos "mentira", porque não tivemos tempo de ver o lótus emergir da lama; dissemos "negro", mas o dia só é negro para quem contempla a Luz! O erro era o companheiro necessário do bem; o não, a metade indissolúvel do sim; o branco e o negro e todo o arco-íris, formas distintas de uma única luz que pouco a pouco se descobre; não há opostos, há somente complementares. Toda a história da ascensão da consciência é a história de uma desobstrução e de uma passagem de uma consciência linear e contraditória a uma *consciência global*.

Sri Aurobindo diz realmente "global", diz realmente "hemisfério superior" da consciência quando fala da Supramente, porque a verdade tida como superior não é algo amputado da Terra, ela não é toda a verdade se lhe falta sua metade inferior. O superior não anula o inferior, ele o completa; o atemporal não é o reverso do temporal, assim como dois braços que se abraçam não são o oposto do ser abraçado. E o segredo consiste, justamente, em descobrir o atemporal no seio mesmo do temporal, o infinito no finito e a totalidade redonda das coisas na mais obscura fração, caso contrário ninguém é abraçado e ninguém abraça.

Essa ascensão da consciência não é somente a história de uma conquista do tempo; é também a conquista da alegria, do amor, da expansão do ser. Os níveis evolutivos inferiores não se contentam em recortar pequenas frações do tempo e do espaço, eles recortam tudo. Uma "lei de fragmentação"[27] crescente preside a descida da consciência, do Espírito ao átomo; fragmentação da alegria, fragmentação do amor e do poder e, naturalmente, fragmentação do conhecimento e da visão; tudo se decompõe em uma efervescência de minúsculos tropismos, uma pulverização de "consciência sonâmbula"[28], que já é uma busca da luz ou, talvez, uma lembrança da Alegria. "Em geral, o sinal dessa descida é uma diminuição crescente do poder de intensidade; intensidade do ser, intensidade da consciência, intensidade da força, intensidade da alegria nas coisas e da alegria de existir. Do mesmo modo, à medida que nós nos elevamos em direção aos níveis extremos, essas intensidades crescem"[29].

Mente Comum

A qualidade da luz ou a qualidade das vibrações é o que, em essência, permite distinguir um plano de consciência de outro. Se partirmos de nosso próprio nível evolutivo e contemplarmos a consciência sob seu aspecto luz, de onde se derivam todos os demais, a mente comum aparece, para o olho que vê, em uma espécie de cinza, com inúmeros

---

27 *The Human Cycle*, v. 15, p. 159.
28 *The Hour of God*, v. 17, p. 15.
29 *Letters on Savitri*, v. 29, p. 810.

pequenos pontos escuros ou pequenos nós vibratórios bastante obscuros, como uma nuvem de moscas em torno da cabeça da pessoa e que representa seus mil e um pensamentos; vão e vêm, giram, circulam de uma pessoa a outra. Depois, de vez em quando, uma pequena explosão de luz desce do alto, uma pequena alegria, uma pequena chama de amor que dança nesse acinzentado. Mas, esse *fundo neutro*, como diz Sri Aurobindo, é tão denso, tão pegajoso, que ele absorve tudo, descolore tudo, arrasta tudo para baixo com sua gravitação obscura; não somos capazes de suportar por muito tempo a alegria, nem o sofrimento, nem somos capazes de suportar muita luz. Essa mente comum é muito pequena, espasmódica e, rapidamente, se extingue. E tudo é submetido a milhares de condições.

Mente Superior

Esse nível aparece frequentemente nos filósofos e nos pensadores; é menos opaco e mais livre. O fundo já não é mais inteiramente cinza com nuança de azul e os pequenos brilhos de luz que descem são absorvidos menos rapidamente; são também mais intensos, mais fartos, mais frequentes. A alegria tende a durar mais, o amor a ser mais amplo, e eles são menos submetidos às inúmeras condições dos níveis inferiores; o ser começa a reconhecer então o que é a alegria em si, o que é o amor em si, sem motivo. Mas é ainda uma luz fria, um pouco dura. É ainda uma substância mental densa que capta a luz do alto, fundindo-a em sua própria substância, recobrindo-a com uma camada pensante sem distinguí-la. Ela só compreenderá a luz recebida, realmente, no final, quando for diluída, quando for submetida à lógica e fragmentada em inúmeras páginas, em palavras ou em ideias. Além disso, as páginas e os parágrafos da mente superior são fundados em um único ponto de luz, ou em um pequeno número de pontos que ela captou (é a sua conclusão antecipada; uma pequena gota de intuição precipitadamente deglutida), e ela sofre ao eliminar, durante o processo, tudo o que seria contrário à sua conclusão. Certamente, pode abrir-se aos planos mais elevados e receber revelações súbitas, mas essa não é uma atitude normal; sua substância mental é feita para decompor a luz. Ela começa a compreender quando consegue explicar.

Mente Iluminada

A mente iluminada é de outra natureza. À medida que a mente superior aceita o silêncio, ela tem acesso a esse domínio. Isso significa que sua substância clarifica-se e o que antes chegava em conta-gotas agora chega em abundância: "o fundo geral já não é mais neutro, é um bem-estar espiritual, uma alegria pura sobre a qual se destacam ou emergem os tons específicos da consciência. Tal é a primeira mudança fundamental"[30]. A consciência enche-se de uma corrente de luz, sempre dourada, na qual se derramam colorações variáveis conforme o estado interior; é uma *invasão luminosa*. E, ao mesmo tempo, é um estado de entusiasmo no sentido em que os gregos o entendiam, um súbito despertar, como se o ser inteiro estivesse vigilante, em alerta, mergulhado, repentinamente, em um ritmo mais rápido e em um mundo inteiramente novo, com novos valores, com novos relevos e comunicações inesperadas; tira-se a cortina de fumaça do mundo e tudo se reúne em uma grande vibração feliz; a vida é mais ampla, mais verdadeira, mais viva; pequenas verdades acendem-se por todas as partes, sem palavras, como se todas as coisas tivessem um segredo, um sentido especial, uma vida especial. O ser encontra-se em um *estado de verdade* inexprimível, sem nada compreender, simplesmente *é*. E isso é maravilhoso. É leve, é vivo e ama.

Essa corrente luminosa traduz-se, para cada um, de maneira diferente (nós sempre nos apressamos em lhe dar uma forma demasiadamente pronta, em vez de deixá-la tranquilamente impregnar o ser e realizar seu trabalho de clareza da substância); para uns, será um súbito desabrochar poético, outros verão novas formas arquitetônicas, outros se encontrarão no caminho de novas descobertas científicas e haverá aqueles ainda que amarão seu Deus. Geralmente, o acesso a essa nova consciência é acompanhado de uma eflorescência espontânea de capacidade criadora, sobretudo no campo poético. É curioso ver grande número de poetas de todas as línguas, chinesa, indiana, inglesa etc. entre os discípulos de Sri Aurobindo, como se a poesia e as artes fossem o primeiro resultado prático de seu yoga: "Quando ocorreu a abertura da consciência", escrevia a um deles:

---

30 Idem, ibidem.

vi sobrevir em mim mesmo e em outros uma repentina eclosão de capacidades em todas as formas de conhecimento, de tal modo que, aqueles que há muito haviam se esforçado para se exprimir por meio dos ritmos sem nenhum sucesso puderam se transformar, da noite para o dia, em mestres da linguagem e das cadências poéticas. Isto é uma questão de silêncio justo e de abertura exata à Palavra que tenta expressar-se; porque a Palavra está ali, toda pronta, já formada nos planos internos onde nascem todas as formas artísticas, mas a mente transmissora deve mudar e converter-se em um canal perfeito em vez de ser um obstáculo[31].

A poesia é o meio mais propício para se compreender o que são esses planos superiores de consciência; no ritmo do poema as vibrações são facilmente captadas; nós as evocaremos aqui e mais adiante, embora a Supraconsciência não seja o único privilégio dos poetas.

Em sua grandiosa comunicação poética e em sua *Poesia Futura*, Sri Aurobindo deu inúmeros exemplos da poesia oriunda da mente iluminada; infelizmente, tais exemplos não despertaram interesse para leitores de outro idioma que não o inglês, uma vez que seus discípulos eram sobretudo ingleses. Rimbaud, naturalmente, foi quem ofereceu para a língua francesa a melhor ilustração, em particular em seu *Bateau Ivre* (O Barco Ébrio), caso realmente se queira desligar-se dos sentidos externos para escutar o que vibra por trás; porque a poesia, finalmente, como todas as demais formas de arte, é somente um meio para se pegar, em armadilha, uma notinha intraduzível, que não é nada, e que é o verdadeiro da vida:

> Eu conheço os céus arrebentando-se em relâmpagos, e as trombas,
> E as ressacas e as correntezas; eu conheço a noite,
> A Aurora exaltada, assim como uma multidão de pombas,
> E vi, algumas vezes, o que o homem acreditou ver.

Uma poesia não é "iluminada" pelo seu sentido; é iluminada porque contém a nota específica desse plano; e nós poderíamos encontrar a mesma nota em um quadro de Rembrandt, como na música de César Franck, por exemplo, ou mesmo, simplesmente, na palavra de um

---

31 *Sri Aurobindo Came to Me*, p. 127.

amigo; é o toque da verdade que há por detrás, a pequena vibração que vai diretamente ao ponto mais sensível onde o poema, a tela ou a sonata é apenas cristalização mais ou menos transparente; e, quanto mais se sobe mais pura é a vibração, mais luminosa, mais vasta e mais poderosa. Quando Rimbaud, mais uma vez, disse:

> Ó estações, Ó castelos,
> Que Alma existe sem defeitos?

A vibração está ali intensamente presente, quase visível. Mas essa não é uma vibração iluminada, nós a sentimos perfeitamente; essa vibração não vem do alto da cabeça, mas do centro do coração, e isso não tem nada a ver com os sentidos: as palavras são somente revestimentos dessa coisa que vibra. Esse outro verso de Mallarmé, ao contrário, vem diretamente da mente iluminada: "A transparente geleira dos voos que não fugiram!"

O que em essência caracteriza as obras provenientes desse plano foi o que Sri Aurobindo chamou de *a luminous sweep*, uma revoada luminosa, uma fonte de luz repentina; sua vibração não é semelhante a outra qualquer: há sempre um choque e, em seguida, a coisa que vibra como um diapasão. Mas não permanece pura em uma obra por muito tempo, porque o movimento da obra segue o da consciência, que consiste em subir e descer constantemente, a menos que exista uma determinada disciplina para estabilizá-la; o *Bateau Ivre* contém uma mente iluminada, mas também muito do vital e da mente comum e até mesmo um brilho da supermente, como veremos em seguida.

Assim que descobrimos sua beleza, descobrimos os limites da mente iluminada: a poesia iluminada traduz-se por uma torrente de imagens e de palavras reveladoras (porque, nesse estágio, a visão, frequentemente, se abre e se começa também a ouvir), quase uma avalanche de imagens luxuriantes, algumas vezes desordenadas, como se a consciência fosse incapaz de conter a onda luminosa e a sua intensidade; em demasia, transborda-se. O entusiasmo, facilmente, transforma-se em exaltação e, se o resto do ser não for suficientemente purificado, qualquer parte inferior pode apoderar-se da luz e da força que descem e utilizá-las para seus próprios fins; esse é um obstáculo frequente. Quando as partes inferiores da natureza, principalmente o vital, se apoderam da torrente luminosa, elas a endurecem, a dramatizam, a torturam; a força ainda está ali, mas endurecida, ao passo que a essência da mente iluminada é a alegria. Poderíamos citar aqui o nome de muitos poetas e gênios criadores[32]. Além disso, a substância da mente iluminada não é verdadeiramente transparente, ela é somente translúcida; sua luz é difusa, um pouco como se apalpasse a verdade por inteira sem tocá-la verdadeiramente, daí as frequentes incoerências, as oscilações. É apenas o começo de um nascimento. Antes de aceder além é preciso ainda uma purificação maior e, sobretudo, maior paz, maior equilíbrio, maior silêncio. Quanto mais o ser se eleva em consciência, mais é preciso um equilíbrio de peso.

Mente Intuitiva

A mente intuitiva contrasta com a mente iluminada por sua clara transparência; ela é veloz, corre descalça, de rocha em rocha; não se encontra entravada como a mente superior, por essa ortopedia pensante que nos prende ao chão, como se o conhecimento dependesse do volume ponderado de nossas reflexões. Seu conhecimento é uma centelha jorrada do silêncio; e tudo está ali, nem mais alto, nem mais profundo em verdade, mas ali, aos nossos olhos, aguardando apenas que sejamos claros; não se trata de elevar-nos ou de desobstruir-nos. Os arrozais da Índia na primavera estendem-se tranquilos e verdes, com seu odor suave, imensos sob um céu denso; de repente, um grito e milhares de periquitos fogem voando. E nós não tínhamos visto nada. É tudo tão rápido, fulgurante – terrível rapidez de uma consciência que se ilumina. Um ponto, um som, uma gota de luz e um mundo magnífico, farto, estava ali contido; milhares de pássaros imperceptíveis ao lampejo de um relâmpago. A intuição repete o mistério original de um grande Olhar, conforme nossa dimensão; um formidável piscar de olhos que tudo viu, que tudo conheceu, e que brinca para ver, pouco a pouco, lentamente, sucessivamente, temporalmente, em miríades de pontos de vista, o que Ele havia abraçado em uma só fração de eternidade.

[32] Talvez fosse necessário destacar que existe uma grande diferença entre o indivíduo que recebe inspiração ou iluminação ocasional, frequentemente duvidosa, e o indivíduo que, sistematicamente, desenvolveu sua consciência, grau após grau, de modo que possa à vontade estabelecer-se neste ou naquele nível de consciência, nele permanecer quanto queira, e dele receber também, sem deformação, a inspiração ou a luz correspondente. Essa é a tarefa do yoga integral.

>   Um eterno instante é a causa dos anos[33].

Com a intuição vem uma alegria específica que se distingue da alegria iluminada. Não é mais uma torrente que parece vir do exterior, é uma espécie de reconhecimento, como se antes fôssemos sempre dois: um irmão de luz que vive na luz e um irmão de sombra – nós mesmos – que vive embaixo e que repete, às cegas, na sombra, tropeçando em todas as partes, os gestos do irmão, o movimento, o conhecimento, a grande aventura do irmão, mas tudo embaixo é mesquinho, mirrado, desastrado; de repente, uma coincidência: eles são um. Eles são um em um ponto de luz. Por uma única vez, não há mais diferença, existe a alegria.

E quando formos um em todos os pontos, viveremos a Vida Divina.

E esse ponto de coincidência é o conhecimento que pode ser traduzido de uma forma ou de outra, dependendo da preocupação do momento, mas, em essência, é sempre um choque de identidade, um encontro; sabe-se porque se reconhece. Sri Aurobindo dizia que a intuição "é uma lembrança da Verdade"[34]. É na revelação intuitiva que se vê claramente que o conhecimento não é uma descoberta do desconhecido – somente se descobre a si mesmo! Porque não há nada mais a descobrir; mas sim um lento reconhecimento, no tempo, deste segundo de Luz que *todos nós vimos*. Quem não a viu alguma vez? Quem não tem na vida essa Lembrança? Quaisquer que sejam nossas crenças ou descrenças, qualquer que seja nossa capacidade ou incapacidade, nossas pequenas ascensões, por mais ínfimas que sejam, há sempre um instante que é o *nosso* instante. Há vidas que duraram apenas um segundo, e todo o resto é esquecimento.

A linguagem intuitiva aglutina-se em uma fórmula concisa, sem palavras supérfluas, opondo-se à linguagem pletórica da mente iluminada (que, no entanto, também traz, até mesmo por sua abundância, um ritmo luminoso e uma verdade de contornos menos precisos, talvez, porém mais ardentes). Quando Plotino reunia todo o ciclo do esforço humano em três palavras – "Um voo do Solitário ao Solitário", ele empregava uma linguagem essencialmente intuitiva, igual a das *Upanishads*. Mas essa virtude marca também os limites da intuição; por mais cheias de vida que sejam nossas revelações intuitivas e nossas fórmulas, elas não podem conter toda a verdade;

---

33 *Savitri*, v. 28, p. 315.
34 *The Life Divine*, v. 19, p. 947.

seria necessário um calor mais amplo, o mesmo calor que traz a mente iluminada, porém com uma transparência mais elevada. "Porque a mente intuitiva vê por lampejos, ponto por ponto, mas não o conjunto"[35]. O espaço revelado pela inspiração é surpreendente, irrefutável, mas é apenas um "espaço da verdade"[36]. Além disso, a mente apodera-se da intuição e, como observa Sri Aurobindo, "dela muito absorve e, ao mesmo tempo, muito pouco"[37]; absorve muito, porque a mente generaliza indevidamente sua intuição querendo estender sua descoberta a todo o espaço; e muito pouco, porque, em vez de deixar que a revelação faça, tranquilamente, seu trabalho de iluminação e de clarificação de nossa substância, dela logo se apodera, recobrindo-a com uma camada pensante (ou pictural, ou poética, ou matemática ou religiosa) e só compreende sua revelação por meio da forma intelectual, da artística ou da religiosa que nela imprimiu. É muito difícil fazer com que a mente perceba que uma revelação pode ser todo-poderosa e até mesmo formidável, sem que dela nada se compreenda e, principalmente, que ela é todo-poderosa apenas enquanto nós não a fazemos descer alguns graus, diluída, fragmentada para, hipoteticamente, "compreendê-la". Se pudéssemos nos manter tranquilos com a revelação que vibra, como que suspensa na luz, sem nos lançarmos sobre ela para reduzi-la a pequenos fragmentos intelectuais, perceberíamos, ao final de algum tempo, que todo o ser mudou de elevação e que se tem uma visão nova em vez de uma pequena fórmula morta. Quando se explica, três quartos do poder transformador evaporam-se.

No entanto, se o explorador, em vez de precipitar-se sobre a pluma ou sobre os pincéis ou lançar-se em torrentes de palavras para expulsar a demasiada luz recebida, zela para conservar o silêncio e a transparência e, se é paciente, verá multiplicarem-se, pouco a pouco, as revelações que se tornarão de certo modo mais compactas e verá uma outra consciência nele se formar, que é, ao mesmo tempo, a realização e a fonte da mente iluminada, da mente intuitiva e de todas as formas mentais humanas; falaremos agora da supermente.

---

[35] *Letters on Yoga*, v. 22, p. 264.
[36] *The Synthesis of Yoga*, v. 21, p. 771-772.
[37] Idem, ibidem.

Supermente

A supermente é o ápice raramente alcançado pela consciência humana. É uma consciência cósmica, porém sem o aniquilamento do indivíduo. Em vez de rejeitar tudo para resplandecer em pleno céu, o explorador transpôs pacientemente todos os níveis do ser, tão bem que o baixo permanece ligado ao alto, sem dissolução de continuidade. É o mundo dos deuses e fonte inspiradora dos grandes fundadores de religião; foi nesse mundo que nasceram todas as religiões que conhecemos, as quais se derivaram de uma experiência supermental, em uma de suas inúmeras facetas. Uma religião, uma revelação ou uma experiência espiritual sempre pertencem a um plano; elas não saíram dos raios de Deus nem de parte alguma; os que encarnaram a revelação não a obtiveram do nada: a supermente é seu plano de origem. Essa é também a origem das elevadas criações artísticas. Mas, ressaltamos que esse ainda é um plano da mente, embora mais elevado.

Quando a consciência se eleva a esse plano, não vê mais "ponto por ponto" mas, "serenamente, vê em grandes conjuntos"[38]. Não é mais a luz difusa da mente iluminada, nem são as revelações isoladas da mente intuitiva, mas "um oceano de revelações estáveis", repetindo a admirável expressão védica. A consciência não se encontra mais limitada ao breve instante presente nem ao espaço estreito de seu campo visual; está desobstruída e vê, de uma só vez, "grandes extensões no espaço e no tempo"[39]. A diferença essencial em relação aos demais planos resulta da igualdade ou da uniformidade quase completa da luz: em uma mente iluminada, particularmente receptiva, poder-se-ia ver, por exemplo, um campo ou um fundo azulado, jorrando raios de luzes repentinas, revelações intuitivas, eclosões luminosas que viajam, e até mesmo grandes cataratas supermentais, mas tudo isso seria um jogo luminoso intermitente, nada estável. Essa é a condição da maioria dos grandes poetas que conhecemos; eles alcançaram um dado nível, ou um ritmo, uma luminosidade poética geral e depois, de vez em quando, tocam um ponto em regiões mais elevadas e de lá trazem alguns versos deslumbrantes (ou harmonias) que se repetem, de geração em geração, como um Sésamo. A mente iluminada é ge-

---

[38] *Letters on Yoga*, v. 24, p. 1154.
[39] Idem, ibidem.

ralmente a base (base já bastante elevada) e a supermente, um reino Divino ao qual acedemos nos momentos de graça.

Mas para uma consciência supermental completa e permanente, tal como puderam corporificá-la os rishis védicos, por exemplo, não há mais intermitências luminosas; a consciência *é uma massa de luz estável*. Disso resulta uma visão contínua e universal; conhece-se a alegria universal, a beleza universal, o amor universal, porque todas as contradições dos planos inferiores procedem de uma insuficiência de luz, ou melhor, de uma estreiteza de luz, que ilumina apenas um campo limitado, enquanto que na luz homogênea as contradições, que são como espaços de sombra entre duas revelações ou como fronteiras obscuras no extremo de nossa luz, fundem-se em um campo visual único. E, no momento em que a luz está por toda a parte, também a alegria, a harmonia e a beleza necessariamente estarão em toda a parte, porque os opostos não são mais percebidos como negação, ou como buracos de sombra entre duas aberturas de consciência, mas como elementos de intensidade variável em uma Harmonia cósmica contínua. Não que a consciência supermental seja incapaz de ver o que nós chamamos de feio, ou de mal, ou de sofrimento, mas é que tudo se reúne em um grande tema universal em que cada coisa tem lugar indiscutível e utilidade própria. Essa é uma consciência unitária, não uma consciência separatista. A capacidade de unidade dá exatamente a medida da perfeição supermental. Além disso, ao adquirir a visão dessa unidade, Divina necessariamente (o Divino não é mais uma coisa suposta ou concebida, mas algo que se vê, que se toca, que se *tornou* nós mesmos, naturalmente, como nossa consciência transmudou-se em luz), o ser supermental percebe a mesma luz, em todas as partes, em todas as coisas, em todos os seres, como a percebe em si mesmo; não há mais vazios separatistas, não há mais gretas estranhas, tudo se banha continuamente em uma substância única; o ser supermental conhece o amor universal, a compreensão universal, a compaixão universal para com todos os outros seres, que são ele mesmo, e que também caminham em direção à própria divindade, ou melhor, convertem-se lentamente na luz que já são.

Pode-se, portanto, alcançar essa consciência supermental por todos os tipos de caminho, por meio de uma intensa religiosidade, por meio de uma intensidade poética, uma intensidade intelectual, artística, heroica ou mesmo por meio de tudo aquilo que ajuda o homem a se superar. Sri Aurobindo concedia uma importância especial à Arte, pois a considerava um dos mais importantes meios de progresso espiritual; infelizmente, os artistas e os criadores possuem, geralmente, um ego considerável que lhes bloqueia o caminho; essa é sua maior dificuldade. O religioso, que trabalhou para dissolver seu ego, tem maior facilidade, mas é raro que alcance a universalidade pela via individual da consciência; dá, de preferência, um salto para fora do indivíduo – um pontapé na escala – sem se preocupar em desenvolver todos os níveis intermediários da consciência pessoal, e quando chega ao "ápice", já não há escada que lhe possibilite a descida ou já não quer descer ou já não há o indivíduo que traduza o que ele vê ou, por fim, é o velho indivíduo de outrora que tenta, mais ou menos, traduzir sua nova consciência, se é que sente a necessidade de traduzir o que quer que seja. Os rishis védicos que nos dão o exemplo, provavelmente único, de um progresso espiritual sistemático e contínuo, de plano em plano, são, talvez, os maiores poetas que a Terra teve; Sri Aurobindo revelou-nos essa particularidade em seu *Segredo dos Vedas*. A palavra *Kavi* designava concomitantemente o vidente da Verdade e o poeta. Alguém era poeta porque era vidente. Essa é uma evidência realmente esquecida. Poderíamos, portanto, citar aqui algumas palavras sobre a Arte concebida como meio de ascensão da consciência e, particularmente, sobre a poesia a nível supramental.

Poesia Mântrica

Os planos de consciência não se distinguem somente por vibrações luminosas de diferentes intensidades, mas por vibrações auditivas diferentes, ou ritmos, que podem ser escutados quando se tem esse "ouvido do ouvido" de que fala o *Veda*. Sons ou imagens, luzes ou forças, ou seres, são diferentes aspectos de uma mesma Existência que se manifesta diversamente e com intensidade distinta dependendo do plano em que se encontra. Quanto mais se desce a escala da consciência, mais se fragmentam as vibrações auditivas: o mesmo acontece com as luzes, os seres e as forças. No plano vital, por exemplo, podemos ouvir vibrações desordenadas da Vida, vibrações discordantes, sincopadas, como algumas músicas que têm origem nesse plano, ou como certa pintura e certa poesia vitais, que traduzem esse ritmo interrompido, vigorosamente colorido. Quanto mais um ser se eleva, mais as vibrações se harmonizam, mais se unificam, mais se afinam por assim dizer, tais como algumas grandes notas dos quartetos para corda de Beethoven, que parecem arrastar-nos vertiginosamente e sem fôlego até às alturas deslumbrantes de pura luz. Seu poder não mais participa do volume ou da explosão colorida, mas de uma elevada frequência interior. A velocidade vibratória faz com que o arco-íris mude de cor transformando-se em branco puro, em alta nota, tão rápida, como que imóvel, plena da eternidade, um único som-luz-força que é, talvez, a sílaba sagrada dos indianos, "OM – a Palavra oculta no fogo do Alto"[40]. "No princípio era o Verbo", diz a Escritura.

Existe na Índia um conhecimento secreto fundado nos sons e nas diferenças de modalidade vibratória segundo os planos de consciência. Se pronunciamos o som OM, por exemplo, sentimos perfeitamente que ele envolve os centros da cabeça, enquanto que o som RAM toca o centro umbilical e, como cada um de nossos centros de consciência está em comunicação direta com determinado plano, podemos, pois, pela repetição (*japa*) de alguns sons, colocarmo-nos em comunicação com o plano de consciência correspondente[41]. Toda disciplina espiritual chamada "tântrica", derivada de alguns textos sacros chamados *tantra*, foi fundada nesse fato. Os sons básicos ou sons essenciais que têm o poder de estabelecer a comunicação são chamados *mantras*. Os mantras, sempre secretos, que são dados ao discípulo pelo "guru"[42], são de todos os tipos (cada plano de consciência tem diferentes níveis) e eles podem servir a propósitos os mais contraditórios.

Pela combinação de alguns sons, podemos, em níveis inferiores de consciência, geralmente no vital, colocarmo-nos em relação com as forças correspondentes e obtermos poderes estranhos: há mantras que matam (em cinco minutos, por vômitos fulminantes), mantras que atacam exatamente esta ou aquela parte do corpo, este ou aquele órgão, há mantras que curam, mantras que provocam incêndios, que protegem, que enfeitiçam. Esse tipo de magia ou de química vibratória tem origem simplesmente na manipulação consciente das vibrações inferiores. Mas há uma magia superior que procede igualmente do manejo das vibrações, porém em planos de consciência mais elevados;

---

40 *Collected Poems*, v. 5, p. 589.
41 Se observarmos atentamente a ilustração dos centros de consciência, veremos que no meio de cada um há uma letra sânscrita: Lam, Vam, Ram, Yam, Ham, Om, na ordem ascendente. Esses sons essenciais representam a vibração especial que governa as forças de cada um dos planos considerados. (Ver A. Avalon, *The Serpent Power*).
42 Podemos ler mantras em um livro e repeti-los quantas vezes quisermos, mas não terão poder ou "força ativa", a menos que sejam dados pelo Mestre ou Guru.

é a poesia, a música, são os mantras espirituais das *Upanishads* e dos *Vedas*, ou os mantras que o Guru dá ao discípulo para ajudá-lo a entrar conscientemente em comunicação direta com este ou com aquele plano de consciência, com esta ou aquela força, ou com um ser Divino. O som traz em si o poder da experiência e da realização; é um som que faz ver.

Concebe-se, pois, que a poesia e a música, que são uma manipulação inconsciente das vibrações secretas, podem ser poderosos meios de abertura da consciência. Se conseguíssemos fazer conscientemente uma poesia ou uma música, que fosse o produto de manipulação consciente das vibrações superiores, criaríamos grandes obras iniciáticas. Em vez de uma poesia que fosse uma fantasia do intelecto e um "aparato da mente"[43] segundo Sri Aurobindo, poderíamos criar uma poesia ou uma música mântricas para "fazer com que os Deuses descessem à vida"[44]. Porque a verdadeira poesia é um ato que ultraspassa a consciência – vivemos aprisionados, entrincheirados! – por onde o Verdadeiro pode entrar: é um "mantra da Verdade"[45], uma iniciação. Foi o que fizeram os rishis védicos e os videntes das *Upanishads* com seus mantras, que têm o poder de comunicar uma iluminação a quem estiver pronto[46]; foi o que Sri Aurobindo explicou em sua *Poesia Futura* e foi o que fez em *Savitri*.

O mantra, ou a poesia elevada, a música elevada, a Palavra sagrada emanam da supermente. Ela é a fonte de todas as atividades criativas ou espirituais (sem que seja possível distinguir umas das outras: as divisões categóricas do intelecto desaparecem em um lugar claro onde tudo é sagrado, até mesmo o profano). Poderíamos, portanto, dizer em que consiste a vibração particular ou o ritmo particular da supermente. E, primeiramente, para aquele que tem a capacidade de relacionar-se de forma mais ou menos consciente com os planos superiores, – poetas, escritores, artistas – é absolutamente evidente e perceptível que, ultrapassado certo nível de consciência, já não são as ideias o que se vê e o que se procura traduzir. A pessoa ouve. Há, literalmente, vibrações, ondas ou ritmos que se apoderam do

---

[43] *The Human Cycle*, v. 15, p. 5.
[44] *The Future Poetry*, v. 9, p. 233.
[45] Idem, p. 9.
[46] Infelizmente, esses textos chegaram a nós sob forma de tradução; toda a magia do som desapareceu. Além do mais, o estranho é que se escutamos o texto sânscrito salmodiado por alguém que tenha o conhecimento, podemos receber uma iluminação sem nada compreendermos daquilo que foi dito.

explorador, que o invadem, e que, depois, ao descer, recobrem-se de palavras e de ideias, ou de música ou de cores. No entanto, a palavra ou a ideia, a música ou a cor, são resultados, um efeito secundário; apenas dão forma a essa primeira vibração terrivelmente imperiosa. E se o poeta, o verdadeiro poeta, corrige e recorrige, não é para melhorar a forma, como se diz, ou para expressar-se melhor, mas para captar isso que vibra, e se a verdadeira vibração não está ali, toda sua magia desmorona-se, como a do sacerdote védico que pronunciou mal o mantra do sacrifício. Quando a consciência é transparente, o som torna-se claramente audível, e é um som vidente, por assim dizer, um som-imagem ou um som-cor ou um som-ideia, que reúne, indissoluvelmente, a audição à visão e ao pensamento em um só corpo luminoso. Tudo está ali, pleno, contido em uma só vibração. Nos planos intermediários (mente superior, mente iluminada ou intuitiva) essas vibrações geralmente são fragmentadas – são pressões, impulsos, pulsações – enquanto que na supermente, elas são vastas, firmes, luminosas em si, como as grandes notas musicais de Beethoven. Elas não têm princípio nem fim, parecem "sair do Infinito e voltar ao Infinito"[47]; não "começam" em determinado lugar, chegam à consciência com uma espécie de halo de eternidade, que vibra precocemente e que continua vibrando durante muito tempo depois, como o rastro de uma outra viagem antes desta: "*Sunt lacrimae rerum et mentem mortalia tangunt*". Esse verso de Virgílio que Sri Aurobindo citava em primeiríssimo lugar entre as inspirações de origem supermental, não deve essa qualidade ao sentido das palavras, mas ao ritmo que precede o verso e que o segue como se fosse sustentado por um fundo de eternidade, ou melhor, pela própria Eternidade. O mesmo ocorre com este verso de Leopardi, que não deve sua grandeza ao sentido, mas a algo que, de tal forma, é mais que o sentido, e que vibra por detrás: "Insano indegno mistero delle cose".

Ou este verso de Wordsworth: "Voyaging through strange seas of thought, alone".

E Sri Aurobindo citava Rimbaud: "Million d'oiseaux d'or, ô future Vigueur!"

À poesia foi restituído seu verdadeiro papel, que não é o de agradar, porém o de dar maior realidade ao mundo e que este seja mais ainda preenchido de Realidade.

---

47 *Letters on Poetry*, v. 9, p. 370.

E, se tivermos espírito religioso, talvez ainda vejamos os deuses povoarem esse mundo. Seres ou forças, sons, luzes ou ritmos, constituem igualmente aspectos verídicos de uma mesma Coisa indefinível, mas não incognoscível, que chamam de Deus; nós dissemos Deus, edificamos templos, fizemos leis, poemas para tentar reter uma única pulsação que nos preencha de Sol, mas que é livre como o vento intenso sobre os litorais de espuma. Talvez entremos também no mundo da música, que não é realmente distinto dos outros, mas como uma tradução específica dessa mesma grandiosa Vibração inefável. E se uma vez, uma só, ainda que seja por alguns minutos em nossas vidas, ouvirmos essa Música, essa Alegria que canta nas alturas, saberemos o que Beethoven e Bach ouviram; saberemos o que é Deus, porque teremos ouvido Deus. Não diremos nada, nem seremos eloquentes; simplesmente, saberemos que *isto existe* e todos os sofrimentos do mundo serão redimidos.

Na fronteira extrema da supermente, permanecem somente "as grandes ondas de luz colorida", diz a Mãe, o jogo de forças espirituais que mais tarde se traduzirão – às vezes, muito tempo depois – por novas ideias, por mudanças sociais, por acontecimentos terrestres, após terem atravessado, um a um, todos os níveis de consciência e após terem sido consideravelmente obscurecidas ou deformadas no decorrer do caminho. Existem aqui na Terra sábios, raros e silenciosos, que podem manejar e combinar essas forças e que as atraem para a Terra, assim como outros combinam sons para um poema. Eles, talvez, sejam, em verdade, Poetas. Sua existência é um mantra vivo precipitando o que é Real sobre a Terra.

Assim terminam os graus da ascensão que Sri Aurobindo realizou sozinho em sua prisão de Alipore. Nós nos limitamos a dar alguns reflexos humanos desses níveis elevados e nada dissemos do essencial, nem desses mundos tais como existem em sua Glória, independentemente de todas as nossas pálidas interpretações. É preciso ouvir por si mesmo, é preciso *ver*!

> Continentes de paz violeta,
> Oceanos e rios da alegria de Deus
> E países sem tristeza sob sóis púrpuros[48]

---

48 *Savitri*, v. 28, p. 120.

No dia 6 de maio de 1909, após um ano de prisão, Sri Aurobindo foi absolvido. Ele deve sua vida a dois incidentes inesperados; um dos prisioneiros o havia traído denunciando-o como chefe do movimento secreto; o depoimento desse prisioneiro significava pena de morte para Sri Aurobindo; mas esse prisioneiro foi, misteriosamente, morto pelo disparo de um revólver em uma cela vizinha. Posteriormente, no dia do julgamento, quando todos esperavam que Sri Aurobindo fosse condenado à pena capital, seu advogado foi tomado por uma súbita iluminação que se propagou por toda a sala e que comoveu os jurados: "muito tempo depois de sua morte", exclamou, "suas palavras serão repetidas, não somente na Índia, mas além mar e em terras distantes. Porque, digo-lhes, um homem como ele não está aqui apenas diante de um tribunal criminal, mas diante da Corte Suprema da História". Sri Aurobindo tinha trinta e seis anos. Seu irmão Barin, que se encontrava a seu lado na prisão, foi condenado à forca[49].

Mas Sri Aurobindo ouvia sempre a Voz: "Lembra-te, nunca tenhas medo, nunca duvides. Lembra-te, Sou Eu quem faço, não és tu nem outra pessoa. Quaisquer que sejam as tristezas, quaisquer que sejam os perigos e os sofrimentos que venham, as dificuldades, qualquer que seja a impossibilidade, não há nada impossível, nada é difícil. Sou Eu quem faço"[50].

---

[49] Sua pena foi comutada pela deportação perpétua nas Ilhas Andaman. Ele foi libertado em 1919.
[50] *Karmayogin*, v. 2, p. 6.

13   Sob o Signo dos Deuses

          Quando sai da prisão de Alipore, Sri Aurobindo reencontra uma cena política esgotada pelas execuções e por deportações massivas comandadas pelo governo britânico. Entretanto, Sri Aurobindo retoma seu trabalho, funda um jornal bengali e outro em língua inglesa, o *Karmayogin*, que sustenta o emblema bem simbólico da Gita: "O yoga é a habilidade na ação". Novamente Sri Aurobindo proclama o ideal de independência total e a "não cooperação" com os ingleses, arriscando-se ser aprisionado; não é somente o destino da Índia que o preocupa, mas o de toda a humanidade. Alcançou essa consciência supermental de onde se vê, com um único olhar, "grandes extensões do espaço e do tempo" e ele se interroga acerca do futuro do homem. Que *pode* o homem?

    Ora, ele estava nos limites da consciência humana; mais acima, parecia haver apenas uma brancura rarefeita, preparada para outros seres ou para um outro modo de existência, mas não para os pulmões de um habitante da Terra. Se tomamos, finalmente, o caminho místico, ou o caminho mais lento do poeta e do artista e de todos os grandes criadores, a consciência parece, em todos os casos, dissipar-se como em uma fronteira branca, onde tudo se anula. O "alguém" que poderia fazer a ponte desaparece, toda a pulsação extingue-se, toda a vibração detêm-se em um gel de luz. Mais cedo ou mais tarde, o humano retrai-se no Não humano, como se a meta de toda essa ascensão evolutiva fosse somente a de abandonar a insignificância do homem para retornar à Fonte de onde jamais deveríamos ter saído. E mesmo se admitíssemos qualquer nível de consciência desconhecido, além da supermente, não seria ainda um nível mais rarefeito, mais evanescente? Escalamos cada vez mais alto, cada vez mais divinamente, porém cada vez mais distantes da Terra. O indivíduo, talvez, seja transfigurado, mas o mundo não se moveu. Qual é, pois, nosso futuro terrestre se, em verdade, não existe nada além dessa consciência supermental?

Todos nós temos a esperança de que com o desenvolvimento da consciência e da ciência reunidas chegaremos a uma humanidade melhor e a uma vida mais harmoniosa. Mas não mudamos a vida com milagres, nós a transformamos por meio de instrumentos. E nós temos apenas um instrumento: a Mente. São nossas ideias que organizam as descobertas de nossa ciência. Se, portanto, queremos olhar nosso futuro com o olhar claro, sem nos deixar seduzir nem pelas circunstâncias do momento, nem por seus triunfos aparentes, (outros, antes de nós, também triunfaram, em Tebas, em Atenas, em Udjain) convém examinar com precisão nosso instrumento, a Mente, porque, assim como ela é, assim será nosso futuro. Ora, ao que parece, tudo ocorre como se as mais belas ideias, os mais elevados planos criadores, os atos mais puros de amor fossem automaticamente desfigurados, simulados, contaminados assim que descem até a vida. Nada chega em estado puro. Mentalmente, já inventamos as mais maravilhosas fórmulas; mas a Vida nunca quis aceitá-las. Vinte anos após Lênin, para falar apenas de nossa civilização presente, que ficou do comunismo puro? E o que ficou do Cristo sob essa acumulação de dogmas e de proibições eclesiásticas? Sócrates foi envenenado e Rimbaud fugiu para Harrar; conhecemos o destino dos falanstérios e o da não violência; os Cátaros acabaram na fogueira. E a história gira como um Moloch; nós somos o triunfo, talvez, depois de muitos fracassos, mas de que outro triunfo não somos o fracasso? Cronologia de vitórias ou de fracassos? A vida parece feita de uma substância irremediavelmente deformante, nela tudo se funde como nas areias do Egito, nela tudo se nivela em uma irresistível "gravitação para baixo". "É evidente", observa Sri Aurobindo, "que a Mente não foi capaz de mudar radicalmente a natureza humana. Vós podeis mudar indefinidamente as instituições humanas e, não obstante, a imperfeição acabará sempre por quebrar todas as vossas instituições... É preciso um outro poder, que não somente possa resistir a essa gravitação descendente, como também vencê-la"[1].

1 *Evening Talks*, p. 99-100.

Mas mesmo que nossas ideias chegassem puras na vida, ainda seriam incapazes de criar outra coisa além de uma caserna – talvez uma santa caserna, confortável e religiosa, mas uma caserna, apesar de tudo, porque a Mente sabe somente criar sistemas e ela quer encerrar tudo em seu sistema. "Na luta com a vida, a Mente torna-se empírica e doutrinária"[2]; apanha um pedacinho da verdade, uma gota da iluminação divina, e faz disso uma lei universal. A Mente confunde unidade e uniformidade. E mesmo quando é capaz de compreender a necessidade da diversidade, é praticamente incapaz de manipulá-la, porque ela só sabe manipular o que é invariável e finito, enquanto que o mundo abunda em uma variedade infinita:

> as ideias são fragmentárias e insuficientes; elas triunfam apenas parcialmente, e mesmo que seu sucesso fosse completo, ele ainda seria ilusório, porque as ideias não são toda a verdade da vida e, por conseguinte, elas não podem nem governá-la com certeza nem conduzi-la à perfeição. A vida escapa às fórmulas e aos sistemas que nossa razão se esforça por impor-lhe; ela se revela muito complexa, repleta de potencialidades, infinita para ser tiranizada pelo intelecto arbitrário do homem... Toda dificuldade vem do fato de que na base de nossa vida e de nossa existência, interior e exterior, há alguma coisa que o intelecto nunca poderá submeter a seu controle: o Absoluto, o Infinito. Por detrás de cada coisa na vida, há um Absoluto que essa coisa busca, cada uma à sua maneira; cada finito se esforça para exprimir um infinito, que sente ser sua verdade real. Além disso, não é somente cada classe, cada tendência, cada tipo na Natureza que é assim impelido em direção de sua própria verdade secreta, cada qual à sua maneira, mas cada indivíduo traz também sua variedade própria. Há não somente um Absoluto, um Infinito em si, que governa e que se exprime em inúmeras formas e tendências, como também um princípio de potencialidade e de variação infinitas, inteiramente desconcertantes para a inteligência racional; porque a razão só pode manipular aquilo que é invariável e finito. Com o homem, essa dificuldade alcança seu paroxismo. Não apenas porque a humanidade tenha potencialidades ilimitadas, não porque

---

2 *The Human Cycle*, v. 15, p. 102.

busque cada uma de suas forças e de suas tendências, seu próprio absoluto, cada uma delas à sua maneira, e se impaciente, portanto, naturalmente, com todo controle rígido da razão, mas porque variam, em cada homem, os níveis, os métodos e a combinação dessas forças e dessas tendências. Cada homem pertence não somente à humanidade comum, como ao Infinito que vive dentro dele e, por conseguinte, cada homem é único. Tal é a realidade de nossa existência, e é por isso que a razão intelectual e a vontade inteligente não podem ser soberanas da vida, embora atualmente elas possam ser nossos instrumentos supremos e tenham sido supremamente importantes e úteis no decurso de nossa evolução[3].

Mas se a evolução, como assegura Sri Aurobindo, é uma evolução da consciência, podemos pensar que a humanidade não poderá permanecer sempiternamente no estágio mental atual; podemos pensar que sua mente iluminar-se-á, que se transformará cada vez mais em mente intuitiva e, finalmente, talvez, se abra à supermente. Poderemos pensar que uma humanidade supermental deveria ser capaz de manipular a diversidade complexa da vida. A supermente é uma consciência de deus, é a consciência dos maiores profetas que a humanidade conheceu – uma substância de luz estável; seria bem possível que tudo devesse ser harmonizado nessa luz elevada. Infelizmente, dois fatos afastam essa esperança; um, exprime a desigualdade do desenvolvimento dos indivíduos, e o outro, exprime a própria natureza da supermente. A supermente pode, certamente, parecer de uma potência bastante formidável ao lado da nossa mente, mas trata-se de uma superioridade em graus da *mesma qualidade*; não saímos do princípio mental, encontramo-nos apenas no apogeu da mente. Esse princípio pode ampliar o círculo humano, não pode mudá-lo; pode divinizar o homem, mas também *colossalizá*-lo[4], diz Sri Aurobindo, porque se o homem aplica essa nova potência a seu ego, em vez de aplicá-la à sua alma, ele edificará um super-homem nietzschiano, não um deus. Não necessitamos de uma consciência mais formidável, mas de outra consciência. Mesmo supondo que o homem aceite obedecer à sua alma e não a seu ego, a supermente não transformará a vida, pelas mesmas razões que impediram o Cristo

3 Idem, v. 15, p. 100 e 103-104.
4 *The Life Divine*, v. 19, p. 722.

e todos os grandes profetas de mudá-la. Porque a supermente não é um novo princípio de consciência; é ela que, de um extremo ao outro, presidiu nossa evolução desde o aparecimento do homem na Terra; é da supermente que provieram as mais elevadas ideias e as mais elevadas forças criadoras – durante vários milênios vivemos sob o presságio dos deuses, ora pela voz de nossos profetas e de nossas religiões, ora pela voz de nossos poetas e de nossos grandes criadores; é evidente que nenhum deles mudou o mundo, embora o tenham melhorado. Nem mesmo podemos dizer que nossa vida seja mais agradável que a dos atenienses.

O fracasso da supermente resulta de várias causas. Em primeiro lugar é um princípio de divisão. Dissemos, portanto, que uma consciência supermental é uma substância de luz estável, que possui a visão da harmonia cósmica, da unidade cósmica, porque vê em todas as partes a luz como em si mesma. Outrossim, não se trata de um princípio de divisão na divisão, como é o caso da mente comum; é um princípio de divisão na unidade. A supermente vê, perfeitamente, que tudo é um, mas pela estrutura mesma de sua consciência não pode, na prática, deixar de dividir a unidade: "ela vê tudo, mas ela tudo vê de seu próprio ponto de vista"[5]. Basta escutar as vozes aparentemente contraditórias de nossos profetas para perceber que cada um vê a unidade, mas que cada um a vê *de seu ponto de vista*; sua consciência é como um farol que clareia o mundo e que pode tudo abraçar em seu raio de luz, sem uma fresta de sombra, mas é apenas um raio de luz que toca em um ponto. E nós assim nos encontramos diante de uma série de experiências ou de visões divinas aparentemente inconciliáveis: alguns veem o Divino cósmico por toda parte, outros o Transcendente extracósmico e outros ainda veem por toda parte o Deus interior; ou proclamam a verdade do Deus pessoal, a verdade do Deus impessoal, a verdade do Nirvana, a verdade do Amor, a verdade da Força, a da Beleza, a do Intelecto – a verdade dos inúmeros sábios, das seitas, das Igrejas ou dos visionários que nos transmitiram a Palavra. E todas elas são divinas, todas são experiências totalmente verdadeiras, totalmente autênticas, mas todas são somente um raio da luz total. Naturalmente, esses elevados profetas são bastante sábios para ver a verdade das outras expressões divinas – eles são mais sábios que suas Igrejas, mais sábios que seus

---

[5] *Letters on Yoga*, v. 24, p. 1154.

fiéis – mas estão ligados a uma incapacidade fundamental da consciência, que não pode deixar de dividir, como o prisma divide a luz. Mental ou supermental, a consciência só pode experimentar uma verdade e somente uma a cada vez. Isso é o que exprimem todas as mitologias, passadas ou presentes: cada deus é a encarnação de *um* poder cósmico e de um único – amor, sabedoria, destruição, conservação... Buda exprime o Nada transcendente, e vê apenas seu Nada; o Cristo exprime a Caridade amorosa, e ele vê apenas a caridade, e assim sucessivamente; portanto, por mais elevada que seja cada uma dessas verdades, é apenas *uma* verdade. E quanto mais a verdade supermental, já fragmentada, descer de plano em plano, para traduzir-se na vida, mais ela se fragmentará; como parte da divisão, chega inevitavelmente à superdivisão; de Buda aos "veículos" e de Cristo a todas às seitas cristãs, o mecanismo é visível. E não somente no domínio espiritual ou religioso, como também em todos os outros domínios, porque a própria função da supermente é a de frutificar infinitamente *uma* possibilidade e uma só: "ela oferece a cada possibilidade seu pleno poder e seu reino exclusivo... Ela pode oferecer ao intelecto a sua intelectualidade, a mais austera, e à lógica, a sua lógica, a mais implacável. Ela pode oferecer à beleza a sua paixão, a mais esplêndida, suas formas, as mais luminosas, e à consciência que a recebe, uma perfeição suprema e um êxtase qual um abismo"[6]. E é assim que milhares de ideias-força se dividem no mundo: comunismo, individualismo; não violência, força-guerreira; epicurismo, ascetismo... e cada uma é uma faceta da Verdade Divina, cada uma um raio de Deus; em nenhum lugar há erro absoluto, há somente divisões da Verdade. Certamente podemos ver a Unidade, a verdade dos demais, e fazer uma síntese, mas todas as sínteses não restabelecerão a unidade, porque essa será ainda uma síntese mental, "um *pot-pourri*, não a unidade", diz a Mãe; será como o prisma que cintila fazendo-nos acreditar que todas as cores procedem de uma só Luz, entretanto, *na prática*, todas as cores são divididas no mundo e todas as forças emanadas do plano supermental são o fruto de sua divisão original. E ressaltamos bem que não se trata aqui de um problema do pensamento ou de uma questão filosófica a ser resolvida, mas de um *fato cósmico*, de um fenômeno orgânico, como os espinhos no dorso de um ouriço. Para que cesse a divisão, é necessário que o

---

6 *Letters on Savitri*, v. 29, p. 812.

prisma desapareça. E é por isto que o mundo é dividido, e o será inexoravelmente, enquanto o princípio de consciência mental, superior ou inferior, comum ou fora do comum, for o mestre do mundo.

Podemos conceber, entretanto, em um futuro evolutivo mais ou menos próximo, que uma consciência supermental perfeita, ou mesmo várias, simultaneamente, cheguem a encarnar-se sobre a Terra. Toda fração humana, menos evoluída, que se reuniria em torno desses centros luminosos, poderia viver uma vida harmoniosa e, nessa circunstância, a vida seria transformada e haveria uma espécie de unidade. Mas seria uma unidade no seio de um só raio luminoso; uns estariam no raio da Beleza pura, por exemplo, e os outros, supomos, no raio de um Comunismo integral fundado no amor fraterno (seria mais provável, infelizmente, segundo o curso evolutivo, que esses raios fossem de uma luz densa, centrados em torno de alguma ideologia econômica e titânica). Mas mesmo admitindo que centros divinos acendam-se no mundo, não apenas sua unidade haveria de operar em detrimento da diversidade imperceptível da vida, como também seriam ameaçados pela obscuridade circundante; o desenvolvimento dos homens é desigual, fato de que sempre nos esquecemos, e essa é a eterna falha de todas as nossas grandes cidadelas; nossos núcleos de graça seriam como "ilhas de luz"[7] no seio de uma humanidade menos evoluída que, naturalmente, tenderia constantemente a invadir, a obscurecer ou a nivelar a luz privilegiada. Todos sabemos o destino da Grécia e de Roma no mundo bárbaro. É bem provável, segundo uma lei evolutiva muito sábia, que a evolução do mundo seja ligada à totalidade do mundo, e que nada possa ser salvo sem que tudo seja salvo; a excomunhão e o inferno são Ignorâncias pueris, assim como nosso paraíso sobre a Terra ou lá em cima; não haverá paraíso enquanto um só homem estiver no inferno! Porque existe apenas um único Homem. Além disso, supondo que uma dessas ilhas de luz, graças ao Poder de seu centro, possa resistir a incursões externas, nada nos assegura que essa proteção possa superar o tempo de duração do Poder que está no centro. A história de todos os movimentos, religiosos, ocultos, iniciáticos, cavalheirescos e outros, através do mundo, prova-nos suficientemente que, após a morte do Mestre e de seus iniciados diretos, tudo se dispersa, se vulgariza, se nivela ou se deforma, ou morre. A lei da gravitação descendente, até o momento,

---

7 *The Life Divine*, v. 19, p. 954.

parece insuperável. É preciso então que a vida inteira seja transformada e não um fragmento da vida, nem um raio privilegiado ou uma ilha bem-aventurada, se queremos que a evolução triunfe, e para isso é preciso um outro Poder, capaz de resistir à gravitação descendente, um outro princípio de consciência, indiviso ou global, que possa conter a inumerável diversidade da vida, sem mutilá-la.

Se, em vez de olharmos o futuro evolutivo sob o ponto de vista coletivo, nós o olharmos do ponto de vista do indivíduo, a supermente não mais nos trará a plenitude viva à qual aspiramos. Se a meta da evolução, em verdade, é produzir beethovens e rimbauds, até mesmo alguns super-platões, não podemos deixar de pensar que esse é um resultado bem pouco significativo em se considerando os milhões de anos de esforço e os bilhões de indivíduos destruídos no percurso. Beethoven e Rimbaud, ou mesmo São João, não podem ser uma meta evolutiva, ou então a vida não tem sentido, porque quem não vê que suas obras são admiráveis por carência da vida? Todas elas nos dizem que, lá em cima, tudo é tão mais belo que aqui, com milhões de pássaros de ouro e milhões de músicas divinas. Tudo acontece lá em cima, mas o que acontece aqui? Aqui, a vida continua como antes. Poder-se-ia dizer que esses elevados pensamentos, esses poemas, esses quartetos, esses minutos divinos que pudemos ver, têm mais peso que todas as horas acumuladas de nossa vida, e como isso é verdade! Mas justamente isso é o testemunho de que a vida é terrivelmente pobre, ou que a meta da vida não se encontra na vida. Temos também necessidade de uma verdade do corpo e da Terra, não somente de uma verdade no ápice da cabeça. Não queremos recreações, mas uma re-criação.

Tudo, até o presente, acontece como se o progresso individual da evolução consistisse em descobrir os planos superiores de consciência e, depois, uma vez ali, construir cada qual um mundo à parte, uma ilha de luz privada no centro do filisteísmo econômico, uns na música, outros na poesia, outros na matemática ou na religião, e outros de férias em um grande veleiro ou em uma cela monástica, cada um com sua lucarna ou com seu derivativo, como se a vida e o corpo servissem apenas para escapar-se da vida e do corpo. Mas basta contemplarmos nossa própria vida: nunca estamos dentro! Estamos adiante ou atrás, em nossa lembrança ou esperança; e no decurso, miserável e neutro, nem sequer sabemos se isso existe, salvo em instantes que, justamente, não mais pertencem à vida. Nada podemos criticar das

Igrejas: vivemos todos constantemente no além; elas pregam somente um além mais considerável. Rimbaud também dizia: "A verdadeira vida está em outra parte".

Sri Aurobindo buscava uma verdadeira vida nesse mundo: "a vida, não um além longínquo, silencioso, extático; somente a vida é o campo de nosso yoga[8] e rendia-se à evidência de que o ápice da consciência não basta para fazer da vida uma verdadeira vida. Alcançamos a supermente, encontramos a alegria, a imensidão que canta, mas de modo algum alcançamos a grandeza da vida que continua a ranger: "quando estamos absorvidos lá em cima na consciência", constata a Mãe, "vemos as coisas, sabemos as coisas, mas, em realidade, quando descemos na Matéria, é como a água que entra na areia". Enviamos um foguete bem para o alto, em um céu espiritual, louvando o que havia de melhor no homem, sem nos preocupar com os estágios inferiores, satisfeitos com o fato de que o animal em nós esteja suficientemente adormecido para não perturbar nossos sonhos divinos e, por isso, a vida continua selvagem, como nós: "esperar uma verdadeira mudança da vida humana, sem uma mudança da natureza do homem, é um empreendimento irracional e não espiritual; é pedir algo irreal e antinatural, um milagre impossível"[9]. E é por isso que nossas ilhas de luz são cada vez mais invadidas por nossa barbárie íntima ou por nossos cânceres dissimulados, a exemplo do que aconteceu a outras ilhas que se chamavam Atenas ou Tebas; e é por isso que elas morrem e morrem, como se o Senhor da evolução nos arrastasse ao chão, a cada vez, para nos lembrar de que ainda não encontramos toda a luz, posto que só a encontramos nas alturas. A vida não morre porque ela se deteriora, ela morre porque não se encontrou. Há séculos empreendemos a viagem de ascensão, conquistamos ilhas e mais ilhas e descobrimos somente a metade do Segredo, e cada vez mais fomos arruinados; mas não porque a história seja em vão, nem para nos punir de nossos "pecados", nem para expiar uma improvável Culpa, porém, talvez, para encontrar aqui, nesse mundo, na Matéria, a outra metade do Segredo. Perseguidos pela Morte e pela Inconsciência, fatigados pelo sofrimento e pelo mal, há somente uma única saída, e não certamente a de se evadir, mas, a de encontrar na essência da Morte e da Inconsciência, na essência do Mal, a chave da vida divina; a de transformar essa barbárie e a nossa noite terrena

---

[8] *The Synthesis of Yoga*, v. 20, p. 82.
[9] *The Life Divine*, v. 19, p. 1059.

e não bani-las de nossa ilha. Após a ascensão da consciência, a descida. Após a iluminação das alturas, a alegria na Terra e a transformação da Matéria. "Podemos dizer, com efeito, que quando o círculo for concluído e quando suas duas extremidades se tocarem, quando o mais elevado se manifestar no mais material, a Suprema Realidade no centro do átomo, é que verdadeiramente a experiência será concluída. "Parece", diz a Mãe, "que nunca compreendemos realmente a não ser quando compreendemos com nosso corpo".

Porque o Segredo, que Sri Aurobindo chamou de Supramente, não é um grau mais acima da supermente, não é um supermental nem uma super-ascensão, é um novo Sinal, que não é mais o sinal dos deuses e das religiões, e do qual depende o futuro mesmo de nossa evolução.

Em fevereiro de 1910, menos de um ano após sua saída de Alipore, uma noite, nos escritórios de *Karmayogin*, Sri Aurobindo é advertido de que será novamente detido e deportado para as ilhas Andaman. Ele ouve a Voz, repentinamente, que pronuncia claramente três palavras: "Vá a Chandernagor". Dez minutos depois, Sri Aurobindo tomava o primeiro barco que passava sobre o Ganges e partia. Era o fim de sua vida política, o fim do yoga integral e o começo do yoga supramental.

14   O Segredo

Tentaremos desvendar esse Segredo, mas lembrando-nos de que a experiência está em curso. Sri Aurobindo a iniciou em 1910 e a encontrou em Chandernagor, onde trabalhou durante quarenta anos; nesse trabalho entregou sua vida. A Mãe prosseguiu seu trabalho.

Sri Aurobindo nunca nos revelou as circunstâncias de sua descoberta; era extremamente silencioso quando se tratava de si mesmo, não por reserva, mas simplesmente porque nele o "eu" já não existia. "Quando ele falava", relatou com ingênua surpresa seu hospedeiro de Chandernagor, "sentíamos que um outro ser falava através dele. Eu colocava diante de si sua refeição e ele permanecia em contemplação e, depois, mecanicamente, comia um pouco. Parecia absorto, mesmo ao comer, e meditava com os olhos completamente abertos!"[1]. Somente mais tarde, em suas obras ou em fragmentos de seus diálogos, pudemos encontrar o fio de sua experiência. O primeiro indício surgiu quando ele fez uma observação casual a um de seus discípulos, indicando-nos ainda que, desde Alipore, Sri Aurobindo estava no caminho certo: "Durante duas semanas", confidenciou, "tive a visão de todos os tipos de torturas e de sofrimentos"[2]; ora, nesse mundo, visão é sinônimo de experiência, caso se compreenda o que isso quer dizer. Ao mesmo tempo em que Sri Aurobindo realizava sua ascensão em direção à supermente, sua consciência, simultaneamente, descia, então, ao que se convencionou chamar inferno.

1 *Life of Sri Aurobindo*, p. 132.
2 Idem, p. 112.

Essa é também uma das primeiras descobertas que faz o explorador, em graus variáveis. *"Esse* não é um yoga para os fracos", diz a Mãe, e é verdade. Porque se o primeiro resultado tangível do yoga de Sri Aurobindo é o de fazer aparecer novas faculdades poéticas e artísticas, o segundo resultado, talvez mesmo sua *conseqüência* imediata, é o de fazer emergir em uma luz implacável todos os níveis inferiores da consciência, pessoal primeiramente, depois universal. Essa conexão, íntima e estranha, entre a supraconsciência e o subconsciente é, sem dúvida, o ponto de partida da descoberta de Sri Aurobindo.

Os Níveis Subconscientes

O subconsciente, do qual fala a psicologia moderna, é somente a fachada de um mundo quase tão vasto quanto a supraconsciência, com seus níveis, com suas forças, com seus seres (ou seus seres-força, se preferimos). É nosso passado evolutivo imediato e remoto, com todas as marcas de nossa vida presente e todas aquelas de nossas vidas passadas, assim como a Supraconsciência é nosso futuro evolutivo. Todos os resíduos e todas as forças que presidiram nossa ascensão, desde a Matéria ao animal e do animal ao homem, estão não somente gravados ali, como também continuam a viver e a nos influenciar. Se, em virtude do futuro supraconsciente que nos impulsiona para a frente, somos seres mais divinos do que acreditamos, pelo passado subconsciente e inconsciente que nos arrasta para trás, somos ainda mais estúpidos do que imaginamos. Esse duplo mistério contém a chave do Segredo total. "Ninguém que não tenha passado pelo inferno pode alcançar o céu"[3].

Salvo por acidente, pode-se chegar à bem-aventurança espiritual sem conhecer esses lugares perversos; mas há céus e céus, infernos e infernos (cada nível de nosso ser tem seu "céu" e seu "inferno"). Geralmente os homens religiosos livram-se do indivíduo e, ao mesmo tempo, livram-se do subconsciente; eles têm somente uma passagem a transpor com os "guardiões do umbral", bastante desagradáveis para justificar todas as "noites" e as "tentações" das quais falam as vidas dos santos. Mas é somente uma *passagem*. Do mesmo modo,

---

3 *Savitri*, v. 28, p. 227.

o céu que eles contemplam consiste em sair da existência exterior e mergulhar no êxtase. O objetivo do yoga de Sri Aurobindo, nós já o dissemos, não é o de perder a consciência, nem dos níveis inferiores, nem dos níveis superiores. E, sobretudo, não fechar os olhos para os níveis inferiores. O explorador integral não é feito nem para a noite escura nem para a luz que ofusca. Por todas as partes onde for deve enxergar; essa é a primeira fase do domínio. Porque não se trata de "passar" para uma existência melhor, mas de transformar a existência presente.

E assim como existem vários níveis supraconscientes, existem também vários níveis ou mundos subconscientes, vários "recintos obscuros", como diz o *Rig-Veda*. De fato, existe um subconsciente por detrás de cada um dos níveis de nosso ser; um subconsciente mental, um subconsciente vital e um subconsciente físico, terminando no Inconsciente material[4]. Nesse subconsciente encontraremos, em ordem, todas as formas ou forças mentais medíocres e brutais que foram as primeiras a aparecerem no mundo da Matéria e da Vida; todos os impulsos agressivos dos princípios da Vida e todos os seus reflexos temerosos, doentios e, finalmente, as forças das doenças, da desintegração e da Morte, que presidem subconscientemente a vida física. Concebe-se, pois, que não pode haver vida verdadeira sobre a Terra enquanto esses mundos forem os mestres de nosso destino material. Ora, nós somos o campo onde a batalha se desenrola; em nós, todos os mundos se encontram, desde o mais alto ao mais baixo. Não se trata de fugir tapando-se os olhos ou benzendo-se, mas sim de entrar dentro de si mesmo e vencer:

> Tu carregarás o jugo que acabastes de desfazer
> Tu carregarás a angustia que querias curar[5]

---

4 Para Sri Aurobindo, as divisões psicológicas seguem a ascensão evolutiva, o que parece lógico, porque é na Matéria e segundo ela que os níveis de consciência cada vez mais elevados são manifestados. O Inconsciente representa, pois, nossa base material corporal (Sri Aurobindo prefere chamá-lo de "Nesciência", esse Inconsciente que em verdade não é inconsciente) enquanto que o subconsciente contém nosso passado terrestre e o Supraconsciente nosso futuro. No seio dessas três zonas se escalonam os diversos planos universais de consciência (que Sri Aurobindo agrupa, às vezes, sob o nome de "subliminal" a fim de melhor distingui--los do subconsciente, que é muito pouco ou mal consciente – sub-consciente – enquanto que os planos subliminais são plenos de forças extremamente conscientes). A fração "pessoal" dessas diversas zonas constitui uma tênue extensão: nosso próprio corpo e o que nós individualizamos ou colonizamos no decurso desta vida e de todas as nossas vidas.
5 Idem, v. 29, p. 446.

Limites da Psicanálise

A psicologia contemporânea descobriu igualmente a importância do subconsciente e a necessidade de sua depuração, no entanto apenas viu uma metade do quadro, o subconsciente sem a Supraconsciência, e acreditou que, com seus pequenos lampejos mentais, poderia clarear essa caverna de ladrões; seria como entrar na selva munido de uma lanterna de bolso. Em realidade, e na maioria dos casos, ela somente vê do subconsciente o reverso do homenzinho frontal; porque há uma lei psicológica fundamental à qual ninguém escapa: a queda é proporcional à ascensão e, assim, não se pode descer mais do que se subiu. Porque a força necessária para a descida é a mesma para a subida; se por alguma desgraça descêssemos mais do que permite nossa capacidade de elevação, disso resultaria, automaticamente, um acidente, uma possessão ou uma loucura, porque não teríamos a força correspondente. Quanto mais se aproxima de um princípio de Verdade aqui na Terra, mais se descobre uma insondável Sabedoria. Os misteriosos complexos de João da Silva situam-se poucos centímetros abaixo, por assim dizer, assim como sua existência consciente situa-se alguns centímetros acima. A menos que nossos psicólogos sejam particularmente iluminados, eles não podem verdadeiramente descer ao subconsciente e, por isso mesmo, não podem curar de verdade, salvo algumas anomalias subcutâneas e, mesmo assim, correm constantes riscos ao ver ressurgirem suas enfermidades sob diferentes formas. Somente se pode curar quando se atinge o âmago, e somente se pode chegar aí quando se chega até o Alto. Quanto mais um ser quer descer, mais ele necessita de uma luz poderosa; do contrário, é devorado.

Se a psicanálise permanecesse em seus limites superficiais, não haveria nada a dizer; ela mesma, sem dúvida, acabaria percebendo suas limitações e, no entanto, curaria utilmente alguns pruridos. Infelizmente para muitos, ela se converteu em uma espécie de novo evangelho e, muito poderosa, contribuiu para corromper os espíritos fixando-os insanamente em sua possibilidade lodosa, no lugar de sua possibilidade divina. Não há dúvida alguma de que, no decurso da evolução, nossos "erros" acabam sempre tendo seu lugar e sua utilidade; seria bom que nossas complacências morais e burguesas fossem sacudidas, porém, o método escolhido é perigoso, porque evoca o mal sem ter o poder de curá-lo. "Esse método tende", diz Sri Aurobindo:

a fazer com que a mente e o vital não sejam mais puros, porém fundamentalmente mais impuros que antes [...] A psicologia moderna é uma ciência ainda infantil, ao mesmo tempo imprudente, inábil e grosseira. E, como todas as ciências na infância, ela cai no hábito universal da mente humana, que consiste em tomar uma verdade parcial ou local e generalizá-la indevidamente querendo explicar toda a extensão da Natureza com seus termos limitados [...] A psicanálise (principalmente a de Freud) aborda uma certa parte da natureza, a mais obscura, a mais perigosa, a mais perversa, tais como são as camadas subconscientes do vital inferior[6]; ela isola alguns de seus fenômenos mais mórbidos e atribui a esse elemento uma importância desproporcional à sua verdadeira função na natureza... Despertar essa parte subconsciente prematuramente ou sem conhecimento do processo, a fim de experimentá-la, é arriscar submergir, com esse magma obscuro e lodoso, as partes conscientes de nosso ser e envenenar assim toda a natureza vital e a mental. Por conseguinte, seria necessário começar, sempre, por uma experiência positiva e não por uma experiência negativa, e, primeiramente, na medida do possível, fazer com que a natureza divina, a calma, a luz, a equanimidade, a pureza, a força divina, desçam nas partes conscientes de nosso ser que devem ser transformadas; somente quando se chega suficientemente a ela e quando o ser se estabeleceu em uma base positiva sólida, é que se pode, então, sem perigo, remover os elementos adversos escondidos no subconsciente a fim de destruí-los ou eliminá-los pela força da calma divina, pela força da luz, da intensidade e do conhecimento divinos[7].

Contudo há outro defeito da psicanálise, bem mais grave. Se os psicólogos tivessem, por acaso, algum poder para descer ao subconsciente, eles tanto não curariam como também correriam o risco de agitar forças superiores, que os confundiriam – como o aprendiz de feiticeiro – e, mesmo se tivessem o poder de dominá-las e de destruí-las,

---

6 Já dissemos que existem numerosos níveis e subníveis no subconsciente. Voluntariamente não queremos deter-nos na descrição desses mundos inferiores; o próprio explorador fará a experiência quando seu momento chegar. Dar uma forma mental precisa a essas forças inferiores não é exorcizá-las verdadeiramente, como alguns o imaginam, mas dar-lhes maior poder em nossa consciência. Não é pela mente que se cura.
7 *Letters on Yoga*, v. 24, p. 1606-1608.

eles arriscariam destruir, dessa maneira, o bem com o mal, e arriscariam mutilar irreparavelmente nossa natureza. Porque eles não têm o conhecimento. No auge de suas mentes, eles não podem ver suficientemente longe no futuro para compreender o bem que esse mal prepara e a Força dinâmica sob o jogo dos opostos; para romper essa obscura aliança é preciso um outro poder e, sobretudo, uma outra visão: "é necessário conhecer o todo antes de conhecer as partes, e conhecer tudo o que se encontra no Alto antes de compreender verdadeiramente tudo o que se encontra embaixo. Tal é o campo da psicologia futura. Quando chegar sua hora, todas essas frágeis hesitações desaparecerão reduzidas a nada"[8].

E aqui tocamos em um erro fundamental de nossa psicologia. Ela é incapaz de compreender porque atua apenas embaixo, em um passado evolutivo. Certamente, uma metade do Segredo ali se encontra, mas é a força do Alto que abre a porta do nível inferior. Não fomos criados para que olhemos sempre atrás de nós mesmos, mas para que olhemos adiante e para cima, na mais elevada Luz Supraconsciente, porque esse é nosso futuro e somente o futuro explica e cura o passado: "Acho difícil", escrevia ainda Sri Aurobindo a um discípulo,

> levar a sério esses psicanalistas, embora devesse fazê-lo, talvez, porque o semiconhecimento é algo poderoso e sempre é um grande obstáculo à emergência da verdadeira Verdade [...] Eles olham de baixo para cima e querem explicar as luzes superiores pela obscuridade inferior, mas o fundamento das coisas está no Alto e não embaixo. É a Supraconsciência e não o subconsciente que é o verdadeiro fundamento. Não é analisando os segredos da lama onde brota o lótus que poderemos explicá-lo; o segredo do lótus está no arquétipo Divino do lótus que sempre floresce no Alto, na Luz[9].

Ao que parece progredimos de baixo para cima, ou do passado ao futuro, ou da noite à luz consciente, mas isso é nossa pequena visão momentânea que nos veda a totalidade do quadro, do contrário veríamos que é o futuro que nos atraí, não o passado que nos impulsiona, e é a Luz do Alto que, pouco a pouco, penetra em nossa noite. Como poderia a noite, em algum tempo, criar toda essa luz? Se

---

8 Idem, p. 1608-1609.
9 Idem, ibidem.

a noite fosse nosso ponto de partida, alcançaríamos somente a noite. "A árvore eterna tem suas raízes no alto e lança seus ramos para baixo", disse *Katha Upanishad* (II.III.1). Temos a impressão de fazer grandes esforços para compreender e conhecer, e de exercer pressão em direção ao futuro, mas esse é nosso limitado ponto de vista; há, certamente, um outro ponto de vista de onde veríamos esse Futuro Supraconsciente que impulsiona para penetrar em nosso presente. E veríamos, talvez, que nossos grandes esforços eram somente *a resistência* de nossa densidade e de nossa obscuridade. O futuro não segue somente de baixo para cima, pois, do contrário, não haveria esperança para a Terra, que acabaria por explodir em pleno Céu em uma suprema tensão psíquica, ou acabaria caindo em sua noite; o futuro segue de cima abaixo; desce cada vez mais em nosso nevoeiro mental, em nossas confusões vitais, na noite subconsciente e inconsciente, até que tenha tudo esclarecido, tudo revelado, tudo curado, e, finalmente, tudo realizado. E quanto mais ele desce, mais aumenta a resistência. Essa é a Idade de Ferro, o tempo da grande Revolta e do Perigo. O tempo da Esperança. No Ponto Supremo em que esse Futuro tocar o fundo do passado, em que essa Luz arrebentar o fundo da Noite, encontraremos, se Deus assim o quiser, o segredo da Morte e da Vida imortal. Mas, se olharmos embaixo, somente para baixo, encontraremos a lama e nada além da lama.

A Metade Obscura da Verdade

Agora, progredimos. O explorador começou com uma experiência positiva. Pôs-se a caminho porque tinha necessidade de outra coisa. Treinou o silêncio mental e percebeu que o simples fato de se esforçar provocava uma Resposta; sentiu uma Força que descia, sentiu uma vibração nova que tornava a vida mais clara, mais viva; teve também, talvez, a experiência súbita de um dilacerar dos limites e de uma emersão em outra altitude. De mil maneiras distintas, o sinal pode manifestar-se, indicando que um novo ritmo se instala. Depois, de repente, após essa partida vertiginosa, tudo se ocultou, como se o explorador tivesse sonhado ou se deixado levar por um entusiasmo, afinal de contas, bastante pueril. Há algo nele querendo vingar-se por meio de um violento ataque de ceticismo, de desgosto e de revolta. E esse será o segundo sinal, certamente, *o verdadeiro sinal* de que está progredindo e de que se debate com as realidades de sua natureza, ou seja, que a Força descendente começou seu trabalho vibrante. Em definitivo, o progresso não consiste nem em elevar-se, nem em decantar tudo aquilo que estorva; quando já se é esclarecido, tudo está *aqui*. E o explorador descobre seus inumeráveis obstáculos. Na senda do yoga integral, tem-se frequentemente a impressão de se colocar a caminho em busca do melhor e de descobrir o pior, de haver buscado a paz e a luz, e de descobrir a guerra. Em realidade, trata-se de uma batalha e não se deve escondê-la de si mesmo. Quando se nada na mesma direção da correnteza, pode-se acreditar amável, correto e bem intencionado; a partir do momento em que se nada contra a correnteza, tudo resiste. Compreende-se então, claramente, as enormes forças que embrutecem e que pesam sobre os homens. E é preciso ter tentado livrar-se delas para ver o que são. E quando o explorador tiver uma primeira abertura decisiva para o Alto, quando vir a Luz, sentirá abaixo, quase simultaneamente, uma punhalada, como se nele alguém sofresse. Saberá, então, o que Sri Aurobindo entendia por "essa obscuridade ferida que protesta contra a luz"[10]. E o explorador aprenderá sua primeira lição: não se pode dar um passo para cima sem que se dê outro para baixo.

Em vez de tratar essas inflexões brutais como uma espécie de fatalidade, o explorador fará delas a base de seu trabalho. Esse duplo movimento de ascensão e de descida constitui o processo fundamental do yoga integral: "em cada elevação conquistada, devemos retornar sobre nossos passos a fim de fazer com que a nova iluminação e o novo poder desçam no movimento mortal de baixo"[11]; e é somente a esse preço que a vida pode se transformar, do contrário, permaneceremos sobre os cimos a poetizar e a espiritualizar, enquanto que, embaixo, a velha vida continuará agitando-se. Praticamente, o movimento de descida não se realiza por uma decisão arbitrária da mente; quanto menos a mente interferir, melhor será; além disso, podemos, realmente, perguntar-nos: como a Mente poderia "descer" instalada como se acha em seu confortável escritório?... É a consciência-força, desperta e individualizada em nós, que faz, espontaneamente, todo o trabalho. No momento em que tocamos certa intensidade de consciência ou de luz, ela exerce, automaticamente,

10 *Savitri*, v. 28, p. 172.
11 *The Synthesis of Yoga*, v. 20, p. 123.

uma pressão sobre o resto da natureza, fazendo surgir a obscuridade e a resistência correspondentes. Tudo ocorre de forma brutal, como se introduzíssemos excesso de oxigênio nas profundezas do mar: algumas moreias e diversos barbos se debateriam inquietos ou haveriam mesmo de se pôr em fuga. É uma estranha inversão de consciência, como passar de um aposento iluminado ao *mesmo* aposento, porém escuro ou de um cômodo alegre ao *mesmo* cômodo, agora triste; tudo é semelhante e tudo mudou. Como se fosse a mesma força, a mesma intensidade vibratória; talvez uma mesma *vibração idêntica*, porém revestida inesperadamente de um coeficiente negativo. Percebe-se, então, quase que no vestígio, como o amor pode transformar-se em ódio e o puro em impuro; tudo é igual, porém ao revés. E, enquanto nossos estados psicológicos forem simplesmente o reverso de outros e que nosso bem o reverso do mal, não haverá esperança de que a vida se transforme. É preciso, radicalmente, outra coisa, uma outra consciência. Todos os nossos poetas e nossos espíritos criadores conheceram, particularmente, todos esses desvios da consciência; em suas Iluminações, Rimbaud acessava estranhas regiões que lhe faziam "arrepiar-se de espanto"; ele também obedecia à lei da inversão obscura. Mas o explorador integral, em vez de ser sacudido inconscientemente de um lado a outro, em vez de subir sem saber como, ou de descer sem sabê-lo, atuará metodicamente, conscientemente, sem perder seu equilíbrio e, sobretudo, abandonando-se com crescente confiança a essa Consciência-Força que *jamais* suscita resistências além das quais ele pode suportar, nem desvela mais luz além da qual ele pode conter. Após ter vivido por muitíssimo tempo entre duas crises, o explorador acabará percebendo que existe um método na ação da força e que cada vez que parecer deixar a curva ascendente, ou mesmo perder uma realização adquirida, isso acontecerá apenas para que ele encontre, no final, a mesma realização, porém em grau imediatamente superior, ampliada, enriquecida com todo o resto de nosso domínio que, precisamente, por meio de nossa "queda", veio integrar-se à nossa luz; se nunca houvéssemos "caído", esse estado inferior jamais teria se unido ao nosso estado superior. Pode ser que, coletivamente, esse seja um processo idêntico ao que conduziu à queda de Atenas a fim de que os antigos bárbaros, um dia, pudessem compreender Platão. A progressão do yoga integral não descreve uma linha reta que se perde cada vez mais acima, em uma extremidade cada vez mais firme, mas ela segue uma *espiral* – disse Sri Aurobindo – que lenta e metodicamente une todos os níveis de nosso ser em uma abertura cada vez mais vasta e em uma base *cada vez mais profunda*. E não somente distinguiremos um método por detrás dessa Força, ou melhor, Consciência-Força, como também distinguiremos ciclos regulares e um ritmo tão exato como o das marés e das luas; quanto mais se progride, mais vastos são os ciclos, mais eles se religam a um movimento cósmico, até o dia em que nos seja concedido perceber em nossas próprias descidas, as descidas periódicas da consciência terrestre e, em nossas próprias dificuldades, todos os turbilhões da Terra que resiste e se revolta. Finalmente, tudo estará tão intimamente ligado que será possível ler, nas menores coisas, nos mais ínfimos acidentes da vida quotidiana e dos objetos que tocamos, o sinal de depressões mais vastas que atravessam os homens, fazendo-os descer e subir, eles também, sobre a mesma crista evolutiva. Então, veremos que somos infalivelmente guiados à Meta, que tudo tem um sentido, mesmo as coisas mais insignificantes – que nenhum detalhe se move sem que tudo se mova – e que nós nos encontramos a caminho de uma aventura bem maior do que havíamos imaginado.

Em pouco tempo, uma segunda contradição que, talvez seja sempre a mesma, haverá de nos surpreender. Não somente existe uma lei ascendente e uma descendente, como, ao que parece, existe também uma contradição central. Todos temos uma meta a alcançar, nessa vida e através de todas as nossas vidas, algo singular a expressar, porque cada homem é único; essa é nossa verdade central, nossa tensão evolutiva especial. Essa meta só se revela lentamente, após várias experiências e sucessivos estímulos quando começamos a ser homens interiormente formados; então, perceberemos que uma espécie de fio religa nossa vida – e todas as nossas vidas se delas somos conscientes – a uma direção específica, como se tudo nos lançasse sempre no mesmo sentido: um sentido cada vez mais preciso e agudo à medida que avançamos. E, assim que tomamos consciência de nossa meta, descobrimos uma dificuldade particular que é como o reverso ou a contradição de nosso objetivo. Esse é um fenômeno estranho, como se possuíssemos exatamente a sombra de nossa luz – uma sombra particular, uma dificuldade particular, um problema particular que se apresenta a nós e volta a se apresentar com uma insistência desconcertante, sempre a mesma, mas com roupagens diferentes e em circunstâncias as mais longínquas, e que retornam, após cada batalha conquistada, com uma potência maior, proporcional à nossa nova intensidade de consciência, como se devêssemos, sempre mais, travar a mesma batalha em cada plano de consciência recentemente conquistado. Quanto mais clara nossa meta, mais forte torna-se a sombra. Então, travamos conhecimento com o *Adversário*:

> O Adversário oculto no peito humano,
> Deve o homem vencê-lo ou perder seu destino elevado
> É a guerra interna sem trégua[12].

Sri Aurobindo também chamou esse Adversário de *par nocivo*. Às vezes, começamos adivinhando negativamente a nossa meta, antes de compreendê-la positivamente, pela repetição das mesmas circunstâncias contrárias ou dos mesmos fracassos que parecem apontar-nos, a todos, uma única direção, como se déssemos voltas e viravoltas em uma órbita cada vez mais estreita e oprimente, em torno do ponto central que é, ao mesmo tempo, nossa finalidade e o oposto dessa finalidade. "Um indivíduo com grande capacidade para o trabalho", diz Sri Aurobindo,

> tem sempre, ou quase sempre, (talvez não se deva estabelecer regras universais muito rígidas a esse respeito) um ser que a ele é apegado e que, às vezes, parece uma parte dele mesmo, e que é exatamente a contradição daquilo que ele representa centralmente no trabalho a ser feito. Ou, se esse ser não está ali desde o início, nem se acha ainda ligado à sua personalidade, uma força desse gênero entra em sua atmosfera assim que ele se põe a realizar o trabalho. Sua tarefa parece ser a de criar oposição, condições adversas, ou a de fazer dar passos em falso; em suma, de colocar diante de nós todo o problema do trabalho que empreendemos. Parece que, na economia oculta do mundo, o problema não pode ser resolvido sem que o instrumento predestinado viva sua dificuldade. Isso realmente explicaria muitas coisas que parecem desconcertantes na superfície[13].

A Mãe assinala o mesmo fenômeno nas "conversas" com os discípulos: "Quando representais a possibilidade de uma vitória, sempre há em vós o oposto dessa vitória que é vosso tormento contínuo. Quando,

12 *Savitri*, v. 29, p. 448.
13 *Letters on Yoga*, v. 24, p. 1660.

em alguma parte de vós, vedes uma sombra muito escura, alguma coisa que é verdadeiramente penosa, podeis estar seguros que tendes em vós a possibilidade da luz correspondente". E ela ainda acrescenta:

> Vós tendes uma meta especial, uma missão especial, uma realização especial que vos é própria, e levais convosco todos os obstáculos necessários para que essa realização seja perfeita. Sempre encontrareis em vosso interior a sombra e a luz que caminham juntas: tendes uma capacidade e também a negação dessa capacidade. Mas se vós descobris uma sombra muito densa e muito profunda, estejais seguros de que, em alguma parte de vós, há uma grande luz. Cabe a vós saber utilizar uma para realizar a outra.

Pode ser, finalmente, que o segredo da existência tenha nos escapado porque compreendemos imperfeitamente essa lei dual da sombra e da luz, e o enigma de nossa dupla natureza, animal e divina. Nutridos por uma concepção maniqueísta da existência, vimos nela somente a consequência de nossa lei moral e de nossas religiões, uma luta sem misericórdia entre o Bem e o Mal, entre a Verdade e a Mentira, na qual o importante é estar do lado correto, à direita do Senhor. E dividimos tudo em dois, o reino de Deus e o reino do Diabo, a vida inferior desse mundo e a verdadeira vida no céu. Quisemos suprimir o oposto da meta, e, ao mesmo tempo, suprimimos a meta. Porque ela, nossa meta, não pode ser mutilada nem por baixo, nem por cima. Enquanto rejeitarmos uma parte pela outra, fracassaremos miseravelmente e perderemos a finalidade da existência; porque tudo está em uma só peça e nada se pode eliminar sem demolir tudo. E, como poderíamos, em verdade, libertar-nos do "mal" sem fazer com que o mundo inteiro seja destruído? Se um só homem se libertasse do "mal", o mundo desabaria, porque tudo é *um;* o mundo é feito de uma única substância e não de duas, uma boa e outra ruim. Não se pode tirar nada, como nada se pode acrescentar. Por isso, não há milagre algum para salvar o mundo; o milagre *já* está no mundo, todas as luzes possíveis *já* estão no mundo, todos os céus imagináveis *já* estão aqui; nada pode penetrar sem romper a fórmula – tudo existe aqui. Nós vivemos em pleno milagre, sem a chave. Porque, talvez, não haja algo a suprimir ou algo a acrescentar, nem mesmo "outra coisa" a descobrir, mas *a mesma coisa,* em outro sentido.

Se quisermos alcançar a Meta, será preciso, portanto, romper com o maniqueísmo para se chegar a uma compreensão realista daquilo que Sri Aurobindo chamava de "a metade obscura da Verdade"[14]. "O conhecimento humano", diz Sri Aurobindo, "lança uma sombra que esconde a metade do Globo da Verdade de seu próprio Sol... A mente, sob pretexto da verdade absoluta, rejeita o falso, e essa é uma das principais razões de sua incapacidade para alcançar a Verdade redonda e perfeita"[15]. Se eliminarmos tudo aquilo que caminha às avessas – e Deus sabe como esse mundo é repleto de erros e impurezas – chegaremos, talvez, a uma verdade, porém essa verdade será vazia. O começo prático do Segredo é conhecer-se primeiro, depois ver que cada coisa desse mundo, mesmo *o erro mais grotesco e extraviado*, contém uma chispa da verdade oculta sob um véu, porque aqui na Terra tudo é Deus que avança em Seu próprio encontro; não há nada fora Dele. "De fato o erro é uma meia-verdade que tropeça por causa de suas limitações; muitas vezes é a própria Verdade que leva uma máscara para aproximar-se de sua finalidade sem ser vista"[16]. Se uma só coisa desse mundo fosse totalmente falsa, o mundo inteiro seria totalmente falso. Por conseguinte, se o explorador parte com essa hipótese de trabalho, hipótese positiva, e se, elevando-se de grau em grau, aceita percorrer, em cada ocasião, o degrau inferior correspondente, sem nada eliminar, para ali liberar a "mesma luz"[17] oculta sob a máscara, em cada elemento, mesmo no lodo mais escuro, mesmo no erro mais grosseiro, no mal mais sórdido, ele verá, pouco a pouco, que tudo se clareia sob seus olhos, não em teoria, porém de forma tangível, e descobrirá não somente topos, como também "abismos de verdade"[18]. E verá que seu Adversário era o colaborador mais diligente e mais atento para com a solidez perfeita de sua realização, primeiro porque, cada batalha aumentava sua força e, segundo, porque cada queda o obrigava a liberar a verdade inferior, em vez de fugir sozinho para os topos vazios, e verá que sua Lentidão era a mesma lentidão de nossa Mãe Terra que também quer sua parte de luz. Os Príncipes da Noite já estão salvos! Estão realizando a Obra,

---

14 *Savitri*, v. 28, p. 192.
15 *Thoughts and Aphorisms*, v. 17, p. 145.
16 *The Life Divine*, v. 18, p. 12.
17 *The Synthesis of Yoga*, v. 20, p. 123.
18 *The Human Cycle*, v. 15, p. 101.

são os fiscais escrupulosos de uma Verdade que contém tudo, no lugar de uma Verdade que tudo exclui:

> Não somente há esperança para os deuses puros
> Como também para as divindades violentas e obscuras
> Que abandonaram os braços do Um, raivosas por descobrir
> Aquilo que os deuses brancos não haviam visto
> Eles também são salvos[19]

E o explorador verá que cada coisa tem seu lugar inevitável, e não apenas que *nada pode ser suprimido, mas que, talvez, nada é mais importante ou menos importante*, como se a totalidade do problema estivesse tanto no menor incidente, no menor gesto cotidiano, como nas perturbações cósmicas, e que a totalidade da Luz e da Alegria, também estivessem aqui, tanto no menor átomo como na infinitude supraconsciente. E a metade obscura da verdade ilumina-se. Cada tropeço ilumina uma chama do sofrimento e abre, no nível inferior, uma brecha de luz; cada fraqueza é um apelo da força, como se a potência da queda fosse a mesma potência da elevação; cada imperfeição um vazio para uma completa plenitude: não há pecado, nem erro, há somente miséria infinita que nos obriga a inclinar sobre toda a extensão de nosso reino e a abraçar tudo para tudo curar e tudo realizar. Por essa fenda de nossa couraça entraram amor e piedade pelo mundo, o que todas as purezas radiantes jamais compreenderão – a pureza é invencível, está entrincheirada, fechada como cimento armado; é preciso uma abertura para que a Verdade possa entrar! "Ele fez do erro uma porta por onde a *Verdade* pudesse entrar"[20].

Uma verdade de Amor existe por trás do mal. Quanto mais se desce até os círculos infernais, mais se descobre a imensa *necessidade* no fundo do Mal, e não se pode curar nada sem uma intensidade semelhante: uma chama acende-se dentro cada vez mais poderosa e cálida sob a pressão sufocante. Existe somente Ela, só isso, como se somente o Amor pudesse afrontar a Noite e convencê-la de sua metade luz. Como se fosse necessária toda essa Sombra para que pudesse nascer o Amor. Em verdade, no coração de todas as sombras, no centro de todos os nossos males, há um mistério invertido. E se cada um de nós possui uma dificuldade particular, que é ao mesmo

---

19 *Savitri*, v. 29, p. 613.
20 Idem, p. 625.

tempo contradição e sinal de nosso destino, poderia ser que as grandes fendas da Terra, – vulnerável, pecadora, dolorosa com suas mil e uma lacunas de pobreza – fossem o sinal de seu destino, que um dia encarnará o Amor perfeito e a Alegria, porque terá sofrido tudo e compreendido tudo.

À medida que se avança, a linha supraconsciente recua para cima, e paralelamente a linha subconsciente recua para baixo; tudo se amplia, tudo se ilumina, mas tudo também se fecha, tudo se revela em torno de um único ponto sombrio, cada vez mais agudo, cada vez mais crucial e mais comprimido, como se houvéssemos girado durante anos e anos, durante vidas, em torno de um mesmo Problema sem nunca tocá-lo verdadeiramente, e depois encontrá-lo ali, aferrado ao fundo da cova, debatendo-se sob a Luz – todo o mal do mundo em um ponto.

A hora do Segredo está próxima. Porque a lei descendente não é uma lei de ferro, nem do pecado, nem da queda, assim como não é uma lei de arrependimento e de evasão celeste, mas uma Lei de Ouro em verdade, uma insondável Premeditação que nos puxa, ao mesmo tempo, para baixo e para cima, até o fundo do subconsciente e do Inconsciente, até esse "ponto central"[21], esse nó de vida e de morte, de sombra e de luz, onde o Segredo nos aguarda. Quanto mais se aproxima do Topo, mais se toca o Fundo.

A Grande Passagem

Os últimos níveis da descida situam-se no âmago de nosso passado evolutivo, além do Subconsciente que era a consciência de outrora em nossa pré-história; eles se situam em um nível onde, pela primeira vez no mundo, alguma coisa viva emanou daquilo que parecia Morte, quer dizer, da fronteira do Inconsciente material e da consciência física, em nosso corpo, testemunho e resíduo desse primeiro nascimento no mundo. Os órgãos e as células do corpo têm uma consciência própria, muito bem organizada e muito desperta, que sabe escolher, receber, rejeitar, e a qual se pode manipular assim que se chega a um desenvolvimento yóguico suficiente. Se se tratasse apenas de melhorar a condição da vida atual, bastaria a consciência

---

21 *Talks with Sri Aurobindo*, v. I, p. 137.

yóguica comum: prolongação da vida, imunidade às doenças e até mesmo juventude estão entre as aquisições frequentes da disciplina. Mas, como já dissemos, nós procuramos transformar a vida, não somente rebocar sua fachada. Ora, sob essa consciência física, há uma subconsciência, também física, que é produto da evolução da vida na Matéria, onde estão gravados todos os velhos hábitos da vida – o de morrer é o pior deles – seus reflexos, seus medos, suas defesas e, sobretudo, seus hábitos cristalizados, como se ela tivesse guardado em sua memória as inúmeras carapaças sob as quais deveria proteger-se para crescer. E bem no profundo dessa subconsciência física, ali, onde toda forma de consciência, ou de memória, parece extinguir-se, toca-se uma rocha de fundo, uma primeira Carapaça, que é a Morte fundamental da qual a vida se desgarrou. É algo muito duro e muito vasto, tão vasto e tão duro que os rishis védicos diziam: "A rocha infinita". É o Inconsciente. É um muro ou, talvez, uma porta. É um fundo ou, quem sabe, uma crosta. E, talvez, não esteja totalmente morto nem totalmente inconsciente, porque não é algo negativamente imóvel que ali se encontra, mas algo positivamente negativo, se ousamos dizê-lo, algo que recusa, que diz Não à vida:

> Essa recusa obstinada nas profundezas da Vida
> Esse NÃO ignorante na origem das coisas[22]

Se os confins fossem um Nada inexistente, não haveria esperança e, por outro lado, jamais o nada teria podido nascer do nada, porém os confins são *alguma coisa*; se há um Não, há também dentro desse Não um sim; se há uma Morte, há dentro dessa Morte uma Vida. E, finalmente, se há um fim, há, do outro lado, um começo. Todos os negativos são necessariamente a metade de um positivo. Todas as profundezas são a superfície de alguma outra coisa. O sentido mesmo do yoga de Sri Aurobindo é o de encontrar o positivo de todos os negativos, em cada elemento e em todos os níveis de consciência e, se Deus quiser, encontrar o Positivo Supremo (que, aliás, não é nem positivo nem negativo, ele *é* simplesmente) onde se resolverão todas as nossas dualidades, até mesmo as inferiores, inclusive a da vida que morre ou a da Morte que vive.

---

22 *Savitri*, v. 28, p. 317.

Em Chandernagor, Sri Aurobindo havia chegado aos últimos níveis do subconsciente físico, e encontrava-se diante de um muro: "Não, não é o Firmamento o que me ocupa, Deus me livre!, mas, sim o outro extremo das coisas"[23]. Pode-se conceber a dificuldade dessa descida se já se sabe o que se pode encontrar em troca, como resistências e choques, quando se chega precisamente ao subconsciente mental e vital, ao covil das víboras. E, quanto mais se desce, mais é necessário que se tenha uma consciência elevada, mais é necessário que se tenha uma luz poderosa, porque não se pode descer muito mais baixo do que se sobe; e, quando se compreende que a consciência é uma força, tão concreta como pode ser uma corrente elétrica, pode-se imaginar, por exemplo, o que representam como traumatismos e rupturas uma potência e luz super-mentais – "esse assalto do éter e do fogo"[24] – que descem como uma catarata no charco do subconsciente físico. Ali existem enormes dificuldades e mesmo perigos, que retomaremos quando falarmos da Transformação. Enquanto se trata de resistências mentais e vitais, de nossas mentiras morais, basta cultivar a vontade e a paciência, mas quando se desce mais abaixo é preciso afrontar as "mentiras do corpo", diz a Mãe, quer dizer, as enfermidades e a Morte. Por isso Sri Aurobindo e a Mãe insistiam tanto junto a seus discípulos sobre a imperiosa necessidade de uma base física a toda prova: "trabalhais nos dois extremos, não deixeis um pelo outro".

Ao mesmo tempo em que alcançava a margem extrema da supermente onde "grandes ondas coloridas" se perdem em uma fronteira branca, Sri Aurobindo tocava paralelamente a rocha negra embaixo:

> Por muito tempo cavei profundamente,
> No lodo e na lama.
> "Vá aonde ninguém foi" – exclamou a Voz.
> "Cave mais profundo, mais ainda,
> Até a pedra inexorável do fundo
> E bata à porta sem chave"[25]

Foi então quando em 1910 um estranho fenômeno produziu-se em Chandernagor... Mas, antes de prosseguir e de reconstruir a experiência que muda a face e o curso de nossa evolução, detenhamo-nos um

---

23 *On Himself*, v. 26, p. 153.
24 *Savitri*, v. 28, p. 7.
25 "A God's Labour", *Collected Poems*, v. 5, p. 99-101.

breve instante para analisar e traçar as coordenadas dessa condição humana. E é muito simples: nós estamos fechados na Matéria, aqui, no Ovo Negro que, a cada segundo, nos fecha por todos os lados, e não existem mil maneiras de sairmos disso, de fato há somente duas: dormir (sonhar, extasiar-se, meditar, que são apenas etapas do sono, mais ou menos nobres, mais ou menos conscientes, mais ou menos divinas) ou morrer. A experiência de Sri Aurobindo mostra a terceira chave, que permite sair desse sufocamento sem se extasiar, sem morrer e, em suma, sem sair daqui, e que inverte o curso da evolução espiritual do homem uma vez que a saída não existe apenas nas alturas e fora, mas bem lá dentro de si; e que, além de tudo, abre a porta da vigília a todos os sonhos, a todos os êxtases e, sobretudo, aos poderes que nos permitirão encarnar nossos sonhos e transformar esse Ovo Negro em algum lugar respirável, claro e vivo... Nesse dia de 1910 em Chandernagor, Sri Aurobindo havia chegado ao fundo do poço, havia atravessado todos os níveis imundos sobre os quais a Vida, flor inexpugnável, brotou; havia apenas essa Luz do Alto que brilhava cada vez mais intensa à medida que ele descia, fazendo surgir todas as obscenidades, uma a uma, exatamente sob cada raio luminoso, como se essa noite clamasse sempre por mais Luz, como se a linha subconsciente recuasse, recuasse para baixo em uma concentração cada vez mais sólida como a imagem inversa da concentração de cima, deixando esse único muro de Sombra sob essa única Luz; quando, de repente, sem transição, no fundo dessa Matéria "inconsciente" e nas células obscuras desse corpo, sem êxtase, sem que o indivíduo se perdesse, sem dissolução cósmica e com os olhos bem abertos, Sri Aurobindo viu-se precipitado em uma Luz Suprema: "Desembocou em outro espaço, em outro tempo"[26].

    A Noite, o Mal e a Morte são uma máscara. A Oposição Suprema desperta a Suprema Intensidade e o semelhante transforma-se Nele mesmo; há somente o Uno, *tad ekam*. O mundo solar, a Consciência Divina Suprema, Supramental, da qual todas as outras são raios separados, encontrava-se ali, no coração da Matéria. O nível acima da Supermente não está "acima", mas aqui embaixo na Terra e em todas as coisas; a porta de baixo abre a porta do alto como a de todas as partes:

26 *Savitri*, v. 28, p. 91.

> Um assombro de luz selado nas profundezas[27]
> Uma grande inversão da Noite e do Dia
> Todos os valores do mundo transformados[28]
> O superior encontra o inferior, tudo é um plano único[29]

O extremo limite do Passado toca o âmago do Futuro que o concebeu, Deus-Espírito encontra Deus-Matéria, e isso é a Vida Divina no corpo. *Sat-Chit-Ananda* no mais alto é *Sat-Chit-Ananda* no mais baixo, Existência-Consciência-Poder-Alegria. A evolução não é um aborto, em um sono branco ou negro, nada está submerso na Noite, nada irrompe em pleno Céu, tudo se conclui em um círculo perfeito. A Alegria do Alto é a Alegria de baixo:

> Uma exultação nas profundezas do sono
> Um coração de beatitude nas profundezas
> De um mundo de sofrimento[30]

Uma alegria que pode, uma iluminação poderosa em nossas veias, em vez de uma bem-aventurança estéril no topo de nossas cabeças: "Poderes onipotentes nas células da Natureza"[31].

Porque a Supramente não é uma consciência mais etérea, porém uma consciência mais densa; é a própria Vibração que compõe e recompõe infinitamente a Matéria e os mundos, e é somente ela que pode mudar a Terra. Diz a Mãe:

> Nas profundezas da Inconsciência a mais dura,
> A mais rígida, a mais estreita, a mais sufocante
> Toquei um móbil todo-poderoso que, de um só golpe,
> Projetou-me em uma vastidão
> Sem forma e sem limites,
> Onde vibram as sementes de um mundo novo.

Essa é a chave da Transformação, a chave da vitória sobre as leis da Matéria pela Consciência na Matéria – a Consciência no mais alto é a

---

27 *Collected Poems*, v. 5, p. 150.
28 *Savitri*, v. 28, p. 42.
29 Idem, v. 29, p. 541.
30 Idem, v. 28, p. 169.
31 Idem, v. 29, p. 370.

consciência no mais baixo; é a porta do mundo futuro e da nova Terra que a Escritura anunciava há dois mil anos: "Uma nova Terra onde a Verdade habitará" (II, Pedro III.13). Porque, em verdade, a Terra é nossa salvação, a Terra é o lugar da Vitória e da perfeita realização, e de modo algum é necessário fugir para o céu, pois tudo está aqui, totalmente aqui, em um corpo: a Alegria, a Consciência, os Poderes Supremos, se temos coragem de abrir os olhos e de descer e de sonhar um sonho vivo em vez de um sonho adormecido:

> É preciso entrar no último finito
> Para encontrar o último infinito[32]

E, na mesma ocasião, Sri Aurobindo encontrava o Segredo perdido, o dos *Vedas* e de todas as tradições, mais ou menos deformadas que foram transmitidas do Irã à América Central e às margens do Rhin, de Eleusis aos Cátaros, e da Távola-Redonda aos Alquimistas, o Segredo de todos os exploradores da perfeição. É a busca do Tesouro no fundo da caverna; a luta contra as forças subconscientes, ogros, anões e serpentes; é Apolo e Píton, Indra e a serpente Vritra, Tor e os gigantes, Sigurd e Fafner. O mito solar dos maias, a Descida de Orfeu, a Transmutação. É a serpente que se morde a cauda. E é, sobretudo, o segredo dos rishis védicos que foram os primeiros, sem dúvida, a descobrir o que eles chamavam de "a grande passagem", *mahas pathah* (II. 24.6), o mundo da "Luz não estilhaçada", *Swar*, no fundo da rocha do Inconsciente: "nossos ancestrais, com seu mantra, abateram as fortalezas refratárias; com seu grito, os videntes Angiras[33] colocaram em pedaços a rocha da montanha; eles prepararam em nós uma passagem para o Grande Céu, e descobriram o dia e o mundo Solar" (*Rig-Veda* 1.71.2); descobriram "o sol que mora na obscuridade" (Idem, III. 39.5). "Eles encontraram o Tesouro do Céu oculto na caverna secreta, tal o filhote de passarinho – esse Tesouro na Rocha infinita" (Idem, 1.130.3).

A Sombra e a Luz, o Bem e o Mal preparavam um nascimento divino na Matéria: "A Noite e o Dia, ambos amamentavam a Criança Divina"[34]. Nada é maldito, nada é em vão, a Noite e o Dia são "duas irmãs imortais com um mesmo Amante (o Sol) [...] comuns, em

---

32 *Letters on Yoga*, v. 22, p. 388.
33 Os primeiros rishis.
34 Idem, v. 23, p. 910.

verdade, embora diferentes em sua forma"(Idem, I.113.2.3). No final da "peregrinação" da ascensão e da descida, o explorador é "o filho das duas Mães" (Idem, III.55.7); é o filho de *Aditi*, a Mãe branca[35] do infinito supraconsciente, e o filho de *Diti*, a Mãe Terrestre do "Infinito tenebroso"; e ele possui "os dois nascimentos", humano e divino, "eternos e em um mesmo ninho... como quem possui a alegria de suas duas esposas" (Idem, I.62.7); "A montanha[36] fecunda abriu-se ao meio livrando o nascimento supremo [...] um Deus abriu as portas humanas" (Idem, v.45). "Então, em verdade, eles se despertaram e tiveram a visão total. Por trás deles, em torno deles e por toda a parte, tiveram, em verdade, êxtase igual ao que se desfruta no céu. Em todas as moradas fechadas[37] achavam-se todos os deuses" (Idem, IV 1.8).

Realizou-se a esperança do homem juntamente com a prece do Rishi: "Que a Terra e o Céu sejam iguais e um só"[38], encontrou-se o grande Equilíbrio.

> O céu, em seu êxtase, sonha com uma Terra perfeita,
> A Terra, em seu Sofrimento, sonha com um céu perfeito...
> Enfeitiçados temores impedem sua unidade[39]

E é a Alegria – Ananda. Está no princípio e no fim das coisas e, em toda a parte, se cavamos bastante; ela é "o poço de mel coberto pelo rochedo" (*Rig-Veda*, II.24.4).

---

35 Esta antiga tradição é conhecida também dos hebreus e parece ter sido, literalmente, retomada pelo cristianismo com a imaculada concepção da Virgem Maria.
36 O Inconsciente Material
37 Em todos os planos de nosso ser ou em todos os centros de consciência.
38 *On Himself*, v. 26, p. 425.
39 *Savitri*, v. 29, p. 684.

15 A Consciência Supramental

É muito difícil definir a Consciência Supramental, em termos mentais, pois ela é não mental por definição e escapa a todas às nossas leis e às nossas perspectivas tridimensionais. Talvez seja a palavra o que nos engana; não se trata de uma elevação da consciência humana, mas de uma outra consciência. Podemos tentar algumas aproximações e distinguir dois aspectos de consciência ou de visão e de poder, porém caímos na armadilha mental, porque esses são aspectos indissolúveis; a Consciência Supramental é uma consciência que pode, uma visão ativa. Muitas vezes, quando a Mãe e Sri Aurobindo tentavam relatar sua experiência, podíamos ouvir suas reflexões propagando-se, em inglês e em francês: uma outra linguagem seria, contudo, necessária, *another language*.

Visão Supramental

É uma visão global. A mente recorta pequenos fragmentos e compara uns com os outros; a supermente reúne tudo em um só molho, porém ela atinge apenas um ponto, e vê tudo segundo seu próprio ponto de vista; ela é unitária e universal pela exclusão dos outros ângulos ou por anexação. A Supramente não somente vê o mundo inteiro das coisas e dos seres em uma visão única, que reúne todos os molhos sem qualquer oposição, como vê o ponto de vista de cada coisa, cada ser, cada força – é uma visão redonda que não chega a um ponto central, mas a miríades de pontos:

"Um único olhar infinito"¹.

"O ser supramental não vê as coisas de um mesmo nível rodeado pelo emaranhado dos fatos e dos fenômenos presentes, mas vê do Alto; não de fora nem segundo as aparências, todavia vê de dentro e segundo a verdade de seu próprio centro². Portanto, nada podemos compreender da Supramente se não nos referimos frequentemente a uma outra dimensão. Contudo, podemos compreender que a Supramente é a própria visão da Sabedoria, porque cada coisa, cada ser, cada força aqui na Terra tende a um absoluto, que se expressa mais ou menos mal e, muitas vezes, de forma completamente pervertida, mas, por meio de todos os seus erros e de suas perversões, obedece a uma lei interior que o impulsiona a essa verdade *única* de seu ser – até as folhas de uma mesma árvore são únicas. Se não houvesse esse Absoluto no centro de cada um de nós, desabaríamos. E é por isso também que somos tão apegados a nossas insignificâncias e a nossos erros, porque sentimos realmente a verdade que está por detrás e que cresce por detrás, como "protegida"³ diz Sri Aurobindo, por essa mesma insignificância e por esses tropeços. Se, da primeira vez, apreendêssemos a verdade total, dela faríamos um gnomo à nossa imagem! A verdade não é uma questão de opinião ou de boa conduta – embora sejam etapas do caminho – mas de ampliação do ser, e nosso crescimento é lento e difícil. "Erros, mentiras, tropeços, exclamam! Como Teus erros são belos e luminosos, Oh! Senhor! Tuas mentiras mantêm viva a Verdade; pelos Teus tropeços o mundo se aperfeiçoa"⁴. No entanto a mente, que vê somente a superfície atual das coisas, gostaria de corrigir tudo aquilo que excede, gostaria de se purificar por meio do vazio e reduzir seu mundo a uma verdade uniforme, repleta de bons sentimentos e de honestidade. Ela decreta: "Isso é bom, isso é ruim: esse é amigo, esse é inimigo" e talvez desejasse eliminar os nazistas do mundo, os chineses, por exemplo, pensando que há nisso tudo uma calamidade inútil. E a mente tem razão, por definição, visto que ela é feita para ser racional e tende a um absoluto mental ou moral que tem seu lugar, seu papel. Mas essa não é toda a verdade, é só *um* ponto de vista⁵. E é por isso que não

---

1 *Savitri*, v. 29, p. 556.
2 *The Synthesis of Yoga*, v. 21, p. 808.
3 Idem, v. 20, p. 234.
4 *Thoughts and Aphorisms*, v. 17, p. 133.
5 Haverão de nos dizer que nossas particularidades, nossa mente, nossa moral são instrumentos indispensáveis para a conduta do mundo atual, e isso é evidente. Temos

temos o poder, porque se nós, homens honestos, tivéssemos o poder, o desperdiçaríamos de forma terrível, por ignorância e por falta de visão. Nossas enfermidades são necessárias. A consciência supramental capta não apenas todos os pontos de vista como também as forças profundas que se mobilizam por detrás de cada coisa e por detrás da verdade de cada centro – é uma *Consciência da Verdade* – e porque ela vê tudo, ela tem o Poder; há nisso uma concordância automática. Se nós não podemos, é porque não vemos. Ver, ver totalmente, é necessariamente poder. Porém o poder supramental não obedece à nossa lógica e à nossa moral, ele vê à distância no espaço e no tempo; não busca eliminar o mal para salvar o bem, nem opera por milagres; ele libera o bem que está no mal e aplica sua força e sua luz sobre a sua metade-sombra para que possa admitir sua metade-luz. O efeito imediato, por onde quer que passe, é produzir a crise, isto é, colocar a sombra frente a frente com sua própria luz. Esse é um formidável fermento evolutivo.

A obra escrita de Sri Aurobindo oferece uma ilustração prática dessa visão global, embora seja uma tradução mental de um fenômeno supramental. Ela é desconcertante para muitos, porque carece de todos os ângulos que permitem facilmente captar um pensamento; e é tão mais fácil ser doutrinário. Sri Aurobindo gira, literalmente, em torno de todos os pontos de vista para deles tirar a verdade profunda e nunca impõe seu próprio ponto de vista (talvez porque não os tenha ou os tenha todos); ele apenas indica como cada verdade é incompleta e em que direção ela pode expandir-se. "A Supramente não opõe uma verdade à outra para ver qual delas resiste para sobreviver, mas ela completa uma verdade com outra verdade à Luz da Verdade da qual todas são seus aspectos [...]"[6]. "Um Pensamento bastante elevado", dizia, "para poder conter seus próprios opostos"[7]. Isso é o que a Mãe chama de *pensar esfericamente*.

Quando falamos de Sri Aurobindo, temos sempre o sentimento de estarmos sendo terrivelmente dogmáticos e sistemáticos, sem dúvida por deficiência de linguagem, que ajusta o foco em um ponto em vez de outro, cavando sombras, enquanto que Sri Aurobindo abraça

necessidade de ser parciais. Mas é por isso também que o mundo permanece parcial. Seria preciso apenas não perder de vista que esses são instrumentos de transição e que devemos procurar substituir esses "tapa-buracos" (*Letters on Yoga*, v. 22, p. 451), como diz Sri Aurobindo, por uma consciência que seja uma visão, que seja um poder.

6 *The Life Divine*, v. 19, p. 983.
7 *The Synthesis of Yoga*, v. 20, p. 316.

tudo, não por uma espécie de "tolerância" que é sucedâneo mental da Unidade, mas pela visão indivisa que é realmente *una* com cada coisa, no centro da coisa. Não seria essa a visão mesma do Amor?

Essa visão indivisa é tão real que até mesmo a aparência do mundo físico é alterada pela consciência supramental; ou melhor, ela não é alterada, é o mundo físico que aparece tal como é em realidade; a ilusão de ótica separatista na qual vivemos se desvanece; a vara não está mais quebrada e tudo se mantém – o mundo não é tal como o vemos:

> para o sentido supramental, nada é verdadeiramente "finito", separado; fundamentalmente, há o sentimento de que tudo está em cada coisa e de que cada coisa está em tudo; não há mais linhas divisórias; existe um sentido oceânico e sutil, onde cada conhecimento sensorial específico, cada sensação, é uma onda ou um movimento, ou uma pulverescência, ou uma gota que, não obstante, é uma concentração do oceano inteiro e dele inseparável... É como se o olhar do poeta ou do artista substituísse a visão banal comum, que nada vê, por um olhar singularmente espiritualizado e glorificado, como se, em verdade, participássemos da visão do Poeta Divino Supremo e que a nós fosse dada a plena visão de Sua verdade e de Suas intenções em Sua figuração do universo, e em cada coisa no universo. É uma intensidade sem limites, que faz de tudo o que vemos a revelação de uma grandeza de qualidade, de ideia, de forma e de cor. O próprio olho físico parece conter um espírito e uma consciência que veem não somente o aspecto físico do objeto como também a alma da qualidade que nele vive, a vibração da energia, a luz, a força, a substância espiritual da qual é feito... Ao mesmo tempo, há uma mudança sutil e nos vemos em uma espécie de quarta dimensão, que se caracteriza por certa interioridade; enxergamos não somente a aparência e a forma exterior, mas aquilo que informa a forma e o que se estende sutilmente em torno dela. O objeto material torna-se diferente daquilo que vemos agora; esse não é mais um objeto separado que se desprende de uma profundidade no meio do resto da Natureza, mas uma parte indivisível da unidade total, e até mesmo de uma forma sutil, uma expressão da unidade de tudo aquilo que vemos. E essa unidade... é a da identidade do Eterno, a unidade do Espírito. Porque, para a visão supramental,

o mundo material, o espaço e os objetos materiais deixam de ser materiais no sentido em que eles o são agora pelo único testemunho de nossos órgãos físicos limitados; eles aparecem como o próprio Espírito, e são vistos como o próprio Espírito em Sua própria forma em uma extensão consciente[8].

Visão global, visão indivisa e também visão eterna. Essa é a conquista do tempo. Enquanto a consciência supermental vê "amplas extensões no espaço e no tempo", a consciência Supramental envolve as três unidades de tempo; ela reúne passado, presente, futuro e suas conexões indivisíveis em um só mapa de conhecimento contínuo, lado a lado[9]. "O tempo é um só corpo, o espaço um livro único[10].

A consciência não é mais aquele obturador que necessitava ser restringido porque sem restrição explodiria; é um grande *Olhar* tranquilo: "como um olho estendido no céu", disse o *Rig-Veda* (1.17.21). "A consciência individual comum", diz a Mãe,

> é como um eixo, e tudo gira em torno desse eixo. Se o eixo se move, sentimo-nos perdidos. É como um grande eixo (mais ou menos grande, mas, pode ser bem pequeno) plantado no tempo, tudo girando à sua volta. Ele se estende mais ou menos longe, é mais ou menos alto, mais ou menos forte, e a consciência individual gira em torno do eixo. E, não há mais eixo – sumiu, desapareceu! Isso pode ir ao Norte, pode ir ao Sul, a Leste e a Oeste; isso pode ir pra frente, pode ir pra trás, pode ir pra qualquer lugar. Não há mais eixo.

Para nós, é difícil imaginar o que venha a ser a visão desse indivíduo universal e poderíamos pensar, segundo nosso ponto de vista mental, que um conhecimento total das três unidades de tempo suprimiria imediatamente toda a surpresa da existência. Seria como aplicar à Consciência Supramental normas e reações que somente

---

8 Idem, v. 21, p. 835-838.
9 Idem, v. 20, p. 464. Podemos fazer uma comparação bem interessante com a teoria da relatividade. Segundo Einstein, quanto mais nos aproximamos da velocidade da luz, mais lento torna-se o tempo e mais curtas as distâncias. À velocidade da luz, nossos pêndulos parariam e nossos metros se achatariam. A consciência supramental, que é a própria Luz, é também a conquista do tempo. Entre a luz dos físicos e a dos videntes, há, talvez, menos diferença do que pensamos.
10 *Savitri*, v. 29, p. 660.

pertencem à mente. A maneira de ver e de *viver* o mundo é muito diferente. A consciência supramental não está irrequietamente inclinada para o futuro como nós estamos; tudo está ali sob seus olhos, mas ela vive divinamente no tempo: *cada segundo* do tempo é absoluto, uma plenitude tão total como os milênios em toda sua extensão; é, ao contrário, a completa perfeição do tempo. Na vida comum, nunca vivemos o instante pois somos projetados para a frente ou arrastados para trás, pela esperança ou pela nostalgia, porque o momento nunca é o que é, porque sempre nos falta alguma coisa, ele é terrivelmente vazio, enquanto que para a consciência supramental cada coisa é, a cada instante, plenamente o que deve ser e como deve ser. É uma bem-aventurança constante e inalterável. Cada sequência, cada imagem do grande Filme Cósmico está repleta de todas as imagens que o precedem e de todas as que o sucedem, nada lhe falta nem pela ausência de futuro nem pelo desaparecimento do passado. "Essa alegria absolutamente ampla e plena, sem lacunas", disse o *Rig-Veda* (v.62.9), "beatitude sem ruptura", diz Sri Aurobindo[11]. Assim, também é a completa perfeição do espaço; estamos perpetuamente em busca de novas coisas, de novos objetos, porque cada coisa carece de todas as outras que não são ela: nossos objetos, como nossos minutos, são vazios; enquanto que para a consciência supramental, cada objeto, cada coisa por ela tocada é tão plena de totalidade e de infinito como a visão da amplidão ou a soma de todos os objetos possíveis: "o Absoluto está em toda parte [...] Cada finito é um infinito"[12]. Essa é uma maravilha sempre renovada, que não procede da surpresa, mas da descoberta dessa infinidade eterna, desse Absoluto atemporal em cada partícula do espaço e em cada fração do tempo. Essa é a perfeita plenitude da vida, porque nossa vida finita, temporal, não é completa, ela é terrivelmente incapaz: somos obrigados a renunciar ao temporal para descobrir o atemporal, ou renunciar à nossa necessidade do infinito para desfrutar do finito, enquanto que a plenitude supramental descobre o infinito no finito e o atemporal no temporal. Vive espontaneamente cada instante, cada segundo, cada objeto, e vive a imensidão que contém todos os minutos e todos os objetos; e são duas formas *simultâneas* de viver e de ver a mesma coisa.

A consciência supramental não ocupa apenas uma posição cósmica, mas uma posição transcendente, e as duas não se opõem. E

---

11 *The Synthesis of Yoga*, v. 20, p. 393.
12 Idem, p. 408.

não apenas não se opõem, como também seu sincronismo é a chave da verdadeira vida. Porque a vida não sofre apenas por seus objetos vazios e por seus minutos entrecortados, mas por falta de repouso e de solidez. Todas as religiões, toda a espiritualidade são oriundas dessa necessidade fundamental do homem: encontrar uma Base de permanência, um local de refúgio e de paz fora de todo esse caos do mundo, fora da efemeridade do mundo, desse sofrimento do mundo – infinitamente fora e protegido. E, repentinamente, no decurso de nossa busca, penetramos um Silêncio formidável, um Espaço fora do mundo, e o chamamos Deus, o chamamos Absoluto, Nirvana, pouco importam as palavras, nós tocamos a grande Libertação. Essa é a experiência fundamental. Se pouco nos aproximamos desse grande Silêncio, tudo muda, tocamos a Certeza, a Paz, como o náufrago tocou a rocha. Na vida, tudo nos escapa pelos dedos; há somente essa Rocha que nunca nos abandona. E é por isso que se diz que o reino de Deus não é desse mundo. A experiência de Sri Aurobindo havia também começado pelo Nirvana e terminou com a plenitude do mundo; há nisso uma contradição central que é importante apreender se queremos conhecer o segredo prático da verdadeira vida.

A mente e mesmo a supermente de nossos profetas está irremediavelmente ligada à dualidade (dualidade na Unidade): se Deus está nas alturas, Ele não está embaixo, se é branco, não é negro. Para a experiência supramental tudo é esférico, ela "é, todo o tempo, sim e não, simultaneamente", constata a Mãe, os dois pólos de todas as coisas são constantemente transpostos em uma outra "dimensão" ("os espaços secretos de dentro", diziam os rishis védicos, II.4.9). Assim o Transcendente não está em outro lugar fora do mundo; ele está em toda a parte aqui na Terra e, ao mesmo tempo, totalmente dentro e totalmente fora. A consciência supramental, do mesmo modo, está totalmente no mundo e totalmente fora dele; está no Silêncio eterno e no centro da balbúrdia; está edificada sobre a Rocha inabalável e no coração da correnteza. E por isso pode verdadeiramente gozar da vida e dela ser a mestra, porque se estamos exclusivamente na correnteza, não há para nós nem paz nem domínio; somos arrastados como palha. É possível adivinhar um pouco o que é essa experiência supramental se nos referimos simplesmente às primeiras pequeninas experiências do início do yoga. Com efeito, percebemos imediatamente que basta recuar um passo na consciência, um pequeno movimento de retirada, para encontrarmos um espaço silencioso por detrás. Como se existisse um lado de nosso ser com os olhos sempre fixos em um grande Norte todo branco. Existe alvoroço fora, assim como sofrimento, problemas, e fazemos um leve movimento interior para transpor o limiar e, de repente, estamos fora (ou dentro?) a mil léguas e nada mais tem importância, boiamos em mar de rosas. A experiência acaba adquirindo tanta agilidade, por assim dizer, que em plena atividade, a mais absorvente, seja na rua, quando conversamos, quando trabalhamos, mergulhamos dentro (ou fora?) e nada mais existe, a não ser um sorriso – basta uma fração de segundo. Nesse momento começamos a conhecer a Paz; obtemos um Refúgio invencível em qualquer parte e em qualquer circunstância. E, cada vez mais, percebemos sensivelmente que esse Silêncio não está somente no interior, em si mesmo; está em todo o lugar, ele é a substância profunda do Universo como se todas as coisas se soltassem dessa profundidade, viessem de lá e para lá retornassem. É um vazio suave no profundo das coisas, uma capa de veludo envolvente. E esse Silêncio não é vazio, é um Pleno absoluto, mas um Pleno sem nada dentro, ou um Pleno que contém a essência de tudo aquilo que pode ser, exatamente antes daquele segundo que precede o nascimento das coisas – elas não estão lá, e, no entanto, lá estão, como uma canção por cantar. Estamos maravilhosamente Salvos ali dentro (ou lá fora?). Esse é um primeiro reflexo do Transcendente. Na ponta extrema deslizamos no Nirvana. Mais nada existe a não ser esse Silêncio. E para a Supramente, não há mais "passagem", não há mais "umbral" a transpor; *não se passa* de um estado a outro, do Silêncio à balbúrdia, do Interior ao exterior, do Divino ao não divino, os dois são fundidos em uma única experiência: o Silêncio que está fora de tudo e o Devenir que flui em tudo; um não nega o outro; *um não pode existir sem o outro*. Se o Silêncio Supremo não pudesse conter o oposto do Silêncio, não seria Infinito. E se o Silêncio não pudesse existir totalmente fora daquilo que lhe parecesse oposto, seria prisioneiro de seu oposto. O reino de Deus é desse mundo e não é desse mundo. O segredo está em reunir as duas experiências em uma única, o infinito no finito, o atemporal no temporal e o Transcendente no Imanente. Então se tem a Paz na ação e a Alegria de todas as formas.

    Tranquilo, profundo como o mar, ele ri com a onda:
    Universal, ele é tudo – Transcendente, ninguém[13]

13 *Savitri*, v. 29, p. 657.

A Consciência Supramental repete o mistério de uma grande Luz tranquila que, "um dia" fora do tempo, quis se ver temporalmente, sucessivamente, segundo miríades de pontos de vista, e que, no entanto, não deixa de ser única e redonda, totalmente contida em si dentro de um instante eterno. A evolução não tem outra finalidade a não ser a de reconhecer aqui na Terra a totalidade do Alto, a finalidade de descobrir na Terra, no centro mesmo da dualidade e da contradição a mais pungente, a Unidade Suprema, a Infinidade Suprema, a Alegria Suprema – *Ananda*. E, assim, cada vez que demos um passo para o Alto, fomos puxados para baixo para encontrar o Segredo.

Poder Supramental

Os espiritualistas rejeitam o poder como uma arma indigna do explorador da verdade; esse não é, contudo, o sentimento de Sri Aurobindo, ao contrário, o conceito do Poder – *Shakti* – é uma chave de seu yoga, porque sem poder nada podemos transformar. "Amo Deus Fogo, não Deus Sonho!", exclama Savitri[14].

> O fogo para fazer descer a eternidade no Tempo
> E tornar a alegria do corpo tão viva como a da alma[15]

> O espírito moral ou o religioso engana-se quando condena o poder em si como uma coisa que não se deve nem aceitar nem procurar, sob pretexto de que seja naturalmente corrupto e perigoso. Na maioria dos casos essa opinião encontra-se justificada, aparentemente, mas não deixa por isso de ser um preconceito fundamentalmente cego e irracional. Por mais corrompido e mal utilizado que seja (como, aliás, o são também o Amor e o Conhecimento), o Poder é divino e foi colocado nesse mundo para uso divino. *Shakti* – Vontade, Poder – é o motor do mundo; quer se trate da força do conhecimento, da força do amor, da força da vida, da força da ação ou da força do corpo, sua origem é sempre espiritual e seu caráter divino. É o uso que dele fazem o animal, o homem ou o titã no mundo

---

14 Idem, p. 614.
15 Idem, v. 28, p. 196.

da Ignorância, que deve ser rejeitado para dar lugar a uma ação mais elevada e natural (embora seja ainda supranormal para nós), uma ação guiada por uma consciência interior em uníssono com o Infinito e com o Eterno. O yoga integral não pode rejeitar as obras da Vida e satisfazer-se apenas com uma experiência interior; deve ir dentro a fim de mudar fora[16].

É esse aspecto "força" ou "poder" da consciência, que a Índia representou sob a imagem da Mãe Eterna. Sem a Consciência não há Força, e sem a Força não há criação – Ele e Ela, dois em um, inseparáveis. "Todo este vasto mundo é somente Ele e Ela"[17]. E toda a evolução é a história Dela ao encontro Dele e querendo encarná-Lo por toda a parte. Não se trata de rejeitar um pelo outro – sem Ele somos prisioneiros de uma Força cega, sem Ela prisioneiros de um Vazio assombroso – mas unir um e outro em um mundo consumado. "Entram em uma obscuridade cega aqueles que seguem a Ignorância, e, em uma obscuridade maior, aqueles que buscam somente o Conhecimento", disse *Isha Upasnishad* (9).

A Supramente é antes de tudo um poder, um poder formidável. É o poder direto do Espírito na Matéria. Toda consciência é um poder e quanto mais nos elevamos, mais forte é o poder, porém, ao mesmo tempo, mais nós nos afastamos da Terra; por conseguinte, quando quisermos aplicar nosso poder supermental, por exemplo, aos assuntos desse mundo, será necessário fazer com que ele desça, de plano em plano, e supere os determinismos de todos os níveis intermediários antes de chegar na Matéria. No final do percurso, fica apenas um reflexo supermental, pesado e obscurecido, que deve lutar contra determinismos cada vez mais rebeldes e grosseiros. Por essa razão os espiritualistas nunca puderam transformar a vida. A Supramente é Consciência-Força Suprema no coração mesmo da Matéria, sem intermediários. É o "Sol na obscuridade" de que fala o *Veda*, o local em que o Superior e o Inferior se encontram diretamente. Portanto, ele pode tudo mudar. Recordemos as palavras da Mãe: "A verdadeira mudança de consciência é aquela que mudará as condições físicas do mundo e dele fará uma criação inteiramente nova".

Apressamos em dizer que o poder supramental não opera nem por milagre nem por violência. A noção de milagre é absurda, Sri

16 *The Synthesis of Yoga*, v. 20, p. 164.
17 *Savitri*, v. 28, p. 63.

Aurobindo o repetia com frequência: "não há milagres"[18], há apenas fenômenos dos quais ignoramos o procedimento e, para aquele que vê, há somente a intervenção do determinismo de um plano superior no determinismo de um plano inferior. A Mente pode parecer um milagre para o determinismo da lagarta, mas sabemos muito bem que nossos milagres mentais obedecem a um procedimento. O mesmo se dá com a Supramente; ela não revoga leis, simplesmente passa por cima (ou por dentro?) em um nível onde as leis não mais existem, assim como as leis da lagarta não existem para o homem. Explicamos: a repetição habitual de um certo número de vibrações que, por assim dizer, se coagularam em torno de um indivíduo, acabam dando-lhe uma estrutura aparentemente estável; e ele diz que obedece à "lei" de sua natureza, mas essa suposta lei não é mais inevitável do que o fato de preferir passar por uma rua, no lugar de outra, ao voltar para casa; são hábitos simplesmente. O mesmo se dá com o Cosmos inteiro, onde todas as supostas leis físicas inevitáveis são igualmente hábitos cristalizados que nada têm de inevitável e podem desfazer-se por pouco desde que queiramos mudar de circuito, isto é, mudar de consciência. "Uma lei universal", diz Sri Aurobindo, "é simplesmente um equilíbrio estabelecido pela Natureza, é uma estabilização de forças. Mas é apenas um sulco no qual a Natureza adquiriu o hábito de trabalhar para obter alguns resultados. Se vós mudais de consciência, o sulco também muda, necessariamente"[19]. Essas "mudanças de sulco" balizaram toda a nossa história evolutiva, a começar pelo aparecimento da Vida na Matéria, que modificou o sulco material; depois o aparecimento da Mente na Vida que modificou o sulco vital e o material. A supramente é uma terceira mudança do sulco que modificará a Mente, a Vida e a Matéria. Iniciou-se o processo, a experiência já está em curso. Fundamentalmente, o processo supramental consiste em liberar a consciência contida em cada elemento. Não perturba a ordem do universo, não causa nenhuma violência, aplica somente seu poder à cisão da obscuridade, a fim de que ela restitua sua própria luz. "Rompeu a obscuridade como se corta uma pele de animal a fim de estender nossa terra[20] sob seu sol", disse o *Rig-Veda* (v.85.1).

---

18 *Life, Literature and Yoga*, p. 11.
19 *Evening Talks*, p. 76.
20 A "Terra" nos *Vedas* é também o símbolo de nossa própria carne.

Porque a consciência divina e solar está em toda a parte, e o mundo e cada átomo do mundo são divinos – o Senhor de todos os universos é também "Um consciente nas coisas Inconscientes" de que fala o *Rig--Veda* – a Matéria não é uma substância bruta incapaz de transmutar, a não ser pela violência de nossas mãos ou de nossa cabeça, que só pariram monstros: é uma substância divina que pode "responder" em vez de resistir e se transformar, em vez de nos arrastar em seu velho hábito de gravitação descendente e de desintegração. Mas é uma divindade obscura, ou adormecida, "sonâmbula", diz Sri Aurobindo, um "sol perdido", enterrado, disse o *Veda*: "O Inconsciente é o sono do Supraconsciente[21] [...] A Inconsciência aparente do universo material contém em si, obscuramente, tudo o que é eternamente revelado no Supraconsciente luminoso"[22]. A Supramente se servirá, portanto, de sua luz para despertar a luz correspondente – *a mesma luz* – na Matéria: "A Verdade do Alto despertará a verdade de baixo"[23].

Porque a lei é eternamente a mesma, somente o semelhante pode agir sobre o semelhante; foi necessário o poder que está nas alturas para liberar o poder que está bem embaixo.

Que é, pois, esse Poder? Toda concentração emana um calor sutil, bem conhecido daqueles que, pouco que seja, praticaram as disciplinas yóguicas (a *tapasya* ou disciplina yóguica é "o que produz calor"); o poder supramental é um calor desse gênero, mas infinitamente mais intenso, nas células do corpo. É o calor liberado pelo despertar da consciência-força na Matéria: "Tudo se passa", diz a Mãe, "como se nossa vida espiritual fosse feita de prata, enquanto que a supramente é feita de ouro; como se toda a vida espiritual daqui fosse uma vibração de prata, não fria, mas simplesmente uma luz, uma luz que vai até o ápice, uma luz totalmente pura, pura e intensa, mas há na outra, na supramente, uma riqueza e uma potência, um calor, que faz toda a diferença". Esse calor é a base de todas as transmutações supramentais. De fato, o calor liberado pelas combustões e outras reações químicas, sem falar da energia incomparavelmente violenta liberada pelas fusões ou fissões nucleares, é somente a tradução física de um fenômeno espiritual fundamental, que os rishis védicos conheciam bem e que chamavam de *Agni*, o Fogo espiritual na Matéria: "as outras chamas são somente ramifi-

---

21 *Savitri*, v. 29, p. 600.
22 *The Life Divine*, v. 19, p. 642.
23 *Savitri*, v. 29, p. 709.

cações de Teu tronco, oh! Fogo... Oh! *Agni*, oh! Divindade universal, Tu és o cordão umbilical de todas as terras e de seus habitantes; todos os homens nascidos, Tu os comandas e os sustentas como um pilar... Tu és a cabeça do céu e o umbigo da Terra... Tu és o poder que se move entre os dois mundos" (*Rig-Veda*, 1.59). "Teu esplendor, oh! Fogo, que está no Céu e na Terra, nas plantas e nas águas, razão pela qual espalhastes amplamente o ar atmosférico que é um vivo oceano de luz que vê com a visão divina" (Idem, III.22.2).

"Agni entrou na Terra e no Céu como se fossem um" (Idem, III.7.4).

É esse *Agni* supremo que Sri Aurobindo e a Mãe descobriram na Matéria e nas células do corpo. Ele é a alavanca da transformação do corpo e da mudança física do mundo. Desde então, em vez de agir sobre a Matéria pela intervenção desfigurante e densa de todos os determinismos intermediários, mentais e vitais, é a própria Matéria, desperta para a consciência de sua força, que realiza diretamente sua própria transmutação. Em vez de uma evolução que parece esquartejar-se entre dois pólos, em vez de uma consciência sem força que leva à beatitude do sábio, ou da força sem consciência que leva à alegria bruta do átomo, a Supramente restabelece o Equilíbrio na totalidade do Ser: a consciência mais elevada na força mais poderosa, o fogo do Espírito na Matéria – "Oh! Chama dos cem tesouros", disse o *Rig-Veda* (1.59).

Talvez não seja desnecessário sublinhar que Sri Aurobindo realizou sua descoberta espiritual em 1910, antes mesmo de ter lido os *Vedas*, e em uma época em que a física nuclear ainda engatinhava. Nossa ciência está mais adiantada que nossa consciência, daí a corrida audaciosa de nosso destino.

A semelhança com a potência nuclear é ainda mais surpreendente se nos detivermos na descrição do poder supramental tal como se apresenta ao vidente. Havíamos dito que quanto mais nos elevamos em consciência, mais a luminosidade tende a tornar-se estável, contínua: das faíscas intuitivas às "revelações estáveis" da supermente, a luz homogeneíza-se. Poderíamos, portanto, pensar que a luz Supramental é uma espécie de totalidade luminosa perfeitamente imóvel, contínua, sem interstícios. Ora, é fato notável que a Supramente é de uma qualidade luminosa totalmente diferente daquela de outros níveis de consciência; ela reúne, ao mesmo tempo, a imobilidade completa e o movimento – aqui também, experimentalmente, os dois pólos são transpostos. Podemos somente citar o fato sem sermos capazes de interpretá-lo; eis como a Mãe descreve sua primeira experiência da luz supramental:

> Havia toda essa impressão de poder, de calor, de ouro; não era fluido, era como uma pulverescência. E cada uma dessas coisas (não podemos chamar isso de parcelas nem de fragmentos, nem mesmo pontos, a menos que tomemos o ponto no sentido matemático, um ponto que não ocupa lugar no espaço) era como se fosse de ouro vivo, uma pulverescência de ouro quente, não podemos dizer brilhante, não podemos dizer escuro; também não era luz como a entendemos: era uma profusão de pontinhos de ouro, nada além disso. Poder-se-ia dizer que me tocavam os olhos, o rosto. E com uma potência formidável! E, ao mesmo tempo, o sentimento de uma plenitude e de paz onipotente. Era rico, era pleno. Era o movimento em seu ponto culminante, infinitamente mais rápido que tudo o que podemos imaginar e, ao mesmo tempo, era a paz absoluta, a tranquilidade perfeita[24].

Anos mais tarde, quando essa experiência se tornou completamente familiar, a Mãe dela assim falava:

> é um Movimento, uma espécie de Vibração eterna, que não tem nem começo nem fim. É algo que é de toda a eternidade, para toda a eternidade; e não há divisão de tempo; somente quando é projetada em uma tela que essa coisa começa a tomar a divisão do tempo; mas não podemos dizer um segundo, não podemos dizer um instante... é muito difícil de explicar. Não temos nem mesmo tempo de perceber que já não mais existe – alguma coisa que não tem limites, que não tem princípio, não tem fim e é um Movimento total – total e constante, constante – de tal forma que, para a percepção, dá o sentimento de uma imobilidade perfeita. É absolutamente indescritível, mas é isso que é a Origem e o Suporte de toda a evolução terrestre... E observei que nesse estado de consciência, o Movimento ultrapassa a força e o poder que concentra as células para delas fazer uma forma individual.

[24] Na velocidade da luz também encontramos a imobilidade perfeita no movimento supremo – imobilidade se observamos o fenômeno de dentro, movimento se o observamos de fora.

No dia em que soubermos aplicar essa Vibração ou esse "Movimento" à nossa matéria, deteremos o segredo prático da passagem da Matéria bruta à Matéria mais sutil e teremos o primeiro corpo supramental, glorioso sobre a Terra.

Essa imobilidade no movimento é o fundamento de toda a atividade do ser supramental. É o bê-á-bá prático de toda a disciplina que tende em direção da Supramente, talvez mesmo o bê-á-bá de toda a ação eficaz nesse mundo. Já havíamos dito que a imobilidade – entende-se interior – tinha o poder de dissolver as vibrações; que se soubéssemos permanecer totalmente tranquilos dentro, sem a menor vibração de resposta, poderíamos dominar qualquer ataque, animal ou humano. Esse poder de imobilidade somente se adquire quando começamos a tomar consciência do Grande Silêncio que se esconde por detrás e quando somos capazes, em qualquer momento, de dar um passo atrás e mergulhar bem longe das circunstâncias exteriores, a milhares de léguas, como dissemos. É preciso poder estar totalmente fora para dominar o que está dentro da vida. Porém o que é estranho e, em todo caso, natural é que esse poder supramental só pode ser obtido quando estamos totalmente fora, totalmente sobre a Base eterna, fora do tempo, fora do espaço – como se o Dinamismo Supremo pudesse sair somente da Imobilidade Suprema. O fato pode parecer paradoxal, mas é praticamente compreensível; podemos compreender que se a consciência comum, que se agita com o menor tremor do vento, entrasse em contato com essa "pulverescência de ouro quente", ela seria instantaneamente varrida, desagregada. Somente a Imobilidade total pode suportar esse Movimento. E é isso que tanto afligia aqueles que viram Sri Aurobindo; não era tanto a luz de seus olhos (como é o caso da Mãe), contudo essa imensidão imóvel que sentíamos, tão compacta, tão densa, como se entrássemos em um infinito sólido. Compreendíamos então, automaticamente, sem demonstração, porque o ciclone não podia entrar em seu quarto. Compreendíamos todo o sentido dessa sua pequena frase: "a poderosa imobilidade de um espírito imortal"[25]. É pela força dessa imobilidade que ele trabalhou durante quarenta anos, podendo escrever durante doze horas todas as noites, caminhar oito horas por dia (para "fazer descer a Luz na Matéria", como ele dizia) e entregar-se às lutas as mais extenuantes no Inconsciente, sem cair no cansaço. "Se, quando tu diriges grandes

---

25 *The Synthesis of Yoga*, v. 20, p. 95.

ações e colocas em movimento resultados gigantescos, és capaz de perceber que Tu nada fazes, então saiba que Deus retirou Seu selo de teus olhos [...] Se, quando tu estás assentado, sozinho e imóvel e sem palavras no topo da montanha, és capaz de perceber que diriges revoluções, então tu tens a visão divina e tu és livre das aparências"[26].

A imobilidade é a base do poder supramental, mas o silêncio é a condição de seu funcionamento perfeito. A consciência supramental não obedece a critérios mentais ou morais na escolha de seus atos – para ela não há mais "problemas" – ela age natural e espontaneamente. Essa espontaneidade é a marca distinta da Supramente: espontaneidade da vida, espontaneidade do conhecimento, espontaneidade do poder. Na vida comum, procuramos conhecer o que é bom ou justo e, quando acreditamos tê-lo encontrado, tentamos de qualquer maneira materializar nosso pensamento. A consciência supramental não procura conhecer, não procura saber o que deve ou não fazer, ela está perfeitamente silenciosa, imóvel e vive espontaneamente cada segundo do tempo, sem tensão pelo futuro; porém em cada segundo, no silêncio da consciência, o conhecimento desejado cai como uma gota de luz: o que se deve fazer, o que se deve dizer, o que se deve ver, o que se deve compreender. "O pensamento supramental não é uma ponte para alcançar a Luz, é uma flecha que vem da Luz"[27]. "No grande Espaço, tudo se conhece e se sabe perfeitamente", disse o *Rig-Veda* (VII. 76.5). E cada vez que um pensamento ou uma visão passa na consciência, não se trata de uma especulação do futuro, mas de um ato imediato: "Ali, cada pensamento, cada sentimento é um ato"[28].

O conhecimento é automaticamente dotado de poder. Porque é um conhecimento verdadeiro, que vê tudo, e um conhecimento verdadeiro é um conhecimento que pode. Não temos o poder, porque não vemos tudo. Mas essa visão total escapa perfeitamente às nossas considerações momentâneas, ela vê o prolongamento de cada coisa no tempo; não é um *fato* arbitrário que vai perturbar a trajetória, é apenas uma pressão luminosa que vai *acelerar* o movimento e colocar cada coisa, cada força, cada acontecimento, cada ser em comunicação direta com seu próprio conteúdo de luz, sua própria possibilidade divina e com a própria Meta que a havia colocado em movimento. Dissemos se tratar de um formidável fermento evolutivo. Talvez fosse

26 *Thoughts and Aphorisms*, v. 17, p. 92.
27 *The Hour of God*, v. 17, p. 12.
28 *Savitri*, v. 28, p. 183.

necessário relatar aqui, na prática, como esse poder se traduz na vida e nas ações daqueles que o encarnam: até o momento, na vida e nas ações de Sri Aurobindo e da Mãe. Porém, fica bem claro que nenhuma explicação é satisfatória, a menos que nós mesmos a tenhamos vivido, e que a experiência apenas começará a ser convincente no dia em que se tornar uma possibilidade coletiva, razão pela qual preferimos guardar silêncio; além do mais sua ação escapava frequentemente aqueles que dela se beneficiavam, pelo simples fato de que somente podemos compreender uma coisa se estamos no mesmo plano, e de que nós somente vemos o instante, não o milagre que prepara um simples olhar, esse segundo de luz que vai amadurecer durante vinte anos ou três séculos sob nossa obscuridade antes de chegar a ser "natural". "Nem vós, nem ninguém sabeis nada de minha vida", escrevia Sri Aurobindo a um de seus biógrafos; "nada ocorreu na superfície que os homens pudessem ver"[29]. Nossa dificuldade em falar desse poder vem da falsa noção que temos do poder. Quando falamos de "poder", esperamos imediatamente coisas fantásticas, mas não é esse o verdadeiro Poder, como também não o é o verdadeiro fantástico do Universo; quando a Supramente age, não são transtornos extraordinários, ofuscando a vista, porém uma ação tranquila, eterna, que impulsiona o mundo e cada coisa do mundo em direção à sua própria perfeição através de todas as máscaras de imperfeição. O verdadeiro milagre não é forçar as coisas, mas impulsioná-las secretamente, às escondidas, para seu próprio centro, a fim de que do âmago reconheçam essa Imagem que é a sua própria imagem – há somente um único milagre: esse minuto de reconhecimento, quando nada mais nos é outro.

E o indivíduo é a chave do poder supramental. O ser supramental ocupa não somente uma posição transcendente e uma posição cósmica, mas uma posição individual – o triplo hiato da experiência que dividia o monista, o panteísta e o individualista, é sanado; sua posição transcendente não abole o mundo e o indivíduo, assim como sua posição cósmica não o priva nem do Transcendente nem do indivíduo, e sua posição individual também não o separa nem do Transcendente nem do Universo. O ser supramental não descartou a escala para atingir a meta, ele percorreu todos os escalões evolutivos, de alto a baixo – não há espaço vazio em parte alguma, não falta encaixe

---

[29] *On Himself*, v. 26, p. 378.

algum. E porque conservou sua individualidade, em vez de explodir em um *no man's land* (terra de ninguém) luminoso, ele pode não somente subir como *descer* a grande Escala da existência e utilizar seu próprio indivíduo como ponte ou como encaixe na Matéria entre o mais alto e o mais baixo. Seu trabalho na Terra é o de colocar em contato, diretamente, a Força Suprema e o indivíduo, a Consciência Suprema e a Matéria – "unir as duas Extremidades", diz a Mãe. É um precipitante do Real sobre a Terra. Por isso, temos esperança de que os determinismos cegos que atualmente governam o mundo – a Morte, o Sofrimento, a Guerra – possam ser transformados por esse Determinismo supremo, dando lugar a uma evolução nova, dentro da Luz: "essa é uma revolução espiritual que prevíamos, cuja revolução material é somente uma sombra e um reflexo"[30].

Dois meses após sua chegada em Chandernagor, Sri Aurobindo ouvia novamente a Voz: "vá a Pondicherry". Alguns dias mais tarde, ele embarcava secretamente a bordo do Dupleix, despistando a polícia britânica e deixava a Índia do Norte para sempre. "Somente me movia depois que era movido pelo Divino"[31]. Os quarenta últimos anos de sua vida, com a Mãe, foram consagrados à transformação dessa realização individual em uma realização terrestre: "Queremos realizar a descida da Supramente nesse mundo como uma nova possibilidade. Queremos criar uma espécie na qual a Supramente seja um estado de consciência permanente, assim como a mente é agora um estado de consciência permanente entre os homens"[32]. E para que não nos enganássemos a respeito de suas intenções, Sri Aurobindo reforçava – reforçou várias vezes: "Longe de mim querer propagar uma religião qualquer, nova ou antiga, para o futuro da humanidade. Não se trata de fundar uma religião, mas de abrir um caminho que ainda está bloqueado"[33]. Não sabemos ainda se a aventura supramental triunfará; os rishis védicos não puderam desbloquear o caminho, não puderam abrir a "grande passagem" para todo o mundo, nem transformar sua realização pessoal em uma realização coletiva permanente: havia uma razão. Resta saber se ela ainda subsiste.

---

30 *The Ideal of the Karmayogin*, v. 2, p. 17.
31 *On Himself*, v. 26, p. 58.
32 *Letters on Yoga*, v. 22, p. 69.
33 Idem, p. 139.

16 O Homem, Ser de Transição

Seus primeiros anos em Pondicherry, Sri Aurobindo os viveu em plena miséria, pois se encontrava distante daqueles que poderiam ajudá-lo. Sua correspondência era censurada, por ser suspeita, e seus mínimos gestos vigiados pelos agentes britânicos que tentavam obter sua extradição por todos os tipos de manobra, chegando mesmo a esconder na casa dele documentos comprometedores, para em seguida denunciá-lo à polícia francesa[1].

Tentaram mesmo raptá-lo. Sri Aurobindo somente teve paz no dia em que o comissário de polícia francesa, ao fazer uma investigação policial em sua casa, descobriu, em suas gavetas, textos de Homero; depois de perguntar se se tratava de "grego de verdade", encheu-se de admiração por esse cavalheiro yogue que lia livros eruditos e falava francês e, assim, se retirou. Desde então, o exilado pôde receber a quem quisesse e circular livremente. Alguns de seus companheiros de armas o haviam seguido e aguardavam a hora em que seu "chefe" retomasse a luta política, mas como "a Voz" não dava ordem alguma, ele nada fazia. Além do mais, Sri Aurobindo via que o mecanismo havia sido engrenado; o espírito de independência havia sido desperto em seus compatriotas e os acontecimentos seguiriam inevitavelmente seu curso até à libertação, como havia previsto. Tinha outras ações a empreender.

---

[1] Pondicherry era na época uma sucursal francesa.

As Obras

Uma descoberta marcou os primeiros anos de exílio: a leitura dos *Vedas* no original. Até então, Sri Aurobindo havia lido apenas as traduções inglesas ou indianas e nelas havia visto, como os eruditos, somente uma massa ritualista bastante obscura "de pouco valor para a história do pensamento ou para uma experiência espiritual viva"[2]. E, de repente, no original, descobriu "um veio contínuo de ouro mais puro, tanto para o pensamento como para a experiência espiritual"[3]. "Percebi que os mantras védicos iluminavam com luz clara e precisa algumas experiências espirituais que havia tido e para as quais não havia encontrado explicação satisfatória, nem na psicologia europeia, nem nas escolas de yoga, nem no ensino do Vedanta"[4]. Podemos imaginar, com efeito, que Sri Aurobindo foi o primeiro a ser derrotado pela sua própria experiência e que foram necessários alguns anos para chegar a compreender exatamente o que lhe ocorria. Nós descrevemos a experiência supramental de Chandernagor como se suas etapas tivessem sido sabiamente encadeadas, cada uma delas com seu manual, porém as explicações chegaram muito tempo depois; na ocasião, não havia ponto de referência. E, eis que, o mais antigo dos quatro *Vedas*[5], o *Rig-Veda*, trazia-lhe inesperadamente o sinal de que ele não era nem assim tão singular nem um ser exótico nesse planeta. Que muitos eruditos ocidentais, ou mesmo indianos, não tivessem captado a extraordinária visão desses textos, não nos surpreende, quando sabemos que as raízes sânscritas se prestam a um duplo ou a um triplo sentido, que, por sua vez, se recobrem de um duplo simbolismo, esotérico e exotérico. Esses hinos podem ser lidos em duas ou três categorias de sentido superpostas e, quando se chega ao sentido exato, concebe-se, por exemplo, que o "Fogo na água" ou a "montanha grávida do nascimento supremo" e toda essa busca do "Sol perdido", seguida da descoberta do "Sol na obscuridade", são de um simbolismo no mínimo estranho, quando não se tem a chave experimental do Fogo Espiritual na Matéria, da explosão da rocha do Inconsciente e da iluminação nas células do corpo. Mas os próprios rishis diziam: "Palavras secretas, sabedorias de vidente que

---

2 *The Secret of the Veda*, v. 10, p. 34.
3 Idem, p. 38.
4 Idem, p. 37.
5 *Rig-Veda; Sama-Veda; Yayour-Veda; Atharva-Veda.*

revelam seu sentido interior ao vidente" (*Rig-Veda*, IV.3.16). Porque havia visto, Sri Aurobindo reconhecia imediatamente e colocava-se a traduzir uma importante fração do *Rig-Veda*, particularmente os admiráveis *Hinos ao Fogo Místico*. Não podemos deixar nem de sonhar nem de interrogar-nos quando pensamos que os rishis de cinco ou seis mil anos transmitiam, não somente suas próprias experiências, como também as de seus "ancestrais" ou dos "pais dos homens", como eles diziam – de há quantos milênios? E que haviam repetido de geração em geração sem uma só falha, sem omitir o menor trema, porque a eficácia do mantra dependia precisamente da exatidão de sua repetição. Estamos diante da mais antiga tradição do mundo, intacta. Que Sri Aurobindo tenha redescoberto o Segredo do início de nosso ciclo humano (outros existiram antes?) em uma época que os indianos chamam de "negra", *Kali-yuga*, não é fato desprovido de significado. Caso seja verdade que o Fundo toca uma nova superfície, então daí nos aproximamos[6].

Contudo, estaríamos equivocados se ligássemos Sri Aurobindo à revelação védica; por mais surpreendente que essa revelação nos possa parecer, para ele era apenas um sinal de reconhecimento do caminho, uma confirmação tardia; querer ressuscitar os *Vedas* no século XX, como se o ápice da Verdade tivesse sido definitivamente alcançado ali, é um empreendimento inútil, porque a Verdade nunca se repete. Ele mesmo escrevia com veia cômica: "Verdadeiramente, essa estupefata veneração do passado é maravilhosa e terrível! Afinal de contas, o Divino é infinito e o desenrolar da Verdade, talvez, seja também infinito [...] Não é exatamente como uma noz, cujo conteúdo teria sido triturado e esvaziado, definitivamente, pelo primeiro profeta ou pelo primeiro sábio, enquanto que os demais devem religiosamente triturar perpetuamente a mesma noz"[7]. Sri Aurobindo não somente iria trabalhar para uma realização individual, assim como os rishis, mas também para uma realização coletiva, em condições que não eram as mesmas daqueles pastores pré-históricos. E, antes de tudo,

---

[6] Segundo a tradição da Índia, cada ciclo desenvolve-se em quatro períodos: *Satya-Yuga*, a idade da verdade (ou idade de ouro); depois, a idade na qual só restam os "três quartos da verdade", *Treta-Yuga* e, em seguida, uma "metade da verdade", *Dwapara-yuga* e, por último, a idade em que toda verdade desapareceu, *Kali-yuga*; perdeu-se a Senha. O *Kali-yuga* é seguido de um novo *Satya-yuga*, mas entre um e outro há uma destruição total, *pralaya*, e o Universo é "tragado". Segundo Sri Aurobindo, a descoberta da Supramente abre outros horizontes.

[7] *Letters of Yoga*, v. 22, p. 93.

devia consagrar bastante tempo a uma obra escrita que, sem dúvida, por enquanto, era o sinal mais visível de sua ação coletiva. Em 1910, chega um escritor francês chamado Paul Richard, que encontra Sri Aurobindo, e fica de tal modo impressionado com o alcance de sua visão, que, em 1914, retorna uma segunda vez a Pondicherry especialmente para vê-lo e, dessa vez, o incita a escrever. Criaram uma revista bilíngue; Paul Richard encarregou-se da parte francesa. Assim nasceu *Arya, ou Revista da Grande Síntese*. Mas estoura a Guerra, Paul Richard é chamado à França e Sri Aurobindo encontra-se sozinho com 64 páginas de filosofia, e ele, que nada tinha de filósofo, deve editá-la todos os meses:

> Filosofia! Deixem-me lhes dizer, confidencialmente, que nunca, nunca, nunca fui filósofo, embora tenha escrito filosofia; mas isso é uma outra história. Eu não conhecia absolutamente nada de filosofia antes de praticar o yoga e de vir a Pondicherry: eu era poeta e político, mas não filósofo! Como e por que cheguei a sair-me bem nisso? Primeiramente, porque Paul Richard pediu-me que colaborasse em uma revista filosófica, e como defendia a teoria de que um yogue deveria ser capaz de se colocar em qualquer situação, não podia recusar; mas ele partiu para a guerra deixando-me um plano com 64 páginas de filosofia por escrever, por mês, sozinho! Em segundo lugar, porque bastava transportar, em termos intelectuais, o que havia observado e aprendido cotidianamente praticando o yoga, e a filosofia ali surgia, automaticamente. Mas isso não quer dizer que eu seja um filósofo![8]

Foi assim que Sri Aurobindo chegou a ser escritor. Tinha quarenta e dois anos. Basicamente, ele nada decidiu por si mesmo; foram as circunstâncias "externas" que o lançaram nesse caminho.

Durante seis anos, sem interrupção, até 1920, Sri Aurobindo publicou, de um só fôlego, quase toda sua obra escrita, cerca de cinco mil páginas. Mas escrevia de forma singular; não um livro após outro, mas quatro e até seis livros ao mesmo tempo, sobre assuntos os mais diversos, como a *Vida Divina*, sua obra "filosófica" fundamental e sua visão espiritual da evolução; *A Síntese do Yoga*, na qual descreve as

---

[8] *On Himself*, v. 26, p. 374.

etapas de crescimento e as experiências do yoga integral, analisando todas as disciplinas yóguicas, passadas ou presentes; *Ensaios sobre a Gita* e sua filosofia da ação; *O Segredo dos Vedas* com um estudo sobre as origens da linguagem; *O Ideal da Unidade Humana* e *O Ciclo Humano* que consideram a evolução sob o aspecto sociológico e psicológico, e as possibilidades futuras das sociedades humanas. Ele havia encontrado: "O sinal único que decifra todos os sinais"[9].

Dia após dia, tranquilamente, Sri Aurobindo preenchia páginas e páginas; outra pessoa teria se extenuado, contudo ele não "pensava" no que escrevia: "Não faço nenhum esforço para escrever", explica a um discípulo:

> eu deixo o Poder Superior trabalhar e, quando ele não trabalha, eu não me esforço de modo algum. Antigamente, nos velhos tempos do intelecto, eu tentava realmente, às vezes, forçar as coisas; mas não depois que comecei a escrever poesia e prosa por meio do yoga. Lembro-lhes que quando escrevia a revista *Arya* e, cada vez que também escrevo estas cartas ou estas respostas, eu não penso... Eu as escrevo no silêncio mental e o que escrevo vem-me do Alto, já formado[10].

Frequentemente, seus discípulos, escritores ou poetas, pediam-lhe explicações sobre o processo yóguico da criação, e ele não deixava de explicar-lhes minuciosamente o método, considerando que as atividades criadoras são um poderoso meio de diferir a linha supraconsciente, estendendo mais abaixo, na Matéria, as possibilidades luminosas do futuro. Algumas de suas cartas são muito instrutivas: "É um grande alívio para o cérebro", escreve a um deles, "quando o pensamento acontece fora do corpo e acima da cabeça (ou em outros níveis do espaço, mas sempre fora do corpo). Pelo menos isso é o que acontece comigo, assim que isso me ocorreu experimentei um imenso alívio; logo depois, houve tensões físicas, porém nunca a menor fadiga cerebral"[11]. Ressaltemos que "pensar fora do corpo" não é absolutamente um fenômeno supramental, mas uma experiência muito simples que pode acontecer logo no início do silêncio mental. O verdadeiro processo, segundo Sri Aurobindo, consiste em chegar

9 *Savitri*, v. 28, p. 97.
10 *Correspondence with Sri Aurobindo*, v. 1, p. 370.
11 *On Himself*, v. 26, p. 361.

a não fazer esforço; recolher-se o máximo possível e deixar passar a corrente:

> há duas maneiras de se alcançar a Grande-Rota. Uma consiste em lutar, em escalar e em fazer todos os tipos de esforço (como o peregrino que atravessa a Índia de barriga para baixo, medindo o caminho com seu corpo – esse é o caminho do esforço) e, um dia, de repente, quando menos esperamos, encontramo-nos na Grande Rota... A outra consiste em tranquilizar a mente de tal forma que uma Mente Superior, uma Mente da mente, possa falar por meio dela (não falo aqui da Supramente)[12].

"Mas como isso acontece?", perguntava um discípulo, "se não é nossa mente que pensa, se os pensamentos vêm de fora, como existem diferenças tão grandes entre o pensamento de uns e os de outros?" "Em primeiro lugar", respondia Sri Aurobindo,

> essas ondas do pensamento, ou essas sementes do pensamento, essas formas de pensamento, pouco importa, são de valores diferentes e vêm de planos de consciência diferentes. De fato, a mesma substância do pensamento pode revestir-se de vibrações, mais ou menos elevadas ou mais ou menos insignificantes, dependendo do plano de consciência através do qual passam os pensamentos para penetrar em nós (mente pensante, mente vital, mente física, mente subconsciente), ou segundo o poder de consciência que os alcança e os impulsiona em fulano ou sicrano. Além disso, existe uma substância mental própria de cada homem, e o pensamento que chega se serve dessa substância para formar-se ou para traduzir-se, ou para transcrever-se, mas essa substância pode ser delicada ou grosseira, poderosa ou frágil etc., segundo a mente dos indivíduos. Há também, em cada um, uma energia, mental, ativa ou potencial, que varia de um a outro, e essa energia pode receber o pensamento de uma forma luminosa ou obscura, serena ou apaixonada, ou inerte, e as consequências hão de variar em cada caso[13].

12 *Correspondence with Sri Aurobindo*, v. I, p. 542.
13 Idem, p. 362-362.

E Sri Aurobindo acrescentava:

> o intelecto é uma parte da natureza absurdamente ativada; ele sempre crê que não se pode fazer nada corretamente sem sua intromissão, e, por isso, instintivamente, ele interrompe a inspiração, bloqueando-a pela metade ou por mais que a metade, e sofre para substituir suas próprias produções laboriosas e inferiores pelo ritmo verdadeiro e pela palavra verdadeira que deveriam chegar. O poeta trabalha angustiado até chegar à palavra inevitável, ao ritmo autêntico, à substância divina real daquilo que deve dizer, sendo que tudo está ali, o tempo todo, completo e pronto, por detrás[14].

"Mas o esforço existe", protestava novamente o discípulo "e, à força de martelar intensamente, a inspiração chega": "exatamente! Se vós obtendes verdadeiramente algum resultado, não é por causa de vossa insistência, mas porque uma inspiração conseguiu deslizar entre duas marteladas e conseguiu entrar sob a cobertura de vosso tremendo alarido"[15]. Depois de haver escrito tantos livros para seus discípulos, Sri Aurobindo dizia que a única utilidade dos livros e das filosofias não era, verdadeiramente, a de clarear a mente, todavia de reduzi-la ao silêncio a fim de que, tranquila, pudesse passar à experiência e receber a inspiração direta. E resumia assim a posição da mente na escala evolutiva: "a mente é um torpe interlúdio entre a ação imensa e precisa da Natureza subconsciente, e a ação ainda mais imensa e infalível da Divindade Supraconsciente. Não há nada daquilo que faz a mente que não se possa fazer e, melhor, na imobilidade mental e em uma tranquilidade sem pensamentos"[16].

Em 1920, passados seis anos, Sri Aurobindo supunha já ter falado o suficiente até aquele momento. Foi o término da revista *Arya*. O resto de sua vida de escritor foi quase que exclusivamente consagrado à sua enorme correspondência – milhares e milhares de cartas continham todos os tipos de indicação prática sobre as experiências yóguicas, sobre as dificuldades, sobre os progressos – e, sobretudo, escreveu e reescreveu, durante trinta anos, essa prodigiosa epopeia de 23.813 versos, *Savitri*, como um quinto *Veda*, sua mensagem, no

---

14 *Letters on Poetry*, v. 9, p. 292.
15 *Correspondence with Sri Aurobindo*, v. I, p. 516.
16 *The Hour of Gog*, v. 17, p. 11.

qual relata a experiência dos mundos superiores e dos inferiores, suas batalhas no Subconsciente e no Inconsciente, e toda a história oculta da evolução terrestre e universal até sua visão dos tempos futuros.

> Interpretando o universo pelos sinais da alma,
> Ele lia de dentro o texto de fora[17].

A Mãe

Sri Aurobindo não viera a Pondicherry apenas para escrever, ele devia atuar. Foi 1920 o ano em que terminou a revista *Arya* e o ano em que a Mãe veio se instalar em Pondicherry: "Quando cheguei a Pondicherry", disse Sri Aurobindo, "um programa a mim foi ditado, de dentro, para minha disciplina. Eu o segui e progredi, no que me diz respeito, mas não conseguia grande coisa quanto à ajuda que devia levar aos outros. Depois veio a Mãe; com sua ajuda encontrei o método necessário"[18].

Não podemos falar quase nada da Mãe, porque, sem dúvida, uma personalidade como a sua mal suporta que a encerremos em uma pequena história – é Força em movimento. Tudo o que ocorreu logo ontem, tudo o que foi dito, feito, experimentado ainda na véspera, para ela é ultrapassado e sem interesse. Ela está sempre além, sempre adiante. Ela nasceu para "romper limites", como *Savitri*. Seria, portanto, de extremo mau gosto encerrá-la em um curriculum vitae.

Simplesmente podemos contar que ela nasceu em Paris no dia 21 de fevereiro de 1878 e, no que lhe diz respeito, havia alcançado a visão supramental. Não é surpreendente que, com essa consciência, tivesse reconhecido a existência de Sri Aurobindo antes mesmo de conhecê-lo pessoalmente e antes de ter vindo se estabelecer a seu lado. "Entre onze e treze anos", diz ela,

> uma série de experiências psíquicas e espirituais revelaram-me não somente a existência de Deus, mas que era possível, para o homem, encontrá-Lo e revelá-Lo integralmente em sua consciência e em seus atos, e manifestá-Lo sobre a Terra em

17 *Savitri*, v. 28, p. 76.
18 *Anibaran's Journal* (não publicado).

uma vida Divina. Essa revelação e a disciplina prática para se chegar à meta me foram dadas, durante o sono de meu corpo, por vários instrutores que encontrei no decorrer da vida, pelo menos por alguns entre eles. Mais tarde, à medida que esse desenvolvimento interior e exterior progredia, a relação espiritual e psíquica que tive com um desses seres chegou a ser clara e fecunda... Assim que vi Sri Aurobindo, reconheci nele aquele que veio realizar a Obra sobre a Terra e que era com ele que eu devia trabalhar.

A "transformação" ia começar. E foi a Mãe quem assumiu a direção do Ashram quando Sri Aurobindo retirou-se, em 1926, em solidão completa e foi ela quem continuou a Obra desde sua partida, em 1950. "A consciência da Mãe e a minha são uma única e mesma consciência"[19]. É fato bastante simbólico que a síntese viva que Sri Aurobindo representa entre o Oriente e o Ocidente termine com esse novo encontro do Oeste e do Leste, como se o mundo, verdadeiramente, somente pudesse ser realizado pela junção desses dois pólos da existência, a Consciência e a Força, o Espírito e a Terra, Ele e Ela sempre.

Apanhado sobre a Evolução

Todos nós, um dia ou outro, seremos chamados a realizar o trabalho de transformação ao qual Sri Aurobindo e a Mãe se dedicaram, porque esse é nosso futuro evolutivo. Caso queiramos compreender exatamente o processo, as dificuldades, as possibilidades de sucesso ou de fracasso, é preciso, primeiramente, que compreendamos o sentido de nossa própria evolução, a fim de que possamos dela participar ativamente, em vez de deixarmos que os séculos e os milênios façam o trabalho por nós, ao cabo de intermináveis volteios ou desvios. Sri Aurobindo não está interessado em teorias e sua visão da evolução repousa essencialmente sobre uma experiência e, se ele tentou formulá-la em termos que podem nos parecer teóricos, porque não temos a experiência (ainda), não foi para nos fazer partilhar uma

---

[19] *On Himself*, v. 26, p. 455.

ideia a mais entre os milhares de ideias-força que circulam, mas para nos fazer apreender a alavanca de nosso próprio dinamismo e acelerar o curso da evolução. Sem dúvida, a posição atual da humanidade não merece que nos atrasemos a caminho.

Essa alavanca é *Agni*, a Consciência-Força, e toda a evolução pode ser descrita como uma viagem de *Agni* em quatro movimentos: involução, devolução, involução, evolução – a partir do Centro Eterno e Nele. Em realidade, o quádruplo movimento é Ele. Tudo é Ele. "Ele mesmo é o jogo, Ele mesmo o jogador, Ele mesmo a quadra do jogo"[20]. Ele fora do tempo, fora do espaço, o Ser puro, a Consciência pura, o Grande Silêncio branco onde tudo se encontra em estado de *involução*, contido, todavia sem forma. É Ele quem chega a ser: a Força separa-se da consciência, Ela se separa Dele, a viagem de *Agni* começa:

> Sobre as profundezas seladas seu luminoso sorriso vagueou
> E colocou em chamas o silêncio dos mundos[21]

Ela, que se lança para fora Dele em uma explosão de alegria para brincar de redescobri-Lo no Tempo – Ele e Ela, dois em um. "Qual foi, pois, o começo de toda a história? A existência que se multiplicou, só pela alegria de ser, e submergiu-se em trilhões de formas a fim de que Ela mesma se encontrasse, indefinidamente"[22]. Mas esse é um perpétuo começo que não se situa em parte alguma no tempo; quando dizemos "primeiro" o Eterno, "depois" o Devir, caímos na ilusão da linguagem espaço-temporal, assim também ao dizer "alto" e "baixo"; nossa linguagem é falsa, e de igual forma nossa visão do mundo. Em realidade, o Ser e o Devir, Ele e Ela, são dois aspectos *simultâneos* de um mesmo FATO Eterno – o Universo é um fenômeno perpétuo, tão perpétuo como o Silêncio fora do tempo:

> no princípio, se disse, era o Eterno, o Infinito, o Um. No meio, se disse, está o finito, o transitório, a Multidão. No final, se disse, será o Um, o Infinito, o Eterno. Mas quando foi o princípio? Em nenhum momento no tempo; o princípio é a cada momento; o princípio sempre foi, sempre é, sempre será. O

---

20 *The Life Divine*, v. 18, p. 103.
21 *Savitri*, v. 28, p. 4.
22 *Thoughts and Glimpses*, v. 16, p. 384.

princípio Divino é antes do tempo, no tempo e para sempre além do tempo. O Eterno Infinito e Um é um princípio sem fim. E onde está o meio? Não há meio; há somente a junção do fim perpétuo e do princípio eterno; é o sinal da criação que é novo a cada momento. A criação sempre existiu, sempre existe e existirá para sempre. O Eterno Infinito e Um é o meio termo mágico de sua própria existência; É o Eterno que é a criação sem princípio nem fim. E quando será o fim? Não há fim. Em nenhum momento concebível pode haver cessação. Porque o fim das coisas é o princípio de coisas novas, que são ainda o mesmo Um sob um sinal sempre mais vasto e sempre recorrente. Nada pode ser destruído, porque tudo é Ele que existe para sempre. O Eterno Infinito e Um é o fim inimaginável que nunca se dissipa sobre os horizontes interminavelmente novos de sua glória[23].

E Sri Aurobindo diz ainda:

A experiência da vida humana sobre a Terra não se desenrola agora pela primeira vez. Ela ocorreu milhares de vezes antes e o longo drama se repetirá ainda milhares de vezes. Em tudo o que agora fazemos, em todos os nossos sonhos, nossas descobertas, nossas realizações rápidas ou difíceis, aproveitamos subconscientemente da experiência de inúmeros precursores, e nossa labuta fecundará planetas por nós desconhecidos e mundos ainda não concebidos. O plano, as peripécias, o desfecho diferem continuamente, mas tudo é sempre governado por convenções de uma Arte Eterna. Deus, o Homem, a Natureza, são os três símbolos perpétuos. A ideia de uma eterna recorrência faz estremecer a mente que vive restringida no minuto, na hora, nos anos, nos séculos, e em todos os baluartes irreais do finito. Mas, a Alma, forte e consciente de sua substância imortal e do oceano inesgotável de suas energias para sempre vivas, é captada por um arrebatamento inconcebível. Ela ouve por detrás do riso de uma criança e por detrás do êxtase do Infinito[24].

---

23 *The Hour of God*, v. 17, p. 148-149.
24 Idem, p. 149.

Essa passagem perpétua do Ser ao Devir é o que Sri Aurobindo chama de *devolução*. É uma passagem gradual. A Consciência Suprema não se transforma de uma só vez em Matéria. A Matéria é a precipitação final, o último produto de uma incessante fragmentação ou de uma densificação da consciência, que se opera lentamente, através de planos sucessivos. No "cume" dessa curva devolutiva – contudo não é um cume, é um Ponto *Supremo* que está em todas as partes – a Consciência-Força supramental contém reunidas todas as possibilidades infinitas do Devir, em um só Olhar, como o Fogo Solar contém todos os raios reunidos em seu centro: "Eles desatrelaram os cavalos do Sol", disse o *Rig-Veda*; "os dez mil mantinham-se unidos; ali estava esse Um, *tad ekam*" (v.62.1). Então surge a Supermente, começa a "Grande clivagem" da consciência: os raios do Sol separam-se, a Consciência-Força única é doravante entregue a trilhões de forças, cada uma buscando realizar-se inteiramente. Uma vez iniciado, o Jogo não mais se deterá, a não ser quando todas as suas possibilidades forem realizadas, principalmente aquelas que parecem ser o oposto do Jogador Eterno. A Força é projetada em uma paixão cada vez mais fugaz, como se Ela *quisesse* eclodir até os confins de si mesma para extasiar-se cada vez mais distante, e substituir o Um por uma soma impossível. E a consciência se dispersa. Ela irá se fragmentando cada vez mais, densificando-se, ofuscando-se, depositando-se em estratos sucessivos, ou em mundos, com seus seres, suas forças e seus modos de vida específicos; todas as tradições dão testemunho desse Jogo; nós também poderemos vê-lo em nosso sono, ou com os olhos bem abertos, quando o olho da visão despertar em nós. Dos deuses aos gnomos simbólicos, a consciência encurta-se, esmigalha-se, pulveriza-se – supermente, mente intuitiva, mente iluminada, mente superior, depois vital e físico sutil – cada vez mais ela é absorvida em sua força, apreendida, dispersada, confundida com pequenos instintos, de minuto em minuto, com pequenos tropismos para viver até sua dispersão final na Matéria, onde tudo é fragmentado: "No princípio", diz o *Veda*, "a obscuridade estava oculta pela obscuridade, tudo isso era um oceano de inconsciência. O Ser universal estava oculto pela fragmentação" (x.129.1,5). "A devolução termina na imersão da Luz em sua própria sombra, a Matéria"[25].

---

25 *The Life Divine*, v. 18, p. 162.

E eis que estamos diante de dois pólos. No cume, um Supremo Negativo (ou Positivo, dependendo da preferência de cada um), no qual a Força é consumida em um Nada de Luz, um abismo de paz sem ondulações, onde tudo está contido em si, já ali, sem que necessite de um frêmito para ser – e no outro pólo, um Supremo Positivo (ou Negativo, conforme a preferência) no qual a Consciência é consumida em um Nada de Sombra, um abismo de Força cega para sempre prisioneira de seu obscuro turbilhão; inexoravelmente, isso é um devir, sem trégua. A primeira dualidade emerge, e dela derivam-se todas as outras: o Um e o Inumerável, o Infinito e o Finito, a Consciência e a Força, o Espírito e a Matéria, o Sem Forma e um delírio de formas – Ele e Ela. E toda nossa existência flui e reflui de um pólo a outro, uns querendo ver somente o Transcendente, que eles chamam de Supremo Positivo, rejeitando a Matéria, como uma espécie de mentira provisória, à espera da hora do Grande Retorno (mas onde está o lugar do Retorno? O retorno está em todos os pontos! Acima, abaixo, à direita e à esquerda); outros reverenciando apenas a Matéria, que chamam de Supremo Positivo, rejeitam o Espírito como mentira definitiva e negativa, uma vez que, segundo a lógica dos homens, o mais não pode ser menos, nem o menos pode ser mais. Porém isso é uma ilusão. A Consciência não anula a Força, nem a Matéria anula o Espírito, nem o Infinito o Finito; assim como o superior não anula o inferior – ele permanece inferior, que somente é inferior para nós, e cada extremo encerra seu eterno Companheiro:

> no mundo, tal como é visto por nossa consciência mental, por mais alto que a impelimos, descobrimos que a cada positivo corresponde um negativo. Mas o negativo não é um zero. De fato, tudo o que nos parece ser um zero é repleto de força, fervilhando de poder de existência... A existência do negativo não anula e nem acomete de irrealismo a existência do positivo correspondente; simplesmente, ela faz com que o positivo seja um enunciado incompleto da verdade das coisas, e poderíamos mesmo dizer, um enunciado incompleto da própria verdade do positivo. Porque o positivo e o negativo não existem apenas um junto ao outro, porém um em relação ao outro e um pelo outro; ambos se completam e, para a visão total, impossível para a mente limitada, ambos se explicam mutuamente. Separados, não se conhecem verdadeiramente, nem um nem

outro; nós somente começamos a conhecer um ou outro em sua verdade profunda quando somos capazes de identificar em cada um a insinuação do que parece ser seu oposto[26].

No ápice, Ela parece estar adormecida Nele, e na base Ele parece estar adormecido Nela, a Força dissolvida na Consciência ou a Consciência na Força, o Infinito contido no finito, como a árvore e seus ramos na semente. Isso é o que Sri Aurobindo chama de "involução": "a nescidade da Matéria é uma consciência velada, involuída; é uma consciência sonâmbula que contém de maneira latente todos os poderes do Espírito. Em cada partícula, em cada átomo, em cada molécula, em cada célula da Matéria vivem e agem, ocultos e desconhecidos, a onisciência do Eterno e a onipotência do Infinito"[27]. A involução do Alto termina em uma nova involução embaixo, onde tudo está contido, latente na Noite, como tudo estava contido, latente na Luz do Alto. *Agni* está aqui "como uma pulverescência de ouro quente", "*Agni* entrou na Terra e no Céu como se eles fossem um", diz o *Rig-Veda* (III.7.4). "Em um sentido, pode-se dizer que o Universo inteiro é um movimento entre duas involuções: o Espírito onde tudo é involuído e de onde parte uma evolução descendente (ou devolução) em direção ao outro pólo da Matéria; e a Matéria onde tudo está igualmente involuído e de onde parte uma evolução ascendente na direção do outro pólo do Espírito"[28].

Sem essa involução não haveria evolução possível, e como poderia alguma coisa sair de nada? Para que haja evolução, é mister que algo brote de dentro! "Nada pode sair da Matéria que já não esteja contido nela"[29]. Mas no fundo desse estupor mudo que se desperta, por detrás da explosão evolutiva das formas, é *Agni* que impulsiona e que atiça o lume, a Força em busca da Consciência, Ela em busca Dele e em busca de formas cada vez mais capazes de manifestá-Lo. Ela que sai de sua Noite inconsciente e que caminha às cegas com seus milhares de obras e seus milhares de espécies como que para reencontrar, por toda a parte, a beleza de sua Única Forma perdida, a infinita Alegria que era, "uma beatitude com milhares de corpos"[30], em vez de um

---

26 Idem, p. 378.
27 *The Hour of God*, v. 17, p. 15.
28 *The Life Divine*, v. 18, p. 129.
29 Idem, p. 87.
30 *The Synthesis of Yoga*, v. 20, p. 151.

êxtase branco. E se tivermos esse "ouvido do ouvido" do qual fala o *Veda*, talvez escutemos esse grito, em tudo, um grito da Noite em direção à Luz, da Consciência aprisionada em direção à Alegria, "esse grande grito espiritual no fundo de tudo o que é"[31]. É isso que brota no fundo; é um Fogo dentro, uma chama na Matéria, uma Chama de Vida, uma chama em nossa Mente, uma chama em nossa Alma. Esse é o Fogo que é preciso contrair, é ele o fio e a alavanca, a tensão evolutiva secreta, a alma e a chama do mundo. Se esse mundo fosse feito apenas de pedra bruta e inerte, ele seria sempre pedra bruta e inerte; se a Alma já não estivesse ali, na Matéria, nunca teria podido emergir no homem:

> que há, pois, por trás das aparências? Qual é esse aparente mistério? Podemos ver que a Consciência que se achava perdida retorna a si mesma; é a Consciência que emerge de seu esquecimento gigantesco, lentamente, penosamente, sob forma de Vida que procura sentir, que sente vagamente, imperfeitamente, em seguida sente inteiramente e luta finalmente para sentir cada vez mais, para ser divinamente consciente, novamente livre, infinita e imortal[32].

Até o dia em que Ela chega ao homem, seu instrumento consciente, no qual Ela poderá, por ele, através dele, encontrá-Lo: "nossa humanidade é o ponto de encontro consciente do finito e do Infinito; devir cada vez mais esse Infinito nesse nascimento físico, tal é nosso privilégio"[33]. Mas um fenômeno particular ocorre na esfera humana da viagem de *Agni*. Nos estágios precedentes, a chama evolutiva pareceu regredir, naturalmente, assim que a estabilidade da nova espécie foi assegurada; a multiplicação das espécies vegetais pareceu regredir quando o tipo animal achou-se plenamente instalado na Vida, assim como a proliferação das espécies animais pareceu regredir quando a raça humana instalou-se definitivamente na evolução. A partir do momento em que o homem ocupou o ponto mais alto da evolução, não é provável que a Natureza tenha criado novas espécies, animais ou vegetais. Em outras palavras, essas espécies se mantiveram estacionárias; atingiram uma perfeição, cada uma em sua ordem e não

31 *Savitri*, v. 28, p. 90.
32 *The Life Divine*, v. 18, p. 243-244.
33 *The Problem of Rebirth*, v. 16, p. 241.

mais evoluíram. Ora, com o homem, a tensão evolutiva não regrediu, embora a raça humana esteja plenamente estabelecida na evolução; ela não está realizada, nem satisfeita como as demais espécies, não tem a harmonia, nem a alegria do equilíbrio alcançado: "o homem é um anormal que ainda não encontrou sua própria normalidade. Pode imaginar tê-la alcançado; pode parecer normal em sua espécie, mas essa normalidade é somente uma espécie de ordem provisória e, por conseguinte, embora o homem seja infinitamente superior à planta e ao animal, ele não é perfeito em sua própria natureza como são as plantas e os animais"[34].

Não se deve de modo algum deplorar essa imperfeição, diz Sri Aurobindo, ela é, ao contrário, "um privilégio e uma promessa"[35]. Se fôssemos perfeitos e harmoniosos em nossa estrutura, sem pecado e sem erro, já seríamos uma espécie estacionária, como os batráquios e os moluscos. Contudo, em nós, que representamos o grande Jogo Cósmico, a força não chegou a encontrar sua consciência, nem nossa natureza seu espírito, nem Ela a Ele; existiu em algum tempo um Platão satisfeito ou um Michelangelo apaziguado? "Um dia, coloquei a Beleza no colo, e eu a encontrei amarga!", exclamou Rimbaud. Esse é também o sinal de que o apogeu de inteligência mental e de refinamento estético não são a finalidade da viagem, nem a plenitude, nem o Grande Equilíbrio Dela que O encontrou. Esse Espírito dentro que desperta e cresce, Ele Nela. Essa pequena chama central aferrou-se primeiramente a ínfimos fragmentos, nas moléculas, nos genes, no protoplasma; organizou-se psicologicamente em torno de um ego separado e fragmentado; essa chama não vê muito bem e tateia; ela também é duplamente "involuída", e vê somente através de uma diminuta fresta mental entre uma enorme subconsciência e uma formidável supraconsciência. Essa fragmentação é infantil, porque pertence à nossa infância humana, que é a causa de todos os nossos erros, de todos os nossos sofrimentos; não existe outro "pecado". Todo nosso mal procede dessa estreiteza de visão, que é uma visão falsa de nós mesmos e do mundo. Porque, em verdade, o mundo e cada célula de nosso corpo é *Satchitananda*, é Existência--Consciência-Beatitude; somos Luz e Alegria. "Nossos sentidos, em sua incapacidade, inventaram a obscuridade. Em verdade, tudo é Luz! Mas é um poder de luz acima ou abaixo da pobre gama limitada de

---

34 *The Human Cycle*, v. 15, p. 220.
35 Idem, ibidem.

nossa visão humana"[36]. E tudo é alegria: "Quem poderia viver, respirar, se não houvesse essa alegria de existir, essa *Ananda* em toda parte como um éter onde residimos?", diz a *Upanishad* (*Taittiriya Upanishad* II.7). É a debilidade de nossa visão que nos oculta "a alegria absoluta no coração das coisas"[37], "são nossos pálidos sentidos"[38] e muito jovens ainda que não sabem conter toda essa imensidão; o Espírito em nós não acabou de se descobrir e a viagem de *Agni* não foi concluída. O homem, diz Sri Aurobindo, não é a última expressão da evolução, ele é "um ser de transição..."[39]

> Nós falamos da evolução da Vida na Matéria, da evolução da Mente na Matéria, mas a evolução é uma palavra que enuncia apenas o fenômeno, sem explicá-lo. Porque parece não ter havido nenhuma razão para que a Vida surgisse dos elementos materiais ou a Mente das formas vivas, a menos que admitíssemos que a Vida já fosse involuída na Matéria, e a Mente na Vida porque, essencialmente, a Matéria é uma forma velada da Vida, a Vida uma forma velada da Consciência. Ao que parece, nada nos impede de dar um passo a mais na escala e de admitir que a própria consciência mental seja somente uma forma velada de estados mais elevados que estão além da Mente. Nesse caso, o estímulo irresistível que impulsiona o homem na direção de Deus, na direção da Luz, da Beatitude, da Liberdade, da Imortalidade, encontra seu lugar exato na corrente: é simplesmente o estímulo imperioso pelo qual a Natureza procura evoluir além da Mente, e ele parece tão natural, tão verdadeiro e tão justo como o impulso para a Vida que a Natureza suscitou em algumas formas da Matéria, ou o impulso em direção da Mente que ela infundiu em certas formas de vida... O animal é um laboratório vivo no qual a Natureza, dizem, moldou o homem. É bem provável que o próprio homem seja um laboratório vivo e pensante no qual ela quer, com sua colaboração consciente, elaborar o super-homem, o Deus; ou seria melhor dizer: manifestar Deus?[40]

36 *The Hour of God*, v. 17, p. 48.
37 *The Synthesis of Yoga*, v. 20, p. 216.
38 *Savitri*, v. 28, p. 235.
39 *The Hour of God*, v. 17, p. 7.
40 *The Life Divine*, v. 18, p. 3-4.

Se a evolução vencer essa passagem difícil, o grande Equilíbrio será alcançado e nós entraremos "na Vasta morada", (*Rig-Veda* v.68.5); a força terá reencontrado toda sua Consciência em vez de girar sem saber, e a Consciência toda sua Força em vez de compreender e de amar sem poder.

Mas os rishis também sabiam que a viagem não havia acabado; eles diziam que *Agni* "oculta seus dois extremos", que ele é "sem pé sem cabeça" (*Rig-Veda* IV.1.11); nós somos uma pequena chama truncada entre *Agni* supraconsciente do céu e *Agni* subconsciente da Terra, e sofremos, viramos e reviramos em nosso leito de miséria, uns em busca de seu céu, outros em *busca* de sua Terra, sem jamais reunir os dois extremos; uma outra raça está para nascer entre nós, um Homem completo, se apenas consentimos nesse nascimento: "Teceis uma obra inviolável, converteis em um ser humano, criais a raça divina... Ó videntes da Verdade, aguçais as lanças luminosas, traçais o caminho em direção daquele que é Imortal; conhecedores dos planos secretos, formeis os degraus pelos quais os deuses alcançaram a imortalidade" (Idem, x.53.6,10). Então reencontraremos nossa totalidade solar, nossas duas extremidades ocultas, nossas duas Mães em uma só: "Ó Chama, Ó *Agni*, Tu vais ao oceano do céu em direção dos deuses; Tu proporcionas o encontro das divindades de todos os planos, as águas que estão no reino da Luz acima do Sol e as águas que permanecem embaixo" (Idem, III.22.3). Então, teremos a alegria dos dois mundos e de todos os mundos, Ananda, da Terra e do Céu como se fossem um; "Ó Chama, Tu fundes o mortal em uma suprema imortalidade... Para o vidente que tem sede do duplo nascimento, Tu crias a felicidade divina e a alegria humana" (Idem, I.31.7). Porque finalmente a meta da evolução é a alegria. Chamam-na de amor, mas não existe palavra mais falseada por nossos sentimentalistas, nossos partidos, nossas Igrejas, enquanto que essa alegria, pessoa alguma pode reproduzi-la! É uma criança sorrindo ao sol, ela ama e gostaria de tudo abarcar em sua grande roda: a alegria, sim, se temos a coragem de querê-la: "O Laurel, não a cruz, tal é a meta da alma humana conquistadora"[41]; "mas os homens amam a dor... e é por isso que Cristo ainda está pendurado em sua cruz de Jerusalém"[42]. "A alegria de ser, e de ser totalmente, em tudo o que é, que foi e que será, aqui na Terra, fora dela e em qualquer lugar, como se o mel pudesse

---

41 *Thoughts and Glimpses*, v. 16, p. 391.
42 *Thoughts and Aphorisms*, v. 17, p. 82.

provar-se a si mesmo e todas as suas gotas ao mesmo tempo, e como se todas as gotas pudessem provar-se uma a outra e cada uma delas provar do favo inteiro"[43].

Então a evolução sairá da Noite para entrar no ciclo do Sol; viveremos sob o Signo do Um; o Deus crucificado em nós descerá de sua cruz e o homem será Ele mesmo, enfim, normal. Porque ser normal é ser divino. "Há apenas dois movimentos espontâneos e harmoniosos, afinal de contas: o da Vida, em grande parte inconsciente ou subconsciente, como a harmonia do mundo animal, da Natureza inferior, e o do Espírito. A condição humana é um estágio de transição, de esforço e de imperfeição entre um e outro, entre a vida natural e a vida ideal ou espiritual"[44].

---

43 *Thoughts and Glimpses*, v. 16, p. 384.
44 *The Synthesis of Yoga*, v. 21, p. 798. É interessante notar que a serpente do paraíso terrestre, segundo a Mãe, seria o símbolo da força evolutiva que impulsionou o homem a sair do estado de felicidade animal e a reencontrar o estado da felicidade divina, comendo o fruto da árvore do Conhecimento, desenvolvendo a faculdade mental até o ponto de inversão. Na Grécia, também, são as serpentes aladas as que puxam o carro de Deméter. A serpente não somente é um símbolo da evolução cósmica, como também da força evolutiva individual: quando a força ascendente (Kundalini) desperta na base da coluna vertebral e sai de nossa consciência física onde estava adormecida, enroscada como uma serpente em sua cova (Kundalini significa "a que está enroscada") e eleva-se de centro em centro, o homem evoluído sai da inconsciência comum e entra em uma consciência cósmica, e depois, com a eclosão no ápice da cabeça, entra na consciência solar divina. Para Sri Aurobindo e para os rishis e, provavelmente, para os outros sábios desaparecidos, a descoberta dessa consciência solar no alto é apenas um primeiro estágio evolutivo ao qual deve suceder a descoberta da mesma consciência solar embaixo, na Matéria. É a serpente que morde a própria cauda, ou o que Sri Aurobindo chama de "a transformação".

17   A Transformação

A emergência do Espírito em uma consciência supramental e em um novo corpo, em uma nova raça, é um fenômeno tão inevitável como o aparecimento do *homo sapiens* após os primatas. A única questão que realmente importa é saber se essa nova evolução realizar-se-á com ou sem a nossa participação. Eis como Sri Aurobindo formulou o dilema:

> Se uma revelação do Espírito sobre a Terra é a verdade oculta de nosso nascimento na Matéria, se, fundamentalmente, é uma evolução da consciência que ocorre na Natureza, o homem, tal como é, não pode ser a última expressão da evolução: é uma expressão bastante imperfeita do Espírito, a mente é uma forma bastante limitada, um instrumento bastante estreito; a mente é apenas uma expressão intermediária da consciência; o ser mental é um ser de transição. Por conseguinte, se o homem é incapaz de superar sua mentalidade, ele será superado; a supramente e o super-homem manifestar-se-ão necessariamente e assumirão a direção da evolução. Mas se sua mente for capaz de abrir-se ao que a ultrapassa, não haverá razão para que o próprio homem não alcance a supramente e a super-humanidade, ou, pelo menos, para que se recuse a ceder sua mentalidade, sua vida e seu corpo à evolução dessa expressão superior do Espírito e à sua manifestação na Natureza[1].

1 *The Life Divine*, v. 19, p. 846-847.

Chegamos, [como] diz Sri Aurobindo, a uma nova "crise de transformação"[2], tão crucial como deveria ter sido a crise que marcou o aparecimento da Vida na Matéria, ou a crise que marcou o aparecimento da Mente na Vida. E nossa escolha é também crucial, porque, dessa feita, em vez de deixar a Natureza realizar suas transmutações sem maiores cuidados com os contingentes vivos, podemos ser os "colaboradores conscientes de nossa própria evolução", aceitar o desafio, ou, como diz Sri Aurobindo, deixar que a evolução nos supere.

Perspectivas do Futuro

Em que consiste essa nova raça? Compreender a meta já é uma grande etapa no caminho da transformação, porque, por pouco que compreendamos e que aspiremos a esse Futuro, abriremos uma porta invisível por onde forças superiores às nossas possam entrar e começaremos a colaborar. Em verdade, não são nossas forças humanas que realizarão a passagem para a supramente, mas um abandono cada vez mais consciente à Força do Alto.

Já relatamos em que consiste a consciência do ser supramental, mas nunca cansaremos de repetir, com Sri Aurobindo, que "a super-humanidade não é o homem elevado em seu Zênite natural; não é um nível superior da grandeza humana, do conhecimento humano, do poder, da inteligência, da vontade, do caráter, da força dinâmica e do gênio humanos, nem mesmo da santidade, da pureza, da perfeição e do amor humanos. A Supramente está além do homem mental e de seus limites"[3]. Impulsionada ao extremo, a Mente somente endurece o homem, não o diviniza, nem mesmo lhe dá alegria, porque é um instrumento de divisão e porque toda a hierarquia repousa inevitavelmente na força, quer seja religiosa, moral, política, econômica ou sentimental, já que por constituição é incapaz de admitir a totalidade da verdade humana. E, mesmo quando é capaz de reconhecimento, é incapaz de poder. E se, em verdade, a evolução coletiva não tivesse nada melhor a oferecer-nos, a não ser uma agradável mistura de "grandezas" humanas e sociais, São Vicente de Paulo e Mahatma Gandhi, com um pouco do marxismo-leninismo e distrações orga-

---

2 *The Human Cycle*, v. 15, p. 221.
3 *The Hour of God*, v. 17, p. 7.

nizadas, não poderíamos deixar de pensar que esse fim seria ainda mais insípido que os milhares de pássaros de ouro e que os quartetos de cordas do auge da evolução mental individual. O *pralaya*, ou dissoluções cósmicas que nos prometem as tradições, não seria assim tão ruim, afinal de contas, se muitos milênios de sofrimento e de esforço tivessem como único resultado essa espécie de quermesse sobre a Terra.

Se nossas condições mentais são insuficientes, mesmo em seu Zênite, nossas condições vitais e físicas o são ainda mais. Podemos duvidar que o Espírito, ao se manifestar em uma consciência supramental, possa satisfazer-se com um corpo submetido a leis físicas de desintegração e de gravidade e que aceite, como meio de expressão, as possibilidades limitadas da linguagem mental, do estilógrafo, do buril ou do pincel. Em outras palavras, a Matéria deverá mudar. Esse é o objeto da "Transformação". E, antes de mais nada, nossa primeira matéria é o corpo:

> a tradição espiritual geralmente considerava o corpo um obstáculo, incapaz de espiritualização e de transmutação, um peso grosseiro que retém a alma na natureza terrestre e a impede de elevar-se até sua realização espiritual ou impede a dissolução de seu ser individual no Supremo. Essa maneira de compreender o papel do corpo em nosso destino convém, talvez, às disciplinas que consideram a Terra um mundo de ignorância e a vida terrestre uma preparação para a salvação... Mas ela é insuficiente para uma disciplina que concebe uma vida divina na Terra e a liberação da própria natureza terrestre como uma parte integrante do desígnio total da encarnação do Espírito nesse mundo. Se a transformação total do ser é nossa meta, a transformação do corpo é necessariamente parte indispensável dessa transformação total; sem ela, é impossível vida divina completa na Terra[4].

Segundo Sri Aurobindo, a característica essencial da Matéria supramentalizada é a receptividade; ela será capaz de obedecer à vontade consciente e de moldar-se conforme comandos dela oriundos, como a argila se conforma aos dedos do artesão. A Matéria liberta

---

4 *The Supramental Manifestation*, v. 16, p. 24.

do poder espiritual que ela contém, poder involuído e que se tornou abertamente consciente, será capaz de responder às vibrações correspondentes da consciência supramental, exatamente como nós respondemos a uma vibração de raiva com a cólera, ou a uma vibração de amor com ardor no coração. A maleabilidade consciente será a qualidade fundamental da Matéria supramentalizada. Todas as outras qualidades brotam dessa virtude fundamental: imortalidade, ou, em todo caso, poder de modificar a forma e, até mesmo, mudar de forma, com leveza, com beleza, com brilho, à vontade. Tais serão os atributos naturais da Matéria supramental. "O corpo poderia transformar-se em um canal revelador da beleza e da alegria supremas, poderia difundir a beleza da Luz do Espírito que o infunde, poderia irradiar como a lâmpada que reflete e difunde a claridade de sua chama, poderia conter a beatitude do Espírito, a alegria da mente que vê, o prazer da vida e a alegria espiritual, a alegria da Matéria liberta e que se tornou consciente do Espírito, e vibrar em um êxtase invariável"[5]. Porém, os *Vedas* já o diziam: "Então tua humanidade chegará a ser como a obra dos deuses, como se o céu de luz fosse visivelmente fundado em ti" (*Rig-Veda*, V 66.2).

Antes dessas mudanças espetaculares que, provavelmente, serão as últimas a se manifestarem, Sri Aurobindo tem em vista uma mudança considerável em nossa fisiologia; voltaremos a esse assunto quando abordarmos o trabalho prático de transformação; no momento, relatamos apenas algumas das modificações funcionais tais quais Sri Aurobindo as observou em seu próprio corpo:

> Será necessária uma mudança no funcionamento dos próprios órgãos materiais e, talvez, também, em sua constituição e em seu papel; não lhe será mais permitido impor suas limitações à nova vida física... O cérebro poderá converter-se em um canal de comunicação para a forma dos pensamentos, uma bateria de sua pressão sobre o corpo e sobre o mundo exterior onde eles serão então diretamente eficazes, comunicando-se entre si, de mente a mente, sem passar pelos meios físicos e produzindo também efeitos diretamente sobre os pensamentos, sobre as ações e sobre a vida dos outros, ou mesmo sobre os objetos materiais. O coração, também, poderá ser um emissor

[5] Idem, p. 18.

direto e via de comunicação dos sentimentos e das emoções lançados sobre o mundo pelas forças do centro psíquico. O coração poderia responder diretamente ao coração, a força de vida prestar ajuda às outras vidas e responder a seus apelos, a despeito da singularidade e das distâncias; muitos seres, sem a menor comunicação externa, poderiam receber a mensagem e encontrar-se na Luz secreta do centro divino único. A vontade poderia comandar os órgãos da nutrição, proteger automaticamente a saúde, eliminar o desejo, substituir processos materiais por outros mais sutis ou extrair vigor e substância da força de vida universal, de tal modo que o corpo pudesse conservar por muito tempo sua energia e sua substância sem dano nem deterioração e sem precisar de alimentos materiais para o seu sustento, o que não o impediria de consagrar-se a atividades intensas sem cansaço e sem pausa para dormir ou descansar. No ápice da evolução, é concebível que se redescubra e se restabeleça o fenômeno que se observa em sua base e o poder de extrair em torno de si os meios de subsistência e de renovação[6].

Além da Mente, o homem completo reencontra conscientemente o que já representa inconscientemente a Matéria: Energia e Paz; se for verdade que a Matéria é somente o sono do Espírito.

Em uma etapa ulterior da transformação, Sri Aurobindo considerava a substituição dos órgãos pelo funcionamento dinâmico de nossos centros de consciência ou *chacras*. Nisso está a verdadeira passagem do homem-animal, tal como foi concebido pela evolução inferior, ao homem-humano da nova evolução. Essa é uma das tarefas que Sri Aurobindo e a Mãe empreenderam. Desde as primeiras etapas do yoga, descobrimos que cada uma de nossas atividades, das mais sublimes às mais terrenas, foi sustentada e posta em movimento por uma corrente de consciência-força que parecia ramificar-se neste ou naquele nível, neste ou naquele centro, com vibrações diferentes dependendo do gênero de atividade e, por pouco que houvéssemos tentado manipular essa corrente, teríamos percebido que era uma fonte de energia formidável, limitada apenas pela insignificância de nossa capacidade. Não é, pois, inconcebível que

---

6 Idem, p. 37 e 29.

nossos órgãos, que são somente a tradução física ou a concentração material dessa corrente por detrás, possam, no decurso da evolução, dar lugar à ação direta dos centros de consciência, que irradiariam suas energias através do novo corpo, como hoje o coração, o sangue e os nervos se propagam em nosso corpo. Eis como a Mãe, um dia, explicava o corpo futuro às crianças do Ashram:

> a transformação implica que todo esse dispositivo puramente material seja substituído pela concentração de forças tendo cada uma um tipo de vibração diferente; em vez de órgãos, existirão centros de energia consciente movidos pela vontade consciente. Não haverá estômago, nem coração, nem circulação, nem pulmões; tudo isso desaparecerá e dará lugar a um conjunto de vibrações que representará simbolicamente esses órgãos. Porque os órgãos são apenas símbolos materiais dos centros de energia; eles não são a realidade essencial: simplesmente lhes dão forma ou suporte em determinadas circunstâncias. O corpo transformado funcionará então através de seus centros reais de energia e não mais através de seus representantes simbólicos como ocorre no corpo animal. É preciso, portanto, em primeiro lugar, saber o que vosso coração representa na energia cósmica, o que vossa circulação, vosso cérebro, vossos pulmões representam na energia cósmica, depois será preciso poder dispor das vibrações originais, cujos órgãos são os símbolos, e será preciso lentamente reunir essas energias no corpo e transmudar cada órgão em um centro de energia consciente, que substituirá o movimento simbólico pelo movimento real. Por exemplo, por detrás do movimento simbólico dos pulmões, há um movimento verdadeiro que vos dá a capacidade de leveza, pelo qual vós escapais do sistema de gravitação[7]. E assim sucessivamente com cada órgão. Há um movimento verdadeiro por trás de cada movimento simbólico. Isso não quer dizer que não haverá mais formas identificáveis; a forma será constituída por qualidades mais que por

---

[7] Esse movimento verdadeiro por trás da respiração é tal qual aquele que preside os campos eletromagnéticos; segundo Sri Aurobindo, é o que os antigos yogues chamavam de *vayu*, a Energia de Vida. Os famosos exercícios respiratórios (*pranayama*) são simplesmente um sistema (entre outros) para alcançar o domínio *de vayu*, que, eventualmente, nos permitem escapar da gravitação.

partículas sólidas. Será, por assim dizer, uma forma prática ou pragmática: ela será flexível, móvel e abundantemente leve, contrariamente à rigidez atual da forma material grosseira.

E a Matéria tornar-se-á uma expressão divina; a vontade supramental poderá traduzir toda a gama de vida interior pelas modificações correspondentes à sua própria substância, assim como hoje o rosto modifica-se (tão pouco e tão mal) sob o arrebatamento das emoções: o corpo será *energia concentrada que obedece à vontade*. Em vez de sermos "uma pequena alma que sustenta um cadáver"[8], segundo as poderosas palavras de Epíteto, seremos uma alma viva em um corpo vivo.

Não somente o corpo e a mente deverão mudar com a consciência supramental, como também a própria substância da vida. Se existe um sinal característico de nossa civilização mental, esse sinal é o artifício; nela nada ocorre naturalmente, somos prisioneiros de um sistema formidável de truques – avião, telefone, televisão e toda uma superabundância de instrumentos que maquiam nossa pobreza – e nós abandonamos até mesmo nossa capacidade natural que se atrofia, de geração em geração, por preguiça ou por ignorância. Nós nos esquecemos de uma verdade fundamental bastante simples: nossas maravilhosas invenções são somente a projeção material de poderes que existem em nós. Se já não existissem em nós, nunca teríamos podido inventá-las. Somos esse *taumaturgo cético de milagres* de que fala Sri Aurobindo[9]. Tendo delegado à máquina o cuidado de ver por nós, de ouvir por nós, de por nós se deslocar, nada mais podemos sem ela; nossa civilização humana, feita para a alegria da vida, tornou-se escrava dos meios necessários para se desfrutar a vida – setenta por cento de nosso tempo em vida é gasto na aquisição de recursos materiais, e os trinta por cento restantes a dormir. "O absurdo aqui", diz a Mãe,

> são todos esses meios artificiais que é preciso utilizar. Qualquer imbecil tem mais poder se possui recursos para adquirir os artifícios necessários. Mas no verdadeiro mundo, um mundo supramental, quanto mais conscientes somos e quanto mais nos relacionamos com a verdade das coisas, mais a vontade

---

8 Citado por Sri Aurobindo, em *The Hour of God*, v. 17, p. 373-374.
9 *Savitri*, v. 28, p. 338.

tem domínio sobre a substância, e a substância se submete à vontade. A autoridade é uma autoridade verdadeira. Se vós desejais um vestuário, é preciso o poder para fazê-lo, um poder real. Se vós não tendes esse poder, pois bem, permanecereis nus! Nenhum artifício ali existe para suprir a falta de poder. Aqui, nem uma única vez, entre um milhão, a autoridade é a expressão do verdadeiro. Tudo é formidavelmente estúpido.

Essa "autoridade" supramental não é uma espécie de superprestidigitação, bem ao contrário; é um processo extremamente preciso, tão preciso e minucioso como pode ser uma operação de química, só que em vez de manipular corpos exteriores, o ser supramental manipula a verdadeira vibração que está no centro de cada coisa e a associa a outras vibrações para obter determinado resultado, um pouco como o pintor que mistura cores para fazer um quadro ou como o poeta que associa sons para criar um poema. E o ser supramental é realmente o poeta, porque cria o que nomeia; o verdadeiro nome de um objeto é a vibração que o constitui: nomear um objeto é poder evocá-lo ou desfazê-lo.

A espontaneidade, o natural da vida supramental – porque finalmente só a Verdade é natural – expressar-se-á também na arte supramental, que será a expressão direta e desvelada de nossa tonalidade espiritual particular; uma arte onde não se trapaceia, porque somente nossa luz interna poderá intervir sobre as mesmas luzes involuídas na Matéria, delas retirando as formas correspondentes. Se nossa vibração é cinza, nosso mundo será cinza e tudo o que tocamos será cinza; nosso meio físico, exterior, refletirá nosso centro interno, e somente poderemos manifestar aquilo que somos. E a própria vida será a obra de arte; nossas aquisições externas serão os cenários mutantes de nossos estados internos. A palavra terá poder apenas pela força espiritual verdadeira que está em nós, será um *mantra* vivo, uma linguagem visível como pode ser a cor da emoção sobre a face. E esse será o fim das falsas aparências, quer sejam políticas, quer sejam religiosas, quer sejam literárias, quer sejam artísticas ou sentimentais. Um dia, ao responder a um discípulo cético que declarara que a Supramente era uma invenção impossível por nunca ter sido vista ou realizada, Sri Aurobindo falou com seu humor característico:

> Que maravilhoso argumento! Isto não é possível porque nunca foi realizado! Com esse raciocínio, toda a história da

Terra deveria acabar muito antes do protoplasma. Quando a Terra era somente uma massa gasosa, ali não havia vida, logo a vida não podia nascer. Quando só a vida existia, nela não havia mente, portanto, a mente não podia nascer. Visto que a mente está agora presente e que não há nada além dela, que não há a Supramente manifestada em alguém, a Supramente tampouco pode nascer! *Shobhânallah*, glória, glória, glória à razão humana! Felizmente, o Divino ou o Espírito cósmico, ou a Natureza, pouco se importa, zomba da razão humana. Ele ou Ela ou Isso faz o que Ele ou Ela ou Isso deve fazer, seja possível ou não[10].

Há milênios, os rishis já falavam da pobreza do cético: "Nele a Maravilha não existe e nem o Poder" (*Rig-Veda*, VII.61.5).

Primeira Fase – O Trabalho

Quanto mais os resultados se tornarem visíveis, mais o trabalho será modesto, humilde, paciente, como o do cientista diante de suas excitações culturais: "um trabalho microscópico", diz a Mãe. Não se trata de forjar milagres fugazes, mas de estabelecer uma nova base física libertando cada átomo, cada célula de sua consciência- -força reprimida. Poderíamos, portanto, pensar que esse trabalho no corpo implica no uso de métodos psicofísicos, um pouco como os do hatha-yoga, mas não é nada disso. É a consciência que permanece como alavanca central: "a mudança de consciência é o principal fator, o movimento primordial; a modificação física é um fator secundário, uma consequência"[11]. E Sri Aurobindo confronta-nos com uma simples verdade com sua habitual clareza:

> ao longo das etapas que precedem a evolução, o primeiro cuidado e o primeiro esforço da Natureza deviam aplicar-se necessariamente em uma mudança na organização física, porque somente assim podia ocorrer uma mudança de consciência; essa ordem era necessária porque a consciência, em vias de

10 *Correspondence with Sri Aurobindo*, v. I, p. 139.
11 *The Life Divine*, v. 19, p. 842.

formação, não era suficientemente vigorosa para efetuar uma mudança no corpo. Mas, com o homem, torna-se possível inverter a ordem da operação e isso é mesmo inevitável: é por sua consciência e pela transmutação de sua consciência, e não mais pela intervenção de algum novo organismo corporal, que a evolução pode e deve efetuar-se. Na realidade interna das coisas a mudança de consciência sempre foi o fato mais importante; a evolução sempre teve um sentido espiritual, para o qual a mudança física somente servia de instrumento; porém, no início, essa relação encontrava-se oculta pelo desequilíbrio dos dois fatores, o corpo da Inconsciência exterior prevalecendo sobre o elemento espiritual ou o ser consciente, ocultando-o. Porém, assim que esse equilíbrio é restabelecido, não é mais a mudança do corpo que deve preceder à mudança de consciência, é a própria consciência que, por sua própria mutação, imporá e realizará toda a mutação necessária ao corpo[12].

Podemos distinguir no trabalho três fases que correspondem ao progresso das descobertas de Sri Aurobindo e da Mãe; três fases que parecem ir da mais luminosa à mais obscura, da milagrosa à mais banal, da célula individual à Terra. Durante a primeira fase, assistimos a uma verificação dos poderes da consciência, que alguns discípulos chamaram de "período brilhante", que se estendeu de 1920 a 1926, época na qual Sri Aurobindo retirou-se, em solidão completa, durante vinte e quatro anos para concentrar-se exclusivamente na Obra. Na presença do novo poder supramental descoberto, Sri Aurobindo e a Mãe entregam-se, primeiramente, a uma série de experiências em seu próprio corpo. "Verificar" é uma das palavras importantes do vocabulário de Sri Aurobindo, assim como a palavra "experimentar": "Experimentei, dia e noite durante anos e anos, mais escrupulosamente que um cientista que verifica sua teoria ou seu método no plano físico"[13]. Desse enorme conjunto de experiências, das quais encontramos marcas por toda a parte, nas correspondências e nas obras de Sri Aurobindo, podemos escolher quatro fatos simbólicos que ilustram o poder da consciência e as "verificações" de Sri Aurobindo, destacando que, nesse caso, trata-se de detalhes entre centenas de outros, aos quais nem Sri Aurobindo nem a Mãe atribuía uma

---

12 Idem, p. 843-844.
13 *On Himself*, v. 26, p. 469.

importância particular; foi casualmente que tivemos conhecimento da existência desses fatos, por seus diálogos ou por suas cartas. Em primeiro lugar, logo ao chegar a Pondicherry, Sri Aurobindo começou a fazer um jejum prolongado "para ver"; alguns anos depois, quando um discípulo lhe perguntou se era possível abster-se do alimento, ele lhe respondeu:

> sim, certamente. Jejuei durante vinte e três dias, ou mais, assim que aqui cheguei, e quase resolvi o problema. Eu podia caminhar oito horas por dia como de costume, e continuava meu trabalho mental, minha disciplina habitual e pude perceber que no final dos vinte e três dias não estava mais fraco. Mas a carne começava a diminuir e eu não encontrava um sinal para remediar essa redução da matéria. Quando interrompi o jejum, tampouco segui as regras habituais ingerindo alimentos leves como o fazem aqueles que jejuam por muito tempo. Recomecei comendo a mesma quantidade que antes... Já havia tentado jejuar uma vez, quando estive na prisão, mas somente durante dez dias (nessa ocasião também tinha o hábito de dormir uma a cada três noites) e perdi dez quilos, e no final dos dez dias, sentia-me mais forte do que antes. Podia, então, levantar uma tina de água sobre minha cabeça, o que normalmente não conseguia[14].

Outro fato que remonta à prisão de Alipore: "estava concentrado e minha mente perguntava-se se capacidades a exemplo da levitação seriam possíveis, quando, repentinamente, encontrei-me erguido... Normalmente não teria podido conservar assim meu corpo, mesmo que o desejasse, e percebi que ele permanecia suspenso sem o menor esforço"[15]. Em outra ocasião, Sri Aurobindo mandou comprar, no bazar de Pondicherry, uma grande quantidade de ópio suficiente para tirar a vida de várias pessoas; apenas para verificar o controle da consciência, absorveu-o imediatamente sem consequências. Um quarto fato tornou-se conhecido em razão da impaciência de um discípulo que se queixava por não obter respostas rápidas às suas cartas: "Vós não vos dais conta", respondeu-lhe Sri Aurobindo, "de que eu dedico doze horas por dia à correspondência de rotina. Trabalho três

14 *Evening Talks*, p. 462-463.
15 Idem, p. 376.

horas à tarde e toda a noite até seis horas da manhã... até o coração de pedra de um discípulo poderia se sensibilizar"[16].

Sono, alimento, gravidade, causas e efeitos, Sri Aurobindo verificava, uma a uma, todas as chamadas leis naturais para perceber que elas somente subsistem na medida em que acreditamos que elas nos sustentam; ao mudarmos de consciência, o "sulco" também muda. Todas as nossas leis não passam de "hábitos": "Os hábitos invariáveis da Natureza que imitam a Lei"[17], diz Savitri, porque há somente uma Lei verdadeira, a do Espírito que pode modificar todos os hábitos inferiores da Natureza: "Ele os fez, Ele pode superá-los; todavia é preciso primeiramente abrir as portas de nossa prisão e aprender a viver menos na Natureza que no Espírito"[18]. Sri Aurobindo não tem nem receitas milagrosas, nem truques fantásticos; todo o caminho de seu yoga repousa sobre uma dupla certeza muito simples: a certeza do Espírito que vive em nós e a certeza da manifestação terrestre do Espírito. Essa é a única alavanca, a verdadeira alavanca de seu trabalho: "em cada homem, Deus habita; torná-Lo manifesto é a meta da vida divina. Isso, todos nós podemos fazer"[19]. A certo discípulo que havia protestado dizendo que para seres excepcionais como Sri Aurobindo e a Mãe desafiar leis naturais seria fácil, enquanto que os pobres diabos dos humanos dispõem somente de suas míseras possibilidades, Sri Aurobindo retruca energicamente:

> minha disciplina espiritual não é uma grande façanha nem uma monstruosidade, nem um milagre fora das leis da Natureza e das condições da vida ou das condições da consciência terrestre. Se eu pude chegar a este ou àquele resultado, ou se eles podem acontecer em meu yoga, isso quer dizer que eles são possíveis e, por conseguinte, tais desenvolvimentos e tais transformações são possíveis na consciência terrestre... Eu não tinha inclinação para a espiritualidade, tornei-me espiritual. Eu era incapaz de compreender a metafísica, tornei-me filósofo. Eu não tinha olhos para a pintura e por meio do yoga esses olhos se abriram. Transformei minha natureza daquilo que era no que não era. Eu o fiz de uma forma especial, não

---

16 *On Himself*, v. 26, p. 186-187.
17 *Savitri*, v. 28, p. 20.
18 *Thoughts and Aphorisms*, v. 17, p. 93.
19 *Life of Sri Aurobindo*, p. 173.

por milagre, e eu o fiz para mostrar que se podia fazer e como se podia fazer. Eu não o fiz nem por necessidade pessoal nem por um milagre sem método. E digo que se isso tivesse acontecido de outra forma, meu yoga seria inútil e minha vida um engano – uma absurda façanha da Natureza, sem significado e sem consequência[20].

Para Sri Aurobindo, a verdadeira chave é a compreensão de que o Espírito não é o oposto da vida, porém a plenitude da vida e de que *a realização interior é o segredo da realização exterior*. "O céu não anula a Terra, ele a realiza"[21].

Quando a humanidade tiver se apossado dessa simples alavanca, quando for liberada de seu hábito milenar de sequestrar o Espírito mantendo-o no céu e de acreditar na morte, acreditar em suas leis, acreditar em sua insignificância, estaremos salvos e prontos para a vida divina. Sri Aurobindo veio demonstrar-nos, antes de mais nada, que não necessitamos correr ao céu para encontrar o Espírito, que somos livres e mais fortes que todas as leis, porque Deus vive em nós. Acreditar, simplesmente acreditar. Porque é a fé que precipita a magia do mundo. "O que me salva em qualquer circunstância tem sido um equilíbrio perfeito. Primeiramente acreditava que nada era impossível e, ao mesmo tempo, eu podia colocar tudo em questão"[22]. Um dia, quando pressionado para retomar sua luta política, Sri Aurobindo prontamente respondeu: "não se trata de se revoltar contra o governo britânico – qualquer pessoa pode fazer isso facilmente – mas de se revoltar contra a Natureza universal inteira"[23].

Durante essa primeira fase, os discípulos, pouco numerosos (eram quinze) concordavam em dizer que naquele momento reinava uma atmosfera muito particular e de elevada concentração. Realizavam, brincando, experiências maravilhosas, sentiam que manifestações divinas ocorriam, e que leis naturais pareciam ceder um pouco; isto é, o véu entre o mundo físico e os outros planos de consciência tornava-se tênue e os seres, aos quais chamamos deus ou forças da supermente, podiam manifestar-se, agir sobre as leis e provocar o que chamamos milagre. Se as coisas tivessem continuado nesse curso, Sri Aurobindo

---

20 *Correspondence with Sri Aurobindo*, v. I, p. 135, 148-149.
21 *Savitri*, v. 29, p. 719.
22 *Evening Talks*, p. 163.
23 Idem, p. 37.

e a Mãe estariam no caminho certo para fundar uma nova religião, e o Ashram tornar-se-ia um desses novos "lugares-memoráveis" onde fragrâncias espirituais escondem odores mais modestos. Como a Mãe contava a Sri Aurobindo um dos últimos incidentes extranaturais, ele observou com humor: "Sim, isso é muito interessante, chegareis a milagres que vos tornarão célebres no mundo inteiro, vós podereis transtornar acontecimentos da Terra, enfim, Sri Aurobindo sorri, "será um grande sucesso". E acrescentou: "mas isso é uma criação supermental, não é a verdade suprema – *the highest truth*. E não é o sucesso que queremos; queremos estabelecer a supramente sobre a Terra, queremos criar um novo mundo". "Meia hora depois, tudo havia acabado: Eu nada disse, nenhuma palavra", conta a Mãe, "em meia hora eu havia desfeito tudo, havia cortado a conexão entre os deuses e as pessoas, havia demolido tudo. Porque eu sabia que enquanto isso estivesse ali, seria tão atrativo (viam-se coisas surpreendentes o tempo inteiro) que teríamos sido tentados a continuar... Eu desfiz tudo. E, a partir desse momento, recomeçamos sobre outras bases".

Esse foi o fim da primeira fase. Sri Aurobindo e a Mãe haviam verificado o poder da consciência e comprovado que os "milagres com método", ou a intervenção dos poderes superiores da consciência, somente fazem dourar a fachada sem tocar a essência. São ilusórios do ponto de vista da transformação do mundo. O verdadeiro problema, "a verdadeira coisa", como diz a Mãe, não é modificar de fora a Matéria, por intervenções fugazes ditas sobrenaturais, mas modificá-la de dentro, de maneira durável; estabelecer uma nova base física. Nós conhecemos muitas civilizações memoráveis no passado, e todas fracassaram; já vivemos o suficiente sob o sinal dos deuses e das religiões: "não tenho a intenção de aprovar uma nova edição do velho fiasco e permitir uma abertura espiritual interior, parcial e passageira, sem uma mudança real e radical na lei da natureza exterior"[24]. A levitação, a subjugação do sono e da fome, e até mesmo das doenças, somente atingem superficialmente o problema, esse é um trabalho negativo *contra* a ordem das coisas, e é ainda reconhecer, embora negativamente, a velha lei, ao passo que é a própria ordem que deve mudar, seja boa ou ruim, porque esse bom traz consigo necessariamente o ruim. Todos os milagres são somente o avesso, ou melhor, o lado oposto de nossa insignificância. O que é preciso não é um mundo melhorado, porém

---

[24] *Letters on Yoga*, v. 24, p. 1306.

um novo mundo, não uma atmosfera "de elevada concentração", mas de baixa concentração, se ousamos dizer. E que tudo na Terra seja um "Templo-Elevado". Precipitadamente, no dia 24 de novembro de 1926, Sri Aurobindo anuncia que se retira em completa solidão; o Ashram é fundado oficialmente sob a direção da Mãe. Os discípulos não tiveram necessidade de aprender que o yoga seria feito doravante "no subconsciente e no inconsciente": todos eles declinaram de suas esplêndidas experiências para se defrontarem com realidades muito mais duras. Assim começou a segunda fase do trabalho de transformação.

Agni Fundamental

No início dessa segunda fase, deparamo-nos com uma conversa bem estranha que Sri Aurobindo teve em 1926, pouco tempo antes de seu retiro, com um ex-politécnico francês. As observações de Sri Aurobindo, que podiam parecer enigmáticas, lançam uma luz bem singular sobre a orientação de suas experiências. Tratava-se da ciência "moderna".

Encontram-se na ciência moderna dois enunciados que produzem um eco profundo do ponto de vista espiritual: 1. Os átomos são sistemas turbilhonantes como o sistema solar; 2. Os átomos de todos os elementos são feitos dos mesmos componentes. A causa das diferentes propriedades tem origem apenas na diferença de disposição.

Se se considerar esses dois enunciados sob seu verdadeiro aspecto, eles podem conduzir a ciência a novas descobertas das quais atualmente não se tem ideia alguma e diante das quais os conhecimentos atuais são pobres.

Estamos no ano de 1926 e Sri Aurobindo prosseguia:

> os antigos yogues conheciam um triplo Agni:
> 1. O fogo comum, Jada Agni;
> 2. O fogo elétrico, Vaidyuta Agni;
> 3. O fogo solar, Saura Agni;
> Desses, a ciência somente identifica o primeiro e o segundo. O fato de que o átomo se assemelha ao sistema solar, poderia conduzi-la ao conhecimento do terceiro[25].

---

25 *France-Asie (Journal)*, April 1953.

A que tendia Sri Aurobindo? E o que aconteceu inicialmente para que pudesse saber, antes mesmo que nossos laboratórios – sem falar dos rishis de há seis mil anos –, que o calor solar – *Saura Agni* – tem origem diferente daquilo que chamamos de fogo ou de eletricidade, ou seja, que ele é produto de uma fusão nuclear, e que a potência da energia solar é semelhante àquela que está encerrada em nossos átomos? Fato, talvez, desconcertante para a ciência, que somente julga segundo a "realidade concreta", é que todas as nossas realidades físicas, quaisquer que sejam, são acompanhadas de uma realidade interior que é sua causa e seu fundamento; não existe o menor elemento material que não tenha seu revestimento interno, a começar por nossos próprios órgãos físicos que são apenas o revestimento material ou o suporte dos centros de consciência. Tudo nesse mundo é a sombra projetada ou a tradução simbólica de uma luz ou de uma força que está por trás, em um outro plano. Todo esse mundo é um vasto Símbolo. A ciência analisa os fenômenos, equaciona a gravitação, a gravidade, a fissão dos átomos etc., mas ela apenas toca o efeito, nunca verdadeiramente a causa. O yogue vê a causa antes do efeito. O cientista pode deduzir uma causa a partir do efeito; o yogue deduz os efeitos a partir da causa; e pode até mesmo deduzir os efeitos ainda inexistentes a partir de uma causa já existente, o acidente que ocorrerá amanhã pela força do acidente que já está ali, por detrás. O cientista manipula o efeito, e eventualmente cria catástrofes, o yogue manipula a causa, ou melhor, identifica-se com a Causa e pode mudar os efeitos, ou, como diz Sri Aurobindo, os "hábitos" que nós chamamos de leis. Definitivamente, todos os efeitos físicos, que codificamos sob forma de leis, não são nada mais que um *suporte* cômodo para a manifestação das forças que estão por detrás, exatamente como em um passe de mágica em que é preciso ter certos diagramas rituais, certos ingredientes, algumas fórmulas para que as forças invocadas possam se manifestar. O mundo inteiro é um formidável passe de mágica, uma magia contínua. No entanto, o diagrama terrestre e todos os ingredientes que nós cuidadosa e invariavelmente codificamos, nossas fórmulas infalíveis, são simplesmente uma convenção – o ritual terrestre pode mudar se, em vez de sermos hipnotizados pelos efeitos, passamos à causa que está por detrás, do lado do Mago. Conta-se a história de um brâmane hindu que, diariamente, ao celebrar os rituais, mandava prender o gato da casa para não ser incomodado. Morreu o pai e morreu também o gato. E o filho, que se tornou celebrante, mandou comprar um gato, que cuidadosamente prendia durante o sacrifício! De pai a filho o gato havia se tornado instrumento indispensável à eficácia do ritual. Há, certamente, muitos pequeninos gatos em nossas leis inevitáveis. Quando se recua em direção à força oculta por detrás do suporte físico, ao "movimento verdadeiro", segundo a Mãe, começa-se a descobrir o Grande Jogo, bem distante da rigidez que lhe atribuem. Por detrás de nossos fenômenos de gravitação, para citar um dos rituais, há o que os antigos yogues chamavam *Vayu*, causa da gravitação e dos campos magnéticos (como ainda observava Sri Aurobindo nessa conversa de 1926) e é assim que o yogue pode, eventualmente, desafiar a gravidade. Por detrás do fogo solar ou do nuclear, há *Agni* fundamental, esse *Agni* espiritual que está em todas as partes, "o filho das águas e o filho das florestas, o filho das coisas estáveis e o filho das coisas que se movem. Mesmo na pedra ele ali está", disse o *Rig-Veda* (1.70.2), ele é a "pulverescência de ouro quente" do qual falava a Mãe, ele é a causa que está atrás do efeito, a força inicial atrás do suporte material, atômico: "as outras chamas são somente ramificações de teu tronco" (*Rig*-Veda, 1.59.1). E porque Sri Aurobindo e os rishis haviam visto esse *Agni* espiritual na Matéria, esse "sol na obscuridade", é que podiam ter o conhecimento de seu efeito material, atômico, e das fusões solares, antes mesmo que nossos laboratórios. E é por isso também, conhecendo a causa, que eles ousaram falar de transformação[26].

Finalmente, o Universo inteiro, de cima abaixo, é feito de uma única substância de Consciência-Força divina; o aspecto força ou energia da consciência é *Agni*: "Oh! Filho da Energia" disse o *Rig-Veda* (VIII.84.4). Essa é a Força-Consciência. É um calor, uma chama, em qualquer nível que a sentimos. Quando nos concentramos em nossa mente, descobrimos o calor sutil da energia mental, ou *Agni* mental; quando nos concentramos em nosso coração ou em nossas emoções, descobrimos o calor sutil da energia de vida, ou *Agni* vital; quando penetramos em nossa Alma, conhecemos o calor sutil da

---

26 Se é verdade que a luz física, velocidade-imobilidade suprema, é um extraordinário símbolo da Consciência suprema, igualmente é verdade que o sol físico é um outro símbolo do Poder supremo, como viram tantas tradições, menos infantis do que se supõe. "Mas os yogues hindus", observava Sri Aurobindo, "que haviam realizado essas experiências, não procuraram fazer delas um conhecimento científico. Tinham outros campos de ação, outras fontes de conhecimento, e negligenciaram o que, para eles, era somente o aspecto mais externo da manifestação".

Alma, ou *Agni* psíquico. Há apenas um só *Agni* de cima abaixo, uma só corrente de Consciência-Força, ou de consciência-energia, ou de consciência-calor, que se reveste de intensidades variáveis conforme o nível. E existe *Agni* fundamental, ou *Agni* material, que é a última fase da energia da consciência antes de sua conversão ou de sua densificação em Matéria. É o lugar da passagem de uma a outra. Relembremos a experiência da Mãe: "Esse é um Movimento que vai além da força ou do poder concentrado nas células para criar uma forma individual".

A ciência moderna também acabou constatando que a Matéria e a Energia eram passíveis de conversão, uma na outra: $E=mc^2$; esta é sua grande descoberta, mas ela não viu que essa Energia é uma consciência, que essa Matéria é uma consciência, e que, portanto, manipulando a consciência pode-se manipular a Energia ou a Matéria. Para transformar a Matéria em Energia, a ciência somente conhece os procedimentos físicos que produzem elevadas temperaturas, mas quando se conhece o *Agni* fundamental, que é a base da Energia ou da Consciência-Força, pode-se, em princípio, manipular a Matéria e chegar a essa mesma transmutação sem reduzir seu próprio corpo ao estado de tocha viva.

A conversa de 1926 coloca-nos, portanto, na presença de dois fatos materiais (e de seu fundamento espiritual) que são da mais alta importância do ponto de vista da transformação, a saber: por um lado, todas as formas terrestres, quaisquer que sejam, são constituídas pelos mesmos componentes e somente a diferença na disposição atômica cria diferentes propriedades (é o revestimento material do fato espiritual da Unidade divina do mundo; o mundo é feito de uma só substância – uma substância divina: "Tu és o homem e a mulher, o menino e a menina", dizia a *Upanishad*, "velho ou cansado Tu caminhas inclinado sobre Teu bastão; Tu és o pássaro azul e esse verde, e aquele outro com olhos escarlates" (*Swetaswatara Upanishad*, IV.3.4), e sem essa unidade substancial não haveria transformação possível, porque, caso contrário, ter-se-ia que mudar cada coisa, a cada vez); e por outro lado, o fato desse fogo solar na Matéria ser o revestimento material de *Agni* fundamental que, como destacava Sri Aurobindo nessa mesma conversa, é o *construtor das formas*. Manejar *Agni* é poder modificar as formas, transformar a Matéria: "Aquele que não está maduro, e cujo corpo não suportou o calor do Fogo, não conhece essa Felicidade (do duplo nascimento)", diz o *Rig-Veda*; "somente podem suportá-lo e dele desfrutar aqueles que foram preparados pela Chama" (*Rig-Veda*, IX.83.1). É essa pulverescência de ouro quente que transmutará sua contraparte material, a pulverescência nuclear em nosso corpo: "o processo sutil será mais poderoso que o processo material, de tal maneira que a ação sutil de *Agni* seja capaz de criar operações que, de outra forma, no estado atual das coisas, exigiriam mudanças físicas, como uma temperatura mais elevada, por exemplo"[27]. Nossos átomos também são um diagrama cômodo do ritual eterno – nada é fixo, nada é inevitável, não existe fim nas combinações possíveis, nem há fim para o Homem novo.

Segunda Fase – O Corpo

Foi em 1926 que se iniciou a segunda fase que se estendeu até 1940. Foi uma fase de trabalho individual sobre o corpo e no subconsciente. Até aqui, temos todos os indícios, todos os fios para chegarmos, nós mesmos, à mudança de consciência supramental e conhecermos o princípio básico da transformação. É *Agni* "que faz o trabalho", diz o *Rig-Veda* (IV.1.14). Mas, na prática, como esse *Agni* vai proceder para modificar a Matéria? Ainda não podemos dizê-lo pois somente conhecemos pequenos vestígios: "se conhecêssemos o processo", diz a Mãe, "isso já estaria feito". Todas as demais realizações foram minuciosamente catalogadas pela tradição indiana com uma riqueza de detalhes extraordinária; todos nós sabemos dos processos para se chegar ao Nirvana, para realizar o Espírito cósmico, para encontrar a Alma, vencer a gravidade, a fome, o frio, o sono, as doenças, sair do corpo e prolongar a vida ao bel-prazer. Qualquer um pode chegar a atingi-lo, pois os caminhos são conhecidos, as etapas estão descritas há milênios pelos sábios ou pelos shastras hindus. É uma questão de disciplina e de paciência – e também de "momento". Ninguém nunca realizou a transformação, pois é um caminho totalmente desconhecido, como se avançássemos por um país que ainda não existe. Talvez seja alguma coisa semelhante ao que aconteceu quando as primeiras formas mentais começaram a emergir no mundo da Matéria e da Vida. Como o organismo semi-animal, que recebia as primeiras vibrações

---

27 *Letters on Yoga*, v. 24, p. 1238.

mentais, podia compreender e descrever esse estranho fenômeno e, sobretudo, como podia dizer o que seria necessário fazer para manejar o pensamento? Para citar novamente a Mãe: "Não sabemos se esta ou aquela experiência faz parte do caminho ou não, nem mesmo sabemos se progredimos ou não, porque se soubéssemos que progredimos, conheceríamos o caminho – não há caminho! Ninguém ali esteve! Não se poderá verdadeiramente dizer o que é a não ser quando isso for feito". Essa é "uma aventura no desconhecido", diz Sri Aurobindo; somos um pouco como um primata diante dessa nova criação. Somente podemos, pois, daqui por diante, indicar algumas linhas gerais de desenvolvimento, ou melhor, de dificuldades, na incerteza de que esse seja verdadeiramente o processo. A experiência está em curso. Quando triunfar uma vez, uma só vez, em um único ser, as próprias condições da transformação mudarão porque o caminho terá sido feito, traçado, e as dificuldades primárias desembaraçadas. No dia em que Platão concebeu Fedra, ele elevou toda a humanidade à possibilidade de Fedra; no dia em que um único ser humano tiver vencido as dificuldades da transformação, ele elevará a humanidade inteira à possibilidade de uma vida luminosa, verdadeira, imortal.

Podemos, em todo caso, ter uma ideia do primeiro problema que desafia o explorador. Quando *Agni* começa a consumir a mente, em nossos momentos de inspiração, sabemos muito bem que ele cria uma tensão considerável, quase um calor físico; quando queima no coração, em nossos momentos íntimos, sabemos que o peito torna-se uma intensa lareira, tão intensa que a cor da pele pode mudar e que até um olho não advertido pode perceber uma espécie de irradiação, quase de incandescência em torno do yogue; quando esse *Agni* queima no vital, em nossos momentos de invocação da força ou da abertura cósmica, é tal qual pulsação cerrada, na altura do umbigo, quase um tremor de febre por todo o corpo, porque é muita a força que entra em um canal minúsculo; mas o que dizer dessa pulverescência de ouro quente, "esse néctar fulgurante nas células do corpo[28]? [...] Isso começa a borbulhar por todas as partes, diz a Mãe em sua linguagem simples, "como uma caldeira prestes a explodir". Os rishis também diziam que se o ser caminha muito depressa, ele se quebra "como um jarro mal cozido". Além disso, se se tratasse simplesmente de criar inteiramente alguma coisa, o problema seria relativamente

---

28 *Savitri*, v. 29, p. 383.

simples, porém é preciso criá-la com aquilo que se tem, é preciso *passar* do estado atual a um outro estado, de uma velha organização a uma nova: há ali um velho coração, velhos pulmões – em que *momento*, observava a Mãe – alguém poderá interromper o coração para lançar a Força em circulação? Essa a passagem difícil. São necessárias inúmeras experiências repetidas, minúsculas experiências infinitamente dosadas para habituar as células a fim de que elas não se afobem na transição. O primeiro problema é, portanto, adaptar o corpo e para isso é preciso anos e anos, talvez séculos. Sri Aurobindo trabalhou durante quarenta anos e a Mãe durante cinquenta para essa adaptação. A necessidade prática, imediata, é, portanto, persistir; é preciso ir mais rápido que a morte. "No fundo", diz a Mãe, "a questão é saber qual dos dois chegará primeiro nessa corrida para a transformação: aquele que quer transformar seu corpo à imagem da Verdade Divina, ou o velho hábito desse corpo de caminhar para a decomposição".

Naturalmente, é preciso que o trabalho seja realizado em uma vida; pode-se, de uma vida a outra, reencontrar os progressos anteriores de nossa alma e de nossa mente, e até de nosso vital, que se traduzirão nessa vida por revelações espontâneas, por faculdades inatas, por um desenvolvimento já adquirido; basta repetir um pouco a lição durante dez ou vinte anos e retoma-se o fio das vidas precedentes. Há, inclusive, uma experiência bastante surpreendente na qual se vê exatamente o ponto onde termina o realizado em vidas passadas e o ponto onde recomeça a nova aprendizagem. Retomamos o fio da meada. Para o corpo, é evidente que o progresso celular, o progresso da consciência física não pode passar a uma vida seguinte; isso é óbvio, tudo se dispersa na fogueira ou na Terra. Caso queiramos que haja continuidade na evolução humana, caso queiramos que o ser supramental apareça em nossa carne, e não em algum novo organismo, desconhecido, que suplantaria nossa humanidade mental, será necessário que *um* ser humano consiga a operação em *uma* vida. Se a operação é alcançada uma vez, ela poderá ser transmitida a outros (falaremos disso mais tarde). Sri Aurobindo dizia que seriam necessários três séculos – e ele tinha uma visão clara – para que um ser supramental completo pudesse surgir, luminoso, ágil etc., como tentamos descrevê-lo. Por conseguinte, é necessário, ao menos, na falta de um ser supramental completo (nem mesmo Platão se revelou em um dia), forjar em nossa carne um ser de transição, um elo entre os tipos humano e super-humano. Isto é, um ser que tenha não somente realizado a consciência supramental, mas cujo corpo carregue, ao mesmo tempo, a imortalidade, se se pode dizer, para resistir durante o período de transição e que tenha poder e flexibilidade suficientes para realizar sua própria transmutação, ou, senão, para engendrar com sua própria energia um ser supramental sem passar pelos meios comuns do nascimento terrestre. Porque a carga da hereditariedade, animal e humana, que pesa em nosso subconsciente e que se transmite, automaticamente, por nossa concepção material é um dos mais difíceis obstáculos à transformação, tão difícil ou mais difícil quanto as efervescências de *Agni*. Essa é a segunda maior dificuldade. Talvez seja, de fato, a verdadeira dificuldade, muito maior que aquelas espetaculares do corpo. Estamos, aqui, na presença de dois problemas fundamentais para o explorador: dar às células do corpo a consciência da imortalidade que já existe em nossa Alma e mesmo em nossa mente, e limpar completamente o subconsciente. O progresso de *Agni* no corpo depende, *ao que parece*, dessas duas condições. O trabalho permanece, pois, sempre um trabalho de consciência.

Antes de tudo, continuidade. Com a experiência percebemos que o problema da imortalidade está sempre ligado ao problema da verdade. Imortal é aquilo que é verdadeiro. Se fôssemos totalmente verdadeiros, seríamos inteiramente imortais. Até agora somente nossa Alma é imortal, porque ela é a verdade do Espírito em nós; é ela que permanece, vida após vida, é ela que cresce, que progride, que se torna cada vez mais consciente. Também a mente, quando está suficientemente organizada em torno da Verdade Central, que pensa a Verdade, que quer a Verdade, é imortal e identificamos muito bem suas antigas formações; há verdades excessivamente familiares e necessidades de verdade inexplicavelmente imperiosas. O mesmo ocorre com o vital que é capaz da imortalidade desde que seja suficientemente integrado à Verdade central e psíquica – emerge-se em uma outra dimensão, familiar como os milênios; mas isso não é nada frequente, nossa força de vida está geralmente muito mais ocupada com todos os diversos passatempos do que com a vontade de edificar uma vida verdadeira. Quanto mais se desce a escala da consciência, mais a mentira torna-se densa, mais a força de vida morre, naturalmente, porque em essência a mentira é corrupta. Se o vital já é toleravelmente obscuro, o corpo é repleto de mentiras. A velhice e as doenças são as mais evidentes de suas mentiras. Como aquilo que é Verdadeiro poderia ser velho, feio, cansado e doente? O Verdadeiro irradia, é belo, luminoso e eterno. Isso é evidente. O Verdadeiro é invencível. A morte e a velhice somente nos atingem pela ausência da verdade.

Devemos admitir que, há muito tempo, existe uma sabedoria na Morte: João da Silva imortal seria um verdadeiro desperdício de imortalidade. A Morte, afinal de contas, é uma guardiã fiel da Verdade. É estranho ver como, em todas as partes, as coisas têm sempre duas faces: se as olharmos de um lado, é necessário lutar, brigar, dizer Não; se as olharmos de outro lado, é preciso agradecer, agradecer muito, dizer Sim, sempre Sim. É preciso dominar as duas facetas. A caça às "mentiras do corpo" – doenças, inconsciência, velhice – somente vem em último lugar, quando a transformação dos níveis superiores, mental e vital, já está feita e o restante do ser vive na Verdade, é estabelecido na Verdade. Seria um grande erro pensar que se pode empreender o yoga supramental antes de se ter percorrido os demais planos – nós sabemos que é preciso caminhar até o mais alto para que possamos tocar o mais baixo.

Se o silêncio é a condição básica da transformação mental, se a paz é a condição básica da transformação vital, a imobilidade é o fundamento da transformação física – não uma imobilidade externa, mas interna, na consciência celular. No silêncio mental e na paz vital, desembaraçamos as inúmeras vibrações do mundo, as influências secretas que nos fazem agir, sentir, pensar: na imobilidade da consciência física, também, começamos a desembaraçar uma estranha proliferação de vibrações e a ver de que grão somos feitos. Se apenas consideramos a vida em seu funcionamento celular, vivemos em um completo caos; é uma corrente turbilhonante de sensações, fortes, agradáveis, dolorosas, agudas, com pontadas para o alto, flechadas para baixo, e, assim que o turbilhão passa, deixa um vazio angustiante que precisa ser preenchido a todo custo com outras sensações e sempre mais sensações. Somente nos sentimos vivos quando nos movemos. A base do trabalho é, pois, a de levar uma completa imobilidade a esse caos – não uma igualdade de alma, contudo uma igualdade de células. Então o verdadeiro trabalho pode começar. Nessa identidade celular, nosso corpo será um vaso transparente onde as menores vibrações haverão de se tornar perceptíveis, e, por conseguinte, apreensíveis e controladas; todas as forças da doença, da desintegração, da mentira, todas as deformações e deformidades subconscientes, com sua fauna minúscula e terrível, haverão de formigar visivelmente nessa claridade, e poderemos fisgá-las. A efervescência de *Agni*, definitivamente, não depende muito de uma impossibilidade de adaptação celular, mas de uma *resistência* de "nossas" obscuridades. Somente essa imobilidade purificadora pode desobstruir o terreno e liberar o Movimento fulminante de *Agni* sem que o corpo se ponha a vibrar em uníssono, sem que enlouqueça e atinja temperaturas imensuráveis.

 Uma vez que essa imobilidade celular esteja relativamente estabelecida, faremos uma primeira descoberta; esbarraremos em um obstáculo maior, que é de maior ajuda para o trabalho de transformação, porque sempre, em todos os níveis, a oposição adapta-se exatamente à força necessária para se dar um passo adiante; esse é o ponto morto e a alavanca, a um só tempo. Nós já havíamos reconhecido, em nossa mente pensante, uma "mente vital" que encontra justificativas maravilhosas para todos os nossos desejos, todos os nossos impulsos, e uma "mente física" que repete e repete, mil vezes, os mesmo incidentes como um estribilho maçante. Mas há uma camada ainda mais profunda, um tufo mental, se ousamos dizer, que Sri Aurobindo chama de *mente celular*. É verdadeiramente uma mente das células, ou de conjunto de células, muito parecida com a mente física por sua inesgotável capacidade de repetir a mesma lengalenga, porém que não se limita nem à região cerebral nem à trituração mecânica de fragmentos do pensamento; existem, no corpo inteiro, *milhares de pequenas vozes* que não se tarda a ouvir, quando as demais camadas mentais se clarificaram; e elas removem, incansavelmente, não mais os resíduos de atividades conscientes, mas todas as nossas impressões sensoriais. Basta que, uma vez, um grupo de células tenha sido tocado por uma impressão, por um medo, por um choque ou por uma doença, para que reproduza indefinidamente seu medo, sua obstinação, sua tendência à desorganização ou à lembrança da doença. É uma mente gregária e absurda que avança, pouco a pouco, e vibra, vibra por toda parte, sem fim; que se prende sempre às mesmas frequências, às mesmas sugestões decomponentes e reage imperturbavelmente aos mesmos estímulos como o cão de Pavlov ao som da campainha. É o medo de viver engrenado na Matéria. Esse é o primeiro esforço consciente da Matéria. E, naturalmente, a pequena fração de iniciativa de que dispõe serve para atrair, com seu temor, todas as desordens e a inconsciência da morte como um repouso. Porém essa mente celular, se refletimos bem, que é de uma potência formidável, formigas sobre um elefante, pode colocar sua absurda mecânica tanto a serviço da verdade como da mentira; se uma única vez, nós a atamos em uma vibração de luz, ela a repetirá com a obstinação de uma mula e, coisa notável, ela a repetirá dia e noite, sem parar[29]. Independentemente daquilo que fazemos mecanicamente – trabalho, discussão, sono – ela repetirá enfadonhamente sua vibração, automaticamente, de maneira totalmente independente. Compreendemos, pois, sua considerável importância para a transformação; ela pode ser um singular fixador de vibração supramental. Eis o que fala Sri Aurobindo sobre essa mente celular:

> Há também uma mente obscura, uma mente do corpo, das próprias células, das moléculas, dos corpúsculos. Haeckel, o materialista alemão, em algum lugar falou de uma vontade existente no átomo, e a ciência recente, na presença das imprevisíveis variações individuais do elétron, está a ponto de perceber que não se trata de uma metáfora, mas da sombra projetada de uma realidade secreta. Essa mente corporal é realmente muito tangível; por sua obscuridade, seu apego obstinado e mecânico aos movimentos do passado, por sua facilidade de esquecer, sua recusa ao novo, essa mente é um dos principais obstáculos à infusão da Força supramental no corpo e à transformação do funcionamento corporal. Por outro lado, uma vez efetivamente convertida, essa mente será um dos mais preciosos instrumentos para estabilizar a Luz e a Força supramentais na Natureza material[30].

Que dizer desse trabalho? Ele é infinitesimal. E a única maneira de realizá-lo é estar plenamente dentro, trabalhando ao nível do corpo, bem embaixo, a cada minuto do dia e da noite, e não por profundas meditações, que apenas tocam o ápice de nosso ser ou por concentração e êxtase extraordinários. Por esse motivo, Sri Aurobindo insistia tanto na necessidade do trabalho externo e de exercícios físicos os mais simples, porque essa é a única forma de se igualar com a matéria e de se introduzir dentro dela um pouco de consciência verdadeira, ou melhor, de permitir que *Agni* emerja livremente. É por isso que ele caminhava diariamente durante horas e trabalhava tantas horas à noite. No meio desse trabalho físico e *graças a ele*, o explorador verá

---

29 Daí a utilidade dos mantras que podem canalizar uma vibração de intensidade determinada em qualquer ponto do corpo, ou em todos os pontos se a mente celular deles se apodera.
30 *Letters on Yoga*, v. 22, p. 340.

emergir as falsas vibrações, os *falsos* hábitos do corpo, como diz a Mãe. E cada vibração falsa deverá ser retificada. Mas essa é ainda uma forma negativa de dizer as coisas. Em verdade, há somente uma única grande Vibração de alegria divina no mundo e em todas as coisas – *a* Vibração – porque Deus é Alegria; assim que a falsidade se introduz, essa *mesma* vibração descolore-se, ela se torna dura e tensa – tudo range. O sofrimento é o mais seguro índice de falsidade. A dor é a Mentira do mundo. Todo o trabalho do explorador não é, portanto, o de lutar contra as vibrações ditas perigosas, porém de proteger a verdadeira vibração, a alegria divina no corpo, porque ela tem o poder de restabelecer a ordem, de descontrair, de harmonizar, de curar todas essas pequenas vibrações sórdidas, corriqueiras, mentirosas, nas quais nossas células vivem habitualmente. Seria fastigioso, tão fastigioso quanto o trabalho em si mesmo, descrever as inúmeras pequenas falsidades do corpo por onde se introduzem o envelhecimento, as doenças e a morte. "Fazer cada coisa de modo verdadeiro", diz a Mãe, e há inúmeras maneiras falsas de se fazer o menor gesto cotidiano. A título de exemplo, destacaremos aqui somente um ponto do trabalho entre muitos outros: nós fazemos tudo em estado de tensão, precipitadamente, de qualquer jeito e inconscientemente; diante das mil e uma solicitações da vida externa, sem falar dos conflitos, nós nos comportamos fisicamente como o paciente na cadeira do dentista; todo o ser permanece encolhido, contraído, por pressa, por medo, por ansiedade, por avidez – é a herança de alguns milhões de anos de animalidade; nossa substância recorda-se de haver lutado para sobreviver, ela está o tempo inteiro enrijecendo-se. Esse enrijecimento é uma das causas da morte e um grande obstáculo ao estabelecimento da verdadeira vibração. Quando nós nos enrijecemos diante de um conflito, reunimos nossa força vital em um ponto, como defesa; bruscamente, uma corrente massiva passa por um orifício minúsculo, que altera o fluxo sanguíneo e causa dor. Se aprendêssemos a ampliar nossa consciência física e a absorver o conflito, em vez de rejeitá-lo, não sofreríamos – todo sofrimento é uma estreiteza de consciência, em todos os níveis. No entanto compreendemos que se, subitamente, depositássemos em nossas células essa pulverescência de ouro quente supramental e se nosso corpo reagisse por meio de seu habitual enrijecimento, tudo explodiria. Isto é, nossa consciência celular, como a consciência mental e vital, deve aprender a ampliar-se e a universalizar-se. É preciso que ali também a consciência cósmica se introduza. No silêncio mental, a consciência mental universaliza-se; na paz vital, a consciência vital universaliza-se; na imobilidade do corpo, a consciência física universaliza-se. Imortalidade, receptividade e ampliação celular são as condições básicas para que a substância possa suportar *Agni* e manter-se.

Mas, de repente, surge uma enorme dificuldade. Como se opera a universalização da consciência física? Pois bem, quando existe somente *um* corpo, todos os corpos lhe assaltam, todas as mentiras do mundo estão ali!... Não existe mais a luta de um homem, porém a luta de todos. E nós nos aproximamos do verdadeiro problema. Com esse esclarecimento físico, o explorador faz outra descoberta, bastante brutal: todos os seus poderes yóguicos desmoronam-se. Ele já havia dominado a doença, o funcionamento do corpo, certamente a gravidade, e era capaz de ingerir veneno sem sofrer suas consequências; enfim, ele era o mestre de sua casa, porque sua consciência era mestra. Subitamente, quando começa a transformar o corpo, todos os poderes evanescem, qual água na areia. As enfermidades caem sobre ele, debutante indefeso, os órgãos deterioram-se, tudo funciona às avessas. Parece que o corpo deve esquecer seu antigo funcionamento enganoso, degradante, para tudo reaprender segundo um novo modelo. E a Morte interfere. Entre os dois funcionamento, o antigo e o novo que deve substituir os órgãos simbólicos pela verdadeira Vibração, às vezes, a linha que separa a vida da morte é muito tênue; será mesmo necessária a capacidade de transpor a linha, depois voltar, para verdadeiramente triunfar? É o que a Mãe chamava de "morrer para a morte", após uma de suas experiências da qual quase não voltou. Traduzindo: é preciso enfrentar tudo e tudo resiste. E nós conhecemos o mesmo fenômeno nos níveis superiores de consciência; a partir do momento em que o explorador se põe a caminho, tudo dá errado; ele que acreditava possuir uma mente solidamente consolidada na Verdade, vê desfilar sugestões e ceticismos os mais hostis; ele que se achava puro e honesto, agrega uma série de horrores vitais capaz de desencorajar os piores malfeitores do mundo, e alguns outros que não são desse mundo. Em outras palavras – Sri Aurobindo já o havia dito – não podemos resolver um problema, qualquer que seja o plano, sem enfrentar todos os opostos da Meta. Do contrário, não seria uma vitória, mas uma opressão. Não se trata, em lugar algum, em plano algum, de eliminar o mal, mas convencê-lo de sua própria luz. O yogue, que pelo seu poder eliminava as enfermidades, não havia resolvido o problema: ele somente havia amordaçado as forças da doença. Ora, compreendemos bem que não pode haver transformação se as forças estão simplesmente amordaçadas, permanecendo a rondar pelos cantos aguardando sua vez. E como nada pode separar-se do universo, é preciso que elas se convertam. Mas como convertê-las? A morte, as doenças estão por todas as partes, estão no subconsciente do corpo, de todos os corpos do mundo. O yogue que havia superado as doenças, que havia desafiado a morte (não por muito tempo, e é justo) ele as havia vencido somente para si mesmo, e por isso não podia vencê-las verdadeiramente! Oh! Sabedoria da Lei. Ele havia criado sua carapaça protetora, havia se fechado dentro dela como um pintainho de luz e o resto em volta fervilhava como de costume. Contudo, se a carapaça se abre, tudo entra! Há somente um corpo! Ramakrishna flagelado pelo chicote que brutalizava um boi ao seu lado, ou a Mãe lutando contra uma hemorragia que afligia um discípulo a centenas de quilômetros dali, sem que ela nada soubesse, colocam-nos diante da totalidade do problema. "O corpo está em toda a parte!" Exclamava a Mãe. E é preciso torná-lo vitorioso em todos os lugares, em todos os corpos e na Terra inteira. Nada se pode transformar se não se transforma tudo. Do contrário, encontramo-nos sós em nossa prisão de luz. E para que serve isso? De que adianta um só homem transformado se os demais continuam morrendo? O corpo do pioneiro da transformação é, portanto, um campo de batalha, e é a batalha do mundo inteiro que nesse corpo se desenrola; nessa batalha tudo se encontra, tudo resiste. Há um *ponto* central bem embaixo, um nó de vida e de morte, onde se encena o destino do mundo. Tudo é reunido em um *ponto*.

> Escavei por muito tempo, profundamente,
> Na lama e no lodo
> Um leito para a canção de um rio de ouro,
> Uma morada para um fogo que não morre...
> Minhas chagas são mil e uma[31]

E ele deve enfrentar todas as dificuldades, inclusive a da Morte, não para destruí-las, mas para transformá-las. Nada podemos transformar sem que aceitemos nossa responsabilidade.

---

31 *Collected Poems*, v. 5, p. 99-100.

"Tu sustentarás todas as coisas para que todas as coisas possam mudar"[32], diz *Savitri*; e por isso Sri Aurobindo abandonou seu corpo no dia 5 de dezembro de 1950, oficialmente devido a uma crise de uremia, ele que podia curar o outro em alguns segundos. Morrer na cruz é certamente comovente, mas a crucificação, sobretudo quando a adoramos, faz apenas perpetuar a lei da morte. "Não é um corpo crucificado que salvará o mundo", diz a Mãe, "mas um corpo glorificado".

Não, esse não é um trabalho grandioso, é antes um "trabalho microscópico", e é no Lodo do mundo que é necessário penetrar.

Segunda Fase – O Subconsciente

Há, portanto, outra categoria de dificuldades (a mesma sob outro aspecto), que não depende da resistência da matéria individual, corporal, mas da resistência subconsciente da Terra inteira. Foi nesse momento que Sri Aurobindo encontrou a Morte. Foi nesse momento que a Mãe continuou seu trabalho. Caso queiramos situar o lugar em que se desenrola todo o trabalho – nosso trabalho – e seguir seu processo, é preciso buscar a origem do próprio processo evolutivo. A emergência de um novo grau na evolução, seja o da Vida na Matéria ou da Mente na Vida, realiza-se sempre sob duplo impulso: um impulso de dentro ou um impulso do nível inferior, do princípio involuído que procura emergir, e um impulso de "fora" ou "do alto", do mesmo princípio tal como já existe em seu próprio plano. A conjunção desses dois impulsos, por exemplo, da mente involuída em algumas formas vivas e da Mente tal como foi formada em seu próprio plano no decurso da evolução descendente ou devolução, acaba um dia provocando uma dilaceração dos limites vitais e, precipitadamente, a emergência mental na Vida. Tudo é involuído, tudo já existe na Matéria, porém a involução somente se desfaz pela pressão do Alto que responde ao apelo de baixo e rompe o selo, como o sol rompe o invólucro da semente. Atualmente, a supramente involuída na Matéria pressiona de dentro, sob forma de tensão espiritual, de aspiração terrestre à Imortalidade, à Verdade, à Beleza etc., e, ao mesmo tempo, pressiona do

---

32 *Savitri*, v. 29, p. 700.

alto, de seu próprio plano eterno, sob forma de intuição, de revelação, de iluminação. É o que a Escritura exprime, à sua maneira, quando liga inseparavelmente o aparecimento da "Nova Terra" e o aparecimento de "novos céus" ("novos Céus e uma nova Terra onde residirá a Verdade"), porque sem esses novos céus, ou melhor, sem esse novo nível de consciência, supramental, não se dará a emergência de uma nova Terra. A nova Terra será produto dos novos "Céus" da consciência supramental, assim como a Terra atual é produto do antigo "céu" mental ou supermental dos deuses e das religiões. E, assim, todos os níveis da evolução, o alto e o baixo, unem-se. Porém, a emergência do novo "alto", ou do novo nível de consciência, em um estágio qualquer da evolução, não é uma magia súbita que muda as etapas anteriores. Entre o aparecimento dos primeiros protozoários sob o céu da Vida e o dos mamíferos, sabemos quantos milhões de anos foram necessários para superar a inércia material e "vitalizar" a Matéria.

Da mesma forma, entre o aparecimento do homem de Neanderthal e o de Platão, foram necessários milhares de anos para superar a resistência dos dois níveis precedentes e "mentalizar" a Vida, e chegar ao homem mental completo. Ainda hoje, quantos são os homens que vivem verdadeiramente sob o signo mental e não sob o signo das paixões da Vida? Todo o trabalho do pioneiro da evolução, em qualquer nível, consiste precisamente em unir o novo alto ao antigo baixo; quando o alto se reencontra com o baixo, termina um ciclo evolutivo. Do mesmo modo, quando o pioneiro da evolução mental emerge de súbito na Supramente, sua descoberta não é uma magia repentina que inverte a lei obsoleta; ele não se lança, de uma só vez, ao homem supramental completo, assim como o homem de Neanderthal não se lançou de uma só vez a Platão; ele deve "supramentalizar" todos os níveis precedentes. Certamente, o Ápice Supremo e o Profundo Supremo reencontram-se em sua consciência, o Espírito e a Matéria, o Positivo e o Negativo, e seus poderes são acrescidos naturalmente, de forma considerável, mas, finalmente, somente em proporção às novas resistências com as quais se defrontará. Quanto mais a evolução progride, mais ela atinge camadas profundas: o princípio da Vida colonizava apenas a crosta material do mundo; o princípio Mental coloniza, mais ou menos, seu passado imediato, o subconsciente mental e os desregramentos antigos da Vida; e o princípio Supramental afronta não somente o subconsciente mental e vital, como também um passado ainda mais longínquo, o subconsciente físico e o Inconsciente – quanto mais um ser se eleva, mais é puxado para baixo. A evolução não caminha cada vez mais para o alto, cada vez mais para o céu, mas caminha sempre para o mais profundo, e cada ciclo ou cada círculo evolutivo fecha-se um pouco mais abaixo, um pouco mais perto do Centro, onde se reunirão finalmente o Alto e o Baixo Supremos, o Céu e a Terra. O pioneiro deve, pois, limpar o terreno intermediário – mental, vital e material – a fim de que os dois pólos se reencontrem efetivamente. Quando a junção for realizada, não somente mental e vital, mas materialmente, o Espírito emergirá na Matéria, em um ser supramental completo e em um corpo supramental. "E a Terra tornar-se-á morada manifesta do Espírito"[33].

Essa limpeza do terreno intermediário contém toda a história de Sri Aurobindo e da Mãe. As dificuldades de adaptação do corpo em *Agni supramental* são, por fim, certamente, dificuldades esperadas e necessárias. Talvez não seja verdadeiramente uma dificuldade material, porém uma dificuldade estratégica, se assim podemos dizer. Sri Aurobindo e a Mãe, de fato, iriam perceber, no decurso dessa segunda fase, que a transformação não é apenas um problema individual, mas terrestre, e que não há transformação individual possível (ao menos completa), sem um mínimo de transformação coletiva. No dia em que as condições da evolução coletiva estiverem suficientemente avançadas, é provável que as dificuldades materiais atuais da transformação, que parecem insuperáveis, desmoronem, de um só golpe, como um castelo de areia. Não há impossibilidades; há somente momentos que acontecem ou não acontecem. Todos os obstáculos, sejam de que ordem for, revelam-se sempre, com a experiência, auxiliares preciosos de uma Verdade da qual não adivinhamos ainda nem o sentido nem as intenções. Com nossa visão exterior superficial, acreditamos que a transformação seja exclusivamente um problema de ordem material, porque sempre colocamos o carro adiante dos bois, no entanto, em verdade, todas as dificuldades são internas e psicológicas; constataremos que as grandes dificuldades de adaptação do corpo a esse *Agni* ardente, sem dúvida, não são tanto as dificuldades práticas, materiais, mas uma dificuldade de toda a consciência terrestre. Porém, falamos por enigmas; esclareceremos melhor o problema com o qual Sri Aurobindo e a Mãe iriam, em breve, esbarrar, citando essa simples observação de Sri Aurobindo a um discípulo: "eu drenei,

---

33 Idem, p. 707.

drenei, drenei a lama subconsciente... a luz supramental começava a descer antes de novembro [1934], em seguida a lama levantou-se e tudo se deteve"[34]. Uma vez mais, Sri Aurobindo verificou, e dessa vez não mais individualmente, mas coletivamente, que quando absorvemos uma luz um pouco intensa, toda a obscuridade debaixo geme, violentada. É curioso notar que cada vez que Sri Aurobindo e a Mãe tinham alguma nova experiência que marcava um progresso na transformação, este se traduzia, automaticamente, na consciência dos discípulos, sem que eles mesmos nada soubessem, por períodos de dificuldades crescentes, às vezes, até mesmo por revoltas ou doenças, como se tudo se pusesse a ranger. Começamos então a compreender o mecanismo.

Se, bruscamente, submetêssemos um pigmeu à simples luz mental de um homem culto, assistiríamos, provavelmente, a revoluções subterrâneas que traumatizariam o pobre pigmeu e o deixariam louco. Ainda há bastante floresta virgem abaixo. O mundo ainda se encontra repleto de florestas virgens; eis toda a questão em duas palavras; nossa colonização mental é uma crosta minúscula sobre um quaternário ainda rude.

Os rishis védicos, falando das forças ou dos seres subconscientes, diziam: "os-que-cobrem", "os-que-devoram", "os ladrões do sol"; não haveria expressão melhor; estes são terríveis ladrões; basta fazermos um progresso, ou atrairmos uma nova luz, uma vibração um pouco mais intensa, para que sejamos, de repente, inebriados, puxados para baixo sob o peso sufocante de uma campânula onde tudo se desagrega em uma assustadora umidade; a vibração tão harmoniosa da véspera, tão clara, tão luminosa, tão dócil, é repentinamente coberta por uma espessura pegajosa, como se fosse necessário atravessar quilômetros de sargaços para encontrar uma ponta de luz; tudo o que vemos, que tocamos, que fazemos está como que apodrecido, decomposto por essa invasão. Nada mais tem sentido. E, no entanto, exteriormente, as condições são as mesmas, nada mudou. "Essa é uma espécie de luta nodosa", diz Sri Aurobindo, "na qual nenhuma das partes faz avanços consideráveis (um pouco como na guerra das trincheiras na Europa), a força espiritual insiste contra a resistência do mundo físico e essa resistência disputa cada polegada do terreno realizando contra-ataques mais ou menos efetivos... Se

---

34 *Sri Aurobindo Came to Me*, p. 73.

não existisse dentro a Força e a Ananda, esse trabalho seria cansativo e enfadonho"[35]. E a batalha parece interminável; "escavamos e escavamos", diziam os rishis, e quanto mais se cava, mais o fundo parece recuar: "Eu cavei, cavei... sofri muitos outonos, noite e dia, as auroras envelhecem-me, a idade diminui a glória de nossos corpos", assim se queixava Lopamudra, há milênios, esposa do rishi Agastya, que também buscava a transformação: "Nem mesmo os homens de outrora que realizaram a experiência da Verdade e que falavam aos deuses... alcançaram a meta". Mas Agastya não se desanima e sua resposta é magnificamente típica desses conquistadores que eram os rishis: "O labor que os deuses protegem não é em vão. Vamos, experimentemos todas as forças controversas, conquistemos aqui mesmo, verdadeiramente, travemos essa marcha e essa batalha de cem cabeças" (I.179). E, realmente, é como uma hidra. Noite após noite, em seu sono ou com os olhos bem abertos, o explorador descobre mundos estranhos. Ele desenterra, um a um, os lugares onde nascem todas as perversões humanas, as guerras humanas, os campos de concentração humanos; é lá onde se prepara o aqui. Em sua prisão o explorador esbarra com todas as forças sórdidas que animam o homem pequeno e cruel: "Descobridor solitário em reinos ameaçadores, protegidos do sol como cidades termiteiras"[36].

E quanto mais irradiamos luz, mais descobrimos a obscuridade; em seu rastro, noite após noite, revela-se a putrefação sorrateira que mina a Vida. Como podemos transformar o que quer que seja enquanto essa necrose permanecer ali? E como nossa mente ou nosso vital já se encontram bem estabelecidos na verdade, esclarecidos o suficiente para que essas forças subterrâneas possam atacá-los, é o corpo que sofre, porque ele é o último refúgio da Mentira. Identificamos, então, muito bem, por meio de quais cumplicidades as enfermidades ou a morte entram no corpo – cada derrota ali é uma derrota aqui – e compreendemos de forma tangível, concretamente, em detalhes, a enorme vaidade daqueles que acreditam curar o mundo por meios externos e com novas instituições: basta o mal ser curado aqui, exterminado ali, para que ressuscite em outro lugar, em outros cantos, sob outras formas. O mal não está fora, está dentro, embaixo e enquanto não se cura esta Enfermidade, o mundo não pode ser

---

[35] *On Himself*, v. 26, p. 425.
[36] *Savitri*, v. 28, p. 216.

curado. Dizia muito bem Sri Aurobindo: "Os velhos deuses sabem transmigrar"[37].

E bem no fundo, além da desordem, do medo, do grande Medo que preside no fundo, encontra-se uma imensa Lassidão, alguma coisa que não quer, que diz NÃO a toda essa dor de viver, a essa violação da Luz. Sentimos que se descêssemos ali, ao final desse NÃO, escorregaríamos em um grande repouso de pedra, como o êxtase do alto era um grande repouso de luz. A Morte não é o oposto da Vida! É o reverso, ou a porta do Supraconsciente luminoso. No mais extremo do NÃO, existe o SIM, e ainda o Sim que nos impele e nos impele, de corpo em corpo, para a alegria. A Morte é somente a nostalgia desse Sim. A grande Lassidão bem no fundo, simulacro dessa Beatitude. A Morte não é o oposto da Vida! É o repouso obscuro do corpo que ainda não encontrou o repouso luminoso da alegria eterna. Quando o corpo encontrar esse êxtase, essa imensidão de luz e de alegria no fundo de sua carne, da mesma forma que nas alturas, ele não terá mais necessidade de morrer.

Onde está em tudo isso o "Eu"? Onde está "minha" dificuldade, "minha" morte, "minha" transformação? O explorador rompeu a minúscula crosta do subconsciente pessoal e lança-se por todas as partes do mundo; é o mundo inteiro que resiste: "não somos nós que decretamos guerra, mas é o tudo que nos decreta guerra!" Acreditamos que somos separados, cada um em seu pequeno saco de pele bem ordenado, com um "dentro" e um "fora", um indivíduo e uma coletividade, como as frágeis fronteiras de nossos países, mas tudo se comunica! Não há no mundo uma só perversão, uma só vergonha, que não tenha em nós alguma raiz, nem uma só morte da qual não sejamos cúmplices; somos todos culpados e estamos todos comprometidos, e ninguém pode salvar-se se todos não são salvos! Não é a dificuldade de *um* corpo, mas a dificuldade *do* Corpo, diz a Mãe e ela nem mesmo o coloca em letra maiúscula. Sri Aurobindo e a Mãe descobriam, assim, materialmente, experimentalmente, a unidade substancial do mundo: não se pode tocar um ponto sem se tocar todos os pontos, não se pode dar um passo adiante ou para o alto sem que o resto do mundo também dê um passo adiante ou para o alto. Há pouco falávamos de uma dificuldade "estratégica"; é bem provável que a estratégia divina não queira que um só ponto progrida sem os

---

37 *The Ideal of Human Unity*, v. 15, p. 320.

demais pontos. E, por isso, há seis mil anos os rishis védicos fracassaram. Não há transformação individual possível, completa e durável, sem um mínimo de transformação do mundo.

Assim termina a segunda fase do trabalho de transformação. Após ter trabalhado durante catorze anos, de 1926 a 1940, de forma individual concentrada, com um grupo pequeno de discípulos selecionados, Sri Aurobindo e a Mãe haviam chegado diante de uma barreira. Assim que a Luz Supramental aproximava-se da Terra para fazer a junção com a mesma luz involuída, torrentes de lama saíam do subconsciente coletivo e tudo se ocultava. "Para ajudar a humanidade", dizia Sri Aurobindo, "não basta que um indivíduo, por maior que seja, chegue, individualmente, à solução, porque, mesmo que a Luz esteja pronta para descer, ela não pode permanecer enquanto o plano inferior não estiver também preparado para suportar a pressão da Descida"[38]. É significativo (talvez mais do que possamos acreditar) que o ponto culminante da segunda fase do trabalho de transformação tenha coincidido com o início da Segunda Guerra Mundial. Quando a pressão da Luz desce em um só corpo entre os homens, o corpo do mundo também se enrubesce. Que sabemos nós, verdadeiramente, do bem do mundo, ou de seu mal?

Diante da resistência coletiva, Sri Aurobindo e a Mãe hesitaram por um momento; eles se perguntavam se não poderiam separar-se do resto do mundo para que sozinhos progredissem, na vanguarda, com alguns discípulos, realizando a transformação e depois retornando ao trabalho coletivo a fim de que a transformação, neles mesmos concluída, ou parcialmente concluída, se alastrasse sobre o resto da Terra (foi essa ideia que impulsionou tantos grupos espirituais, ocultos, cavalheirescos e outros a eleger um local secreto e afastado do mundo, a fim de que realizassem seu trabalho ao abrigo da corrupção da vibração coletiva); contudo, eles perceberam que isso era uma ilusão e que o abismo, ou, como diz Sri Aurobindo, o "precipício atmosférico"[39] seria imenso entre a nova realização e o velho mundo para jamais poder ser preenchido. E de que serve um sucesso individual se ele não é transmissível ao resto do mundo? Seremos como o rei de Andersen do qual falávamos há pouco. Se um ser supramental aparecesse bruscamente na Terra, ninguém o veria! Em primeiro lugar é preciso que nossos olhos se abram

---

38 *Sri Aurobindo Came to Me*, p. 251.
39 *The Synthesis of Yoga*, v. 20, p. 348.

para um outro modo de vida. "Se avançardes no caminho que está pronto", diz a Mãe,

> (pois existem caminhos assim como existem seres, alguns estão prontos) sem que tenhais paciência de esperar o resto da criação, isto é, se realizardes alguma coisa que esteja muito próxima da Verdade em relação ao estado atual do mundo, o que ocorrerá? Um desmembramento de um certo grupo e uma ruptura, não somente da harmonia mas do equilíbrio, porque uma grande parte da criação não poderá seguir. E, em vez de uma realização total do Divino, teremos uma pequena realização local, infinitesimal, e nada será feito daquilo que deve finalmente ser feito. Além disso, [sublinha a Mãe], se queremos realizar o trabalho de forma solitária, é absolutamente impossível fazê-lo de forma total, porque todo ser físico, por mais completo que seja, mesmo sendo de qualidade inteiramente superior, mesmo que tenha sido criado para uma obra inteiramente especial, é sempre parcial e limitado. Ele representa somente uma verdade, uma lei no mundo – e pode ser uma lei muito complexa, mas é apenas uma lei – e a totalidade da transformação não pode se dar somente através dele, e através de um só corpo... Pode-se alcançar, sozinho, sua própria perfeição; pode-se vir a ser, em sua consciência, infinito e perfeito. A realização interna não tem limites. Mas a realização externa, ao contrário, é necessariamente limitada, de tal modo que se se quer ter uma ação generalizada, é preciso ao menos um número mínimo de pessoas físicas.

Em 1940, após catorze anos de concentração individual, Sri Aurobindo e a Mãe abriam bem as portas de seu Ashram. Assim inicia-se a terceira fase da transformação, que ainda continua, uma fase de expansão e de trabalho terrestre.

Terceira Fase – O Ashram[40]

Um "Ashram", na Índia, é uma comunidade espiritual ou religiosa, cujos membros, reunidos em torno de um Mestre, renunciaram ao mundo para se consagrarem à meditação, à concentração e aos exercícios yóguicos para alcançarem a "libertação". Presume-se que o Ashram de Sri Aurobindo nada tem a ver com essa definição, a não ser pelo fato de que os discípulos reúnem-se em volta de Sri Aurobindo e da Mãe. Esse não é uma espécie de convento exótico, menos ainda local de refúgio e de paz; é antes de tudo uma forja: "não é para renunciar ao mundo que esse Ashram foi criado, mas como um centro ou um terreno de experiência para a evolução de uma nova forma de vida"[41]. Antes de seu encarceramento em Bengala, em uma época em que nem ele mesmo sonhava em fundar um Ashram, Sri Aurobindo já dizia: "é dentro do homem que se vive a vida comum dos homens e é pela força do yoga que a vida espiritual encontra sua expressão mais poderosa... É pela união da vida interior e da vida exterior que a humanidade finalmente será elevada e que se tornará poderosa e divina"[42]. Seu Ashram é, portanto, mesclado com a vida comum, bem no meio da massa coletiva, posto que é ali que deve realizar-se a transformação, e não em algum cume do Himalaia. Fora do edifício principal onde vive a Mãe, e onde se encontra o túmulo de Sri Aurobindo, mais ou menos 1.200 discípulos, de todas as nacionalidades e de todas as camadas sociais, mulheres e homens, entre os quais quatrocentas ou quinhentas crianças, estão espalhados pela cidade de Pondicherry, em mais de trezentas casas diferentes. Não há muros protetores, salvo a luz interior; esbarramos de frente com um bazar.

O ocidental que chega ao Ashram com a ideia de encontrar paz e aprender "yoga", fica, pois, decepcionado. Em primeiro lugar porque não se procura ensinar-lhe o que quer que seja (de preferência,

---

[40] A seção a seguir tem apenas valor histórico, infelizmente. Hoje, após a partida de Mãe, em 1973, o "Ashram de Sri Aurobindo" é somente uma instituição próspera, sem relação com a experiência evolutiva de Sri Aurobindo e de Mãe. O leitor que deseja saber mais sobre o trabalho de Mãe, após a partida de Sri Aurobindo em 1950, bem como sobre os acontecimentos que envolveram a partida de Mãe em 1973, deverá reportar-se à Agenda da Mãe (1951-1973, 13 v.), assim como à trilogia de Satprem sobre Mãe: 1. O Materialismo Divino; 2. A Nova Espécie; 3. A Mutação da Morte (N. do A., de 1984).
[41] *Letters on Yoga*, v. 23, p. 847.
[42] "*Karmayoga*", v. 3, p. 343.

desaprender seria melhor); não há "classes", nem ensino, exceto as obras de Sri Aurobindo e as *Conversas* da Mãe, que estão à disposição de todos (assim como os outros ensinamentos, tradicionais ou não). Também não há regras. O discípulo deve descobrir tudo por si mesmo, em si mesmo, no meio de uma vida externa extraordinariamente ativa. Ele está entregue a si mesmo. Além do mais, como se poderia estabelecer regras para uma obra que abrange todos os níveis da evolução, mental, vital, psíquica, todos os tipos humanos, todas as tradições? (Alguns discípulos foram educados no cristianismo, uns no taoísmo, outros no islamismo, parte no budismo, e alguns ainda no ateísmo); cada um deve descobrir sua verdade, que não é a do próximo. Outros acreditam na virtude do ascetismo, a despeito de tudo aquilo que Sri Aurobindo pôde dizer, e vivem retirados, como os ascetas; outros preferem o judô ou o futebol; outros acreditam nos livros e há aqueles que neles não mais acreditam; outros executam tarefas, fabricam aço inoxidável, perfumes ou algumas toneladas de açúcar em uma nova refinaria. Há de tudo para todo o gosto. Aquele que gosta da pintura, pinta; aquele que gosta da música tem à mão todos os instrumentos possíveis, indianos ou ocidentais; aquele que gosta do ensino é professor no Centro Internacional de Educação e especula toda a gama, do jardim de infância até o nível universitário. Há também uma tipografia, laboratórios, campos, arrozais, oficinas mecânicas para os carros particulares, tratores e caminhões, sala de raio x e uma sala cirúrgica; todas as profissões possíveis estão ali representadas. É um microcosmo. Pode-se também ser padeiro ou mesmo lavar a louça, fazer marcenaria, se se acredita na virtude dos trabalhos simples. Aliás, não há nenhuma diferença entre essas atividades; nenhuma é remunerada, nenhuma é superior à outra. Todas as necessidades da vida são providas pela Mãe, cada qual conforme sua necessidade; há somente um trabalho verdadeiro: descobrir a verdade de seu ser, para o qual, o outro, o trabalho físico, é apenas um meio. Aliás, o estranho é que se assiste com frequência à troca de atividade à medida que a consciência desperta; todos os valores que presidiam as antigas profissões rapidamente desmoronam-se e, já que o dinheiro nada mais significa, aquele que se acreditava médico descobre-se melhor na pele de um artesão, e o homem médio revela-se, repentinamente, pintor ou poeta, ou absorve-se no estudo do sânscrito ou da medicina aiurvédica. É uma transformação completa dos valores externos seguindo um único critério interior.

Um discípulo tendo perguntado à Mãe, um dia, qual era a melhor maneira de colaborar com a transformação supramental, ela assim lhe respondeu:

> é sempre a mesma coisa: realizar seu próprio ser, de qualquer modo, por qualquer caminho – isso não tem nenhuma importância – mas esse é o único meio. Cada indivíduo traz consigo uma verdade, e é a essa verdade que ele deve se unir, é essa verdade que ele deve viver; e assim, o caminho que ele seguir para entrar em contato com essa Verdade e realizá-La, é também o caminho que o levará o mais próximo possível da Transformação. Quer dizer que os dois estão absolutamente unidos: a realização pessoal e a transformação. Quem sabe, talvez, seja mesmo essa multiplicidade de abordagens que fornecerá o Segredo e que abrirá a porta?

Também não há vida comunitária no Ashram, exceto uma união interna. Alguns discípulos conservaram o hábito de outrora, do tempo em que a Mãe conversava com as crianças do Ashram, e continuam reunindo-se duas vezes por semana para uma meditação coletiva; mas sempre se encontravam nos esportes (há pelo menos um refeitório, mas a maioria preferia fazer suas refeições em casa, em família ou sozinhos). Há todos os tipos de esporte, desde o Hathayoga tradicional até o tênis e o boxe; e não há um só discípulo que não consagre ao esporte uma ou duas horas por dia. O mar está ao lado, porém há uma piscina olímpica; há quadras de basquete e de voleibol, uma pista de atletismo, um ginásio, um ringue, uma sala de judô etc. Todos os exercícios físicos possíveis são ali praticados, dos cinco aos oitenta anos. Há também um teatro e um cinema. No entanto, nem mesmo o esporte é um artigo de fé; nada é artigo de fé, exceto, naturalmente, a fé na possibilidade divina do homem e em uma vida mais verdadeira na Terra. "Todos vós aqui, meus filhos", dizia a Mãe aos mais jovens, "viveis em uma liberdade excepcional... Não há obrigações sociais, não há obrigações nem morais nem intelectuais, nada de princípios; há somente a Luz aqui presente". No entanto essa é uma Luz muito exigente, e é aqui que começa o trabalho terrestre.

Como se pode falar do trabalho "terrestre" com 1.200 ou cem mil discípulos? Digamos logo que o Ashram é somente um ponto de concentração do trabalho. Em realidade, o Ashram encontra-se em todas as partes do mundo onde há homens que creem em uma vida mais verdadeira, conheçam ou não Sri Aurobindo, porque sua orientação interior ou sua vontade interior representa um tipo de concentração ou de necessidade que automaticamente os coloca no cadinho. A transformação não é prerrogativa de alguns, ao contrário, é preciso que nela se engajem muitas pessoas, as mais diversas. O Ashram é, pois, um centro *simbólico*, como um laboratório é terreno simbólico de uma vacina que em seguida agirá em milhões de homens: "o laboratório", dizia sempre Sri Aurobindo. Compreenderemos melhor se dissermos que cada indivíduo representa um certo conjunto de vibrações e que cada um tem acesso a uma zona específica do Subconsciente. Esses mundos, aparentemente de extraordinária diversidade, são, em realidade, cada um deles, constituídos de algumas vibrações típicas; a variedade de formas (ou melhor, de deformações), de seres, de lugares, de acontecimentos, em uma determinada zona, somente recobre uma vibração idêntica. Assim que nos tornarmos um pouco conscientes e que começarmos a descer ao subconsciente para trabalhar sem nos embrutecermos, perceberemos com admiração, quase com divertimento, que as pessoas físicas que conhecemos têm aparência muito diferente de quando as encontramos no plano mental ou no plano vital; estão quase que fundidas e invertidas no Subconsciente! Nós nos perguntamos realmente se se trata de fulano ou de beltrano. Há, não obstante, *tipos* de pessoas exteriormente separadas por religiões diferentes, culturas diferentes, níveis sociais diferentes e até por níveis morais diferentes, e que são semelhantes no Subconsciente, "como se as víssemos umas através das outras", diz a Mãe; é um tipo de superposição curiosa. E identificamos apenas dois ou três indivíduos um através do outro, porque nossa visão é limitada a um círculo restrito, mas se tivéssemos a visão total, veríamos que por detrás deles há milhares e milhares. E estão aglutinados em zonas bem determinadas. Há seres que nunca encontramos juntos no Subconsciente e que, no entanto, estão muito próximos na vida externa e vice-versa. Surge então claramente o mecanismo do trabalho terrestre: "cada um", diz a Mãe, "é um instrumento para controlar um certo conjunto de vibrações que representa seu campo de trabalho particular; cada um, com suas qualidades e seus defeitos", tem acesso a uma zona da consciência terrestre, que representa sua parte na transformação coletiva. E podemos compreender porque a transformação não pode realizar-se através de um só indivíduo, pois, por mais grandioso que seja, por mais ampla que seja sua organização interior e sua colonização mental, vital e subconsciente, ele representa somente *um* conjunto de vibrações. Ele pode, quando muito, transformar o tipo de vibração que representa, mas que ainda não é certo, porque, afinal, tudo está interligado. Compreendemos também que a transformação não pode realizar-se com pequenos santos. Não é com santidade que se produz a vacina, porém com a parte da enfermidade humana que temos coragem de assumir. Em ambos os casos a doença está presente, contudo, em um caso fechamos os olhos e entramos em êxtase, em outro arregaçamos as mangas e avaliamos a excitação cultural. À queixa de um antigo discípulo da mistura do Ashram e dos indivíduos "impossíveis" que ali se encontravam, retrucou Sri Aurobindo:

> é necessário, ou melhor inevitável, que no Ashram, que é um laboratório do yoga supramental, esteja a humanidade diversamente representada. O problema da transformação deve forçosamente abranger todos os tipos de elementos, favoráveis ou desfavoráveis. Em realidade, o próprio homem é uma mistura dos dois elementos. Se existissem somente pessoas virtuosas e cultas para a realização do yoga, homens que, em si, não têm grandes dificuldades vitais, seria bem possível que o empreendimento fracassasse, porque a dificuldade do elemento vital na natureza terrestre não teria sido afrontada e superada[43].

Um outro discípulo, sofrendo, talvez, de remorso, havia escrito a Sri Aurobindo: "Que detestáveis discípulos nós somos! Vós deveríeis escolher ou convocar uma melhor substância humana, talvez alguém como Z..."? E Sri Aurobindo lhe respondeu:

> Quanto aos discípulos, estou de acordo! Sim, mas uma melhor substância, supondo que ela exista, seria típica da humanidade? Manipular alguns tipos excepcionais não resolveria em nada o problema. E eles consentiriam em seguir meu caminho? Essa é uma outra questão. E se nós os colocássemos à prova, será que neles não se revelaria, de súbito, a humanidade mais ordinária? Essa é ainda uma outra questão[44] [...] Não necessito de centenas de milhares de discípulos. Já seria o

[43] *Letters on Yoga*, v. 23, p. 856.
[44] *Correspondence with Sri Aurobindo*, v. I, p. 285.

suficiente poder encontrar cem homens completos, despojados do pequeno egoísmo, que serão os instrumentos de Deus[45].

Praticamente, o trabalho realiza-se através de cada uma de nossas dificuldades psicológicas, simbólicas da mesma dificuldade através do mundo. Se tocarmos uma certa vibração em um indivíduo, a mesma vibração é tocada no mundo inteiro. "Cada um de vós, diz a Mãe, "representais uma das dificuldades que deve ser vencida para a transformação e isso representa muita dificuldade! Até mesmo mais de uma dificuldade. Creio ter-vos dito, outrora, que cada um de vós representa uma impossibilidade a ser resolvida; e quando todas essas impossibilidades forem resolvidas, a Obra será consumada". Cada indivíduo, bem o sabemos, tem uma sombra que o persegue e parece contradizer a finalidade de sua vida. É essa vibração particular que ele deve transformar, ela é seu campo de trabalho, seu ponto impossível. É, ao mesmo tempo, o desafio e a vitória de sua vida. Essa é sua parte de progresso na evolução coletiva da Terra. Um fenômeno particular ocorre em nosso laboratório: na vida comum ou no yoga individual, essa sombra é mais ou menos latente, mais ou menos incômoda e acaba se dissolvendo, ou melhor, se enterrando em esquecimento; mas assim que nos colocamos em um yoga terrestre, percebemos que essa sombra não desaparece absolutamente; ela brota e sobressai com virulência infatigável, como se a batalha nunca pudesse ser ganha, como se, em verdade, empreendêssemos a luta nesse ponto vibratório específico para a Terra inteira; poderia dar-nos a impressão de que o explorador tivesse se transformado em um campo de luta, especial, sutil, simbólico da mesma batalha, mais ou menos disfarçada, sobre o mesmo ponto sombrio, nos demais indivíduos humanos. *Vós não fazeis mais vosso yoga somente para vós, vós o fazeis, sem o querer, automaticamente, para todo o mundo.* E o explorador verifica *in loco* o princípio da unidade substancial do mundo: se em nós mesmos nos ocupamos em corrigir uma única vibração, são miríades de pequenas vibrações gêmeas que resistem através do mundo. Isso é o que Sri Aurobindo chama de "um yoga para a consciência terrestre"[46].

Porque aceita a vida, o explorador do yoga integral deve sustentar não somente seu próprio fardo, mas, ao mesmo tempo,

---

45 *Life of Sri Aurobindo*, p. 211.
46 *On Himself*, v. 26, p. 109.

uma grande parte do fardo do mundo, que vem ampliar sua carga já suficientemente pesada. Além disso, seu yoga, bem mais que os outros, assemelha-se a uma batalha; e não é somente uma batalha individual, é uma guerra coletiva travada em um imenso país. Não basta que ele domine em si mesmo as forças egoístas da mentira e da desordem, ainda é preciso que ele as supere como os representantes das mesmas forças adversas inesgotáveis no mundo. Esse caráter representativo lhe dá uma capacidade de resistência ainda mais obstinada, um direito de recorrência quase sem fim. Portanto, muitas vezes, o explorador perceberá que, mesmo após ter conquistado com persistência sua batalha pessoal, ele deverá conquistá-la novamente em uma guerra que parece interminável, porque sua existência interior já é tão ampliada que não somente contém seu próprio ser com suas experiências e suas necessidades bem definidas, como também ela é solidária com os demais seres; porque em si mesmo ele sustenta o universo[47].

Conseguiremos algum dia terminar essa tarefa? Poderíamos pensar que o Subconsciente é uma interminável cloaca – "um buraco sem fundo", como diziam os rishis – e que, se devemos esperar que ele seja limpo para conseguirmos uma transformação supramental, correremos o risco de esperar por muito tempo. Mas isso é apenas aparência. Cada homem, ao nascer, não traz um novo contingente de subconsciente e inconsciente: ele extrai da mesma fonte e repete as mesmas vibrações que giram indefinidamente na atmosfera terrestre. O homem não tem mais capacidade de criar escuridão do que luz; ele é somente instrumento, consciente ou inconsciente, de uma ou de outra (e a maior parte do tempo instrumento das duas). Não há entrada de novas vibrações no mundo, exceto as do Futuro Supraconsciente que se tornam pouco a pouco presentes e que dissolvem ou transmutam as vibrações de nosso passado evolutivo. O Subconsciente e o Inconsciente de hoje são menos subconscientes e menos inconscientes de que há dois mil anos, é evidente, e todos nós pagamos por isso. Essa precipitação do Futuro no presente é toda a chave da transmutação do mundo. O yoga é ocasião de aceleração do Futuro, e o pioneiro da evolução é o instrumento que atrai para a

---

[47] *The Synthesis of Yoga*, v. 20, p. 71.

Terra vibrações cada vez mais poderosas. O trabalho do explorador não é tanto um trabalho negativo de purificação do Subconsciente, mas um trabalho positivo de apelo da Luz; ele precipita para a Terra as vibrações do Futuro a fim de acelerar o processo de saneamento. Isso é o que Sri Aurobindo chama de "a descida", que é a característica de seu yoga, como havíamos dito: Se a descida alguma vez foi tema nos outros yogas, foi apenas um incidente no percurso ou um resultado da ascensão: para eles, a ascensão é a verdadeira finalidade. Aqui, a ascensão é a primeira etapa e essa etapa é somente uma ajuda para a descida. É a descida da nova consciência alcançada pela ascensão que é o selo verdadeiro da disciplina. Aqui, a meta é a realização divina da vida"[48]. E quando Sri Aurobindo diz "descida", compreendemos certamente que não se trata de um movimento para o alto seguido de um movimento para baixo; ele não espera que façamos embaixo um circuito de trabalho forçado para limpá-lo um pouco, ele espera que o baixo deixe de ser baixo. Por exemplo, para ser prosaico, e Deus sabe que a transformação é prosaica, podemos fazer compras no mercado no meio de uma humanidade bastante opaca e corrompida, ou passear à noite em certas regiões nocivas do Subconsciente, e fazê-lo com a mesma intensidade de consciência, de luz e de paz que quando estamos sentados sozinhos, em nossos aposentos, com os olhos fechados, em profunda meditação. Isso é "descer". Não há mais diferença entre alto e baixo, pois ambos são igualmente luminosos e pacíficos. Assim se realiza a transformação terrestre: a unidade substancial do mundo atua *nos dois sentidos*; se for verdade que não podemos atingir uma sombra sem atingir todas as sombras do mundo, não podemos, inversamente, atingir uma única luz sem modificar todas as sombras ao derredor. Todas as vibrações são contagiosas, as boas também. Cada vitória alcançada é uma vitória para todos. O contrário seria surpreendente! "Tudo é o mesmo Ser!", exclamava a Mãe. Há somente uma consciência, uma substância, uma força, um corpo no mundo. Por isso Sri Aurobindo podia dizer: "se a Supramente desce em nossa matéria (de Sri Aurobindo e a da Mãe), é porque desceu na Matéria, e, portanto, pode manifestar-se também em outras"[49].

Quanto mais o explorador progride em direção ao alto, mais ampliará seu acesso às zonas inferiores – o Passado que ele toca é exatamente proporcional ao Futuro que descobre – e mais crescerá seu

---

48 *On Himself*, v. 26, p. 109.
49 Idem, p. 450.

poder de transformação coletiva. Até o momento, o poder impresso na Terra era o poder mental, ou supermental, na melhor das hipóteses, que tocava apenas as semiprofundezas, mas agora que um poder supramental ou espiritual desceu na consciência terrestre, por meio da realização de Sri Aurobindo e da Mãe, podemos pensar que esse Futuro Supremo tocará o Fundo Supremo e precipitará a purificação, isto é, por fim, a evolução de toda a humanidade. O yoga é um processo de evolução concentrada e a progressão é geométrica:

> o primeiro movimento da Força evolutiva na Matéria estende-se obscuramente sobre eras; o movimento da Vida progride lentamente, porém já em um ritmo mais rápido; ele se concentra em milênios; a Mente pode comprimir ainda mais a lentidão indolente do tempo e dar grandes saltos em alguns séculos; mas quando o Espírito consciente intervém, uma rapidez evolutiva supremamente concentrada torna-se possível[50].

Encontramo-nos nesse momento. Os sobressaltos do mundo atual são, sem dúvida, sinal de que a Pressão descendente se acelera e de que nós nos aproximamos de uma solução verdadeira.

É possível que uma vez iniciado o empreendimento (Supramental) ele não avance rapidamente, e é possível que exija séculos de esforço antes de chegar a despertar com certa permanência. Mas isso não é completamente inevitável; as mudanças desse gênero na Natureza parecem ter como princípio um longo e obscuro preparo, seguido de uma concentração rápida e de uma precipitação dos elementos em um novo nascimento – uma conversão brusca, uma transformação que por sua luminosa instantaneidade parece milagrosa. Uma vez efetuada a primeira mudança decisiva, é certo também que a humanidade inteira não é capaz de elevar-se a esse nível. Não pode deixar de acontecer uma divisão entre aqueles que são capazes de viver no nível espiritual e aqueles que o são apenas na luz que desce ao nível mental. E é possível também que no nível inferior permaneça uma grande massa influenciada pelo alto, mas ainda não preparada para a luz. No entanto, isso já seria uma transformação, um começo que superaria

---

50 *The Life Divine*, v. 19, p. 932.

em muito tudo o que realizamos até o presente. Essa hierarquia não atrairia, como em nossa existência vital atual, um domínio egoísta do menos desenvolvido pelo mais desenvolvido; os primogênitos da raça, ao contrário, guiariam seus irmãos mais jovens e trabalhariam sem cessar para elevá-los a níveis espirituais mais elevados e a horizontes mais vastos. E, também para os guias, a ascensão aos primeiros níveis espirituais não seria nem o fim da caminhada divina, nem seria o ponto culminante que elimina toda e qualquer realização na Terra. Há outros níveis no seio do mundo supramental[51], ainda mais elevados, como já o sabiam os antigos poetas védicos que falavam da vida espiritual como de uma constante ascensão[52].

> Oh! Tu, o dos cem poderes,
> Sacerdote da Palavra
> Em Ti escalam como em uma escada.
> Enquanto se sobe de cimo em cimo,
> Aparece tudo o que resta a fazer (*Rig-Veda*, 1.10.1).

Em realidade, todos passamos por esses séculos preparando a Base. Uma base de segurança e de bem-estar por meio de nossa ciência, uma base de caridade por meio de nossas religiões e nossas leis morais, uma base de beleza e harmonia por meio de nossa arte, uma base mental de escrupulosa exatidão – mas essa base é *para outra coisa*. Absorvidos em nosso esforço para fazer o melhor, identificamos somente um ângulo da grande Obra – um ângulo da imortalidade terrestre como os rishis, um ângulo da Permanência eterna como o Buda, um ângulo da caridade, um ângulo do bem-estar, todos os tipos de ângulos, contudo não vamos ficar jogando dados como crianças! Nada disso tudo é a meta, porém uma condição negativa do Jogo; nada ainda começou! O que começou?... Espera-se de nós, certamente, apenas que tomemos consciência do Jogo para que ele inicie. Esgotamos, desde Júlio Verne, todos os tipos de aventura, e estas se fecharam, lentamente, diante de nós; qual a guerra ou qual a revolução que ainda merece que nela derramemos nosso sangue? Nossos everestes estão deflorados e os mares bem vigiados – tudo está previsto, regulamentado, até mesmo a estratosfera. Talvez para

---

[51] Sri Aurobindo reconheceu três níveis ou planos de consciência na Supramente. Sua descrição não parece ser necessária nessa etapa.
[52] *The Human Cycle*, v. 15, p. 252-253.

nos conduzir até a única abertura nesse mundo que nos sufoca cada vez mais? Acreditamo-nos míopes, pequenas toupeiras sobre esse astro, e retificamos o grande Olho de dentro, e nossas asas a correr mundos, por meio de uma espada que nos esmaga, nos esmaga. Certamente, para nos forçar a acreditar em nós mesmos, tanto quanto acreditamos em nossas máquinas, e que podemos mais que elas. "Eles giram e giram em círculo, feridos e cambaleantes, como cegos conduzidos por um cego", já dizia a *Upanishad* (*Mundaka Upanishad*, 1.2.8). Chegou a hora de lançarmos um olhar sobre nossas construções e iniciarmos o Jogo. Em vez de revolver pás, enxadões, evangelhos e nêutrons, decifrar a consciência e lançar essa semente na eira do tempo, e que a vida comece.

> Oh! Raça nascida da Terra, conduzida pelo Destino, arrastada
> pela Força
> Oh! Fúteis aventureiros em um mundo infinito
> Prisioneiros de uma humanidade de anões
> Girareis sem fim na ronda da mente
> Em torno de um pequeno eu e de um nada medíocre?...
> Não haveis nascido para uma insignificância irrevogável
> Nem fostes criados para recomeços inúteis...
> Poderes onipotentes estão encerrados nas células da Natureza
> Um destino maior vos aguarda...
> A vida que levais, oculta a luz que sois![53]

E se lançamos um olhar por cima do muro, tudo já se encontra ali, aguardando somente o nosso querer:

> Eu os vi transpor o crepúsculo de uma era
> Crianças com olhos de sol de uma aurora maravilhosa...
> Poderosos rompedores das fronteiras do mundo...
> Arquitetos da imortalidade...
> Corpos resplandecentes da luz do Espírito
> Mensageiros da palavra mágica, do fogo místico
> Mensageiros da taça dionisíaca da alegria[54]
> A idade de ferro terminou[55]

[53] *Savitri*, v. 29, p. 370.
[54] Idem, v. 28, p. 343-344.
[55] *Collected Poems*, v. 5, p. 61.

As condições da era da Verdade podem parecer severas; essa descida perigosa ao Inconsciente, a batalha contra a Sombra, a Morte que ameaça; não expomos nossas vidas a empreendimentos mais fúteis? "A grandeza do homem não reside naquilo que ele é, mas naquilo que ele torna possível"[56], diz Sri *Aurobindo*. É preciso que a Vitória seja alcançada *uma vez*, em um corpo. Quando um só homem alcançar essa Vitória, essa será uma vitória para todos os homens e em todos os mundos. Porque essa pequena Terra, aparentemente tão insignificante, é o terreno simbólico de uma batalha que se disputa em todas as hierarquias cósmicas, assim como o ser humano consciente é o terreno simbólico de uma batalha que se disputa entre todos os homens – se vencermos aqui, venceremos em todas as partes; somos nós que libertaremos os mortos, somos nós que libertaremos a vida. Por nossa tomada de consciência, somos, cada um de nós, os edificadores do céu e os redentores da Terra. Por isso, essa vida na Terra assume uma importância excepcional entre todos os demais modos de vida, e é por isso também que os guardiões da Mentira obstinam-se em pregar-nos o além: "é preciso apressar-se para que o trabalho seja feito aqui", diz a Mãe, "porque é aqui que podemos fazê-lo verdadeiramente. Nada espereis da morte, a vida é vossa salvação. É na vida que é preciso transformar-se; é sobre a Terra que progredimos, é na Terra que nós nos realizamos. É no corpo que se alcança a Vitória". Então a lei da evolução não será mais a lei dos opostos que nos perseguem a fim de arrancar-nos de nossa infância humana, mas uma lei de luz e de progresso sem fim; uma evolução nova na alegria da Verdade. É preciso que a Vitória seja alcançada uma vez. É preciso um corpo glorioso, um só corpo que vença a lei de ferro para todos os corpos. É preciso a colaboração de todos os homens para obter essa única Vitória. A dificuldade estratégica da transformação está inteiramente diante de nós. "Se a Terra chama e o Supremo responde, a hora pode ser exatamente agora – *even now*"[57].

---

[56] *The Hour of God*, v. 17, p. 9.
[57] Idem, ibidem.

Conclusão

O Fim que Está Sempre no Começo

A realização dos rishis védicos tornou-se uma realização coletiva; a Supramente entrou na consciência terrestre, desceu até o subconsciente físico, na fronteira com a Matéria; resta somente um ponto a transpor para que a junção seja feita. "Um mundo novo nasceu", diz a Mãe. "Neste momento, nós nos encontramos em pleno período de transição onde os dois se misturam: o antigo persiste todo-poderoso, continuando a dominar a consciência comum e o novo insinua-se, modesto, desapercebido, ao ponto de, exteriormente, não mudar grande coisa, por enquanto... E, no entanto, ele trabalha, cresce, até o dia em que será suficientemente forte para se impor visivelmente". Nem todas as dificuldades são de ordem subconsciente.[1]

Existe uma dificuldade, muito consciente, que resiste como porta de bronze ao novo mundo, e não é o nosso materialismo como alguns se comprazem em dizer – se os cientistas forem sinceros, certamente, serão eles os primeiros a alcançar a Verdade –, mas a enorme carapaça espiritual sob a qual enterramos o Espírito. O verdadeiro truque do diabo não é de modo algum colher a mentira ou o ódio e semeá-los pelo mundo, como Átila e os nazistas – ele é muito mais astuto –, porém apoderar-se de uma pequena fração da verdadeira verdade e deformá-la. Nada é mais duro que uma verdade pervertida; a mentira herda toda a força da verdade que encerra. A nós, nos

---

[1] *Savitri*, v. 28, p. 295.

disseram e repetiram que a salvação está no céu – e é verdade; não há salvação para o homem enquanto ele estiver com o nariz afundado na matéria; sua salvação está no céu supraconsciente e, provavelmente, foi necessário nos ensinar primeiramente o céu para nos livrar de nosso primeiro envoltório evolutivo, animal e econômico; no entanto, essa é somente uma primeira etapa da evolução, da qual extraímos uma meta definitiva, dura como pedra. E agora essa meta se volta contra nós. Negamos a Divindade na Matéria para encerrá-la em lugares santos, e a Matéria se vinga – nós a afirmamos bruta, e bruta ela é. Enquanto aceitarmos esse Desequilíbrio, não haverá esperança para a Terra; oscilaremos de um pólo a outro, igualmente falso, do gozo material à austeridade espiritual, sem nunca encontrarmos a plenitude. "As antigas culturas da Europa terminaram em uma dúvida desagregadora e em um ceticismo impotente; as devoções da Ásia terminaram na estagnação e no declínio"[2]. Nós precisamos do vigor da Matéria, precisamos também do frescor do Espírito, mas nosso materialismo é embrutecido, e nossas crenças não são nada além do inverso de nossas descrenças: "o ateu é Deus que brinca de esconde-esconde com Ele mesmo; mas, e o crente é diferente? Certamente, porque viu a sombra de Deus e agarrou-se a ela"[3].

Caso queiramos curar esse Desequilíbrio – e tudo o que está em desequilíbrio perece – em nossos corpos, em nossas sociedades ou em nossos ciclos cósmicos, é preciso que vejamos claro. Nós perdemos a Senha e esse é o saldo de nossa era; substituímos o verdadeiro poder pelos truques, e a verdadeira sabedoria pelos dogmas. É o reino dos gnomos em todos os níveis. E será, cada vez mais, o reino dos gnomos se não acabarmos com as meias-verdades mortificantes do céu ou da Terra, para mergulharmos na verdadeira fonte, Dentro, e reencontrarmos o segredo prático do Espírito na Matéria. "Imortal nos mortais... ele é Deus instalado dentro, ele é a energia que elabora nossos poderes divinos" (Rig-Veda IV.2.1.)

Conhecedores desse Segredo, nem os rishis nem os sábios dos antigos Mistérios fizeram a enorme divisão que nos

---

[2] *The Human Cycle*, v. 15, p.210. Citação de 1918. Depois disso a situação melhorou? Não parece.
[3] *Thoughts and Aphorisms*, v. 17, p. 82

mina – "nosso Pai o Céu, nossa Mãe a Terra" – eles não resolveram a dificuldade remetendo nossa plenitude ao além: "Conquistemos aqui mesmo, consagremo-nos a esta batalha das cem cabeças." Ao chegar ao cimo da consciência, não se evanesceram em um pálido êxtase: "Sou filho da Terra, o solo é minha mãe" (Atharva-Veda XII.1.12); nos confins do Infinito, eles não achavam pequenas as insignificâncias daqui de baixo: "Oh! Divindade, guarde para nós o Infinito e prodigaliza-nos o finito" (Rig-Veda IV.2.11), "Oh! Terra, que eu possa cantar tua beleza, a beleza de tuas cidades, de tuas florestas, de tuas assembleias de guerra e de tuas batalhas" (Atharva-Veda XII.1.56). Eles lutavam, eram invencíveis, porque sabiam que Deus está em nós: "O Filho do corpo... Tu, repleto de alegria e de luz, vitorioso, a quem nada pode ferir" (Idem, III.4.2,9.1). Uma verdade triunfante, de homens erguidos, para quem a morte é uma mentira e uma derrota. Uma verdade da alegria divina na Terra. Sem dúvida, sua verdade era prematura para as hordas da Europa, que tinham necessidade de ouvir falar do Céu antes que da Terra, mas, talvez, tenha chegado finalmente o tempo de revelar os Mistérios, quer sejam védicos, órficos, alquímicos ou cátaros, e de reencontrar a verdade completa dos dois pólos em uma *terceira posição*, que não é a dos materialistas nem a dos espiritualistas: a chave do enigma não é a ascensão do homem ao céu, porém sua ascensão ao Espírito aqui na Terra, e a descida do Espírito em sua humanidade comum, uma transformação da natureza terrestre; é isso que a humanidade aguarda: um novo nascimento que coroará sua longa caminhada obscura e dolorosa e não uma salvação post mortem[4].

Sri Aurobindo traz-nos uma mensagem de esperança. Nosso saldo de gnomos é, finalmente, apenas o sinal de uma nova emergência; nossas sombras e nossos declínios são sempre a gestação de uma luz maior que tinha necessidade de descer para romper limites; e há somente duas maneiras de rompê--los: por excesso de luz ou por excesso de sombra, mas uma precipita nossa noite na luz e a dissolve; a outra precipita a luz em nossa noite e a transmuta. Uma liberta alguns indivíduos,

---

4 *The Human Cycle*, v. 15, p.250.

a outra liberta toda a Terra. Há dez mil anos, alguns gigantes entre os homens haviam certamente arrancado o Segredo do mundo, no entanto isso foi privilégio de um pequeno grupo de iniciados, e todos nós devemos ser iniciados. Há dez mil anos vivíamos na idade de ouro, e tudo parece ter sido mergulhado na noite; porém, em verdade, não foi a noite que desceu sobre o mundo, como quiseram os pregadores do Fim dos Tempos; foi a luz que se dissimulou no mundo. Era necessário que o Segredo fosse esquecido, era necessário que a humanidade descesse a curva noturna da era da razão e das religiões para reencontrar todo o Segredo, em todos os homens adultos, e reencontrar a luz por todas as partes, sobre todas as noites, sobre todas as misérias, sobre todas as insignificâncias, em vez de um braseiro altivo sobre alguns santuários védicos ou iranianos. Estamos no princípio dos Tempos; a evolução não descreve uma flecha cada vez mais sublime e dissolvente, mas uma espiral; esse não é um caminho tortuoso para retornarmos – um pouco feridos – ao ponto de partida; é, ao contrário, para ensinar à criação inteira a alegria de ser, a beleza de ser, a grandeza de ser, e o desenvolvimento perpétuo, perpetuamente progressivo, dessa alegria, dessa beleza, dessa grandeza. Então tudo tem um sentido. Uma eterna espiral que não se fecha em algum ponto extremo – o Extremo está em todas as partes no mundo, em cada ser, cada corpo, cada átomo – uma ascensão de grau em grau que se eleva cada vez mais, a fim de poder descer mais, abraçar mais, revelar mais. Estamos no princípio do "Vasto" que sempre será mais vasto. Os pioneiros da evolução já reconheceram outros níveis na Supramente e uma nova curva inicia-se no eterno Devir. Tudo muda em cada altura conquistada; é uma inversão de consciência, um novo Céu, uma nova Terra; o próprio mundo físico em breve mudará sob nossos olhos incrédulos. E, talvez, essa não seja a primeira mudança na história. Quantas ocorreram antes de nós? E quantas ocorrerão ainda *conosco*, se somente aceitarmos ser conscientes? *Inversões de consciência sucessivas que farão com que uma riqueza de criação sempre nova se produza de etapa em etapa.* O Mago em nós cada vez mais gira seu caleidoscópio, e tudo é inesperado, mais vasto, mais verdadeiro, mais belo. Ver, só depende de nós; a alegria do mundo está à nossa porta, basta querer:

A dor da Terra é o resgate de sua alegria aprisionada
Para a alegria, não para o sofrimento
Esta Terra foi criada.[5]

Esse é o Segredo. A alegria está aqui, em toda parte, no coração do mundo; o "poço de mel sob o rochedo", o "sorriso da criança do Infinito" que somos nós, o fundamento do Futuro luminoso que impulsiona nosso passado. A evolução não terminou; não é uma ronda absurda, não é uma queda, nem uma feira de prazeres ilusórios, ela é:

"A Aventura da Consciência e da Alegria."[6]

Pondicherry
14 de abril de 1963

---

[5] *Savitri*, v. 28, p. 43; v. 29, p. 629.
[6] Idem, v. 28, p. 2.

Cronologia

1872	15 de agosto: nascimento de Sri Aurobindo em Calcutá; ele passa os primeiros anos de sua infância em Rangpur, atual Bangladesh.
1877	Proclamação do Império das Índias. Sri Aurobindo é enviado, com seus dois irmãos mais velhos, à escola do *Convento Loreto*, em Darjeeling.
1878	21 de fevereiro: nascimento da Mãe em Paris.
1879	Junho: Sri Aurobindo e seus dois irmãos, acompanhados de seus pais, partem para a Inglaterra. São confiados à família Drewett, em Manchester.
1884	Setembro: admissão na *St. Paul's School*, em Londres.
1890	Julho: admissão no *King's College* em Cambridge, com bolsa de estudo.
1891	Torna-se secretário do *Indian Majlis*, associação de estudantes indianos em Cambridge e faz discursos pregando a libertação da Índia.
1892	Novembro: desqualificado do *Indian Civil Service* por ter se recusado a se apresentar ao teste de equitação.
1892	Dezembro: falecimento de seu pai, informado, por engano, que o barco, onde se encontrava Sri Aurobindo, havia naufragado.
1893	12 de janeiro: Sri Aurobindo embarca para a Índia a bordo do *Carthage*.

	06 de fevereiro: desembarca do *Apollo Bunder* em Bombay, quando é tomado por uma "calma imensa". Presta serviço ao Maharaja Gaekwad, da cidade de Baroda.
1897	Ensina o francês, depois o inglês, no colégio de Baroda; torna-se diretor adjunto em 1905.
1900	Sri Aurobindo entra em contato com sociedades secretas de Maharashtra e de Bengala.
1901	30 de abril: casamento com Mrinalini Devi.
1904	Início de seu Yoga.
1905	Divisão de Bengala, nascimento do movimento *Swadéshi*.
1906	Demite-se da universidade de Baroda e parte para Calcutá, torna-se redator-chefe do jornal de língua inglesa: *Bandé Mataram*.
	15 de agosto: o colégio Bengala abre suas portas tendo Sri Aurobindo como diretor.
1907	16 de agosto: preso por ter escrito artigos sediciosos. Liberado um mês mais tarde.
	Dezembro: Congresso de Surat: Sri Aurobindo preside a conferência do partido nacionalista que rompe com os moderados.
1908	Janeiro: encontro com Lélé em Baroda. Experiência da consciência de Brahman.
	02 de maio: preso por participação ao atentado de Alipore; após um ano de encarceramento, é solto em 6 de maio de 1909.
1909	30 de maio: discurso de Uttarpara.
	19 de junho: lançamento da revista *Karmayogin*, em inglês, depois, em 23.08, em bengali: *Dharma*.
1910	Fevereiro: deixa subitamente Calcutá para ir a Chandernagor.
	04 de abril: chegada a Pondicherry.
1914	29 de março: primeiro encontro com Mãe.
	15 agosto: aparecimento do primeiro número da revista *Arya*, publicada até 1921.
1920	24 de abril: retorno definitivo da Mãe a Pondicherry, após ter passado 4 anos no Japão.

1926	24 de novembro: Sri Aurobindo retira-se completamente.
1938	24 de novembro: Sri Aurobindo quebra a perna quando caminha em concentração.
1939	Setembro: declaração da 2° Guerra Mundial.
1947	15 de agosto: Independência da Índia, Sri Aurobindo está com 75 anos.
1950	5 de dezembro: Sri Aurobindo deixa seu corpo. Mãe continua sua obra.

Mãe

      Nasceu em Paris, em 28 de fevereiro de 1878, filha de mãe egípcia e de pai turco, ambos completamente materialistas. Estudou profundamente piano, pintura e matemática superior. Experiências espontâneas fazem com que viaje para fora de seu corpo, entre no passado da Terra e descubra "vidas anteriores", sem que delas nada compreenda. Em 1897, Ela se casa com um aluno de Gustave Moreau, Henri Morriset, e conhece Rodin bem como todos os grandes pintores da época.
    Com 26 anos de idade, em 1904, encontra Sri Aurobindo em "sonho" e sem conhecê-lo o toma por uma "divindade hindu". Em seguida, trava conhecimento com um personagem enigmático, Max Théon, dotado de extraordinários poderes ocultos, que lhe oferece a primeira explicação coerente de suas primeiras experiências e lhe ensina o ocultismo durante duas viagens a Tlemcen. Em 1908, Ela se divorcia de Morisset e se lança nos estudos de filosofia com Paul Richard que vai a Pondicherry, em 1910. Ela o acompanha em 1914 e encontra Sri Aurobindo em 29 de março: "aquele que vimos ontem está sobre a Terra".
    Ela passa o primeiro ano em Pondicherry, após quatro anos no Japão com Richard, e volta definitivamente para perto de Sri Aurobindo em 1920, via China. Quando Sri Aurobindo retira-se em 1926 para consagrar-se ao "Yoga Supramental", Ela cria completamente o Ashram.
    Após a partida de Sri Aurobindo (1950), Ela funda um "Centro Universitário Internacional" e tenta, em vão, despertar os discípulos para uma "nova consciência", ao longo

de centenas de *Entrevistas*, retirando-se em seguida, em fins de 1958, para ir à raiz do problema: "o yoga das células" que deverá conduzi-la à descoberta de uma "mente celular" capaz de re-formar a condição do corpo. De 1958 a 1973, registra-se a descoberta lenta da "Grande Passagem" a uma outra espécie e de um novo modo de vida na Matéria. Essa é toda a história da Agenda. Em 1968, Ela funda Auroville, a alguns quilômetros de Pondicherry, como um "laboratório da nova evolução".

Referências Bibliográficas

As referências da Mãe são trechos das *Entretiens* (Entrevistas), de 1950-1958 (Stock: Sri Aurobindo Ashram), ou, em grande parte, de *l'Agenda de Mère* (A Agenda de Mãe), de 1951-1973 (Lion-sur--Mer: Institut de Recherches Évolutives, 13 v.).

Todas as referências às obras de Sri Aurobindo remetem ao texto original, em inglês, da Coleção do Centenário (1972), Pondicherry: Sri Aurobindo Ashram, sendo que, como pode ser visto, o primeiro número indica o volume. As outras citações são provenientes das obras abaixo:

PURANI, Ambalal Balkrishna, *Evening Talks with Sri Aurobindo*. Pondicherry: Sri Aurobindo Ashram Trust, 1982.

———. *Life of Sri Aurobindo*. Pondicherry: Sri Aurobindo Ashram Trust, 1978.

ROY, Dilip Kumar. *Sri Aurobindo Came to Me*. [s.l.: s.n.], 1982.

NIRODBARAN. *Correspondence with Sri Aurobindo*. Pondicherry: Sri Aurobindo Ashram, 1983-84, 2 v.

———. *Talks with Sri Aurobindo*. Calcutta, Sri Aurobindo Pathamandir, 1986, v. I.

Este livro foi impresso em São Paulo,
nas oficinas da Orgrafic Gráfica e Editora Ltda., em junho de 2011,
para a Editora Perspectiva S.A.